LA MÉDUSE

Chronique d'un naufrage annoncé

DU MÊME AUTEUR
aux Éditions de Fallois

L'Avers et le Revers, roman, 2009.

Noir Négoce, roman, 2010.

Identité numérique, roman, 2011.

Electropolis, roman, 2013.

Au crépuscule de Néandertal, roman, 2014.

Le Fils de l'Homme, roman, 2015.

Urbi et orbi, roman, 2016.

OLIVIER MERLE

LA MÉDUSE

Chronique d'un naufrage annoncé

roman

Éditions de Fallois

PARIS

22, rue La Boétie, 75008 Paris

ISBN 978-2-87706-983-0

À Geneviève Fichou

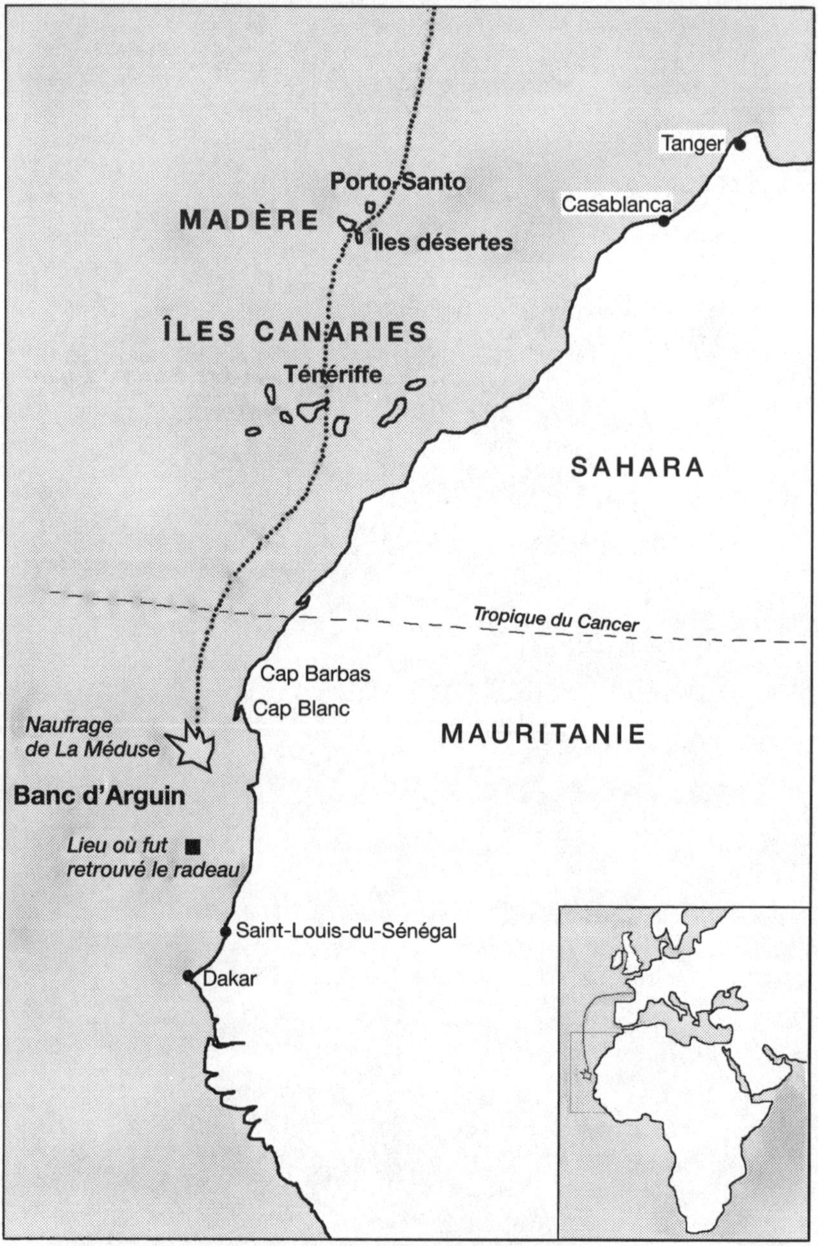

Itinéraire suivi par La Méduse
depuis l'île d'Aix jusqu'à son naufrage (juin-juillet 1816)

I.

LA MÉDUSE

(Le lieutenant Espiaux)

1

L'homme monta lentement l'escalier qui était aussi raide qu'une échelle de meunier. Trébuchant sur la dernière marche, il apparut sur le passavant tribord et attendit quelques instants pour reprendre son souffle. Une brise soudaine inclina le bicorne qu'il retint d'une main et rajusta. Par réflexe, il tira sur les pans de son costume neuf et sourit à la vue des boutons dorés qui brillaient au soleil.

Il longea ensuite l'étroit passavant et gagna le gaillard d'arrière. Les matelots s'écartaient sur son passage. Parvenu au mât d'artimon, il s'arrêta et se retourna. Croisant les mains sur un ventre replet, il posa un regard satisfait sur la frégate, admirant la mâture, les haubans et les voiles enroulées autour des vergues. Sa physionomie reflétait un curieux mélange de suffisance et d'inconsistance.

Dès qu'il l'aperçut, le lieutenant de vaisseau Espiaux se précipita. C'était un homme grand, maigre et sec, au visage émacié.

— Capitaine, je vous attendais.

— Oui ? répondit distraitement Hugues Duroy de Chaumareys sans le regarder.

— C'est le jusant.

— Eh bien ?

Espiaux eut un mouvement de surprise et reprit :

— Il faut appareiller et quitter le port pour profiter des courants de la marée descendante. Les vents sont favorables, orientés au nord-est.

— Très juste, lieutenant, il faut appareiller pour partir, c'était aussi ma conclusion, dit Chaumareys sur un ton bonhomme.

— J'attends vos ordres.

Chaumareys porta la main droite sur ses joues qu'il lissa avec application. Il lança négligemment :

— Je vais vous laisser diriger la manœuvre. Je suis sûr que vous vous en sortirez très bien…

Espiaux se raidit et sa mâchoire se contracta. Une nuance de mépris passa dans ses yeux. À rebours de la différence d'âge – Chaumareys avait dépassé la cinquantaine – le visage rugueux du lieutenant contrastait avec celui, poupin et lisse, du capitaine. L'un sentait le marin endurci sur toutes les mers du monde, l'autre évoquait les salons dorés de la royauté.

— Agissez de concert avec le lieutenant Raynaud, précisa Chaumareys. Je vous rappelle que je l'ai choisi comme premier lieutenant, et vous comme second lieutenant.

En soi, c'était injuste et Espiaux le vivait mal. Ses états de service étaient beaucoup plus glorieux que ceux de Raynaud. Mais sa personnalité, plus affirmée que celle du premier lieutenant, avait certainement joué en sa défaveur au moment du choix du capitaine.

— Bien sûr, dit-il rapidement pour ne pas se laisser gagner par des sentiments personnels. Et je vais prévenir immédiatement les trois autres navires que nous appareillons.

— Ils verront bien que nous partons…

La stupéfaction du lieutenant Espiaux fut si visible que Chaumareys corrigea partiellement.

— Mais si vous y tenez… Faites comme bon vous semblera.

Espiaux s'inclina et pivota sur ses talons mais Chaumareys le rappela.

— Dites-moi, monsieur Espiaux, avez-vous en votre possession la liste de tous les passagers ?

— La même que la vôtre, je suppose. Le lieutenant Raynaud également.

— Tant mieux. Figurez-vous que je cherchais cette liste à l'instant dans ma cabine et que je ne parvenais pas à remettre la main dessus.

— Souhaitez-vous que j'en fasse une copie ?

Chaumareys baissa la voix.

— Il s'agit seulement de ce petit groupe de savants que nous avons embarqué pour explorer le Sénégal. Je souhaiterais les inviter à dîner un soir en présence du futur gouverneur de nos établissements coloniaux, M. Schmaltz, de son épouse et de sa fille. Mais peut-être pas tous, juste les plus remarquables. Si vous pouviez m'en donner une liste nominative avec leur spécialité, ce sera parfait.

— Je le ferai, capitaine.

Chaumareys agita brusquement la main et dit d'une voix qui se voulait autoritaire :

— Allez ! Ne perdez pas de temps pour appareiller, c'est le jusant !

Espiaux s'inclina une seconde fois et chercha des yeux le lieutenant Raynaud. Il l'aperçut sur le gaillard d'avant en discussion avec un enseigne de vaisseau et se dirigea à grands pas vers le passavant bâbord. Au milieu de ce passage étroit, il bouscula un homme accoudé au bastingage qui observait le quai et les marins qui y travaillaient. Espiaux fit face à l'inconnu et lança sur un ton peu amène :

— Monsieur, je ne sais pas qui vous êtes, mais permettez-moi de vous dire…

— Charles Brédif, ingénieur des Mines, coupa le passager en souriant.

Espiaux fut décontenancé d'être ainsi interrompu. Il se tut et regarda plus attentivement l'homme qui venait de se présenter. Il n'avait pas plus de trente ans mais, détail curieux, ses cheveux pourtant abondants étaient déjà blancs.

— Bien… Lieutenant de vaisseau Espiaux, reprit-il en serrant machinalement la main que Brédif lui tendait. Comme vous pouvez le constater, pour aller du gaillard d'arrière au gaillard d'avant, il y a deux passages étroits sur les côtés de la frégate. Ces deux couloirs, les passavants tribord et bâbord, doivent être laissés libres à la circulation et vous ne devez pas y stationner sans rien faire.

— Je comprends, dit Brédif. Je vous prie d'excuser mon inexpérience, c'est la première fois que je navigue.

Cette réponse conciliante radoucit Espiaux. Il chercha à atténuer l'impression désagréable qu'il avait dû donner à son interlocuteur.

— Ce n'est pas particulièrement à vous que ce reproche s'adresse, monsieur Brédif. Mais depuis que les passagers sont à bord, ils traînent sur le pont sans souci de la gêne qu'ils occasionnent à l'équipage. Vous comprenez, une frégate est un navire de guerre qui, d'ordinaire, n'embarque aucun civil. Déjà que l'équipage a été réduit pour cette traversée…

— Et il y a aussi tous ces soldats d'infanterie qui ont été embarqués pour assurer la sécurité de nos positions au Sénégal, n'est-ce pas ?

— Oui, c'est exact. Savez-vous qu'il y a deux compagnies de quatre-vingts hommes, soit cent soixante soldats d'infanterie. C'est énorme ! Mais eux, Dieu merci, ils sont la plupart du temps consignés dans l'entrepont par leur commandant, M. Poinsignon. On ne les voit pas, ou peu, et c'est heureux !

Brédif allait poursuivre la conservation mais Espiaux ne lui en laissa pas le temps.

— Veuillez m'excuser, monsieur Brédif, mais nous allons appareiller et j'ai des ordres à donner.

— Naturellement. De mon côté, je dégage la voie du passa… comment nommez-vous ce corridor ?

— Le passavant. Le passavant bâbord. En face, son alter ego, le passavant tribord.

— Je m'en souviendrai, affirma Brédif en souriant. D'ailleurs, je vais le noter immédiatement.

Il sortit de sa poche un carnet sur lequel il griffonna rapidement le mot nouveau qu'il venait d'apprendre. Quand il releva la tête, Espiaux avait déjà disparu. Brédif gagna le gaillard d'avant, encombré d'une foule de matelots affairés et de passagers inactifs.

Attiré par le petit cabestan situé en arrière du mât de misaine, il se fraya un passage parmi les matelots pour l'examiner de près. Il considéra attentivement les six barres horizontales, s'agenouillant pour étudier leur fixation au corps principal de l'appareil. « C'est bien un treuil à axe vertical. La force de traction doit être assez considérable…» pensait-il, quand une voix derrière lui le fit sursauter.

C'était un simple matelot dont les habits élimés contrastaient avec les vêtements bien coupés et de bonne facture de l'ingénieur des Mines. Il se tenait les bras ballants, les jambes jointes avec la pointe des pieds écartée vers l'extérieur.

— Excusez-moi, monsieur, j'veux pas paraître malpoli, mais vaudrait mieux pas rester là. J'crois qu'on va appareiller et, l'cabestan, on va en avoir besoin.

— Bien sûr, bien sûr… fit Brédif en s'écartant. J'admirais seulement la beauté de ce treuil.

— Ah ?

Le matelot ajouta humblement, portant l'index à la hauteur de sa tête en une sorte de salut sommaire :

— Avec encore mes excuses, monsieur, c'était pas pour vous commander…

— Rassurez-vous, mon brave, je ne le prends pas mal.

Brédif décida de se tenir à l'écart près du bastingage. Il y reconnut son ami Claude Dechatelus, l'ingénieur géographe qu'il avait retrouvé dans la diligence de Poitiers. Ils avaient ensuite voyagé ensemble jusqu'à La Rochelle puis Rochefort. De là, ils avaient pris un bateau pour la rade de l'île d'Aix afin d'embarquer sur *La Méduse*. Depuis, ils ne se quittaient quasiment plus.

Comme Brédif, Dechatelus était membre du groupe de scientifiques choisis par le ministère pour explorer le Sénégal. L'homme était de taille modeste, timide peut-être, réservé certainement, car il se mêlait moins naturellement aux inconnus, à l'inverse de son condisciple Brédif, curieux et entreprenant de nature.

— Ah, Dechatelus ! Je me demandais où vous vous cachiez ! Savez-vous que nous sommes considérés comme des gêneurs par l'équipage, depuis l'officier de marine le plus gradé jusqu'au simple matelot.

— Je l'ai en effet remarqué.

Ils rirent.

— En fait, je le comprends très bien, ajouta Brédif, et je ne leur en veux pas du tout. Nous n'y connaissons rien à la manœuvre de ces bateaux ! Quand nous nous servons de nos instruments de mesure, nous n'aimons guère que des ignorants s'en emparent au risque de les dérégler, ou pire !

— Certes.

Et, par association d'idées, Brédif demanda :

— Votre chronomètre est-il toujours en état depuis sa réparation à Rochefort ?

— Oui, il marche maintenant parfaitement. Et votre baromètre ?

— De même. Le mercure se salit un peu et obscurcit le verre. Sans doute, ce mercure n'est-il pas dénué d'impuretés. Il faudrait que je compare sa pesanteur spécifique à celle du mercure pur… Mais ce n'est pas gênant pour la qualité des mesures.

Dechatelus plissa le front.

— Il faudrait que je note les lieux à Rochefort où nous avons effectué ces réparations. Ça peut être utile de conserver ces adresses.

— Mais c'est fait, cher ami.

Brédif exhiba avec fierté son carnet sous les yeux de Dechatelus. Il l'ouvrit avec délectation.

— Voyons, voyons… Voilà ! À la date du 5 juin, nous avons porté votre chronomètre à l'École de la marine. C'est facile à retenir. Pour le baromètre, l'adresse fut plus difficile à trouver. Nous l'avons amené à l'atelier des boussoles au port de l'État.

— Merveilleux ! Vous notez tout sur votre carnet ?

— Tout ce qui me paraît utile. Et puis aussi l'inutile ; les petits détails de notre expédition. Je le fais parce que je veux écrire régulièrement des lettres à ma jeune sœur Areta. J'ai beaucoup d'affection pour elle et je le lui ai promis quand je suis passé à Chartres d'où, vous le savez, ma famille est originaire.

De nouveau, Brédif ouvrit son carnet et se pencha pour relire sa fine écriture.

— J'ai quitté Paris le 25 mai à huit heures du soir et je suis arrivé à Chartres à huit heures du matin. Douze heures de diligence ! Exténuant ! Mais je tenais à revoir la famille avant de partir au Sénégal.

Non loin d'eux, on commençait à s'agiter. Les deux lieutenants, Espiaux et Raynaud, avaient réuni les trois enseignes de vaisseau. Espiaux faisait signe aux aspirants officiers de les rejoindre. Brédif observait.

— Vous voyez cet aspirant qui boite ?

— Oui.

— J'ai fait sa connaissance hier. Il s'appelle Coudein. Jean-Daniel Coudein. On a parlé un peu…

Dechatelus s'était tourné vers le groupe des officiers de marine pour mieux les distinguer.

— Il boite vraiment beaucoup. C'est de naissance ?

— Non, pas du tout. Il s'est blessé récemment. À ce qu'il m'a dit, il a une grosse plaie à la jambe qui ne cicatrise pas.

— Pas de chance, juste avant l'embarquement.

— C'est ce que je lui ai dit.

Espiaux et Raynaud semblaient donner des directives. Puis, soudain, le groupe se dispersa. Brédif se détourna et écarta les bras.

— Alors, Dechatelus, avez-vous une idée de la longueur de cette frégate ?

— Aucune.

— Mais encore ?

— Je dirai… une bonne trentaine de mètres ?

— Nettement plus ! Je l'ai mesurée hier ; elle fait quarante-sept mètres de long et douze de large !

Dechatelus ne cachait pas son étonnement.

— Pourtant, ça paraît plus petit.

— C'est que nous sommes très nombreux ! Savez-vous combien ?

— Non, avoua Dechatelus.

— Coudein, l'aspirant qui boite, m'a dit hier que nous étions plus de quatre cents personnes à bord.

— Quatre cents !?

Dechatelus avait la bouche ouverte mais il n'eut pas le temps de poursuivre. Des ordres étaient hurlés dans tous les coins et recoins de la frégate. Les matelots couraient en tous sens. L'un se précipita vers la passerelle. Sur le quai, on le vit courir et s'arrêter successivement devant les trois autres navires en hurlant :

— On appareille !

Il revint aussitôt à bord de *La Méduse* où le branle-bas était général. Les gabiers grimpaient avec une vitesse étonnante sur les haubans des trois mâts de la frégate. Certains restaient sur les hunes tandis que d'autres se glissaient le long des vergues et déroulaient les voiles. Sur le pont, on hissait à bord les aussières. Au niveau inférieur, sur le pont de batterie, on actionnait le grand cabestan pour remonter les ancres. L'appareillage s'accomplissait dans un tumulte bruyant où dominaient les vociférations des hommes au travail.

— C'est stupéfiant, lâcha Brédif, admiratif.

Les voiles carrées tombaient à la verticale, puis elles se gonflaient au vent, donnant à la frégate toute sa majesté. *La Méduse* s'écartait doucement du quai.

— Ça y est, Dechatelus, on part ! J'en suis tout excité !

Il empoigna son carnet et nota d'une écriture fébrile : *17 juin 1816. À huit heures, on appareille et l'on part*[1].

Déjà, *La Méduse* franchissait la rade de l'île d'Aix et s'orientait vers la haute mer. Dans son sillage, les trois autres navires de l'expédition suivaient. La corvette *L'Écho*, commandée par le capitaine François-Marie Cornette de Vénancourt, talonnait *La Méduse*. Un peu en arrière se trouvait le brick *L'Argus* dirigé par le lieutenant de vaisseau Léon Henry de Parnajon. Enfin, conduite par le lieutenant de vaisseau Auguste Marie Gicquel des Touches, la flûte *La Loire*, très mauvaise voilière et déjà à la traîne, tentait lourdement de ne pas se faire distancer.

Debout sur le gaillard d'arrière, le capitaine Hugues Duroy de Chaumareys regardait les trois autres navires que *La Méduse* devançait. « C'est moi le chef de cette escadre », se répétait-il, et son cœur se gonflait de vanité.

---

[1] Carnets de Charles Brédif (*La Revue de Paris*, 14e année, 1907, p. 643).

2

Chaumareys s'étira et délaissa les cartes de marine étalées sur son bureau. Leur lecture le déprimait. Rien ne lui paraissait clair. Il s'inquiétait de la côte du Sénégal que la rumeur disait dangereuse à la navigation.

Avant le départ, il avait fait venir à bord de *La Méduse* le lieutenant de vaisseau Gicquel des Touches qui devait commander la flûte *La Loire*. Ce lieutenant jouissait d'une excellente réputation de marin. Sous la République et sous l'Empire, il avait écumé les mers des Antilles. À Trafalgar, il avait combattu avec bravoure avant d'être capturé par les Anglais qui l'avaient retenu prisonnier à Tiverton pendant quelques années.

Ce n'était pas par plaisir que Chaumareys l'avait invité à bord. Le passé républicain, puis bonapartiste, de Gicquel des Touches le révulsait. Pourtant, malgré cette tache indélébile, tous s'accordaient à le considérer comme un jeune marin brillant qui avait fait ses preuves. Il devait avoir un avis éclairé sur le Sénégal. D'un ton léger, Chaumareys l'avait questionné à ce sujet.

— On évoque un banc de sable aux abords de ces côtes, un haut-fond dangereux. Le connaissez-vous ?

— Pas précisément, mais il est sur toutes les cartes.

— Ah ?

— Oui, c'est le banc d'Arguin.

Chaumareys s'était tortillé dans son fauteuil. Il aurait aimé que des Touches développât lui-même mais celui-ci s'était tu. Il avait fallu le relancer, ce que Chaumareys avait trouvé très déplaisant.

— Et alors ? Que comptez-vous faire, monsieur ?

— Ce que je compte faire ? avait répété le lieutenant en se demandant s'il s'agissait là d'une plaisanterie.

— Oui, je vous écoute.

Gicquel des Touches avait ri, amplifiant l'irritation de Chaumareys.

— Monsieur, je vous en prie, répondez et vite !

Gicquel des Touches avait répliqué sur un ton glacial :

— Monsieur de Chaumareys, je ne suis pas votre serviteur. J'ai des états de service qui valent largement les vôtres. En particulier, je ne crois pas avoir démérité en servant mon pays pendant votre exil volontaire en Angleterre.

Chaumareys avait cru suffoquer. L'attaque était si directe qu'il en était resté muet. En 1791, Chaumareys, alors lieutenant de vaisseau peu expérimenté, avait quitté la France pour l'Angleterre, comme tant de nobles hostiles à la Révolution. Il n'était revenu qu'en 1802 lorsque Napoléon avait décrété une amnistie pour ces exilés volontaires.

Depuis, il avait vécu en province la vie tranquille d'un riche notable. Ce n'est qu'à la chute de Napoléon qu'il avait manifesté de nouveau ses convictions royalistes. Par l'entremise du comte d'Artois, puis sollicitant directement le roi Louis XVIII, il avait réintégré la marine avec le grade de capitaine et on lui avait confié la mission du Sénégal. Que son grand-oncle, Louis Guillouet d'Orvilliers, ait été lieutenant général des armées navales avait certainement aidé à une réintégration doublée d'une promotion. Chaumareys était un royaliste bon teint, issu d'une vieille noblesse limousine, et son parcours d'exilé avait tout pour séduire le nouveau pouvoir royaliste.

Mais le fait était là : Chaumareys n'avait pas navigué depuis vingt-cinq ans. Il était jeune à l'époque. C'étaient des souvenirs d'autant plus lointains que les tumultes politiques du pays – la Révolution d'abord, l'Empire ensuite – avaient créé une sorte de gouffre entre sa jeunesse et la situation actuelle. Il était hanté par le doute car son expérience de la navigation était restée très limitée. Ce manque de confiance, il tentait de le cacher obstinément.

C'est tout cela que Gicquel des Touches venait de lui envoyer en pleine face. Comme une gifle ! Son orgueil était atteint mais sa couardise l'emporta. Car Gicquel des Touches était carré des épaules, le visage énergique et presque sculpté par l'océan, l'allure farouche. Sa dentition laissait apparaître une dent noire quand il souriait, ce qui lui donnait un aspect féroce et impressionnait Chaumareys.

— S'il vous plaît, ne nous querellons pas, avait-il dit avec un sourire forcé. Je commande cette expédition et il y a nécessité de se mettre d'accord sur la route que nous allons emprunter. C'est l'unique raison pour laquelle je me renseigne sur votre opinion dans cette affaire. Comment allons-nous traverser ce banc de sable ?

Gicquel des Touches l'avait toisé avec hauteur.

— Nous ne le traverserons pas, nous l'éviterons. À son approche, il faut s'orienter au sud-ouest, prendre de la distance et, plus au sud, quand nous aurons dépassé la pointe du banc, nous obliquerons plein est pour rallier le port de Saint-Louis.

— Ah ? Donc, nous l'éviterons…

— Oui, tenez, je vais vous faire un croquis !

Finalement ravi de montrer sa supériorité, Gicquel des Touches avait dessiné grossièrement la côte africaine, la localisation approximative du banc d'Arguin et l'itinéraire que les navires devaient suivre.

Il avait ajouté :

— Il n'y a rien à craindre. Nous naviguerons ensemble. Vu que mon navire avance lentement, vous ne pouvez pas me perdre. Je vous montrerai la voie à suivre quand nous serons à proximité du haut-fond.

Pour Chaumareys, c'était une vexation supplémentaire. Proposer de l'aider à éviter le banc de sable remettait en cause ses capacités à diriger l'expédition. N'était-il pas capitaine alors que Gicquel des Touches n'était que lieutenant ?

— Je n'aurai pas besoin que vous me montriez la route… avait-il dit en pliant et en mettant dans sa poche la feuille sur laquelle des Touches avait dessiné son croquis.

Gicquel des Touches avait eu un sourire carnassier, découvrant sa dentition où la dent noire, par sa singularité, semblait dominer toutes les autres. Chaumareys, qui n'en pouvait plus de cette conversation, avait lancé avec le courage des faibles :

— Cette dent noire n'est pas très esthétique…

— C'est la dent que je garde contre les Anglais ! avait répondu des Touches en une ultime allusion au passé du capitaine de *La Méduse*.

Chaumareys repensait à cette conversation et il en était toujours irrité. Il se sentait entouré de bonapartistes. Espiaux et Raynaud n'avaient-ils pas été formés sous l'Empire ? C'était le cas aussi des trois enseignes de vaisseau. Il fallait descendre jusqu'aux aspirants officiers pour trouver dans l'état-major de la frégate un homme pour lequel Chaumareys éprouvait de la sympathie. C'était Paul Rang des Adrets dont les parents avaient émigré au début de la Révolution. Un seul authentique royaliste dans l'état-major, les autres dissimulant leurs convictions bonapartistes. C'était peu !

Levant la tête, Chaumareys appela d'une voix forte :

— Jean ! S'il vous plaît !

Le domestique du capitaine ouvrit la porte et apparut sur le seuil.

— Vous m'avez appelé, capitaine ?

— Oui, servez-moi un verre de vin. La carafe, là… sur la commode…

Jean Poilleau posa le verre sur le bureau. Chaumareys s'en saisit et se leva. Il fit quelques pas puis se retourna vers son domestique.

— Nous allons boire à la santé de notre bon roi, Louis le dix-huitième.

Chaumareys éleva son verre au-dessus de sa tête.

— Au roi ! Vive le roi ! lança-t-il avec émotion.

Le domestique inclina la tête vers le sol comme si Chaumareys était un prêtre présentant l'hostie à une assemblée de fidèles.

— Vive le roi ! dit-il en écho à son maître.

Chaumareys porta le cristal à ses lèvres et but d'un trait,

reposant le verre vide sur la commode. Il fit claquer sa langue comme un connaisseur.

— Excellent… Ce vin m'a été conseillé par le marquis du Theil de la Roche et j'ai bien fait d'en emporter plusieurs caisses pour ma consommation personnelle.

Puis, plissant les yeux de satisfaction, il ajouta :

— Ah ! Je me sens mieux, me voici ragaillardi !

On frappa à la porte de la cabine. Chaumareys rajusta son habit et gagna aussitôt son bureau, devant lequel il se tint debout, dans une pose étudiée, tenant négligemment une carte marine dans les mains.

— Jean, allez ouvrir.

Le domestique se précipita à la porte, l'ouvrit et s'écarta pour laisser entrer un homme à l'aspect réservé.

— Monsieur le secrétaire Griffon du Bellay, s'écria Chaumareys. Que me vaut l'honneur de votre visite ?

L'homme fit deux pas en avant tandis que Jean Poilleau refermait la porte derrière lui. Il s'éclaircit la voix avant de parler.

— Le gouverneur, M. Schmaltz, souhaiterait savoir si vous pouvez le recevoir ?

— Maintenant ?

— Oui, si c'était possible.

Chaumareys jeta un regard circulaire pour vérifier l'état de la cabine. Elle était propre et bien rangée – Poilleau y veillait chaque matin –, ce qui le rassura.

— Eh bien, mon ami, dites à M. Schmaltz que je l'attends.

⋆

Le colonel Schmaltz, futur gouverneur des établissements de la France au Sénégal, entra dans la cabine du capitaine d'un pas décidé, son secrétaire Griffon du Bellay sur ses talons tenant quelques feuilles à la main.

De taille moyenne, massif sans être gros, Schmaltz affichait sur son visage l'apparence d'un homme sûr de son jugement et de ses décisions. Il parlait avec une belle voix de basse dont il jouait avec gourmandise, convaincu à juste titre que cet organe vocal ajoutait à son autorité. Il énonçait ses opinions avec une lenteur étudiée, comme s'il s'agissait d'évidences qu'il était vain de discuter.

Chaumareys s'avança pour le saluer.

— J'espérais avoir le plaisir de voir aussi votre gracieuse épouse et votre charmante fille...

— Elles se promènent sur le pont avec leurs deux femmes de chambre.

Clignant de l'œil, Chaumareys eut un sourire entendu :

— L'une des femmes de chambre se remarque et ne peut s'oublier...

— Vous parlez de la négresse ? Marie-Sophie Diebo ?

— De celle-là même, précisément. Vous l'avez ramenée de la Guadeloupe ?

Schmaltz eut l'air de s'impatienter de cet échange qu'il devait juger puéril.

— De la Guadeloupe, oui... Mais, en fait, elle est née au Sénégal, si bien que grâce à moi elle retourne au pays.

— Comme c'est amusant ! dit Chaumareys en riant. Colonel, monsieur le gouverneur, je vais vous faire découvrir un vin qui vaut le détour.

Et, interpellant son domestique :

— Jean, portez donc un verre à M. Schmaltz.

Empoignant la carafe, le domestique versa le vin dans deux verres qu'il amena tour à tour à Schmaltz puis à Chaumareys.

— À notre bon roi, Louis le dix-huitième ! lança Chaumareys avec emphase en choquant doucement le verre de Schmaltz avec le sien.

— Au roi ! dit Schmaltz sobrement.

Il ne but qu'une gorgée et s'étonna que Chaumareys, sans doute emporté par son ardeur royaliste, eût vidé son verre en une fois.

— Bien, fit-il en posant son verre sur la commode. Capitaine, voici le but de ma visite...

— Je vous écoute.

— Vous savez qu'en dehors des administratifs qui aideront au développement de notre colonie, le ministère a souhaité envoyer au Sénégal des savants qui seront les premiers explorateurs de ces contrées.

— Oui.

— Ces savants sont certainement des personnes remarquables dans leur domaine respectif mais, comme c'est fréquent chez les savants, ils n'entendent rien aux visées politiques que poursuit notre gouvernement.

— Oui.

— Il est de mon devoir de les informer sur cette question pour qu'ils en prennent conscience.

— Oui.

— Pour cela, je souhaiterais profiter d'un dîner en votre présence pour exposer en détail la mission qui est la nôtre et qui, de fait, devient aussi un peu la leur.

— Merveilleux ! s'écria Chaumareys, j'ai eu la même idée.

Étonné, Schmaltz leva vers Chaumareys des yeux interrogateurs.

— Ah ? Vous les avez donc invités ?

— Non, pas encore. J'y songeais…

Cette réponse parut conforter Schmaltz dans son opinion sur le capitaine. Il reprit aussitôt sur le même ton :

— J'ai demandé à M. Griffon du Bellay d'établir les états de service de ces savants pour nous permettre de choisir lesquels doivent absolument être présents à ce dîner. En effet, vous devez savoir qu'il y a deux groupes.

— Deux groupes ?

— Oui, il y a d'abord les vrais savants qui devraient explorer le Galam…

— Qu'est-ce que c'est, le Galam ?

— Un territoire qui s'enfonce loin dans les terres à partir de Saint-Louis. Mais il y a aussi un second groupe, constitué d'individualités moins brillantes, et qui sont associés dans ce qui est dénommé la *Société philanthropique du Cap-Vert*.

Chaumareys commençait à se sentir fatigué d'être debout et il lorgnait fréquemment vers la carafe, regrettant que Schmaltz ne touchât plus à son verre à peine entamé. Schmaltz le remarqua.

— Pouvons-nous nous asseoir ?

— Naturellement ! s'exclama Chaumareys. Je manque à tous mes devoirs !

Il alla s'asseoir derrière son bureau, désignant à Schmaltz le fauteuil qui se trouvait de l'autre côté. Griffon du Bellay resta debout.

— Ces gens… poursuivit Schmaltz, imperturbable.

— Quels gens ?

— Ceux de la Société philanthropique du Cap-Vert. Ces gens, donc, doivent établir une colonie de peuplement sur la presqu'île du Cap-Vert. Dans ce but, le gouvernement a payé leur voyage. Il y a parmi eux quelques personnes instruites mais la plupart sont des ouvriers, des artisans et des agriculteurs qui mettront en valeur cette terre. Ce sont seulement les personnes instruites de cette Société du Cap-Vert, et peut-être pas toutes, que nous inviterons à dîner. Ils sont d'ailleurs peu nombreux. Nous verrons cela dans un second temps.

— Dans un second temps… Très bien.

— Bon. Monsieur Griffon du Bellay, nous vous écoutons pour le groupe des savants.

Schmaltz s'enfonça légèrement dans le fauteuil, prit appui sur les accoudoirs, joignit les mains, les plaçant sous son menton, et abaissa les paupières. Griffon du Bellay se pencha sur les feuilles qu'il avait apportées.

— Je les ai classés par ordre alphabétique.

Il ne reçut aucune réponse et poursuivit.

— Donc, le premier, à la lettre B, est Brédif.

— Oui, je le connais celui-là, dit Schmaltz. Je l'ai rencontré à Poitiers puis à Rochefort, où il logeait comme nous à *La Coquille d'or*. Continuez, Griffon…

— Charles-Marie Brédif est né à Paris le 14 août 1786. Ancien élève de l'École polytechnique, promotion 1804, il entre à l'école des Mines de Peisey en 1807. Il est nommé ingénieur en décembre 1810 avant le terme habituel des études. Il a découvert l'anatase et l'épidote – le secrétaire buta sur ces mots et s'y prit à deux fois pour les prononcer correctement – du pont de Briançon. Ensuite, il a été sous-directeur de l'établissement de Peisey avant de…

— Ça suffit, Griffon, coupa soudain Schmaltz. Je crois que nous en savons assez…

Schmaltz saisit à pleine main les accoudoirs du fauteuil et se redressa en un mouvement sec.

— Qu'en pensez-vous, capitaine ?

— Ce Brédif m'a tout l'air d'un excellent sujet. Avez-vous une idée sur ses opinions politiques ?

Interloqué, Schmaltz leva vers Chaumareys des sourcils interrogateurs.

— Non.

— Pourtant, vous l'avez rencontré à Poitiers et à Rochefort... glissa Chaumareys, presque soupçonneux.

— Oui...

— Alors, vous avez peut-être pu vous rendre compte...

— Non, affirma Schmaltz sèchement. Je ne me suis rendu compte de rien. Brédif ne parle que de sciences. Il en est même parfois un peu ennuyeux.

Il y eut un court silence pendant lequel le regard de Chaumareys glissa sur son verre vide.

— Il faut l'inviter à ce dîner, reprit Schmaltz.

— Je n'y vois aucune objection, lâcha Chaumareys.

Jean Poilleau, qui se tenait debout non loin de la commode, recula d'un pas pour s'y adosser. Il le fit si discrètement que personne ne s'aperçut qu'il avait changé de position. Schmaltz se tournait vers son secrétaire.

— Griffon, je vois que vous avez fait un travail remarquable mais je crois inutile de donner tant de détails sur chacun de ces savants. Allons droit aux faits essentiels, ça nous fera gagner du temps.

— Bien, monsieur.

D'un petit mouvement de la main, Schmaltz fit signe à son secrétaire de reprendre.

— Le second, à la lettre D, est Dechatelus. C'est un ami de Brédif.

— En effet, ils étaient ensemble à Poitiers et à Rochefort.

— Claude Dechatelus est né le 11 février 1792 à Saint-Priest-la-Roche. Ancien élève de l'École polytechnique, il est ingénieur géographe. Pour cette expédition, il possède le grade de lieutenant du corps royal du génie.

Griffon releva la tête et attendit, ce qui provoqua un moment de flottement chez ses deux interlocuteurs. Prenant au mot le gouverneur Schmaltz, il avait été si bref que ce dernier se redressait précipitamment sur son siège.

— Bien, bien… dit-il pour gagner du temps. Il me semble que l'exploration du Galam réclame un géographe de ce niveau et qu'il doit connaître les visées de notre gouvernement. Ensuite, monsieur Griffon ?

Dans sa précipitation à prendre une décision, Schmaltz avait négligé l'avis du capitaine. Chaumareys ne broncha pas. Griffon cita encore Jacques Leschenault de la Tour, botaniste de son état, et Gaspard Mollien, un jeune explorateur de vingt ans, sans aucune référence. Si Schmaltz décida d'inviter Leschenault, il s'emporta quand Griffon évoqua Mollien.

— Enfin, monsieur Griffon ! Voilà que vous nous parlez soudain d'un jeune aventurier qui n'a pas fait d'études, qui n'a rien d'un savant et qui est entré dans la marine il y a deux ans comme commis !

Le secrétaire tenta de se justifier.

— Son père est procureur au Parlement de Paris et il est parent de Nicolas Mollien qui a été ministre du Trésor sous l'Empire…

— Quoi ! s'étrangla Chaumareys. Vous voulez que je dîne avec le rejeton d'un ministre de l'usurpateur !? N'en parlons plus, voulez-vous ?

D'une main presque tremblante, Griffon raya de la liste le jeune Mollien[1].

— Maintenant, voyons cette Société philanthropique du Cap-Vert ? enchaîna le gouverneur.

En silence, la mâchoire crispée, Griffon tria les feuilles sur lesquelles se trouvaient ses notes. Il s'éclaircit la voix comme si la remontrance endurée lui était restée en travers de la gorge.

— Il y a en effet une vingtaine d'ouvriers dont des menuisiers, des charpentiers, des maçons, des tonne-

---

[1] Gaspard Mollien deviendra célèbre pour ses explorations en Afrique et recevra la croix de la Légion d'honneur en 1819. Après d'autres explorations en Amérique, il fera une brillante carrière de diplomate à Haïti et à Cuba.

liers, des charrons, des scieurs de long, des jardiniers et des laboureurs…

— Dont nous n'avons que faire ! lança Chaumareys avec un petit rire aigu et méprisant.

— C'est juste, approuva Schmaltz mais avec une certaine retenue. Ils seront utiles mais ils n'ont nul besoin dans leur travail de connaître la haute mission colonisatrice de notre pays. Cependant, il y a aussi quelques personnes instruites, n'est-ce pas ?

Griffon se pencha de nouveau sur ses feuilles pour en extraire une qu'il approcha de ses yeux.

— Parmi celles-ci, deux géographes…

— Nous avons déjà un géographe avec Dechatelus, l'ami de Brédif, coupa Chaumareys. Nous n'allons pas en inviter deux autres !?

Levant la main à la hauteur de son visage, la paume tournée vers le capitaine, Schmaltz semblait tout à la fois l'inciter à réfléchir avant de parler et regretter la simplicité de son jugement.

— Dechatelus n'ira pas au Cap-Vert, ce n'est pas la mission que je lui confierai. C'est pourquoi l'un des deux géographes de cette société devrait être présent à ce dîner. Quel est celui qui retient votre attention, Griffon ?

Les sourcils froncés, le secrétaire relut attentivement les états de service des deux géographes.

— Ma préférence irait à Alexandre Corréard. Il a fait des études au Prytanée de Compiègne et est devenu ingénieur géographe en 1808. Depuis, il a travaillé au cadastre avant d'être choisi pour coloniser le Cap-Vert.

— Au cadastre… murmura Schmaltz. C'est intéressant cela. Bon, mettons-le dans la liste. Sauf si vous y voyez une objection, capitaine ?

— Nullement, dit Chaumareys sans ciller, paraissant avoir tout oublié de son opposition à la présence au dîner d'un second géographe.

Griffon cita ensuite un médecin, M. Estruc, puis un naturaliste chimiste d'origine allemande, Adolf Kummer, et enfin trois agriculteurs aisés chargés de la mise en valeur des terres du Cap-Vert. Aucun n'eut la faveur de Schmaltz et ils furent donc consciencieusement rayés de la liste par le secrétaire du gouverneur.

Schmaltz se leva soudain et fit quelques pas dans l'étroite cabine pour se dégourdir les jambes. Il s'arrêta derrière son fauteuil et posa les deux mains sur le dossier, se penchant vers le capitaine.

— Je crois que nous en avons fait le tour, conclut-il d'un air satisfait.

— Il reste encore une personne, dit Griffon timidement.

Schmaltz fit volte-face et le considéra avec insistance.

— Ah bon ? Qui donc ?

— C'est un ancien marin qui fut enseigne de vaisseau. Il a été embarqué pour les aspects maritimes de la presqu'île du Cap-Vert. C'est une personne très recommandée par le gouvernement.

— Recommandée ?

— Devrais-je dire «protégée» ? précisa Griffon prenant le risque d'utiliser un mot péjoratif.

Le regard de Schmaltz alla alternativement de son secrétaire au capitaine, qui ne pipait mot.

— Mais pourquoi dites-vous cela, monsieur Griffon ?

— Voyez-vous, si le gouvernement a payé le voyage de tous les membres de cette Société du Cap-Vert, ce monsieur est le seul à qui une subvention a été allouée par le ministère avant l'appareillage de *La Méduse*. Pour être exact, voici très précisément ce qui était indiqué dans le registre des passagers que j'ai consulté au port… attendez… attendez… Ah, voilà !

Griffon posa l'index sur le texte qu'il avait recopié.

— *… a droit à un secours de trois francs par jour pour lui tenir de nourriture du jour de son arrivée à Rochefort jusqu'à celui de son embarquement, suivant lettre du ministre du 18 mai 1816.*

— Diable ! lâcha Schmaltz. Voilà qui est étrange. Quel est le nom de cette personne ?

— Antoine Richefort. Selon le même registre, il serait né à Bordeaux le 17 septembre 1774.

— Antoine Richefort !!

Le capitaine Chaumareys avait soudain bondi de son

fauteuil comme propulsé par un ressort, faisant preuve d'une énergie dont on ne l'aurait pas cru capable. Il était debout, muet, la bouche ouverte, la face colorée par l'émotion.

— Eh bien, qu'avez-vous, capitaine ?

— Je le connais, Antoine Richefort ! Je le connais très bien !

— Ah bon ? Comment est-ce possible ? interrogea Schmaltz qui ne cachait pas son étonnement.

— Je l'ai connu en Angleterre quand je suis… quand j'étais… quand j'avais…

Chaumareys hésitait sur les mots à employer pour évoquer son exil volontaire chez l'ennemi héréditaire de la France.

— Quand je me… Quand je luttais contre cette république régicide puis contre l'usurpateur.

— Je vois… fit Schmaltz d'un ton neutre.

Chaumareys marcha comme un automate jusqu'à la commode, où il saisit le verre à peine entamé du gouverneur, le porta à ses lèvres et le but d'un trait.

— Je suis très aise de le revoir… dit-il en reposant le verre vide. Car, croyez-moi, c'est un vrai royaliste, par conviction profonde, qui a toujours montré pour la couronne un dévouement profond.

— Tant mieux… tant mieux… répétait Schmaltz qui, éberlué, fixait son verre vide.

Il y eut un moment d'indécision car le gouverneur ne savait que dire tandis que le capitaine souriait béatement. Griffon attendait, ses feuilles de papier à la main. Quant à Poilleau, il s'était écarté précipitamment de la commode quand Chaumareys s'était emparé du verre du gouverneur et il se tenait maintenant dans un recoin obscur de la cabine. C'est pourtant lui que Chaumareys chercha des yeux quand il parut redescendre sur terre.

— Poilleau ! Trouvez Richefort et ramenez-le ici ! Je veux serrer dans mes bras ce vrai partisan des Bourbons !

— Bien, capitaine.

Chaumareys se tourna vers Schmaltz et dit avec conviction :

— Naturellement, nous l'invitons à ce dîner.

3

Le lieutenant Espiaux se tenait debout sur le gaillard d'avant, les jambes écartées, les mains derrière le dos. *La Méduse* avait doublé le fort Boyard, le laissant à bâbord, et tentait à présent de remonter le Pertuis d'Antioche entre l'île de Ré et l'île d'Oléron. La pointe de Chassiron située à l'extrémité septentrionale de l'île d'Oléron était en vue.

Espiaux avait le regard fixé sur les voiles du mât de misaine et fronçait les sourcils. Le jeune aspirant Coudein se trouvait à ses côtés. Il portait le poids de son corps sur sa jambe valide et grimaçait de douleur dès qu'il posait l'autre sur le sol.

— Coudein, nous étions tribord amure et nous voilà presque vent debout. La marée monte à nouveau et la brise est en train de tourner ; elle passe du nord/nord-est au nord/nord-ouest.

— Oui, lieutenant, répondit Coudein la mâchoire contractée.

— Il faut réduire la voilure et louvoyer, sinon nous ne passerons pas la pointe de Chassiron.

— Oui, lieutenant.

— Voyez Raynaud et dites-lui qu'il faut tirer des bordées. Que l'équipage se prépare à virer vent devant. Je vais sur le gaillard d'arrière pour mieux voir la position des autres navires de l'expédition.

Coudein s'éloigna en claudiquant et Espiaux laissa traîner

son regard sur l'aspirant. Il le trouvait courageux mais il ne pouvait s'autoriser à le lui dire sans sortir de son rôle d'officier supérieur. Après un bref soupir, il traversa le passavant et gagna le gaillard d'arrière.

— S'il vous plaît, monsieur le lieutenant…

Le domestique du capitaine venait à sa rencontre.

— Excusez-moi de vous interpeller de cette manière mais le capitaine m'a confié une mission.

— Laquelle ? répondit Espiaux aussitôt sur la réserve.

— Connaissez-vous un passager du nom d'Antoine Richefort ?

— Non.

Poilleau était déçu. Il hésitait en se tortillant sur lui-même.

— C'est tout ? lâcha Espiaux assez sèchement.

— Oui… Et vous ne sauriez pas qui pourrait…

— Non.

Sans faire plus attention au domestique, Espiaux tourna les talons et s'approcha du timonier qui tenait la barre à roue. C'était un homme expérimenté, au visage énergique.

— Monsieur Goyet, tenez-vous prêt aux ordres, nous n'allons pas tarder à virer.

— Oui, lieutenant, j'ai vu que le vent avait tourné.

Dépassant la cage à volailles, Espiaux se rendit à la poupe de *La Méduse* près du mât de pavillon. Il resta un moment en arrêt devant le drapeau blanc, symbole de la royauté, que Louis XVIII avait rétabli à la chute de Napoléon pour remplacer la cocarde tricolore.

Espiaux avait une certaine nostalgie de l'Empire. Non pas qu'il ait jamais eu une affection particulière pour Napoléon mais parce que, sous son règne, le roturier avait toute sa chance d'être reconnu dès lors qu'il était un bon marin, courageux et brave dans les combats.

N'était-ce pas sous les guerres de l'Empire qu'il était devenu lieutenant de vaisseau ? Il avait vécu la défaite de Trafalgar et avait été prisonnier des Anglais. À Gibraltar, il était parvenu à s'évader pour rejoindre l'armée française au siège de Cadix. Ensuite, il avait commandé la flottille qui contrôlait l'embouchure du Guadalquivir.

Tout cela, c'était une autre époque où un homme décidé, partant de rien, pouvait s'élever dans l'échelle sociale et quitter sa condition. Depuis le retour du roi, des promotions en cascade avaient récompensé des nobles dont le seul mérite avait été de fuir en Angleterre en attendant la chute de celui qu'ils appelaient l'usurpateur.

Alors que le lieutenant posait les mains sur la rambarde arrière et évaluait la distance qui le séparait des autres navires de l'expédition, il entendit un bruit singulier en contrebas. Il se pencha en avant pour examiner la poupe du navire. Il ne put retenir une exclamation. Assis à l'intérieur du canot fixé à la poupe de *La Méduse*, un homme plongeait un seau dans l'eau et l'amenait à lui à l'aide d'une corde.

— Que faites-vous là ? cria-t-il d'une voix forte.

L'homme leva la tête vers l'officier. C'était Brédif.

— Encore vous ! Remontez, je vous prie.

Brédif saisit l'échelle de corde et, le seau à la main, rejoignit péniblement Espiaux. Parvenu sur le pont du gaillard, il posa le seau sur le sol.

— Qu'est-ce que vous faisiez dans le canot ? interrogea Espiaux.

Au même instant, un ordre se fit entendre, crié à pleins poumons par le lieutenant Raynaud.

— *Pare à virer !*

Aussitôt, les matelots se ruèrent à leur poste. Pour Brédif, c'était un grand désordre dont il ne percevait pas le sens. Omettant de répondre à la question du lieutenant, il observa les hommes qui prenaient position à chaque écoute de focs et de voiles d'étai, pour les filer le moment venu. D'autres couraient aux amures et aux écoutes de basse-voiles. Certains se trouvaient déjà aux cargue-point des basse-voiles, aux boulines de revers, aux cargues de la grand-voile d'étai et du foc d'artimon. D'autres se tenaient prêts au palan du gui pour le haler au vent ou aux palans des galhaubans volants pour les mollir à tribord et les abraquer à bâbord. Enfin, les gabiers se préparaient à pousser les arcs-boutants bâbord et à rentrer ceux de tribord.

— Répondez à ma question ! répéta Espiaux dont l'irritation croissait à mesure que Brédif semblait prendre plaisir à regarder les hommes à la manœuvre.

— Moi ? Je mesurais simplement la température de l'eau.

— La température de l'eau !? Mais pour quoi faire ?

— Pour la connaître.

Un nouvel ordre fut crié :

— *La barre dessous ! Hale le gui au vent !*

La Méduse vint rapidement au vent et les voiles carrées commencèrent à faseyer.

— *À Dieu vat !*

À ce commandement, on fila les écoutes de focs et les voiles d'étai puis on cargua la grand-voile d'étai. Brédif était émerveillé. Il avait envie de tirer le carnet de sa poche pour prendre des notes mais la présence du lieutenant le gênait. Celui-ci reprenait d'une voix forte :

— À quoi cela vous sert-il de la connaître, cette température ?

— Je vais la noter chaque jour pour en suivre l'évolution.

— *Lève les focs !*

— Vous allez la noter !?

— Oui, elle va certainement changer de jour en jour.

La Méduse continuait son auloffée et se mit enfin dans le lit du vent. Les ordres s'enchaînaient :

— *Change derrière ! Cargue le foc d'artimon ! Renverse la bouline du grand hunier ! Amure grand-voile !*

— Du reste, si vous voulez connaître la température de l'eau, dit Brédif et, se penchant, il retira précautionneusement son thermomètre du seau. Voyons, voyons… Seize degrés centigrades.

— *Borde les focs et les voiles d'étai !*

Il sortit calmement son carnet et nota la valeur de la température.

— C'est la première mesure depuis notre départ, affirma-t-il avec un clin d'œil en direction du lieutenant Espiaux.

— *Oriente au plus près derrière ! Amarre ! Passe aux bras de devant !*

— Écoutez-moi, monsieur Brédif. Je ne m'oppose pas à vos mesures mais vous ne pouvez pas descendre dans un canot au moment où nous virons de bord. C'est une manœuvre délicate et un canot n'est pas le lieu approprié pour y assister.

— *Change devant! Renverse la boulinette! Amure misaine!*

Distrait par l'agitation de l'équipage, Brédif effectuait des mouvements de tête affirmatifs.

— Vous m'avez bien compris? D'autant plus qu'aujourd'hui, cette manœuvre va se répéter souvent car nous sommes obligés de louvoyer pour avancer en raison de la position du vent.

— Ah? Cette manœuvre va se répéter? s'exclama Brédif, soudain joyeux à la perspective de pouvoir l'observer plus attentivement.

— *Oriente au plus près devant! Appuie les bras du vent!*

— Oui, elle va se répéter et je ne veux plus vous voir dans le canot tant que nous serons obligés de changer d'amure.

— Je vous le promets, assura Brédif.

*

L'aspirant Coudein avait rejoint Espiaux sur le gaillard d'arrière. Il avait croisé Brédif qui, le reconnaissant, l'avait salué poliment.

— Lieutenant, nous avons viré sans difficulté.

— Oui, j'ai eu un peu de mal à suivre la manœuvre en raison de ce savant que vous voyez partir, mais j'ai vu que tout a été exécuté avec précision. *La Méduse* a gagné au vent et conservé de l'erre, si bien qu'il n'a pas été nécessaire de toucher à la barre.

— C'est exact, lieutenant.

Espiaux s'était retourné et observait les trois autres navires de l'expédition. Bonne voilière, la corvette suivait sans difficulté et avait également viré de bord. Le brick allait bon train, un peu en retrait, et se préparait à virer aussi. Seule la flûte était distancée et s'écartait de la route empruntée par les trois autres navires.

— La flûte dérive… murmura Espiaux.

— Le vent de face la gêne. Ce n'est pas un bateau qui peut tirer des bords aisément pour remonter au vent.

— Certes.

Espiaux hésita à prendre la seule décision qui s'imposait. Tout contact avec Hugues Duroy de Chaumareys l'indisposait mais le lieutenant était un homme de devoir. Il connaissait les règles et il les avait toujours suivies.

— Coudein, allez prévenir le capitaine que *La Loire* dérive et ne peut pas nous suivre. Dites-lui que je souhaiterais qu'il vienne sur le pont pour le constater par lui-même.

Sans prononcer une parole, Jean-Daniel Coudein tourna les talons et traversa le gaillard d'arrière. Il tentait de marcher vite mais ses efforts paraissaient dérisoires. Le bras droit collé contre le corps, la main serrait la cuisse et semblait actionner la jambe à chaque pas. La douleur n'en était pas atténuée pour autant.

Espiaux mit la main en visière et observa plus attentivement la flûte qui ne cessait de dériver.

— Il me semble…

Il tira de son habit une petite longue-vue télescopique, qu'il déplia et colla à son œil droit.

— Oui, elle fait des signaux… qui nous sont destinés.

Espiaux attendit patiemment. Aurait-il été capitaine qu'il aurait agi immédiatement. Mais il ne l'était pas. Il soupira. L'attente dura plusieurs minutes et la flûte dérivait de plus en plus au point de se rapprocher de la côte d'une manière inquiétante. Le capitaine ne venait toujours pas.

— Mais que fait-il, bon Dieu !

C'était dit à voix basse et entre les dents mais Espiaux était hors de lui. Le respect de la hiérarchie devenait insupportable quand on devait servir un capitaine qui avait tout sauf la compétence de l'être. Arpentant le gaillard d'arrière, il cracha par terre en jurant.

Puis, n'y tenant plus, Espiaux se précipita vers le passavant tribord et descendit l'un des escaliers très raides qui menait au pont inférieur, celui de la batterie. Il traversa en oblique la grand-rue [1] jusqu'à la porte de la cabine du capitaine. Il frappa

[1] Sur une frégate, on appelle « grand-rue » la partie du pont inférieur qui est à ciel ouvert, entre le gaillard d'arrière et le gaillard d'avant et les deux passavants.

avec force. Il dut attendre que le domestique Jean Poilleau vienne ouvrir.

Il entra et resta un moment à considérer une scène improbable. Le capitaine était assis à sa table, l'air jovial. En face de lui, un homme aux cheveux ras et noirs, dégarnis au niveau des tempes, confortablement installé dans le fauteuil, tournait vers lui un visage satisfait.

Ce qui frappa le lieutenant Espiaux, ce fut la carafe de vin qui se trouvait sur le bureau et qui était à moitié vide. Alors, il remarqua que le capitaine et l'inconnu avaient chacun un verre à la main.

— Ah, monsieur Espiaux! lança le capitaine. Connaissez-vous Antoine Richefort?

Espiaux fit non de la tête tout en se souvenant qu'il s'agissait de l'homme que Poilleau cherchait. Il l'avait donc trouvé.

— Richefort appartient à la Société philanthropique du Cap-Vert. C'est l'un des meilleurs serviteurs du roi que je connaisse. Il l'a démontré à de nombreuses reprises. Mais c'est aussi un excellent marin qui connaît parfaitement les côtes du Sénégal et qui nous aidera dans cette navigation délicate.

Espiaux n'en revenait pas. Déjà excédé par l'attente sur le tillac, il trouvait le capitaine en train de boire avec un inconnu, qu'on lui présentait de surcroît comme un marin qui allait l'aider. Il prit une profonde inspiration pour conserver son sang-froid et dit tout à trac:

— Capitaine, je vous ai envoyé l'aspirant Coudein pour que vous veniez voir sur le gaillard d'arrière la flûte qui dérive dangereusement. N'est-il donc pas venu?

Chaumareys lampa une bonne gorgée de vin avant de répondre.

— Si fait, il est venu.

— Et alors?

— Je lui ai dit que nous ne pouvions en rien aider cette flûte et je lui ai ordonné d'aller se reposer dans sa chambre.

Stupéfié par une telle réponse qui montrait toute l'inconséquence du capitaine Chaumareys, Espiaux restait muet. Ainsi,

Coudein avait bien rempli sa mission mais il avait été tout simplement congédié. Au bout d'un instant, le lieutenant dit d'une voix blanche :

— Pardonnez-moi d'insister, capitaine, mais la flûte ne peut pas nous suivre. Elle dérive en raison de la marée montante. Elle fait des signaux pour nous demander de jeter l'ancre et de mouiller en attendant le retour du jusant.

— La marée montante ? La belle excuse que voilà ! répondit Chaumareys avec morgue. C'est surtout le lieutenant Gicquel des Touches qui ne sait pas diriger son navire !

— Capitaine, la flûte est une mauvaise voilière. Elle est aussi très lourdement chargée, transportant un tiers des troupes que nous acheminons au Sénégal sans compter une énorme quantité de marchandises.

Chaumareys esquissait une moue dubitative. Ses yeux fuyants évitaient ceux du lieutenant. Celui-ci poursuivait :

— Cette flûte n'est ni plus ni moins qu'une gabarre. Un gros bateau à fond plat pour transporter des marchandises !

— Oui, oui, une gabarre… répéta Chaumareys que le mot avait frappé.

— Elle est de plus en très mauvais état, sa coque en particulier. Des quatre navires de l'expédition, c'est de loin le plus lourd et le plus difficile à manœuvrer.

— Il faut aussi savoir y faire… tenta Chaumareys qui ne voulait pas perdre la face.

Richefort eut alors un sourire entendu, de connivence, qui exaspéra Espiaux. Malgré lui, il haussa le ton.

— Le meilleur capitaine du monde ne pourrait pas nous rattraper. Une frégate est un navire doué d'une marche supérieure, sa manœuvre est prompte et facile. En plus, en raison du nombre important de troupes et de passagers embarqués, *La Méduse* a été « armée en flûte », c'est-à-dire que nous n'avons que douze canons au lieu de quarante-quatre, ce qui augmente encore considérablement sa vitesse.

— Oui, oui, certes… murmurait Chaumareys en écoutant cette explication.

Richefort souriait toujours et il dit soudain d'une petite voix pointue :

— Vous êtes un ami de Gicquel des Touches ?

— Moi ?

— Oui, vous ! À qui donc voulez-vous que cette question s'adresse ? À notre capitaine Hugues Duroy de Chaumareys ?

Espiaux comprit le sens insidieux de la question. Il ne s'agissait pas d'amitié, mais de politique. Richefort lui demandait si, comme on pouvait le soupçonner pour Gicquel des Touches, il était un royaliste de façade tout en restant bonapartiste dans l'âme. Espiaux se troubla.

— Je connais mal Gicquel des Touches…

— N'étiez-vous pas à Trafalgar tous les deux ?

Espiaux reçut un coup au cœur. Cet inconnu savait-il vraiment que les deux lieutenants avaient participé à la bataille de Trafalgar ou était-ce du bluff ?

— C'est possible, fit-il froidement.

— Donc, vous vous connaissez ?

— Si nous étions à Trafalgar, nous n'étions pas sur le même navire. Nous nous sommes surtout rencontrés à Aix avant le départ. Il m'a montré le sale état de son bateau et je lui ai fait visiter *La Méduse*. Rien de plus !

— Ne nous fâchons pas, lieutenant, dit Richefort de la même voix pointue exaspérante. C'était une simple question…

Et il se retourna sur son fauteuil, reprenant sa position face au capitaine, cessant de regarder Espiaux et ne lui montrant plus que son dos. De ne plus voir la face de fouine de Richefort rendit soudain à Espiaux toute son audace.

— Lier connaissance avec les commandants des différents navires de l'expédition est chose naturelle. J'ai rencontré également le capitaine François-Marie Cornette de Vénancourt et le lieutenant de vaisseau Léon Henry de Parnajon. Vous posez de curieuses questions, monsieur ?

Richefort ne répondit pas et Espiaux ne voyait plus son visage. Mais Chaumareys paraissait embarrassé par la tournure de la conversation. Espiaux eut une inspiration soudaine.

— Capitaine, n'avez-vous pas vous-même invité le lieutenant Gicquel des Touches dans votre cabine avant le départ en tant que chef de cette expédition ? Rien de plus normal, n'est-ce pas ?

Ce n'était plus de l'embarras à présent pour Chaumareys, c'était une véritable contrariété que de repenser à cette entrevue. Il ne pouvait pas la nier pour autant.

— Oui, bien sûr... bien sûr... dit-il d'un ton qui se voulait apaisant. Je ne souhaite pas de querelles entre vous et M. Richefort. Ne vous méprenez pas sur le sens de sa question. Comme vous sembliez défendre Gicquel des Touches comme un ami, il vous a demandé si c'était le cas.

Richefort ne dit rien mais porta le verre à ses lèvres et but une assez longue gorgée de vin.

— Capitaine, reprit Espiaux avec force, la flûte dérive et nous a avertis par signaux qu'elle va devoir rapidement jeter l'ancre. Décidons-nous d'attendre avec elle ou partons-nous sans elle ?

La question était posée avec une certaine brutalité. Elle mettait Chaumareys face à ses responsabilités de chef de l'expédition. Le capitaine hésitait entre sa rancune envers Gicquel des Touches, qu'il aurait bien aimé abandonner à son sort, et la logique de la mission coloniale pendant laquelle les quatre navires étaient censés faire route ensemble.

Espiaux vit distinctement que le capitaine interrogeait Richefort du regard. Il crut voir la nuque de Richefort osciller imperceptiblement. L'instant d'après, Chaumareys déclarait, en usant de ce ton caractéristique qu'il prenait quand il voulait montrer son autorité :

— Lieutenant Espiaux, décidez du meilleur endroit pour mouiller. Nous attendrons la marée descendante.

— Bien, capitaine.

Espiaux s'inclina et tourna les talons sans rien ajouter. Il sortit en refermant la porte assez brusquement. Traversant de nouveau la grand-rue, il remonta l'escalier pour accéder au passavant.

La Méduse venait de virer de bord une seconde fois et se retrouvait de nouveau tribord amure. Espiaux s'apprêtait à gagner le gaillard d'avant quand il se heurta au lieutenant Raynaud.

— Ah, Espiaux ! dit celui-ci. *La Loire* fait des signaux. Elle demande si nous acceptons de jeter l'ancre car elle ne peut remonter au vent et ne cesse de dériver. J'allais en informer le capitaine.

— C'est fait.

— N'était-ce pas à moi de le faire en tant que premier lieutenant ? répliqua Raynaud en se cabrant soudain.

— C'est exact. Mais ça m'a paru urgent et j'ai envoyé le jeune Coudein.

Que le second lieutenant ait délégué un jeune aspirant pour informer le capitaine suggérait qu'il n'avait pas eu l'intention coupable de contourner la voie hiérarchique. Pourtant, Raynaud, soucieux de ses prérogatives, restait méfiant. Espiaux reprit :

— Le capitaine a accepté de mouiller et d'attendre la prochaine marée descendante. Pour un peu, il filait en abandonnant *La Loire* !

— Est-ce possible ?

— Hélas oui, c'est inconcevable mais possible !

Puis, désirant rétablir une relation de confiance avec le premier lieutenant, Espiaux baissa la voix et chuchota à l'oreille de Raynaud :

— Méfiez-vous d'un homme qui est cul et chemise avec le capitaine. Il s'appelle Richefort et appartient à la Société philanthropique du Cap-Vert. C'est un individu qui n'aime guère les bonapartistes.

Raynaud regarda vivement autour de lui et répondit à haute voix :

— Bien, je m'occupe de faire mouiller *La Méduse*. Prévenez *L'Argus* et *L'Écho* de nos intentions.

*

Un calme inattendu tomba sur *La Méduse* après que l'ancre fut jetée dans la Rade des Basques. L'équipage se trouva désoccupé et chacun vaquait à des occupations domestiques. Espiaux songea aux soldats entassés dans l'entrepont et jugea que le moment était bien choisi pour qu'ils sortent sur le pont afin de s'aérer.

Il chercha des yeux le commandant Poinsignon, sans succès.

Peut-être celui-ci se reposait-il dans sa chambre ou bien était-il reçu par le gouverneur Schmaltz ? À tout hasard, Espiaux décida de descendre à l'entrepont à la recherche d'un officier de troupe.

Il dégringola de nouveau le roide escalier au niveau du passavant, atterrit sur le pont de la batterie et s'engouffra dans la grande écoutille pour descendre à l'entrepont. Une fois au bas de l'escalier, il attendit un moment que ses yeux s'habituent à l'obscurité. L'entrepont grouillait de soldats assis par terre dans le plus grand désordre et qui jouaient aux cartes ou aux dés, discutaient bruyamment ou dormaient. Ceux qui se trouvaient non loin de l'escalier se turent quand ils reconnurent l'uniforme du lieutenant.

La partie arrière de l'entrepont était occupée par les chambres des officiers de l'état-major, à l'exception des chambres des deux lieutenants qui se trouvaient au pont supérieur de la batterie, non loin de celle du capitaine. D'ordinaire, le reste de l'entrepont, jusque sous le gaillard d'avant, était occupé par l'équipage et les hommes y suspendaient leur hamac pour dormir. Pour cette traversée, les soldats s'y étaient également installés.

Cependant, en rade d'Aix, peu avant le départ, face à l'afflux des civils, des chambres en toile avaient été montées un peu en catastrophe dans cette partie médiane de l'entrepont. Elles avaient été alignées sur les deux côtés, laissant un vaste couloir central occupé par les soldats, les marins dormant dans la partie située sous le pont du gaillard d'avant.

Espiaux aperçut un homme qui remontait de la cale et dont la tête émergeait de l'écoutille. Il n'y avait pas d'escalier pour aller à la cale. La descente et la remontée s'effectuaient grâce à des encoches ménagées le long d'une épontille [1], ce qui requérait une certaine habitude. L'homme prit pied sur le sol de l'entrepont en soufflant. Espiaux reconnu M. Picard.

La famille Picard ! La venue de cette famille constituée de M. Picard (veuf en premières noces), de ses deux filles et

[1] Poutre verticale.

d'une nièce, de sa nouvelle épouse et de ses quatre enfants dont l'un encore bébé, avait posé un problème de promiscuité avec les rudes soldats. En raison des protestations de M. Picard qui réclamait un lieu convenable pour les siens, arguant qu'il y avait là une dame, des demoiselles et de jeunes enfants, une nouvelle chambre fut également montée près de la grande batterie, à l'étage supérieur, celui où se trouvaient déjà le capitaine, les deux lieutenants, le gouverneur Schmaltz et sa famille.

Si M. Picard avait obtenu gain de cause, il avait agacé l'état-major de *La Méduse* par ses exigences. Certes, ce n'étaient pas des caprices – une seule chambre pour neuf personnes – mais Charles Picard n'était pas homme à se laisser marcher sur les pieds et il n'hésitait pas à donner son opinion avec force. Cette nombreuse famille, en particulier la dame et les demoiselles, retenait l'attention des matelots qui ne cessaient de lorgner dans leur direction quand ils se promenaient sur le pont. Bref, les Picard ne passaient pas inaperçus et il n'y avait personne sur la frégate qui ignorât leur existence.

M. Picard avait été greffier-notaire au Sénégal de 1802 à 1809, date à laquelle les Anglais avaient annexé les possessions françaises. Il avait donc été un personnage important à Saint-Louis, rédigeant et enregistrant toutes sortes d'actes notariés relatifs au négoce, aux ventes des maisons, des terrains et des esclaves. C'était un poste stratégique qui lui avait valu autant d'inimitiés que de solides amitiés. Rentré en France en 1809, il venait d'être affecté au même poste par la royauté puisque les Anglais avaient accepté par traité de restituer aux Français les établissements français du Sénégal, dont Saint-Louis.

Frappant son vêtement avec le plat de la main, Picard le brossait vigoureusement et une auréole de poussière se formait autour de lui. Espiaux s'approcha.

— Monsieur Picard?

— Oui? dit Picard en se redressant et en reconnaissant le lieutenant.

— Vous êtes descendu à la cale?

Picard eut un petit rire amusé.

— Vous êtes très observateur !

C'était dit sur le ton de l'humour, sans insolence, et Espiaux n'en prit pas ombrage. Il faisait néanmoins encore et toujours la même constatation. Les civils en prenaient à leur aise et visitaient la frégate – qui dans un canot, qui à la cale – sans jamais demander la permission de le faire à l'état-major du navire.

— Aviez-vous une raison précise de vous rendre à la cale ? demanda-t-il.

— Aucunement ! C'est M. Brédif qui désirait la visiter et il m'a demandé fort opportunément si je désirais me joindre à lui. Ce que j'ai fait, et je ne le regrette pas ! C'est extraordinaire, la cale !!

— M. Brédif !? Parce qu'il est avec vous ?

— Oui, il est là.

M. Picard pencha la tête au-dessus de l'écoutille et cria :

— Vous venez, monsieur Brédif?

— J'arrive ! fit la voix d'un homme qui remontait le long de l'épontille, posant l'extrémité de ses chaussures dans les encoches taillées à cet effet et se hissant au fur et à mesure avec les bras.

Brédif jaillit de l'écoutille en souriant.

— Ah, lieutenant Espiaux ! Ravi de vous revoir…

Espiaux les regarda tour à tour et posa finalement son regard sur Brédif qu'il considéra comme le meneur en cette affaire.

— Messieurs, on ne descend pas à la cale sans raison précise, ni sans l'autorisation d'un officier. Je vous rappelle qu'une frégate est un navire de guerre et que la discipline doit y régner.

— Pardonnez-nous, répondit Picard.

Espiaux espérait la même contrition chez Brédif mais ce ne fut pas le cas.

— Tout de même, la cale, c'est immense ! s'écria Brédif. Je ne m'imaginais pas un tel univers sombre et cloisonné. Il y a au moins six compartiments et certains sont divisés horizontalement par des sortes de planchers !

— Je sais, monsieur Brédif, dit Espiaux froidement.

— Nous avons visité la cale à eau et la cale à vin ! Toutes ces barriques, ces pièces à eau ! C'est extraordinaire la quantité de vin et d'eau que nous avons à bord ! Des milliers de litres !

— Il faut compter deux litres d'eau par jour par personne.

Brédif ferma les yeux, fronça les sourcils, et ses lèvres s'agitèrent sans bruit.

— Donc, pour un voyage comme le nôtre, si je compte un mois de traversée jusqu'à Saint-Louis, il y a au moins vingt-quatre mille litres d'eau !

— Si les vents nous portent et avec un navire aussi rapide qu'une frégate, la traversée ne devrait pas excéder trois semaines, précisa Picard, toujours prompt à rappeler qu'il avait déjà effectué ce voyage plusieurs fois.

Espiaux acquiesça d'un signe de tête. Brédif reprit :

— Et puis, ces cordages, ces câbles, ces grelins, ces aussières, etc., tous bien lovés ou pliés dans leur compartiment ! Des ancres aussi ! Et l'armement ! Hélas, on ne voyait pas grand-chose malgré nos briquets. Par exemple, qu'est-ce qu'il y a dans toutes ces soutes ?

— Dans les soutes qui sont dans la cale à vin au-dessus du second plan d'arrimage ?

— Oui, là, précisément.

— Toute sorte de nourriture : les légumes, le fromage, la morue, du vinaigre, de l'eau-de-vie, de l'huile, la farine, les biscuits...

— Et dans les barils ?

— Les salaisons.

Brédif enfonça la main dans sa poche et palpa la toile réconfortante de son carnet. Il n'osait le sortir cependant.

— Il y a aussi une grande quantité de rats et de souris dans la cale ! Ça grouille de partout ! ajouta-t-il.

— Nous faisons tout pour nous en débarrasser mais c'est très difficile, croyez-moi ! dit Espiaux.

Brédif allait poursuivre mais Espiaux le coupa net et s'adressa directement à Picard.

— N'auriez-vous pas vu M. Poinsignon, le commandant des compagnies de soldats ? Je le cherche.

— Non, mais le capitaine d'infanterie Dupont était dans sa chambre avant que nous décidions de descendre à la cale.

— Le capitaine Dupont ? Je n'ai pas été formellement présenté…

— J'ai discuté avec lui, c'est un homme d'un commerce agréable, quoique un peu réservé… Il dirige la deuxième compagnie. Après le chef de bataillon Poinsignon, c'est l'officier le plus gradé. Il devrait être en mesure de vous dire où se trouve le commandant.

— Sa chambre ?

— Une chambre en toile, du côté opposé, la cinquième sur la droite, à côté de celle de M. Corréard. Vous connaissez ?

— Non.

— C'est un géographe.

Espiaux sourit et se tourna vers Brédif.

— Un de vos collègues en somme ?

— Pas vraiment, répondit Brédif. Je connais très bien un géographe sur ce navire : Dechatelus, c'est même un ami, mais pas ce Corréard.

— Corréard est membre de la Société philanthropique du Cap-Vert, intervint Picard.

Désormais, pour Espiaux, la Société du Cap-Vert évoquait Richefort et sa méfiance englobait tous les membres de ladite société. Il ne fit aucun commentaire.

— Messieurs, je vais vous demander votre parole de ne plus descendre à la cale sans mon autorisation ou, bien entendu, celle du capitaine M. de Chaumareys ou du premier lieutenant, M. Raynaud.

— Vous l'avez, lieutenant, dirent Picard et Brédif d'une seule voix.

Espiaux s'éloigna. Il marchait précautionneusement dans l'allée centrale de l'entrepont dans la direction indiquée par Picard. Le plafond était si bas qu'il devait baisser la tête. Il enjambait les groupes de soldats qui se taisaient sur son passage. Bien que les soldats d'infanterie ne soient pas soumis aux ordres d'un marin, fût-il militaire, la vue d'un officier supérieur les calmait instinctivement.

Face aux toiles de tente, Espiaux les compta et s'approcha

de la cinquième. Il ne pouvait frapper puisqu'il n'y avait pas de porte mais une sorte de drap blanc qui, tombant jusqu'à terre, masquait l'entrée. Il appela d'une voix claire :

— Capitaine Dupont ?

Une main écarta le drap. Un homme jeune, moustachu, les cheveux frisés et un peu long, le nez droit et fort, le menton effacé, apparut soudain et sourit plaisamment.

— Non, Alexandre Corréard. Que puis-je pour vous ?

De surprise, Espiaux fit un pas en arrière.

— Je cherchais le capitaine Dupont.

— Le capitaine Dupont ? C'est la tente à côté.

Au même instant, une voix forte se fit entendre provenant de la tente désignée par Corréard.

— Qui me demande ?

— Le lieutenant de vaisseau Espiaux.

Aussitôt, un homme sortit de la tente. En uniforme de capitaine d'infanterie, Dupont contrastait fortement avec le jeune Corréard. Âgé de quarante ans, grand, solide sur ses jambes, le torse puissant, il avait une mâle apparence qui aurait pu inquiéter si les traits de son visage ne révélaient pas d'emblée un homme honnête et droit. Il fit un salut militaire auquel répondit Espiaux.

— Capitaine, nous avons jeté l'ancre dans la baie et le moment me paraît favorable pour que vos hommes puissent se détendre et se dégourdir un peu sur le pont.

Corréard ne rentrait pas dans sa tente et écoutait comme si la rencontre entre les deux militaires le concernait. Il se permit même d'intervenir.

— Ça va leur faire du bien, en effet ! Ils sont vautrés en vrac, avachis comme des loques, et il est temps qu'ils se secouent !

Dupont se tourna lentement vers Corréard. Il était indigné et répliqua sur un ton glacial :

— Monsieur, ces soldats sont au contraire très disciplinés. Ils sont cantonnés dans l'entrepont, ce qui n'est guère amusant, et ils s'y cantonnent.

Autour d'eux, les soldats s'étaient tus et écoutaient à leur tour. Le silence qui suivit fut embarrassant. Corréard fit une petite moue à laquelle il était difficile de donner une signification quelconque et rentra dans sa tente sans répondre.

— Lieutenant, je vous remercie de cette attention. Je vais organiser une sortie d'une trentaine de minutes pour mes hommes par groupes de vingt.

Espiaux traversa à nouveau l'entrepont où la nouvelle d'une sortie à l'air libre se propageait, provoquant l'effervescence des soldats. Il remonta sur le pont supérieur de la batterie. Dans la grand-rue, il vit Brédif en conversation avec Charlotte et Caroline, les deux filles aînées de Picard, et leur cousine. Les trois jeunes filles écoutaient avec fascination le jeune savant décrire la cale de *La Méduse*.

Non loin de là, M. Picard, entouré de ses trois jeunes enfants, les surveillait du coin de l'œil. À ses côtés, sa seconde épouse donnait discrètement le sein à leur dernier-né.

4

— Non, monsieur Coudein, M. Follet n'est pas disponible. Voyez avec l'assistant chirurgien, M. Savigny.

Coudein insistait mais le domestique du chirurgien-major était intraitable. Il avait des consignes et il s'y tenait.

— Savigny, je vous dis. Savigny vous verra, mais pas M. Follet.

Depuis deux jours que le jeune aspirant tentait de voir le chirurgien de *La Méduse* pour lui montrer l'état de sa jambe, il se heurtait au même refus. Le chirurgien-major n'était jamais disponible. Pas pour lui en tout cas…

Il se résigna à se mettre à la recherche de Savigny. Il n'avait rien contre l'assistant chirurgien mais, par un réflexe somme toute naturel, il aurait préféré être examiné par le chirurgien-major, plus âgé et donc fatalement plus expérimenté. Savigny et Coudein avaient pour ainsi dire le même âge, vingt-trois ans pour l'un, vingt-deux pour l'autre.

De plus, il lui fallait redescendre à l'entrepont. Affronter cet escalier si raide avec une jambe qui le faisait souffrir était une épreuve. Dans l'entrepont, il claudiqua péniblement jusqu'à la chambre de Savigny. Par chance, celui-ci était là et répondit dès que Coudein frappa.

Savigny travaillait tranquillement et, à l'entrée de Coudein, il ne referma même pas le livre de médecine qui traînait sur son matelas, pressé de reprendre sa lecture. Affecté à l'école de santé de Rochefort, aide-chirurgien de troisième classe, il complétait sa formation sur *La Méduse* avec application.

— Ah, Coudein ! C'est pour votre jambe ?

— Oui.

— M. Follet n'est pas disponible, c'est cela ?

Savigny n'était pas dupe mais, constatant l'embarras de Coudein, il eut l'élégance de ne pas insister.

— Montrez-moi ça !

Coudein remonta la jambe droite de son pantalon jusqu'au niveau du genou. Il se tourna pour montrer le mollet.

— Holà ! fit Savigny en sifflant.

Sur dix centimètres de longueur, en oblique, la peau était déchirée comme celle d'une orange et, retroussée aux extrémités, elle bâillait largement en laissant apparaître la chair à vif.

— Comment vous êtes-vous fait cela ?

— C'est une élingue du cabestan qui s'est détachée. Elle m'a fauché au niveau de la jambe. J'ai été soulevé au moment de l'impact et je suis retombé sur le dos.

— Et le dos n'a rien ?

— Non, ça va.

Savigny examinait attentivement la plaie.

— Je suppose que ça fait mal…

— Assez, oui.

— Il n'y a pas que la déchirure de la peau, toute la zone est bleuie.

Avec l'index, Savigny appuya à plusieurs reprises à distance de la plaie. Coudein ferma les yeux sous la douleur et laissa échapper une plainte.

— Le muscle aussi a été écrasé. J'espère seulement que l'os n'a pas été touché. C'est en sale état tout ça… Il faudrait du repos.

— Du repos ? s'écria Coudein en souriant ironiquement. Nous venons à peine de partir ! Je suis élève officier, aspirant de première classe, et je tiens à passer officier à l'issue de ce voyage ou du prochain. Pas à être considéré comme un tire-au-flanc !

— Je comprends… murmura Savigny.

N'avaient-ils pas tous les deux la même préoccupation, un objectif similaire ? L'un voulait devenir enseigne de vaisseau, l'autre chirurgien, l'un et l'autre promus ainsi au rang d'officiers de marine. Savigny réfléchissait. Si le repos n'était pas envisageable, il fallait au moins éviter la gangrène, toujours possible bien que la plaie parût propre, et tenter de réduire un peu la douleur. Il se releva.

— Allons au poste de chirurgien, je vais vous soigner.

Quittant la petite chambre, ils longèrent le carré des officiers et pénétrèrent dans une pièce particulièrement exiguë. L'ameublement était des plus rudimentaires ; un matelas pour allonger un blessé, deux chaises, des placards contenant les instruments de chirurgie, les pansements et les médicaments.

— Asseyez-vous. Je vais vous appliquer un onguent qui devrait vous soulager et accélérer la cicatrisation. Puis je vous banderai pour limiter les forces de traction qui s'exercent sur la plaie quand vous marchez.

Assis sur une chaise, Coudein regardait Savigny préparer le baume salvateur.

— Vous savez qu'il y a un dîner organisé ce soir par le capitaine et le gouverneur ?

— Je l'ai appris, répondit Savigny en écrasant des plantes dans un récipient et en les mélangeant avec une huile.

— Je n'y suis pas convié… lâcha Coudein.

— Moi non plus.

Coudein resta un moment silencieux, les yeux dans le vague. Puis, il reprit :

— Je n'en suis pas étonné.

— Pourquoi ?

Leur jeunesse et leur situation similaire les rapprochaient. Coudein se laissait aller à des confidences qui, à d'autres, auraient pu paraître imprudentes.

— Vous savez que mon père était capitaine de vaisseau et qu'il a servi sous l'Empire. Il commandait le régiment de marine de l'île d'Aix en 1815 quand l'empereur s'y est rendu après la défaite de Waterloo. Au retour de la royauté, il a été mis d'office à la retraite. On ne lui a pas pardonné de faire son devoir.

— Je vois... dit Savigny en saisissant l'autre chaise et en s'asseyant à côté de Coudein.

De la main, il appliquait délicatement le baume sur la plaie.

— C'est froid, dit soudain Coudein.

— Et ça soulage, non?

— Oui.

Coudein soupira et reprit:

— Bref, vous imaginez bien que le capitaine, qui n'ignore sans doute rien de ce que fut mon père, ne me porte pas dans son cœur.

— Je le conçois aisément...

Savigny enroulait une bande autour du mollet de Coudein.

— Dites-moi si je serre trop.

— Non, ça pourrait même l'être plus.

Quand le pansement fut épinglé, Savigny demanda à Coudein de marcher. L'aspirant fit quelques allers et retours dans la pièce étroite.

— C'est mieux?

— Oui, sans conteste! Il y a loin encore jusqu'à la guérison mais c'est moins douloureux.

Savigny rangea le matériel qu'il avait sorti d'un placard. Il se retourna soudain et fit face à Coudein.

— Vous savez, la politique, mieux vaut ne pas s'en préoccuper. Nous n'avons aucune prise sur tous ces événements. Il nous faut seulement taire nos préférences si, par hasard, elles ne correspondaient pas au pouvoir en place.

— Vous êtes très pragmatique... Pour moi, la fidélité aux idéaux de mon père est importante.

Frottant l'une contre l'autre ses mains rendues grasses par l'huile, Savigny hocha longuement la tête.

— Mon père est mort quand j'avais douze ans. Je l'ai peu connu, ce qui explique peut-être ma position. Je ne voudrais pas que vous preniez ma position pour de l'opportunisme. Quand on est seul, on doit tracer sa route par soi-même.

C'était dit sans reproche mais Coudein crut y discerner une allusion à la situation de capitaine de vaisseau de son père. Il dit aussitôt:

— Je me suis engagé comme mousse à l'âge de dix ans. J'ai gravi un à un les échelons sans en sauter aucun.

— Ceci vous honore.

Ils s'apprêtaient à quitter le poste de chirurgie quand Savigny dit encore :

— Que le capitaine ne vous aime pas, c'est très probable. Mais en ce qui concerne ce dîner, j'ai cru comprendre qu'il était destiné à ceux qui allaient rester au Sénégal. Le gouverneur devrait les informer des intentions politiques de notre gouvernement. Il est donc normal que ni vous ni moi n'y soyons conviés puisque, dès que nous aurons touché Saint-Louis, notre mission est de ramener *La Méduse* en France.

⋆

Le gouverneur avait chargé son secrétaire Griffon du Bellay d'informer un à un les élus sollicités pour le dîner. À sept heures du soir très précisément, les invités devaient se rendre dans la salle du conseil qui avait été choisie en raison de sa capacité d'accueil.

Le gouverneur avait exclu tous les membres de l'état-major, hormis le capitaine, jugeant inutile de détailler cette mission devant des hommes qui – comme l'avait très justement compris Savigny – n'étaient pas destinés à rester au Sénégal. À l'inverse, il avait sollicité le chef de bataillon Poinsignon et le capitaine Dupont puisqu'ils commandaient des troupes qui allaient stationner au Sénégal et y apporter la sécurité souhaitée aux colons et aux établissements français. De même, il avait décidé d'inviter Picard dont le rôle dans le fonctionnement administratif de l'établissement de Saint-Louis était important.

Il avait hésité au sujet des femmes. En particulier son épouse et sa fille devaient-elles être présentes ? Cependant, si celles-ci participaient au dîner, ne devait-il pas inviter l'épouse de Picard, ses deux filles et sa nièce ? Sans compter que cette épouse ne se séparait que rarement de son bébé qu'elle tenait presque continuellement dans les bras. Il s'en était ouvert au capitaine qui s'était exclamé en levant les bras au ciel :

— Ah, cette encombrante famille Picard ! Toute cette marmaille et ce bébé encore à la mamelle !

Ce qui ne l'avait pas incité à les inviter. Le gouverneur avait par ailleurs remarqué que son épouse s'intéressait beaucoup à ce bébé et parlait souvent à Mme Picard. Il jugea plus sage d'organiser un dîner à part où seraient réunies son épouse, sa fille et la famille Picard – sans le père. Les deux femmes de chambre, en particulier Marie-Sophie Diebo dont la couleur de peau avait si remarquablement excité l'imagination du capitaine, s'occuperaient à merveille de les servir ce soir-là. Il estima que, de cette manière, chacun y trouverait son compte et qu'il ne subirait aucun reproche de la part de son épouse pour l'avoir écartée de ce dîner.

— Ainsi chaque chose sera à sa place et bien ordonnée : la politique aux hommes, les bébés et les enfants aux femmes ! avait-il annoncé au capitaine qui lui avait répondu par un petit rire aigu.

Ponctuels, Brédif et Dechatelus étaient arrivés les premiers. Ni le gouverneur ni le capitaine n'étant là, ils patientèrent debout dans la salle du conseil face à la table déjà dressée par les domestiques. Le botaniste Leschenault les rejoignit peu après et ils formèrent un petit groupe qui discutait à voix basse.

Quand Corréard entra, il hésita sur le seuil mais, apercevant les trois hommes, bien que ne les connaissant pas, il se mêla à eux. Picard suivit peu après, salua le groupe de scientifiques mais n'osa pas s'immiscer dans leur conversation.

Le capitaine pénétra dans la salle en compagnie de Richefort. Celui-ci se tenait presque serré contre lui et souriait béatement à chacun comme s'il était le maître de cérémonie.

— Messieurs, dit le capitaine aimablement, je suis très honoré par votre présence.

Il remarqua soudain l'absence du gouverneur et des deux militaires d'infanterie. Il n'eut pas le temps de s'en étonner que ceux-ci, ensemble, ouvraient la porte de la salle du conseil. Le gouverneur tenait à la main un portefeuille en cuir. Chaumareys les salua en souriant et leur fit signe d'avancer.

Le capitaine et le gouverneur avaient auparavant discuté de la répartition des convives. L'un et l'autre s'étaient réservé les deux extrémités de la table rectangulaire. Ils se faisaient donc face et cette symétrie témoignait de leur haute fonction. Le gouverneur demanda au commandant Poinsignon et au capitaine Dupont de s'asseoir à sa droite et à sa gauche, respectivement. Chaumareys fit signe à Richefort de venir s'asseoir à sa droite. Au moment où ce dernier prenait place, Corréard saisit la chaise qui se trouvait à gauche du capitaine et s'assit. Éberlué par cette initiative, Chaumareys le regarda mais il n'osa rien dire. Son plan de table était soudain brouillé, ce que chacun comprit, sauf Corréard. Cet incident inattendu dérouta le capitaine qui ne savait plus comment poursuivre la répartition. C'est Schmaltz qui sauva la situation.

— Messieurs Brédif et Dechatelus, vous êtes amis, je crois ?

— Oui.

— Eh bien, asseyez-vous donc tous les deux entre le commandant Poinsignon et M. Corréard.

Il ne restait plus que deux places entre Dupont et Richefort où Picard et Leschenault allèrent naturellement s'asseoir. Le hasard voulut que Richefort et Picard se trouvent côte à côte.

— Poilleau ! appela le capitaine.

La porte s'entrouvrit et le visage du domestique de Chaumareys apparut.

— Poilleau, dites aux cuisiniers que nous sommes prêts et qu'ils peuvent servir.

Le repas débuta dans un silence gêné et Schmaltz se sentit obligé de lancer les conversations. Alors que chacun avalait les premières bouchées, il s'adressa d'abord à Brédif.

— Alors, monsieur Brédif, que savons-nous de la géologie du Sénégal ?

Pris de court, Brédif resta un moment la fourchette en l'air.

— Peu de chose et, pour ainsi dire, rien. Tout est à découvrir.

— Mais encore ? insista Schmaltz.

— Si j'en crois les quelques très rares descriptions auxquelles j'ai eu accès, il y a des roches sédimentaires, sans doute du calcaire et du grès, mais aussi du granit et des gneiss. Mais ces comptes rendus de voyages étaient très confus et je ne puis affirmer qu'ils soient exacts.

— Du côté de Saint-Louis, j'ai lu qu'il y avait beaucoup d'alluvions et, plus au sud, des dunes rouges, si bien que le substratum est indéfini dans ce secteur, se permit d'ajouter Dechatelus. Je l'ai lu, mais est-ce bien certain ? Comme le dit mon ami Brédif, on se perd en conjectures. C'est pourquoi nous sommes impatients de nous y rendre.

Picard s'agita sur son siège.

— Tout de même, il y a une chose très frappante, dit-il.

— Quoi ? demanda le capitaine.

— Sur la presqu'île du Cap-Vert…

Comme Picard évoquait le Cap-Vert, Corréard et Richefort levèrent le nez de leur assiette.

— C'est une curiosité, reprit Picard, mais je les ai vues moi-même. Sur cette presqu'île, qui est plate comme la paume de ma main, il y a deux fortes collines côte à côte qui ressortent du plateau comme deux tétons de femmes [1].

Il y eut quelques rires amusés. Dans la tête des convives, ces deux tétons évoquaient ceux de Mme Picard donnant le sein à son bébé. Quelques clins d'œil furent échangés qui échappèrent heureusement à Picard, lequel poursuivait, tout à sa joie de montrer qu'il était le seul à connaître le Sénégal.

— Et les roches de ces deux collines sont noires ! Parfaitement noires ! C'est surprenant à voir !

— Naturellement, fit soudain Corréard. Deux mamelles de négresses ! C'est bien normal au Sénégal !

Cette fois-ci, ce furent de véritables éclats de rire, qui se prolongèrent pour certains en fous rires irrépressibles. Le commandant Poinsignon en sortit même son mouchoir pour s'essuyer les yeux. À l'inverse, le capitaine Dupont, qui depuis le début du repas se tenait assez raide sur sa chaise, avait à peine esquissé un sourire.

— Et la géographie de Saint-Louis, monsieur Dechatelus, vous la connaissez ? demanda Schmaltz désireux de calmer les esprits et de redonner au dîner un tour plus sérieux.

— Ce que nous en savons tient en peu de chose. Le fleuve

---

[1] Il s'agit de deux volcans très rapprochés.

Sénégal, à l'embouchure duquel est bâtie la ville de Saint-Louis, sépare deux territoires totalement différents. Au nord, des déserts de dunes à l'infini ! C'est la patrie des Maures, tribus nomades qui sont redoutables, habituées aux pillages et vivant de multiples rapines.

— Des sauvages en somme ! s'exclama Chaumareys. Comme tous les nègres !

— Si je puis me permettre, capitaine, les Maures ne sont pas vraiment noirs. Ils sont mats, sans plus. Enfin, disons qu'ils sont nettement moins noirs que les autres.

— Quels autres ?

— Ceux qui vivent au sud du fleuve Sénégal, dans le royaume du Galam. Ceux-là sont des nègres comme ceux auxquels vous pensez. Ils vivent dans des territoires plus arrosés que celui des Maures et, par là même, moins désertiques.

— Tout cela est tout à fait exact, ponctua Picard. J'ajoute que le royaume du Galam produit quantité de cristal de roche, de pierres transparentes et de beau marbre. Vous verrez, monsieur Brédif, vous y découvrirez des tas de choses.

— Je m'en réjouis, dit Brédif qui écoutait attentivement.

Le gouverneur voulut arrêter Picard qui commençait à monopoliser la parole mais celui-ci poursuivait :

— Le Galam est aussi très riche en bois de couleur qui...

— Qui sont de couleur noire, comme de bien entendu ! s'exclama Corréard et on rit de nouveau à cette saillie.

Picard, interrompu au milieu d'une phrase, fronça les sourcils, et Schmaltz en profita pour reprendre la main.

— Et la ville de Saint-Louis ? Avez-vous des données, monsieur Dechatelus ?

Comme Dechatelus restait sec sur le sujet, Picard reprit aussitôt avec autorité :

— La population de Saint-Louis est d'environ dix mille âmes, dont cinq cents Européens, deux mille nègres ou mulâtres libres, et à peu près sept mille cinq cents esclaves. Il n'y a à Saint-Louis que cent cinquante maisons bâties à l'européenne. Le reste des habitations se compose de simples cases en roseaux ou de huttes en paille. Le feu y fait parfois des ravages ! Il y a aussi beaucoup de maisons de briques. Les rues sont larges mais non pavées. Et il y a tellement de vent qu'elles sont remplies de sable qui vient du Sahara !

Le gouverneur leva soudain la main et s'exclama :

— Vous êtes intarissable, monsieur Picard ! Nous vous écouterions jusqu'à demain matin. Mais je vois qu'on nous apporte un dessert et un verre d'eau-de-vie. Je voudrais profiter de ces douceurs pour vous entretenir de la politique de notre gouvernement.

Il se fit autour de la table un grand silence. Chacun comprit que la période récréative était terminée. Schmaltz se redressa sur sa table et saisit son couteau dans la main droite. Il l'agitait devant lui en parlant, modulant à merveille sa belle voix grave.

— Vous savez qu'en 1808, au cours de ces guerres insensées menées par Napoléon, les Anglais ont mis la main sur nos possessions françaises au Sénégal. Fort heureusement, le traité de Paris de 1814, à la suite de la chute de Napoléon, a permis que ces territoires nous soient restitués. À cette époque, nous n'avons pu récupérer ces établissements en raison du coup de force de Napoléon qui, fuyant son exil de l'île d'Elbe, a tenté pendant cent jours d'imposer de nouveau à notre pays sa tyrannie. La défaite de Waterloo y a mis un terme. Le nouveau traité de 1815 a confirmé le précédent en ce qui concerne le Sénégal.

Il n'y avait rien dans ces prémices que les convives ne connaissent déjà. Tous se taisaient, cependant, n'osant pas toucher à leur part de gâteau. Certains caressaient d'une main le verre d'eau-de-vie mais sans se hasarder à le porter aux lèvres.

— Vous savez que le souci premier de notre gouvernement, poursuivit Schmaltz, est de relever économiquement le pays, affaibli par les guerres incessantes de Napoléon. Nos possessions au Sénégal doivent puissamment y contribuer. C'est notre mission principale. Notre œuvre, devrais-je dire !

— L'usurpateur a ruiné notre pays ! s'exclama Chaumareys avec fougue. Et, en plus, nous avons perdu l'essentiel de l'empire colonial que nous possédions avant sa prise de pouvoir ! C'est un désastre !

On le regarda en silence, un peu étonné par cette bruyante intervention. Schmaltz prit un air navré.

— C'est malheureusement exact. Nous avons beaucoup perdu avec les guerres napoléoniennes. Il ne nous reste guère que la Guadeloupe, la Martinique, l'île Bourbon[1], quelques autres îles ici et là et, donc, nos établissements au Sénégal. C'est pourquoi le rôle de ceux-ci est si important. Quelle est la situation ?

Tous les visages étaient tournés vers Schmaltz. Le silence se fit plus profond ; l'attention monta d'un cran.

— Elle ne peut pas être bonne. Nous sommes absents depuis plusieurs années et notre retour va exiger une totale réorganisation. Il faut d'abord reprendre langue avec nos anciens interlocuteurs...

— Qui sont ? demanda Corréard.

— Les rois indigènes de la région.

— Ah ? Ils ont des rois !

— Oui, monsieur Corréard, ils ont des rois. D'ailleurs...

Ne terminant pas sa phrase, le gouverneur se pencha sur le côté et saisit le portefeuille qu'il avait placé au pied de sa chaise. Il l'ouvrit et en sortit quelques feuillets noircis d'une petite écriture méthodique.

— Mon secrétaire, M. Griffon du Bellay, m'a résumé la situation antérieure. Nos possessions du Sénégal sont situées sur le vaste royaume du Galam qui rassemble toutes sortes de races qui sont notées ici.

Il parcourut en silence une feuille puis lut à haute voix :

— Parmi elles, il y a des Mandingues, des Peuls, des Wolofs et d'autres. C'est assez compliqué parce que tous ces nègres ne parlent pas la même langue, ce qui ne facilite pas les contacts. Quoi qu'il en soit, il y a un roi et divers roitelets sur la côte. Pour vous donner une idée...

Il chercha de nouveau parmi les notes rédigées par son secrétaire.

— La Compagnie des Indes payait annuellement au roi du

[1] Île de La Réunion.

Galam cinq à six cents francs pour avoir le droit de se livrer au négoce sur son royaume.

— Vous voulez nous dire qu'on ne fait pas là-bas ce qu'on veut et qu'il faut entretenir de bonnes relations avec les rois indigènes ?

— Vous m'avez parfaitement compris, monsieur Corréard.

Le commandant Poinsignon se carra dans son fauteuil et dit d'une voix forte :

— Et on ne peut pas, par la force, avec nos fusils et nos baïonnettes…

— Surtout pas ! s'écria Schmaltz. Nous serions submergés par le nombre ! Non, nous ne sommes pas en position de force, c'est pourquoi notre nouveau gouvernement a élaboré une stratégie toute en douceur et en intelligence pour tirer profit des immenses ressources de cette partie de l'Afrique. Car il y a des mines d'or, de la gomme arabique, du cuivre, du fer…

— Et des esclaves ! s'écria Richefort.

— Justement, j'y viens.

Le gouverneur rangea les feuillets dans le portefeuille, n'en gardant qu'un qu'il posa provisoirement à côté de son assiette. Il releva la tête et regarda un à un les convives à l'exception du capitaine Chaumareys.

— Messieurs, vous savez que cette sanguinaire Révolution, qui a décapité feu notre bon roi Louis XVI en 1793, avait aboli l'esclavage. Cette sottise avait grandement profité aux Anglais qui ont poursuivi la traite. Napoléon a opportunément rétabli l'esclavage dans nos colonies qui depuis lors souffraient de graves désordres.

Y voyant un satisfecit accordé à l'usurpateur, Chaumereys tiqua sur le mot « opportunément » en secouant la tête. Schmaltz fit semblant de ne pas le remarquer.

— L'esclavage subsiste donc, mais le gouvernement ne souhaite pas poursuivre la traite. Ce commerce, qui fut très rentable, est désormais en déclin et il y a mieux à faire.

L'étonnement se lisait sur tous les visages. Schmaltz souleva le feuillet posé à côté de son assiette et sembla le présenter à l'assistance.

— J'ai reçu des directives qui sont très claires à ce sujet.

Le document dont je parle date du 16 mai 1816 et s'intitule *Mémoire du roi pour servir d'instructions au sieur Schmaltz.* Il est assez long mais a été résumé sur cette feuille par M. Griffon du Bellay. Au sujet de la traite, notre gouvernement fait la constatation suivante : une main-d'œuvre abondante, que nous avons vocation à utiliser, est désormais inoccupée en raison de l'abolition temporaire de l'esclavage et de notre absence du Sénégal. Plutôt que de transporter les nègres aux Antilles, il serait profitable de créer du travail pour eux sur place.

— Sur place ? Qu'est-ce que vous voulez dire ? demanda Corréard.

— Pour exploiter les immenses ressources de ces contrées lointaines, il faut des hommes désireux de travailler jour et nuit. Ces hommes, qui resteront donc au Sénégal, nous seront fournis, comme auparavant pour les esclaves de la traite, par les princes locaux et les rois indigènes. Pour cette raison…

Schmaltz se tut et se tourna ostensiblement vers le commandant Poinsignon avant de poursuivre :

— Pour cette raison, il faut entretenir les meilleures relations possibles avec ces chefs encore tout-puissants. De la persuasion, de la diplomatie, du doigté, de la confiance mutuelle…

— De la confiance mutuelle avec des nègres ! s'exclama Chaumareys en gloussant.

— La confiance mutuelle s'obtient aisément par des cadeaux multiples que ces chefs affectionnent. Nous continuerons à apporter de France des étoffes de qualité, des bottes du plus beau cuir, des pipes d'apparat, de l'alcool bien distillé, des sabres tranchants, etc., et même, quoique en quantité réduite, des armes à feu.

— Ce n'est pas dangereux de leur donner des armes à feu ? interrogea le commandant Poinsignon.

— En petite quantité, non. Il faut que ces rois et ces princes, qui sont nos amis, puissent se débarrasser de toux ceux qui, sur leur terre, chercheraient à les renverser. Nous leur offrons de la richesse, une aide militaire et, en échange, ils deviennent nos obligés et coopèrent pour la fourniture de la main-d'œuvre dont nous avons besoin.

L'assistance était impressionnée par les vues commerciales audacieuses du nouveau gouvernement. Schmaltz étendit les bras, paumes ouvertes, en direction des convives.

— C'est dans ce cadre que votre participation est essentielle. Vous, d'abord, messieurs les savants…

Brédif, Dechatelus et Leschenault retinrent leur respiration.

— …Vous serez chargés d'explorer le Galam. C'est un vaste territoire qui ne nous est connu que de manière très parcellaire. Par votre science, vous ramènerez toutes les indications qui seraient susceptibles d'intéresser le commerce de la France.

Schmaltz pointa son index vers Dechatelus.

— La cartographie de ces régions est essentielle ! Où se trouve la source des fleuves ? Quelles sont les voies navigables pour nos bateaux de commerce ? Les plaines traversables pour les hommes transportant des marchandises ? Les passages dans les massifs escarpés ? C'est le rôle que vous confie le gouvernement, monsieur Dechatelus.

— Oui, monsieur le gouverneur, dit Dechatelus instinctivement.

Pointant son index vers Brédif, le gouverneur poursuivit :

— Où se trouvent les gisements d'or, de fer, de cuivre ou d'autres matières premières qui seraient exploitables par nos compagnies ? Tout doit être porté sur la carte de M. Dechatelus. C'est votre mission, monsieur Brédif !

— Oui, monsieur le gouverneur, dit Brédif.

Enfin, désignant Leschenault de la même manière :

— Les arbres à gomme, le cacao, les essences rares, les espèces inconnues dont on pourrait tirer profit doivent se trouver aussi sur cette carte. Vous le comprenez, monsieur Leschenault ?

— Tout à fait, monsieur le gouverneur.

— Et, ce faisant, par vos découvertes, vous permettrez que…

Schmaltz approcha le feuillet près de ses yeux :

— … comme l'exige le roi par la voix de son ministre : « *Faire tout, en un mot, pour préparer les moyens de pouvoir un jour pénétrer sur leur territoire et étendre, de proche en proche, par l'introduction du commerce, une civilisation dont la France pourrait recueillir les brillants avantages».*

Et, relevant la tête brusquement :

— Nous n'avons que quelques établissements et fortins disséminés ici et là. Notre but est de grignoter peu à peu le territoire, de le contrôler sans offenser les rois indigènes, et de l'exploiter à fond pour relever économiquement notre pays.

Schmaltz marqua une pause pour mesurer l'effet produit sur les trois savants. Ceux-ci étaient flattés par le rôle qu'ils avaient à jouer et tout à fait convaincus de son importance. Alors le gouverneur regarda Corréard et Richefort.

— Par ailleurs, il y a la Société philanthropique du Cap-Vert. Suscitée par le gouvernement, cette société doit créer l'embryon d'une colonie de peuplement sur la presqu'île. Pour cela, il y a parmi vous des paysans – laboureurs et agriculteurs –, mais aussi de nombreux corps de métiers : menuisiers, charpentiers, maçons, boulangers, etc. Mais il y a aussi quelques professions plus nobles dont vous, monsieur Corréard, géographe, ou vous, monsieur Richefort, officier de marine. Votre action sera déterminante, n'en doutez pas.

À observer le visage satisfait des deux protagonistes qui buvaient les paroles du gouverneur comme du petit-lait, ils n'en doutaient pas.

— Vous comprendrez aisément qu'on ne s'installe pas sur un territoire sans le connaître, ni en déterminer les atouts et les faiblesses. Le géographe que vous êtes, monsieur Corréard, devra cartographier la presqu'île, procéder à un bilan hydrographique puis analyser les sols pour choisir les meilleures terres cultivables et les séparer des zones plus pauvres dévolues à l'élevage. Enfin, votre connaissance du cadastre permettra une délimitation rigoureuse des parcelles en fonction de leur utilisation.

La main caressant son verre d'eau-de-vie, Corréard hochait la tête d'un air pénétré.

— Quant à vous, monsieur Richefort, vous êtes l'homme de la situation pour les liaisons maritimes et commerciales. Le cabotage aura sa place dans le développement futur du territoire. Il faut donc déterminer le ou les meilleurs emplacements de mouillage pour les bateaux, protégés des coups de vent et des intempéries, et facilitant le chargement et le déchargement des navires en toute sécurité. Toute la côte de la presqu'île est à découvrir en ce sens.

— Ce sera facile, je la connais déjà, déclara Richefort avec une assurance qui étonna.

— Oui, M. Richefort a séjourné au Sénégal, expliqua le capitaine Chaumareys. Il connaît très bien la côte.

Personne n'osa demander quand, ni à quelle occasion, Richefort avait vécu au Sénégal. Picard, seul, tourna la tête vers l'homme qui était assis à sa gauche et le considéra un assez long moment, l'air perplexe.

— Enfin, dit Schmaltz, il me reste à dire un mot sur le rôle de nos troupes. Sur *La Méduse*, hors officiers, cent soixante soldats ont été embarqués. Il y en a quatre-vingts autres sur la flûte du lieutenant de vaisseau Gicquel des Touches, soit deux cent quarante soldats au total, auxquels il faut ajouter une vingtaine d'officiers et de sous-officiers. Je ne me trompe pas, commandant ?

— Non, dit Poinsignon

— Comme je l'ai indiqué, il ne s'agit pas de faire la guerre car, avec si peu de troupes, nous n'en sortirions pas vainqueurs. Non ! Il s'agit, d'abord et avant tout, d'assurer la sécurité de nos établissements. Le pays est parfois secoué par des troubles liés à des bandes de pillards. Ces soldats sont l'assurance que nous n'aurons rien à redouter de ce côté. Notons que les rois indigènes – nos amis et alliés, je vous le rappelle – nous seront reconnaissants de les aider à maintenir l'ordre dans leurs royaumes.

Schmaltz sourit soudain d'un air mi-amusé mi-méprisant.

— En haut lieu, on m'a confié d'autre part que nos beaux uniformes impressionnaient beaucoup les indigènes. Nous devons frapper les imaginations. En paradant dans nos costumes rutilants et avec nos fusils à l'épaule, nous donnons une indication sur la puissance de notre pays. Les rois comprennent qu'ils ont choisi le meilleur allié en cas de rébellion de leur population. Bref, notre présence militaire, même très réduite, renforce encore les liens de coopération commerciale entre les princes indigènes et notre pays.

Le capitaine Dupont toussa, ce qui attira l'attention sur sa personne. Depuis le début du repas, il avait été si discret qu'on avait fini par l'oublier. Il dit, avec la brusquerie des gens qui ont peu l'habitude de s'exprimer dans les salons :

— Si je comprends bien, monsieur le gouverneur, nos hommes vont être utilisés comme des policiers, assurant le maintien de l'ordre, plutôt que comme des soldats.

Cette intervention, qui pouvait s'interpréter comme une critique de l'utilisation des troupes de la royauté, provoqua un silence embarrassé.

— Vous avez à y redire ? interrogea Schmaltz d'une voix qui avait perdu toute chaleur.

— Moi ? fit Dupont, manifestement surpris par le changement de ton du gouverneur.

— Oui, vous, capitaine Dupont.

— Je suis un soldat, monsieur le gouverneur, j'exécute les ordres qu'on me donne, sans les juger.

— Sans les juger ? À la bonne heure !

Et, frappant dans ses mains comme s'il mettait fin à l'incident, Schmaltz se tourna de nouveau vers l'assemblée :

— Y a-t-il des questions sur ce que je viens de dire ?

Chacun fit non de la tête et Schmaltz leva son verre d'eau-de-vie. Dans un bel ensemble, tous les convives firent de même.

— Je crois que notre capitaine Hugues Duroy de Chaumareys serait heureux que nous portions un toast à notre roi Louis XVIII. C'est par la grâce du roi que nous sommes lancés dans cette grande œuvre civilisatrice.

— Vive le roi ! s'écria Chaumareys d'une voix vibrante.

Les convives purent enfin tremper leurs lèvres dans cette forte eau-de-vie qui, depuis que Schmaltz avait pris la parole, ne semblait avoir été placée devant eux que pour les torturer.

*

Le dîner aurait pu s'achever dans la bonne humeur. Schmaltz était particulièrement satisfait de la manière dont il avait exposé la stratégie du gouvernement au Sénégal. Après avoir siroté son eau-de-vie, il s'était un peu tassé sur sa chaise et observait les convives qui, détendus, se livraient pour la première fois à des conversations croisées. On parlait sur sa gauche, on parlait sur sa droite. Seul le capitaine Dupont restait silencieux, mais c'était sans doute l'expression de son caractère.

Parmi les paroles entendues, celle-ci, lancée par Chaumareys, surnagea soudain du brouhaha :

— Et M. Richefort est le seul à connaître la côte du Sénégal !

Picard répliqua aussitôt :

— Le seul, certainement pas ! J'ai vécu au Sénégal et j'ai effectué la traversée à plusieurs reprises.

Puis, se tournant vers Richefort :

— À quelle occasion avez-vous donc navigué sous ces latitudes ?

— Oh, si souvent que je ne puis en faire le détail, mais c'est une côte qui m'est très familière.

La réponse était si étrange qu'elle fit naître le soupçon chez Picard.

— Mais encore ? dit-il abruptement.

Richefort saisit son verre, qui était vide, et le porta à ses lèvres. Puis, il fut pris d'une quinte de toux et lâcha d'une voix qui s'étranglait :

— Du temps où ces établissements étaient les nôtres, bien entendu.

Ce n'était pas dans la personnalité de Picard de se contenter de réponses vagues. Il allait insister quand Chaumareys le coupa :

— Par exemple, M. Richefort ne s'alarme en rien de ce fameux banc d'Arguin qui fait peur à tout le monde.

— Vraiment ? fit Picard, interloqué.

— Non, figurez-vous que rien ne nous oblige à le contourner, nous pouvons le traverser.

— Le traverser !! hurla Picard. Mais vous êtes fou !

Le silence fut total et immédiat. Toutes les conversations

cessèrent en même temps. Chaumareys avait pâli. Picard reprit avec force :

— Personne n'a jamais traversé le banc d'Arguin !

— Si, bien sûr, on peut le traverser, répliqua Richefort d'une voix calme.

Picard tournait la tête en tous sens comme s'il prenait à témoin les convives de l'énormité qui venait d'être proférée.

— Qu'est-ce que c'est que le banc d'Arguin ? demanda Schmaltz qui s'était vivement redressé en raison de l'altercation.

— Le banc d'Arguin, c'est un gigantesque banc de sable situé à une dizaine de lieues [1] des côtes des Maures et qui émerge ici et là à marée basse, répondit Picard dont la voix trahissait l'émotion. C'est ce que les marins appellent un haut-fond. La hauteur d'eau est insuffisante et le risque de s'y ensabler irrémédiablement est majeur.

— Mais non, dit Richefort. Le risque est pour ceux qui ne le connaissent pas !

— Comme Gicquel des Touches ! affirma Chaumareys.

— Sans doute. En tout cas, il y a des passages, il suffit de les connaître.

— Des passages !? Vous plaisantez ! cria Picard.

Il était rouge et congestionné, et s'agitait sur sa chaise en faisant des moulinets avec les bras. Le voyant dans cet état, Schmaltz dit d'une voix forte :

— Messieurs, messieurs, allons ! Nous n'allons pas nous quereller pour un simple banc de sable ! Monsieur Picard, reprenez-vous, je vous en prie !

Interpellé par le gouverneur, sentant tous les regards fixés sur lui, Picard s'immobilisa.

— Un simple banc de sable ? murmura-t-il.

— Oui, un simple banc de sable dont nous sommes encore très loin, reprit Schmaltz. Messieurs, je crois que la journée a été longue et nous sommes tous très fatigués. Je propose que nous en restions là.

Et le gouverneur se leva, mettant un terme au dîner.

---

[1] Environ cinquante kilomètres.

5

Au niveau de la poupe, deux matelots jetaient le loch[1]. Le premier, assis près du touret, lança le flotteur par-dessus bord. Au moment précis où la houache passa elle aussi par-dessus bord, le second matelot retourna le sablier et fixa les grains de sable qui coulaient harmonieusement du compartiment supérieur dans le compartiment inférieur. Le loch se dévidait au niveau du touret et filait à grande vitesse. Par vent de travers, *La Méduse* ne gîtait pas et allait bon train.

Près du mât d'artimon, Espiaux et Raynaud les regardaient faire. Lorsque le sablier fut écoulé, le matelot assis près du touret bloqua celui-ci et remonta la ligne en comptant les nœuds.

— Je parie pour six à sept nœuds, dit Espiaux.

Raynaud ne parut pas avoir entendu. Au bout de quelques secondes, il lâcha sans tourner la tête :

— Je ne trouve pas normal que, l'autre jour, vous ayez autorisé les soldats de Poinsignon à monter sur le pont sans m'en informer.

— Vous me l'avez déjà reproché.

— Oui ! Eh bien, ce n'est pas normal !

---

[1] Corde comportant des nœuds régulièrement espacés et qu'on laisse filer par-dessus bord pendant un temps donné pour mesurer la vitesse du navire.

Espiaux eut une forte envie de s'éloigner sans répondre car il se sentait gagné par la colère.

— Si je vous en avais parlé, vous y seriez-vous opposé? tenta-t-il.

— Là n'est pas la question! Suis-je le premier lieutenant, oui ou non?

Les deux matelots s'approchaient. Espiaux et Raynaud se turent aussitôt.

— Six nœuds, lieutenants.

— Voyez avec l'enseigne de vaisseau Rang des Adrets afin qu'il reporte cette vitesse sur le livre de bord, dit Raynaud.

Les deux matelots s'éloignèrent.

— Vous ne demandez pas l'autorisation à notre capitaine? glissa ironiquement Espiaux.

— Ne soyez pas ridicule, Espiaux, répliqua Raynaud les lèvres serrées.

Puis, comme pour changer de sujet:

— Demain, nous sortirons du golfe de Gascogne et nous doublerons le Cap Finisterre.

— *L'Écho* fait des signaux! remarqua soudain Espiaux.

Les deux lieutenants eurent le même réflexe d'aller jusqu'à la poupe du navire pour mieux voir. Espiaux sortit sa longue-vue.

— Ils nous informent qu'ils viennent de perdre un homme.

— Tombé à la mer?

— Oui.

— Que font-ils?

L'œil toujours rivé sur sa lunette, Espiaux traduisait les signaux.

— Ils mettent en panne et descendent une yole à la mer pour le rechercher.

Il y eut un assez long silence. Perdre des hommes au cours d'une traversée était hélas chose courante mais c'était à chaque fois le même accablement parmi l'équipage. Suivant la personnalité du disparu, l'humeur générale pouvait en être durablement affectée.

— En filant à six nœuds, si nous ne mettons pas en panne nous-mêmes, on va les perdre, dit finalement Raynaud.

— C'est certain.

— Je vais prévenir le capitaine.

Espiaux sourit malgré lui.

— C'est qu'il y a quand même un capitaine à bord de cette frégate...

Raynaud le considéra avec hauteur, tourna les talons et gagna le passavant. L'instant d'après, il remontait de la batterie avec l'approbation de Chaumareys et donnait l'ordre de mettre en panne pour attendre la corvette. Les voiles carguées, *La Méduse* courut sur son erre puis s'immobilisa. Le brick *L'Écho* fit de même, ce qui permit à *La Loire* de rattraper son retard avant de mettre en panne également. Malgré la distance, Espiaux tentait de suivre les efforts de la yole pour retrouver l'homme tombé à la mer.

— Monsieur Espiaux ? fit une voix derrière lui.

C'était Brédif.

— Je souhaiterais monter à la hune du mât d'artimon.

Cette demande laissa Espiaux sans voix.

— Vous allez me demander pourquoi, je suppose ?

— Oui.

— Pour mieux observer la mer et les trois autres navires de l'expédition.

Espiaux renonça à en savoir plus. La curiosité de ce Brédif était décidément insatiable et il comprit que rien ne pourrait la freiner.

— Je ne m'y oppose pas, dit-il

— Merci.

— Mais il faudra vous amarrer ! Je ne voudrais pas que vous tombiez de là-haut ! La corvette a déjà un homme à la mer, il ne nous en faudrait pas un autre écrasé sur le pont !

Hélant trois matelots, Espiaux donna des ordres et se désintéressa de Brédif pour suivre le sauvetage du naufragé de la corvette. Les trois matelots faisaient face à l'ingénieur des Mines.

— C'est sur la hune d'artimon qu'vous voulez aller ? dit celui qui paraissait le plus âgé.

— En effet.

— Et l'vertige, vous l'avez eu ?

— J'ai travaillé en haute montagne, je ne l'ai jamais ressenti.

— Bon. C'est qu'c'est haut quand même… On va vous y amener et j'vous y attacherai.

Pourtant l'homme ne bougeait pas. Il semblait attendre quelque chose. Brédif ne comprenait pas et s'impatienta.

— Je voudrais y aller tout de suite.

— Oui, oui, fit l'autre. J'ai bien compris…

— Et alors ?

— C'est que…

Le matelot paraissait embarrassé. Il jeta quelques regards par en dessous et, de la tête, désigna ses deux compagnons.

— On est trois…

— Oui, je vois bien que vous êtes trois ! s'exclama Brédif. Qu'est-ce que ça change ?

— Ben, ça change que… Trois, c'est pas pareil que un… R'marquez, c'est pas moi qui l'veux, c'est le lieutenant qui nous a appelés… Mais, d'fait, on est trois.

— Vous voulez que j'en choisisse un parmi vous trois pour faire le travail ? interrogea Brédif qui ne comprenait toujours pas.

— Ah non, m'sieur ! Si on est trois, on est trois ! C'est les ordres du lieutenant ! On peut pas aller contre !

Brédif baissa la tête un instant puis la releva, excédé.

— Bon, dites-moi ce que vous voulez à la fin !

Face à cette incompréhension, le matelot se rembrunit. Il cracha par terre et lâcha entre ses dents :

— Ce s'ra trois francs !

Brédif éclata d'un rire bref.

— Ah, c'est ça !

Il fouilla dans ses poches et donna trois francs au matelot.

— C'est parc'qu'on est trois… dit le matelot en guise d'excuse, fourrant les pièces dans sa poche.

— Oui, j'ai compris ! Vous êtes trois, un franc chacun…

⋆

Solidement amarré sur la hune, Brédif n'en avait pas moins le cœur un peu oppressé par la hauteur qui le séparait du pont.

La mer était d'un bleu profond, assez calme, et *La Méduse* se balançait doucement au gré des vagues. Les trois matelots se tenaient à ses côtés.

Au loin, il observait la yole qui paraissait tourner sans but autour de la corvette. C'était mauvais signe. Si elle avait retrouvé l'homme tombé à l'eau, elle regagnerait le navire. Pire, le fait même qu'elle se déplaçait de manière erratique prouvait qu'elle ne voyait même pas l'homme recherché.

Brédif resta ainsi de longues minutes, les yeux fixés sur la yole, un genou sur la plate-forme pour limiter la sensation de vertige. Il vit soudain près de l'étrave de *La Méduse* quatre gros dauphins qui, en rejetant l'eau par leurs évents, faisaient un bruit assez étonnant.

— Comment s'appellent ces poissons ? demanda-t-il.

Le matelot âgé se pencha pour regarder.

— Des souffleurs.

Le regard de Brédif balaya le pont du gaillard d'arrière et s'arrêta sur deux hommes qui discutaient. L'un était Corréard, mais c'est l'autre qui retenait son attention. Malgré la distance, son visage lui rappelait de vieux souvenirs.

— C'est pas possible… murmura-t-il. Ce serait vraiment incroyable.

Plus il regardait et plus il se persuadait que l'homme était bien celui auquel il pensait.

— Je voudrais redescendre ! dit-il soudain.

Impatient, Brédif descendit aussi vite qu'il put. Bondissant sur le gaillard d'arrière, il se précipita vers les deux hommes au moment où ils se séparaient. Il fit face à l'inconnu.

— Je ne me trompe pas ? bafouilla-t-il, encore essoufflé.

L'homme le considéra avec surprise. Il était vêtu très simplement d'un habit de toile robuste. Malgré des rides plus marquées au niveau des yeux, il devait avoir à peu près le même âge que Brédif.

— Valéry ? tenta Brédif.

— Oui.

— Tu ne me reconnais pas ?

Sans doute, l'homme avait reconnu Brédif mais il hésitait à le dire.

— Charles Brédif ! s'exclama Brédif.
— Oh ! Ça par exemple !
— Et toi, tu es Valéry Touche-Lavilette !
— C'est bien moi, dit l'homme un peu stupidement.
Brédif s'approcha et serra Touche-Lavilette dans ses bras.
— Dix-huit ans qu'on ne s'est pas vu ! Ces années de collège à Chartres, c'est si loin ! Dis-moi ce que tu fais ici ?
— J'ai embarqué avec la Société philanthropique du Cap-Vert.
— Et avant ?
— Avant ? J'ai été maître charpentier et j'ai bourlingué de-ci de-là. J'ai servi sept ans dans la marine, puis j'ai fait les campagnes d'Allemagne et de France dans l'artillerie de la garde. J'ai fini sergent !
— Bravo !
Après un court silence, Lavilette posa timidement une question.
— Et vous ?
— Comment, Lavilette, tu me vouvoies !?
Lavilette était embarrassé.
— C'est que… On s'est connu au collège, c'est vrai, mais votre père était pas n'importe qui. Il était maître d'étude[1]…
— Et alors, qu'est-ce que ça change ? On ne se tutoyait pas quand on était gamins ?
— Peut-être mais… Je vous retrouve et tout montre que vous avez fait de belles études… que vous êtes pas n'importe qui non plus…
— Mes habits ?
Lavilette fit oui de la tête.
— Ah, Lavilette, il ne faut pas faire attention à ça ! Ça me ferait plaisir que tu me tutoies comme au bon vieux temps. Tu te souviens du gros Charron ? Et du petit Sourges ?
— Bien sûr !
— Eh bien, on s'amusait pas tous les quatre ? On en a fait des bêtises qui n'étaient pas autorisées !

---

[1] Équivalent de directeur adjoint au lycée.

— C'est sûr !

Lavilette s'attendrissait à l'évocation de ces souvenirs. Il en eut presque la larme à l'œil.

— Non ! Je veux que tu me tutoies ! dit Brédif avec autorité.

— Comme vous… euh… Comme tu veux.

— Tu vois ! Ce n'est pas si difficile que ça !

Des ordres étaient criés à nouveau, on s'agitait dans la mâture. Les voiles, qui avaient été carguées sur leur vergue pour mettre en panne, tombaient soudain et faseyaient un moment puis, bordées ou choquées, se gonflaient au vent.

— Dommage que je ne sois plus sur la hune pour observer la manœuvre… dit Brédif avec regret.

Puis, apercevant l'aspirant Coudein et l'aide-chirurgien Savigny qui discutaient non loin d'eux, il entraîna Lavilette avec lui.

— Messieurs Coudein et Savigny, je vous présente M. Touche-Lavilette, maître-charpentier et membre de la Société du Cap-Vert.

On échangea quelques poignées de main.

— Nous repartons ? interrogea Brédif.

— Oui.

— Et l'homme tombé à la mer ?

— Il n'a pas été retrouvé… dit Coudein d'un air sombre.

Cette affirmation jeta un froid et provoqua un long silence embarrassé.

— C'est triste, lâcha Brédif au bout d'un moment.

— C'est hélas assez fréquent. Le lieutenant Espiaux, avec qui j'en discutais il y a deux minutes à peine, n'a jamais connu de navigation supérieure à deux ou trois semaines sans perdre au moins un homme de cette manière. Le pire, me confiait-il, c'est, au retour, de devoir l'annoncer à l'épouse ou aux parents…

⋆

Le gouverneur Schmaltz était monté sur le pont pour s'informer de la situation. Ce n'était pas l'homme tombé à la mer qui le préoccupait mais le retard que cet incident occasionnait encore dans la traversée. Finalement, *La Méduse* dut attendre deux heures que la corvette abandonnât les recherches et décidât de repartir. C'était trop.

Irrité par ces événements contraires, Schmaltz alla frapper en personne à la porte du capitaine.

— Capitaine, est-ce que je vous dérange ?

— Jamais, mon cher… répondit Chaumareys de sa voix la plus amicale.

Richefort était tranquillement assis face au capitaine et il se leva aussitôt quand le gouverneur entra. C'était une forme convenue de politesse, qui signifiait qu'il était prêt à laisser sa place, mais Richefort ne pensait pas que Schmaltz allait saisir cette opportunité.

— Pardonnez-moi, monsieur Richefort, mais je souhaiterais m'entretenir avec le capitaine.

— Bien entendu… dit Richefort pris de court et se dirigeant vers la porte.

Dès qu'ils furent seuls, Schmaltz se mit à arpenter la cabine de long en large sous les yeux éberlués du capitaine.

— Que se passe-t-il, monsieur le gouverneur ?

Schmaltz fit soudain volte-face et agrippa avec force le dossier du fauteuil où Richefort était assis quelques secondes auparavant :

— Il y a, capitaine, que nous nous traînons !

— Plaît-il ?

— Oui, nous nous traînons ! Passe encore que nous ayons quitté tardivement l'île d'Aix, les vents ne nous étaient pas favorables ! Mais, depuis lors, on ne cesse de nous retarder !

— « On » ? Qui « on » ?

— Les autres navires de l'expédition !

Schmaltz reprit sa marche saccadée et parlait fort en faisant de grands gestes avec ses bras et ses mains.

— Dans le pertuis d'Antioche, il a fallu s'arrêter parce que *La Loire* ne pouvait pas avancer face au vent. Cinq heures de perdues ! Aujourd'hui, *L'Écho* perd un homme. Deux heures de perdues ! Sans compter que, de toute façon, quoi qu'on fasse, *La Loire* et *L'Argus* ne peuvent pas nous suivre, si bien que, chaque jour, pour eux, nous réduisons la voilure, alors que nous pourrions marcher beaucoup plus vite !

Ne prenant pas la mesure de l'humeur du gouverneur, le capitaine eut le mot qu'il ne fallait pas prononcer.

— Sommes-nous pressés ?

Schmaltz devint rouge de colère. Il hurla presque :

— Évidemment que nous sommes pressés, monsieur de Chaumareys ! Nous sommes très pressés ! Le roi nous envoie récupérer notre colonie et nous devons faire diligence ! Nous ne sommes pas là pour flâner en chemin !

L'évocation du roi produisit de l'effet sur Chaumareys. Il se redressa sur son siège et sa physionomie prit un air de gravité.

— Que pouvons-nous faire ?

— Sommes-nous obligés de nous encombrer de ces poids morts ? asséna Schmaltz avec violence.

— Que voulez-vous dire ?

— *La Méduse* est une magnifique frégate. Elle fend les flots d'une manière admirable et nous la brimons ! Laissons-la aller à son allure !

— Et les autres navires ?

Schmaltz se tut un très court instant, puis il demanda sur un ton étrangement calme :

— Où vont *L'Écho*, *L'Argus* et *La Loire* ?

— Comment cela, où vont-ils ?

— Quel est le port qu'ils sont censés rallier ?

— Eh bien… Mais… Saint-Louis… bafouilla Chaumareys qui ne comprenait pas où le gouverneur voulait en venir.

— Saint-Louis ! Et nous ?

— Saint-Louis aussi…

— Donc, nous allons au même endroit. Alors, je vous pose une question, monsieur de Chaumareys : est-ce gravissime si ces navires arrivent deux, trois, ou quatre jours après nous ?

Chaumareys resta silencieux. Disloquer le convoi était contraire à la règle non écrite d'une navigation groupée et concertée qui était inscrite dans l'appareillage synchrone des quatre navires. C'était aussi une mesure élémentaire de prudence ; trois navires pouvaient porter secours au quatrième si celui-ci, pour une raison ou pour une autre, se retrouvait en difficulté. Chaumareys avait déjà eu la tentation d'abandonner *La Loire*, plus par animosité envers Gicquel des Touches que par un véritable désir de briser l'expédition. Il s'était fait vertement reprendre par le lieutenant Espiaux et il n'avait plus insisté depuis lors.

Pourtant, évoquée dans les termes du gouverneur, l'expédition ne perdait pas son sens. Il s'agissait de récupérer pacifiquement une colonie. Ce n'était pas une armada militaire qui allait pilonner le port de Saint-Louis ou organiser son blocus. Il n'y avait aucune obligation de faire route ensemble.

Schmaltz insistait :

— Est-ce que c'est grave ?

— Peut-être pas… dit le capitaine les yeux baissés. Mais…

— Mais quoi ?

— Le lieutenant Espiaux s'y opposera, j'en suis certain.

Le gouverneur eut presque un sursaut de tout le corps.

— Le lieutenant Espiaux s'y opposerait !? Mais qui est le capitaine, si ce n'est vous ?

— Certes… Mais il faudrait au moins l'accord du lieutenant Raynaud.

— Nous n'en avons pas formellement besoin. C'est au capitaine de décider !

Schmaltz titillait habilement la vanité de Chaumareys. Pourtant, malgré tout, il constatait qu'il ne parvenait pas à arracher la décision. Il s'emporta.

— Ces deux lieutenants, ils sont… surtout Espiaux ! Espiaux, il est… c'est… Ah, Espiaux !

Un peu désespérément, Schmaltz cherchait une injure qui fasse mouche mais il n'en trouvait pas. On pouvait reprocher à Espiaux son caractère assez trempé mais il était difficile de lui trouver un réel défaut. Soudain, l'angle d'attaque lui vint tout naturellement.

— Ce bonapartiste qui veut encore faire la loi ! lança-t-il à la face de Chaumareys.

La réaction du capitaine fut immédiate. Il tapa du plat de la main sur la table en clamant d'une voix forte :

— Ils ne la font plus ! Et ils ne la feront plus jamais !

— Dans ce cas, cher ami, passez outre vos réticences et montrez que c'est le roi qui commande ! Le roi dont vous êtes, sur ce navire, le représentant !

— Vous avez raison ! Il faut leur montrer que les régicides et les usurpateurs ont perdu et que l'ordre naturel du royaume et de notre sainte mère l'Église est revenu !

*

Suivant le conseil du gouverneur, Chaumareys convoqua le seul Raynaud dans sa cabine.

— Lieutenant Raynaud, vous ferez hisser toutes les voiles que le vent permet.

— Toutes ?

— Oui, toutes. Les perroquets, les cacatois et même les bonnettes !

Il fallut quelques secondes pour que Raynaud comprenne les conséquences d'une telle manœuvre.

— Capitaine, si nous donnons la pleine mesure de *La Méduse*, nous sèmerons *La Loire* et *L'Argus*. Peut-être même *L'Écho*.

— Est-ce une contestation de mon ordre ? interrogea Chaumareys en relevant le menton.

Raynaud fit aussitôt le salut militaire.

— Nullement, capitaine. Je voulais seulement m'assurer que j'avais bien compris.

Raynaud remonta sur le pont du gaillard d'arrière et rassembla les enseignes de vaisseau et les aspirants. Il s'assura que le vent n'était pas trop fort pour exécuter l'ordre du capitaine. Après réflexion, il jugea qu'il n'était pas prudent de mettre les bonnettes, d'autant plus que la manœuvre était dangereuse pour les gabiers. Il donna ses instructions :

— Larguer le ris des huniers puis hisser les perroquets et les cacatois.

En un instant, ce fut un grand branle-bas dans les mâtures et sur le pont. Brédif et Dechatelus qui discutaient sur le gaillard d'avant furent impressionnés par le déploiement de toutes ces voiles. *La Méduse* prenait un aspect majestueux qu'ils n'avaient pas encore eu l'occasion d'admirer.

Espiaux, qui sortait de sa cabine à ce moment, se rua sur

l'escalier qui menait au passavant bâbord. Il chercha des yeux Raynaud, l'aperçut enfin et courut vers lui.

— Que se passe-t-il ? Pourquoi avez-vous ordonné de mettre toutes les voiles ? Il ne manque plus que les bonnettes !

— Ce sont les ordres du capitaine.

— Mais pourquoi ? À cette allure, nous allons disloquer le convoi !

— Je le lui ai dit.

Espiaux regardait vers l'arrière.

— *L'Écho* seul parvient à nous suivre.

— Ce n'est pas une surprise.

Vers midi, *La Méduse* doubla le Cap Finisterre et quitta définitivement le golfe de Gascogne. Le constatant, Brédif nota la latitude sur son carnet. Debout sur le gaillard d'arrière, il ajouta « L'Écho *est en vue, les deux autres vaisseaux ont disparu* »[1].

Le lendemain, Brédif s'émerveilla que *La Méduse* filât dix nœuds. Cette vitesse lui donna du fil à retordre pour se livrer à ses expériences quotidiennes. Il nota sur son carnet : *La frégate marche si vite que j'eus toutes les peines du monde à pouvoir puiser de l'eau avec le seau attaché à une corde ; quand il était plongé, il fallait toute ma force pour ne pas le lâcher ; en le retirant, il n'amenait presque pas d'eau*[2].

---

[1] Carnets de Charles Brédif (*La Revue de Paris*, 14e année, 1907, p. 782).

[2] Carnets de Charles Brédif (*La Revue de Paris*, 14e année, 1907, p. 783).

6

La bise était fraîche et la mer agitée se creusait peu à peu. *La Méduse* filait onze nœuds et demi. L'étrave du navire fendait les flots, formant deux vagues surmontées d'écume blanche qui longeaient et bordaient la coque avant de retomber sur les côtés.

Sur le pont de la batterie, c'était un tintamarre de seaux qu'on déplaçait et qu'on reposait et qui parfois s'entrechoquaient. Les hommes plongeaient le balai-brosse dans le seau et le retiraient gorgé d'eau pour frotter le sol vigoureusement. Comme chaque jour, si le temps le permet, une équipe de dix hommes lavait le pont.

Jean, un mousse de quinze ans, ne ménageait pas sa peine. Embarqué depuis l'âge de treize ans, il connaissait le travail et il évaluait à trente minutes le temps nécessaire pour couvrir la surface qui restait à laver. Absorbé par sa tâche, il sursauta quand une main se posa soudain sur son épaule.

— Arrête, P'tit Jean, y'a un sabord[1] d'libre si tu veux laver ton linge !

C'était le gros Médé, un matelot qui avait pris le jeune mousse en sympathie.

— J'peux pas abandonner mon poste, répondit Jean.

— J'ai vu ça avec l'aspirant Coudein. Y veut bien que j'te remplace !

---

1 Ouverture quadrangulaire sur les côtés d'un navire de guerre et par laquelle tire le canon.

Jean tendit son balai-brosse en remerciant.

— C'est l'sabord d'la cuisine sur bâbord avant, dit Médé en plongeant à la verticale le balai dans le seau. Si on t'fait des embrouilles, tu dis qu'c'est moi qui t'l'ai réservé ! Tout l'monde le sait !

Jean descendit à l'entrepont pour ramasser son paquet de linge sale. Remontant en courant sur le pont de la batterie, il alla sous le gaillard d'avant au niveau de la cuisine. Le sabord que Médé lui avait indiqué était effectivement libre.

N'ayant que douze canons au lieu de quarante-quatre, *La Méduse* avait de nombreux sabords inoccupés qui servaient à puiser de l'eau de mer, pêcher avec une ligne ou laver le linge. Il fallait prendre son tour.

Deux cuisiniers s'activaient autour du four et la chaleur était à peine supportable.

— Salut, P'tit Jean ! Médé nous a dit !

Jean avait mis son linge dans un filet. Il se pencha par le sabord et tira le bout[1] qui traînait dans l'eau. Il y attacha le filet puis le rejeta par le sabord, se penchant à nouveau pour vérifier que le filet était tombé dans l'eau.

— Putain, on file des nœuds ! s'écria-t-il amusé, constatant que son filet glissait sans s'enfoncer dans l'eau.

Le filet volait presque en rebondissant sur les vagues.

— Et la mer est pas bonne ! ajouta-t-il.

Jean voulut tirer sur le bout pour dégager le filet qui s'était soudain plaqué contre la paroi du navire. Son but était de le replonger verticalement au-dessus du sabord. Il se pencha. Trop. *La Méduse* gîta brusquement sur bâbord et ce mouvement de roulis surprit Jean qui bascula en avant. Il cria.

Alertés par ce cri strident, les cuisiniers se retournèrent en même temps. Le sabord était vide. P'tit Jean avait disparu. Ils se précipitèrent et passèrent leur tête par l'ouverture. Ils le virent. Le mousse était accroché à la corde, les bras tendus. Son corps, à l'horizontale sur l'eau, filait à la vitesse de *La Méduse*. Douze nœuds.

---

[1] Cordage.

— Nom de Dieu ! Il est tombé ! hurla l'un des cuisiniers.

Se redressant, il lança l'alerte selon l'expression en usage :

— Un homme à la mer !

Plusieurs dizaines de poumons reprirent aussitôt : « Un homme à la mer ! », et l'information se propagea en quelques secondes dans tout le navire. Les deux cuisiniers fixaient P'tit Jean qui, tiré violemment en arrière, serrait la corde de toutes ses forces. La mâchoire contractée, les lèvres serrées, les yeux presque fermés, il était incapable de prononcer une parole. On voyait la corde qui glissait lentement entre ses mains.

— On va trop vite ! Y va pas tenir ! dit le cuisinier qui avait donné l'alerte.

Fixant un bout à sa ceinture, il s'engagea dans le sabord et se jeta à l'eau. Des hommes se précipitèrent pour tenir la corde, se tenant prêts à hisser à bord le mousse et le cuisinier dès que ce dernier aurait réussi à l'attraper.

Sur le pont, c'était l'affolement. Des hommes couraient dans tous les sens.

— Où est-il ? criait Espiaux qui se tenait à tribord.

Les passagers qui se trouvaient sur le pont affluèrent côté bâbord et se pressèrent au bastingage pour voir le mousse. D'autres remontaient de la batterie et encombraient les passavants.

— Descendez ! Mais écartez-vous, bon sang !

C'était Raynaud, coincé au milieu du passavant bâbord et qui ne parvenait pas à gagner le gaillard d'avant.

— Il est sauvé ! lui cria une voix. Un homme va le ramener !

— Il est sauvé ?

L'information volait aussitôt de bouche en bouche. Les passagers restaient agglutinés au bastingage, empêchant les hommes d'équipage de se mettre à la manœuvre. Coudein aperçut Espiaux. Il le héla.

— Faut-il mettre en panne ?

— Non, il paraît qu'il est sauvé, répondit Espiaux.

Le cuisinier se rapprochait du mousse mais la houle le submergeait et il avait les plus grandes difficultés à progresser.

— Tiens bon ! cria-t-il à P'tit Jean.

Il vit le mousse tourner vers lui un regard désespéré. « J'peux plus», crut entendre le cuisinier. L'instant d'après, le mousse lâchait prise et était comme happé par les flots. Il disparut mais réapparut quelques mètres plus loin. Sur le pont, des matelots le virent filer le long du navire vers la poupe.

— Lancez une bouée! cria Picard qui le vit passer sous ses yeux.

Un homme lança une bouée. On aperçut le mousse au milieu de la houle qui nageait dans sa direction.

Des matelots se précipitaient vers la yole pour la mettre à la mer. Suspendue au-dessus de l'eau, la petite embarcation était fixée à tribord sur les potences du porte-hauban d'artimon. C'était la seule qui pouvait être mise à l'eau rapidement.

— Qu'est-ce qui se passe? criait Espiaux en voyant les matelots courir vers la yole.

— On l'a manqué! Il est dans l'eau!

Déjà, sept hommes se trouvaient dans la yole et attendaient l'ordre du lieutenant.

— Allez-y! Descendez la yole à la mer! ordonna Espiaux.

Puis, il se retourna pour donner un ordre à Coudein mais celui-ci n'était plus là. Il vit le maître d'équipage.

— Mettez en panne, nom de Dieu, mettez en panne! L'homme est à la mer!

La masse des passagers gêna la manœuvre, empêchant les gabiers d'accéder aux haubans. Il fallut du temps pour mettre *La Méduse* en travers et carguer les voiles.

Les passagers se déplacèrent en courant vers le gaillard d'arrière. La yole se battait contre les flots. Six hommes tiraient sur les avirons. Debout, recevant des paquets d'eau en pleine face, le septième était à la godille. L'embarcation surgissait soudain sur la crête d'une vague, oscillait quelques secondes, puis plongeait et disparaissait dans un creux.

Sur le gaillard, on cherchait le mousse. Les informations les plus contradictoires circulaient. Certains affirmaient l'avoir vu s'emparer de la bouée. D'autres disaient l'avoir vu disparaître avant de l'atteindre. Seule la yole était visible par intermittence. Elle s'inclinait dangereusement lorsque les lames la poussaient par le côté et la soulevaient vers le ciel. Ballottée comme un fétu, on la crut en perdition.

— Ils vont chavirer ! s'écria Corréard.

Ce fut bientôt l'opinion de tous les passagers qui firent des signes et crièrent à la frêle embarcation de revenir. Le lieutenant Raynaud tentait de les faire taire mais sans y parvenir. La yole, pourtant, peu à peu, explorait la zone. Malgré la forte houle, elle alla systématiquement à bâbord puis à tribord, décrivant des sortes de cercles concentriques de plus en plus espacés. Sur le pont, personne ne voyait plus le mousse. Une forte angoisse saisit les spectateurs impuissants.

La yole revint. On la hissa. Les sept matelots étaient épuisés. Ils n'avaient pas vu le mousse un seul instant, ni même la bouée. Les passagers comprirent qu'il n'y avait plus d'espoir. Le silence se fit ; les visages étaient graves.

Le lieutenant Raynaud ordonna de larguer les voiles basses et les huniers. Le vent ayant encore forci et la mer étant mauvaise, il renonça aux perroquets et aux cacatois et les laissa enroulés sur leur vergue. L'équipage s'était remis au travail sans un mot. Une pluie fine se mit à tomber.

Le capitaine Dupont se tenait face au bastingage, les mains dans les poches, indifférent à la pluie qui mouillait son uniforme. Il regardait la corvette *L'Écho* qui avait profité du drame pour rattraper *La Méduse*. L'aide-chirurgien Savigny s'approcha.

— J'espère qu'il n'a pas attrapé la bouée…

— Vous parlez du petit mousse ? répondit Dupont sans bouger.

— Oui. S'il a coulé, tout est fini. Mais si jamais il s'est accroché à la bouée, il va mourir de froid et ses souffrances seront prolongées.

— Vous avez sans doute raison, murmura Dupont d'une voix morne.

⋆

Ce triste épisode marqua les esprits mais on évita d'en parler. Après avoir consciencieusement raconté le déroulement du drame sur son carnet, Brédif nota au moment de se coucher: *Cet événement est cause que je n'ai pas pris la température de la mer après le coucher du soleil*[1].

Dans les jours qui suivirent, le temps se dégrada. *La Méduse* essuya même un grain assez violent. Le tangage du navire s'accentua au point que la proue piquait du nez dans les flots et que les lames, giclant sur les côtés, retombaient avec force sur le gaillard d'avant et balayaient le pont. Par précaution, Espiaux ordonna à tous les civils de se tenir dans l'entrepont ou la batterie, tant que la situation ne se serait pas améliorée.

Le lieutenant demanda également de fermer les sabords pour éviter que la mer ne s'y engouffre. Au besoin, quand l'eau parvenait néanmoins à s'infiltrer et remplissait la cale, les matelots actionnaient les pompes pour procéder à une vidange immédiate.

Pour de nombreux passagers novices, c'était un spectacle effrayant. Les plus jeunes enfants des Picard étaient convaincus que *La Méduse* allait faire naufrage et leur père avait toutes les peines du monde à les rassurer.

Par le jeu du roulis et du tangage, de nombreux passagers furent malades et on les voyait courir précipitamment la main sur la bouche. Sur le pont, il y avait du vomi partout, que les matelots n'avaient pas le temps de nettoyer. Les marins se moquaient de l'état pitoyable de certains passagers qui, blancs comme neige, les yeux brouillés, la main sur l'estomac, titubants et grelottants, erraient au hasard sans trouver le soulagement.

Puis, le temps s'améliora. On approchait des îles Madère et Raynaud en informa le capitaine Chaumareys.

— C'est parfait. Nous ferons escale à Madère, promit Chaumareys.

La nouvelle poussa le capitaine à monter sur le gaillard d'arrière et à se mêler aux passagers qui s'y trouvaient. Mme Picard, son bébé serré contre elle, discutait avec Mme Schmaltz et sa fille Eliza. Chaumareys leur fit ses amitiés

---

[1] Carnets de Charles Brédif (*La Revue de Paris*, 14e année, 1907, p. 784).

et prit part quelques instants à la conversation. Il annonça que Madère était en vue.

— Aurons-nous le plaisir de nous rendre sur l'île afin de la visiter ? demanda Mme Schmaltz.

— Hélas non, madame. Seuls quelques officiers de l'état-major et des matelots y débarqueront pour aller chercher des denrées fraîches et des rafraîchissements que nous n'avons plus.

Mme Schmaltz manifesta sa déception et elle fut soutenue par Mme Picard. Brédif osa s'immiscer dans le groupe.

— Pardonnez-moi, capitaine, mais je souhaiterais solliciter de votre part une autorisation spéciale.

— Oh, oh, une autorisation spéciale ?

— Oui, je fais chaque jour de nombreuses mesures à bord du bateau et je serais ravi si je pouvais effectuer une observation barométrique au niveau de la mer à Madère même.

Chaumareys hésitait mais il sentit le regard de Mme Schmaltz peser sur sa nuque. S'il cédait à l'ingénieur des Mines, comment pourrait-il refuser à l'épouse du gouverneur ?

— Je regrette, monsieur Brédif, mais je ne peux faire aucune exception.

Les abords de l'île étant réputés dangereux, le lieutenant Raynaud décida de réduire la vitesse à huit nœuds. À bâbord se profilaient trois îles désertes et à tribord l'île de Porto-Santo. Au centre, encore à distance, Madère. À onze heures, Porto-Santo et les îles désertes furent dépassées et Madère se précisait. Brédif décida de monter sur la grande hune du mât de misaine pour mieux observer.

Il fut étonné de distinguer si parfaitement la configuration de l'île. L'absence de plaine et l'altitude élevée au-dessus de la mer l'étonnèrent. Scrutée du navire, l'île n'était qu'un amas de roches dont les nuages cachaient le sommet. Brédif changea d'opinion quand *La Méduse* contourna la pointe rocailleuse qui lui faisait face pour passer devant la ville de Sainte-Croix, située dans un creux et où se succédaient des vallons cultivés. Brédif crut reconnaître des citronniers et des orangers.

Le vent forcissait. Quand *La Méduse* fut à proximité de la ville de Funchal, alors que les passagers massés sur les ponts admiraient les maisons et des champs verdoyants, le lieutenant Espiaux s'inquiéta de la difficulté à approcher du port et à trouver un mouillage sûr. En raison de la houle, il serait aussi délicat de mettre la grande chaloupe à la mer.

Comme le capitaine Chaumareys était non loin de lui, il n'hésita pas à interrompre sa conversation avec les dames Schmaltz et Picard.

— Capitaine, le vent est fort et la mer est agitée. Si nous voulons approcher du port, il faudra louvoyer pendant un certain temps. Nous allons perdre plusieurs heures dans la manœuvre, sans compter la difficulté de mettre une embarcation à la mer.

— Plusieurs heures ? s'inquiéta Chaumareys.

Le capitaine pensa de suite au gouverneur et à son désir impérieux de gagner Saint-Louis sans perdre de temps. Il prit sa décision en conséquence.

— Dans ce cas, lieutenant, nous n'y allons pas !

— Nous renonçons à Madère ?

— Oui ! Cap sur les Canaries. C'est là que nous ferons escale.

— À vos ordres, capitaine.

Aussitôt, *La Méduse* s'éloigna de Madère pour continuer sa route vers le sud. La déception de ne pas mouiller à Madère fut compensée par le fait que les Canaries n'étaient pas à plus d'un jour de navigation. *L'Écho* était toujours en vue du haut des hunes. La corvette du capitaine François-Marie Cornette de Vénancourt rattrapa en partie son retard à cette occasion.

Ce soir-là, Brédif et Lavilette bavardaient tranquillement accoudés au bastingage. Il était sept heures et le soleil se couchait sur la ligne courbe de l'horizon.

— Il n'est que sept heures et le soleil se couche déjà, dit Brédif. As-tu remarqué que depuis quelque temps la durée du jour diminue ?

— Non.

— Eh bien, c'est pourtant vrai. Je note l'heure du lever et du coucher du soleil chaque jour. La diminution est très sensible.

— C'est qu'on est le 27 juin, on a passé le solstice d'été.

— Non, pas du tout, Lavilette ! Ce ne serait pas visible à ce point-là en quelques jours. Non, c'est simplement qu'on se rapproche de l'équateur où les jours ont la même durée hiver comme été !

— Et combien durent-ils, les jours, au niveau de l'équateur ?

— Enfin, voyons, Lavilette ! Douze heures !

★

Le lendemain, sur le coup de midi, les Canaries étaient en vue. Pour éviter d'être importuné par de nouvelles demandes des passagers, le capitaine fit savoir que personne ne descendrait à terre, hormis quelques officiers de l'état-major. De nouveau, la déception fut forte chez certains, dont Brédif.

Chaumareys choisit personnellement les officiers qui auraient la chance d'aller sur l'île. Il désigna le lieutenant Raynaud, écartant Espiaux. Il ajouta l'aspirant-officier Paul Rang des Adrets qu'il favorisait souvent parce que ses parents, fervents royalistes, avaient émigré à Utrecht au début de la Révolution. De fait, Rang des Adrets était né à Utrecht en 1793 durant cette période d'exil. Par ailleurs, Chaumareys jugea utile que le chirurgien Follet puisse échanger avec ses homologues de l'île sur les maladies particulières de ces régions. Enfin, pour compléter cette petite palette d'officiers, il ordonna à l'enseigne de vaisseau Pierre Lapeyrère de se joindre au groupe.

L'île de Ténériffe elle-même ne fut atteinte qu'après une nuit à louvoyer lentement vers le sud. Dès que le pic fut visible, les passagers se pressèrent sur les gaillards pour observer les montagnes escarpées. À proximité de la ville de Santa-Cruz, une embarcation fut mise à la mer. Six matelots y prirent place pour s'occuper des gréements.

Quand Brédif vit que le lieutenant Raynaud s'apprêtait aussi à y descendre, il se précipita.

— Lieutenant, s'il vous plaît ! Voici une lettre pour ma sœur Areta ! J'ai écrit l'adresse en espagnol. Seriez-vous assez aimable pour la donner à l'administration qui répartit le courrier suivant la destination des bateaux ?

Raynaud prit la lettre et la glissa dans son uniforme en assurant qu'il n'oublierait pas. Comme l'un des matelots remontait l'échelle de corde, Brédif le laissa d'abord ramasser quelques cordages qui manquaient sans doute dans le canot. Il l'aborda au moment où l'homme allait redescendre par l'échelle de corde.

— J'aurais voulu quelques fruits. Si vous pouvez me ramener des oranges, des citrons, quelques bananes…

Le matelot le regardait sans rien dire. Précipitamment, Brédif fouilla dans ses poches.

— Si vous pouvez m'en acheter pour cinq francs.

Pourtant, le matelot ne faisait pas un geste pour prendre les pièces de monnaie.

— Et un franc de plus pour le service… dit Brédif à voix basse en ajoutant une pièce supplémentaire.

— Pas d'problème, m'sieur. J'vous rapporte ça.

Si Brédif s'habituait peu à peu à graisser ainsi la patte des matelots, il n'en était pas moins à chaque fois un peu gêné. Mais il n'ignorait pas que les marins étaient d'une très grande pauvreté et qu'une seule pièce de quelques sous représentait beaucoup pour eux. Rien que l'état de leurs vêtements en comparaison de ceux des passagers alertait sur la misère qui était la leur.

Le canot s'écarta doucement de *La Méduse* et s'éloigna en direction du port. Massés sur le pont, les passagers suivaient des yeux l'embarcation. L'impression d'être enfermé sur le navire fut vive à cet instant. Elle allait de pair avec un sentiment de jalousie envers les privilégiés du canot.

Le lieutenant Espiaux était descendu dans sa cabine. Allongé sur la couchette, il avait fermé les yeux. De tristes images de la bataille de Trafalgar flottaient mollement dans son esprit et il était sur le point de s'endormir quand des cris le firent sursauter. C'étaient des ordres qui étaient lancés et repris par l'équipage. Il y avait de l'agitation sur le pont. Il se redressa et pivota le buste pour s'asseoir les deux pieds posés sur le sol. Il eut alors la très nette sensation que *La Méduse* oscillait sur son axe. Il se leva d'un bond.

Se précipitant hors de sa cabine, il s'arrêta net au niveau de la grand-rue. Les voiles basses et les huniers avaient été largués. Des gabiers étaient encore agrippés aux haubans, d'autres se déplaçaient sur les vergues ou se tenaient debout sur les hunes. Éberlué, il vit alors Richefort qui marchait au-dessus de sa tête sur le passavant bâbord et qui donnait un ordre au maître d'équipage. Celui-ci, en hurlant, le transmettait aux matelots concernés.

— Richefort! cria le lieutenant Espiaux d'une voix impérieuse. Qu'est-ce que vous faites, nom de Dieu?

Richefort se tourna vers le lieutenant et sourit négligemment. Reculant d'un pas, il colla son dos contre le bastingage, les deux coudes en arrière sur la rambarde, une jambe légèrement repliée sur elle-même, les avant-bras à l'horizontale et les mains pendantes. Son attitude désinvolte était à la mesure du crime qu'il commettait: un civil avait pris le commandement d'un navire de guerre en mission.

— Le mouillage n'est pas sûr, lieutenant. Mieux vaut louvoyer en attendant le retour des nôtres, c'est plus prudent.

C'était tellement inconcevable que le lieutenant Espiaux resta figé pendant plusieurs secondes. Quand il prit conscience de l'énormité de la chose, il se rua en avant. En un rien de temps, il avait remonté l'escalier et surgissait sur le passavant. Effrayé par cette réaction violente, Richefort recula vers le gaillard d'arrière. Mais Espiaux était déjà sur lui et le saisissait au collet.

— Mais qui vous a permis, misérable! Il y a un état-major sur ce navire! Pour qui vous prenez-vous, sacrebleu!

Espiaux secouait Richefort et le tenait si fortement que celui-ci ne pouvait pas parler. Quand il desserra un peu l'étreinte, Richefort parvint à articuler quelques mots.

— J'ai l'autorisation du capitaine…

Avant que le lieutenant ne comprenne la signification de ce que Richefort disait, une voix se fit entendre du gaillard d'arrière. C'était celle du capitaine.

— Mais enfin, lieutenant, vous devenez fou? Qu'est-ce qui vous prend? Lâchez M. Richefort, je vous prie.

Faisant volte-face, Espiaux repoussa Richefort comme une poupée de son.

— Venez ici, lieutenant ! dit Chaumareys. Votre conduite est inconvenante.

Espiaux marcha à grandes enjambées jusqu'au capitaine. Il se mit au garde-à-vous.

— Je ne suis pas content de vous, lieutenant. Que signifie ce comportement de charretier ?

Espiaux éprouvait des difficultés à se contenir. Ses doigts se crispaient sur le pantalon de son uniforme. De son côté, Richefort avait réajusté sa veste et il s'était redressé dignement. Ceux qui avaient vu l'altercation s'efforçaient de regarder ailleurs mais tous tendaient l'oreille pour suivre l'explication entre le capitaine et son lieutenant.

— Je vous informe, capitaine, que M. Richefort, qui est civil, commande *La Méduse* à notre place.

— À notre place ? Grand Dieu non ! Pas du tout !

— Et que fait-il en ce moment ?

Chaumareys regarda Espiaux d'un air sévère.

— M. Richefort m'a averti que le mouillage de *La Méduse* n'était pas sûr parce que la zone était en plein vent. Le câble de l'ancre pourrait se briser, ce qui causerait la perte de notre meilleure ancre, et rabattrait notre navire vers les brisants que vous voyez là-bas.

— C'est ridicule, lâcha Espiaux.

— Surveillez votre langage, lieutenant ! tonna Chaumareys. Je ne tolérerai plus de tels écarts !

Il y eut un assez long silence pendant lequel Espiaux regardait au loin tandis que le capitaine, les mains soudain tremblantes, tentait de recouvrer son calme. Il reprit au bout d'un moment :

— M. Richefort, qui a été officier de marine, a proposé de louvoyer dans la baie en attendant le retour de l'embarcation que j'ai envoyée sur l'île. Je l'ai autorisé à montrer ses belles capacités. Voilà pourquoi il commande momentanément notre navire.

Espiaux se taisait.

— Il nous évite peut-être un naufrage, lieutenant.

— Un naufrage !?

— Oui, un naufrage. Savez-vous que ça arrive, les naufrages, lieutenant ! Et quand on est naufragé, il est trop tard pour pleurer. Quand un danger est identifié, on fait tout pour l'éviter. Je m'étonne d'ailleurs que vous, qui avez été...

Comme l'entretien tournait à la leçon de morale et lui devenait insupportable, Espiaux coupa Chaumareys :

— Je ne crois pas qu'il y ait dans cette baie un risque quelconque de naufrage par le temps actuel.

— C'est votre opinion, lieutenant, mais ce n'est pas la mienne. Je suis le capitaine de ce navire et le commandant de l'expédition. Tâchez de vous en souvenir à l'avenir, sinon je vous mets aux arrêts !

On entendit soudain Richefort qui criait :

— Pare à virer !

Puis les ordres s'enchaînèrent et *La Méduse* vira lentement de bord. Le lieutenant Espiaux réalisait que le capitaine s'était entiché de Richefort et qu'il était inutile de le raisonner. La menace d'être mis aux arrêts avait peut-être été lancée à la légère, dans le feu de l'émotion, mais le capitaine avait ce pouvoir et Espiaux ne pouvait l'ignorer. Il dit simplement :

— En tant que lieutenant de vaisseau de la royauté, j'obéis aux ordres de mon capitaine mais pas à ceux d'un civil. Je ne peux accepter que M. Richefort me commande.

Habilement, Espiaux renvoyait Chaumareys à des règles élémentaires. Il était tout à fait interdit à un civil de diriger le navire comme Richefort était en train de le faire. Chaumareys comprit le danger d'aller trop loin.

— Rassurez-vous, lieutenant, M. Richefort ne va pas vous commander. D'ailleurs, vous commande-t-il en ce moment ? Vous et le lieutenant Raynaud reprendrez la direction des manœuvres dès que le canot sera de retour.

Il y eut alors une note comique que ni Espiaux ni le capitaine, pris dans la querelle, ne perçurent. La corvette *L'Écho* les avait rejoints et, constatant que *La Méduse* tirait des bords, allant et venant dans la baie, le capitaine Cornette de Vénancourt ordonna de faire de même. Les deux navires se croisaient et les marins se faisaient des signes amicaux d'un bateau à l'autre.

— Il y a cependant un point qui ne souffrira aucune discussion, ajoutait Chaumareys.

— Lequel ? fit Espiaux, méfiant.

— M. Richefort connaît parfaitement la côte africaine.

— Ah bon ?

— Pour cette raison, à partir d'aujourd'hui, il nous servira de pilote.

— Nous avons nos propres pilotes. Et nous avons des cartes. Qu'avons-nous besoin de M. Richefort ?

Face à la résistance de son lieutenant, Chaumareys s'agaçait de nouveau. Il souffla bruyamment et haussa le ton.

— Nous avons de mauvaises cartes. Celle de Bellin établie en 1756 est tout sauf exacte ! Vous le savez aussi bien que moi !

— Certes, mais nous avons aussi une description nautique qui date de 1814 et qui nous met en garde contre le banc d'Arguin.

— Justement ! C'est pour le banc d'Arguin que nous avons besoin de M. Richefort !

— Il faudra simplement passer au large.

— Maintenant ça suffit, lieutenant ! Je ne sais pas si c'est le fait de votre caractère récalcitrant, mais je ne veux plus vous entendre !

Espiaux se tut.

— Vous pouvez disposer.

Après un dernier salut militaire, Espiaux tourna le dos au capitaine et marcha à pas pressés. Sur le passavant il rencontra Coudein et Savigny.

— Venez ! dit-il sèchement.

Ils descendirent sans un mot sur le pont de la batterie et Espiaux entraîna Coudein et Savigny dans la salle du conseil. Quand ils furent seuls, il arpenta la salle de long en large puis il explosa de rage.

— C'est insensé ! Vous avez vu ce qui se passe ! Qui sommes-nous pour tolérer une chose pareille !

— Calmez-vous, lieutenant, tenta Coudein.

— Des lâches, voilà ce que nous sommes ! Des lâches ! Combien d'officiers sur ce navire ? Combien ? Où sont les enseignes de vaisseau ? Qui proteste contre cette infamie ?

Personne ! Pas étonnant que nous ayons perdu à Trafalgar ! Et c'est ce petit M. Richefort qui devait se réjouir ce jour-là ! Une honte ! C'est une honte ! Une insulte faite à la marine de notre pays !

Savigny et Coudein n'osaient intervenir. Espiaux leur fit soudain face, son visage était rouge et ses lèvres tremblantes. Il pointa un index dans leur direction.

— En attendant, je vous interdis – vous entendez ? –, je vous interdis d'obéir à cet incapable ! Il faudra qu'il passe par le capitaine ! Et tant que celui-ci ne se sera pas adressé directement à nous, nous resterons les bras croisés ! C'est compris !

— Oui, lieutenant, firent Coudein et Savigny d'une seule voix.

*

Vers les trois heures de l'après-midi, le canot revint à bord lourdement chargé. Les matelots déchargèrent des caisses de figues, de poires, de pêches, d'abricots, d'oranges et de citrons ainsi que le fameux vin blanc dit de Ténériffe.

Quand le lieutenant Raynaud sauta sur le pont, il chercha des yeux Espiaux et l'aperçut debout sur le gaillard d'arrière, les mains dans les poches, l'air sombre. Il laissa l'enseigne Lapeyrère surveiller les matelots qui hissaient le canot avec les bossoirs de l'arrière au niveau de la poupe. Dès qu'il fut à portée de voix d'Espiaux, il s'écria en riant :

— Vous nous avez bien amusés !

— Pourquoi ?

— Quelle idée vous est-il donc passée par la tête de louvoyer toute la journée en paradant de la sorte dans la baie ? Je vous assure que ça a beaucoup étonné les Espagnols ! En plus, quand *L'Écho* est arrivé, il a fait de même ! C'était du plus grand comique !

— Pour vous seulement ! répliqua Espiaux.

Et il s'éloigna sans rien ajouter.

7

Pendant la nuit qui suivit, la mer se creusa et *La Méduse* affronta une forte houle. Pénétrant soudain dans la chambre en toile de Brédif située sous le gaillard d'avant, un matelot s'approcha du sabord.

— Qu'est-ce que vous faites ? demanda Brédif d'une voix ensommeillée.

— Faut fermer tous les sabords, m'sieur, c'est un ordre. L'eau va rentrer par là.

C'était déjà le cas. Brédif s'aperçut que le sol de la batterie était mouillé et que l'eau giclait par intermittence par l'ouverture béante du sabord. Il tâta la base de son matelas qui se révéla trempée.

— En effet ! s'exclama-t-il en riant. Mais il faut que vous enleviez le canon pour fermer le sabord, non ?

— Enlever le canon ? Ben dites donc ! Ça c'est une chose que j'pourrais pas faire seul, pour sûr !

Tout en riant de l'ignorance de l'ingénieur des Mines, le matelot abaissa le mantelet supérieur et releva le mantelet inférieur. L'échancrure semi-circulaire des deux mantelets épousait parfaitement la volée du canon.

— À la bonne heure ! dit Brédif. Comme ça, l'eau de mer ne passera plus.

— Oh que si, m'sieur, elle va passer quand même ! Les jointures entre les deux mantelets, c'est pas très étanche ! Mais j'vais y mettre de la frise suiffée et ce s'ra beaucoup mieux !

Au petit matin, le vent était très violent. Le lieutenant Espiaux, qui était de quart avec Coudein, décida de descendre les vergues des perroquets. *L'Écho* était à proximité et balançait fortement sur les flots, gîtant à bâbord jusqu'à se coucher avant de pivoter soudain sur son axe pour gîter à tribord d'une manière tout aussi inquiétante. Espiaux et Coudein regardaient la corvette se débattre au milieu de l'océan.

— Ça souffle... dit Coudein.

— Oui, répondit Espiaux en faisant signe au timonier de garder le cap.

Goyet fit un signe de tête affirmatif. Après un temps de silence, Espiaux ajouta :

— Sud/sud-ouest, c'est bien... Encore heureux que Richefort dorme. Hier, il a convaincu le capitaine de descendre plein sud. Je rétablis mais... hum... à quoi bon ! C'est la route de ce petit monsieur que nous suivrons de toute façon.

Malgré le mauvais temps, plusieurs passagers déambulaient déjà sur la grand-rue de la batterie, le roulis les empêchant de dormir.

Vers le milieu de la journée, une accalmie se précisa peu à peu. Le vent tomba, la houle diminua sensiblement et le soleil, bien que pâle, apparut enfin derrière le voile de nuages. Corréard et Lavilette s'étonnaient de l'agitation qui régnait parmi les matelots. Ceux-ci riaient pour un rien et plaisantaient sans cesse en des termes incompréhensibles.

— Ce soir, c'est le bonhomme ! disait l'un.

— Baptême pour tous ! disait l'autre.

Corréard et Lavilette s'interrogeaient sur le sens de ces affirmations en forme de rébus. Le capitaine Dupont, qui passait nonchalamment derrière eux, s'arrêta.

— Vous vous demandez de quoi il s'agit ?

— En effet ! dit Corréard. Qu'est-ce donc que cette histoire de bonhomme et de baptême ?

— C'est une très vieille tradition. D'après les marins, elle existerait depuis au moins trois siècles. Je l'ai perpétuée moi-même en allant aux Antilles début 1815.

— Aux Antilles !? s'écria Corréard. Ce n'est pas la route !

Dupont secoua la tête avec énergie.

— Détrompez-vous, c'est exactement la même route ! C'est ainsi qu'on profite au mieux des alizés. Plus au sud, on vire plein ouest et on met le cap droit sur les Antilles.

Corréard était dubitatif alors que Lavilette approuvait silencieusement. Dupont poursuivait sur le même ton tranquille :

— Donc, la tradition dont je parle, est celle du « bonhomme tropique ». Quand on franchit le tropique, les marins organisent une cérémonie burlesque où tous ceux qui n'ont jamais passé le tropique sont baptisés.

— Baptisés ? s'exclama Corréard avec un sourire goguenard aux lèvres.

— Oui, vous verrez. On leur fait jurer toutes sortes de promesses, toutes plus étranges les unes que les autres, et on les asperge d'eau.

— C'est curieux... lâcha Lavilette.

— Ça promet ! dit Corréard. Moi, je n'ai jamais passé le tropique...

Corréard et Lavilette tentaient d'imaginer la cérémonie quand Dupont ajouta soudain :

— C'est aussi l'occasion pour les marins... comment dire... enfin, certains passagers n'apprécient pas... moi, je crois qu'il ne faut pas y voir du mal... et il y a toujours des grincheux... c'est la tradition... mais c'est vrai que...

— Quoi ? Qu'est-ce que vous essayez de nous dire ? interrogea Corréard.

— Pour les baptisés, il faut sortir quelques petites pièces de sa bourse.

Corréard éclata de rire.

— Ah ! C'est une façon de nous rançonner en somme !

Dupont restait sérieux et n'esquissa pas l'ombre d'un sourire.

— Non, je ne crois pas qu'il faille voir les choses comme cela, monsieur Corréard. C'est avant tout un grand moment de fête pour les marins. Ce sont des gens qui triment dur et dont la solde est inférieure à celle de mes soldats, c'est tout dire.

*

La cérémonie débuta à la nuit. Les passagers étaient massés sur les gaillards et attendaient avec impatience. Il y eut soudain un bruit de chaîne dans la grande hune. Les passagers levèrent la tête dans un bel ensemble. Puis, on entendit un cor de chasse et des claquements de fouet.

— C'est l'arrivée du bonhomme tropique, glissa le capitaine Dupont aux passagers qui se trouvaient près de lui.

Soudain, lancée de la grande hune, une pluie de fayots tomba sur les passagers qui rirent de surprise.

— C'est un peu gâcher de la nourriture ! s'exclama Brédif, joyeusement.

— On en embarque tellement de ces haricots ! répliqua Savigny qui se trouvait à ses côtés.

Enfin, le bonhomme tropique fut visible sur la grande hune. Il se dandinait d'une manière grotesque. L'homme était enveloppé de linges et de sacs qui lui donnaient la forme d'une boule d'où ressortait la tête, grimée de sorte à ne pas être reconnue et coiffée d'un bicorne. Les passagers applaudirent de bon cœur.

Dans un roulement de tambour, le bonhomme tropique saisit la grosse corde qui relie le grand mât au mât de misaine. Il se laissa glisser le long du cordage et s'arrêta à mi-parcours. Il attendit dans le plus grand silence.

Sur le gaillard d'avant, le capitaine Chaumareys assistait à la scène en souriant, entouré de ses deux lieutenants, de M. Schmaltz, de son épouse et de sa fille. Comme Chaumareys ne bougeait pas d'un pouce, Espiaux lui chuchota à l'oreille :

— C'est le moment, capitaine. Il faut vous approcher.

Chaumareys avança jusqu'à la rambarde qui surplombait la grand-rue de la batterie où les soldats, heureux de cette sortie, avaient été rassemblés.

Le bonhomme tropique s'adressa au capitaine d'une voix gutturale extraordinaire qui déclencha les battements de mains et les rires de l'assistance.

— Où va la frégate ?

Le capitaine souriait avec bonhomie, les deux mains posées sur son ventre.

— Nous allons à Saint-Louis du Sénégal.

— Et quel est le nom de cette frégate? reprit le bonhomme tropique avec la même voix qui stimulait les rires du public.

— Elle s'appelle *La Méduse*!

— Bien, elle s'appelle donc *La Méduse*. Et c'est un beau navire que celui-là?

— Magnifique! On n'en trouve pas de meilleur dans tout le royaume!

Le bonhomme tropique souleva soudain son bicorne et dit d'une voix qui imitait celle du capitaine:

— Tant mieux, j'en suis fort aise.

L'hilarité était à son comble dans la foule indistincte. On riait à gorge déployée et le capitaine, pris par l'atmosphère de fête, n'en prenait pas ombrage.

— Quel est le nom du capitaine qui commande cette frégate magnifique?

— Vicomte Hugues Duroy de Chaumareys, répondit le capitaine qui, se prenant au jeu, souleva également son bicorne et s'inclina devant le bonhomme tropique.

Cette facétie de bon aloi, bien dans le ton de la fête, provoqua les applaudissements du public.

— Et comment se porte-t-il le vicomte Hugues Duroy de Chaumareys?

— À merveille, mon ami! À merveille!

Le bonhomme tropique se tut. On entendit un nouveau roulement de tambour en provenance de la grande hune qui imposa un silence général.

— Capitaine! reprit le matelot grimé. Moi, le bonhomme tropique, je viendrai vous visiter demain matin sous le coup de dix heures.

— Parfait, bonhomme tropique. Parfait! Je vous attendrai sur le pont.

— Et pour préparer notre rencontre de demain, je vous envoie dès maintenant mon postillon qui va vous livrer un paquet de bienvenue sous les tropiques.

Tout à coup, il y eut un remue-ménage du côté du passavant bâbord.

— Place, place! criait une voix. C'est le courrier du bonhomme tropique!

Un matelot, déguisé avec des morceaux d'étoffes multicolores, chevauchait un autre matelot qui hennissait bruyamment. La tête du second matelot était recouverte d'un grand sac de toile découpé de sorte à évoquer le museau et les oreilles d'un cheval. Ils se dirigeaient au trot vers le gaillard d'avant.

— Place ! Place ! Dégagez, s'il vous plaît !

La foule s'écarta pour laisser l'attelage improbable accéder au capitaine. Le postillon descendit de son cheval improvisé tandis que l'autre matelot ne cessait de hennir. Pour le faire taire, le postillon lui donna soudain un grand coup de pied dans les flancs. Le matelot couina comme un porc, et disparut au triple galop sous les rires et les vivats de l'assistance.

Le postillon tenait une grosse boîte dans les mains qu'il déposa aux pieds du capitaine Chaumareys.

— Tenez, votre majesté, dit humblement le postillon. Voici le présent du bonhomme tropique.

— Qu'est-ce que c'est ? demanda le capitaine.

— Un oreiller pour votre auguste tête, majesté.

— Un oreiller !?

— Ouvrez, majesté, je vous en supplie.

Chaumareys hésitait à se baisser pour ramasser le paquet. Caché derrière la foule, un matelot lança d'une voix rythmée : « Ou-vrez ! Ou-vrez ! Ou-vrez ! » qui fut bientôt repris en chœur par la foule. Chaumareys sourit et, encouragé de la sorte, il s'accroupit pour prendre le paquet. Il ne put le soulever.

— Que c'est lourd ! s'écria-t-il de surprise.

— Ce n'est qu'un simple oreiller confectionné dans l'atelier du bonhomme tropique, votre majesté.

Chaumareys prit la boîte à pleines mains et, la serrant contre son buste, il produisit un violent effort et parvint à se relever. Puis, se tournant sur sa gauche à la recherche d'une aide, il vit le lieutenant Espiaux et lui jeta presque le paquet entre les bras.

— Tenez-le bien, lieutenant, je vais l'ouvrir.

Curieux, Schmaltz s'approcha pour mieux voir tandis que Chaumareys défaisait le gros nœud de la ficelle qui entourait la boîte. Bien qu'il ne paraisse pas en souffrir excessivement,

Espiaux faisait des mimiques très expressives à la foule pour indiquer que le paquet était effectivement assez lourd. Puis, Chaumareys souleva délicatement le couvercle de la boîte en bois et regarda à l'intérieur. Comme le capitaine restait muet, Schmaltz ne put s'empêcher de demander :

— Qu'est-ce que c'est ?

En même temps, il jeta un coup d'œil dans la boîte et éclata de rire.

— Ah ! Le bel oreiller que voilà !

Chaumareys comprenait la plaisanterie mais il avait un peu de mal à en rire. Bon prince, désireux de ne pas gâcher la fête, il se força.

— Allez, lieutenant ! osa Schmaltz. Montrez à tous l'oreiller du capitaine !

Espiaux jeta un bref regard vers Chaumareys qui fit un petit signe affirmatif de la tête. Alors, il sortit de la boîte et brandit au-dessus de sa tête le gros boulet d'un canon de 36 [1]. La foule s'esclaffa bruyamment.

— Un boulet de canon ! Ah, la bonne idée !

— Au Sénégal, il pourra le jeter sur les pieds de l'Anglais ! Ça nous vengera de Trafalgar !

— Douloureux pour les oreilles comme coussin !

— Sauf si le capitaine est dur de la feuille !

Chacun y allait de sa plaisanterie plus ou moins fine mais en prenant soin de ne pas parler trop fort, de sorte à n'être entendu que de ses seuls voisins et pas du capitaine. Soudain, la voix gutturale du bonhomme tropique se fit entendre de nouveau au-dessus de toutes les têtes.

— Capitaine, je vous rappelle que je viendrai demain en personne sur le coup des dix heures pour baptiser les novices.

Chaumareys eut à peine le temps de réaffirmer qu'il se trouverait sur le pont à cette heure-là que le bonhomme tropique remontait le long de la corde et disparaissait dans la grande hune.

---

[1] Les boulets d'un canon de 36 pèsent 36 livres, soit 16,320 kilogrammes.

Reprenant ses esprits, le capitaine interpella la foule hilare.

— Demain, nous recevrons donc le bonhomme tropique. Je vous souhaite la bonne nuit.

Accompagné des époux Schmaltz et de leur fille, il se dirigea vers le passavant afin de regagner les appartements de la batterie.

— Auriez-vous le temps, vous et votre délicieuse épouse, de goûter dans ma cabine à ce délicieux vin blanc de Ténériffe ? dit-il au gouverneur au bas de l'escalier.

— Volontiers, capitaine.

Et Schmaltz ajouta d'un air ravi :

— Tout ceci était bien divertissant, n'est-ce pas ?

⋆

Le lendemain matin, de très bonne heure, sous la houlette du maître canonnier, les matelots reculaient les canons loin des sabords et, maniant le faubert, séchaient la place qu'ils occupaient avant de les remettre en batterie.

Brédif observait la scène. Les marins détachaient d'abord la brague, énorme cordage qui tenait le canon amarré contre la paroi du navire. Puis, quatre matelots, positionnés de part et d'autre de la pièce d'artillerie, tiraient en arrière l'affût à quatre roues sur lequel le canon reposait.

— Est-ce ce type de canons qui tire le boulet qui a été donné au capitaine hier soir ? demanda-t-il au maître canonnier.

— Non, hier soir, c'était un boulet de 36 ! Ici, ce sont des canons de 18 livres. Ils sont plus petits. Il y a quelques canons de 24 sur les gaillards, qui sont plus gros que ceux-ci, mais pas de 36 ! Le 36, c'est pour les grands vaisseaux de guerre. Il n'y en a pas sur une frégate !

Brédif sortait son carnet et notait ce qu'il apprenait. Malgré les petites roues de l'affût en bois qui portait le canon, il constatait que les matelots devaient s'employer pour reculer celui-ci.

— Si je ne craignais pas d'abuser de votre temps, puis-je vous demander combien pèse un canon de 18 ?

— Eh bien… Dans les 4 200 livres[1].

— Tant que ça ! s'exclama Brédif, émerveillé.

— Hé, monsieur l'ingénieur, qu'est-ce que vous croyez ? C'est de la fonte de fer ! C'est très lourd !

Picard se mêla à eux. Après les avoir salués, il écouta en silence la conversation, laquelle devenait de plus en plus technique. Brédif voulait tout savoir sur le canon de 18 : le diamètre du calibre et du boulet, la longueur et la circonférence de la brague, le poids d'un affût ou encore la portée du canon suivant l'angle d'inclinaison. Le maître canonnier répondait de bonne grâce mais Picard s'ennuyait et il gagna le gaillard d'avant.

Il y rencontra Richefort qui, debout à la proue du navire, scrutait la côte qu'on apercevait au loin. Picard se crispa dès qu'il reconnut l'homme en qui le capitaine avait placé sa confiance. Parmi les passagers, la rumeur s'était répandue que Richefort pilotait à présent la frégate. Il hésita à l'aborder mais, discernant à quelques lieues les premiers brisants de la côte, il ne put s'empêcher de s'exclamer :

— On navigue trop près de la côte ! Ces récifs sont dangereux et le courant y porte !

Richefort haussa les épaules et répondit sur un ton où perçait la plus grande arrogance :

— Voyons, monsieur Picard, nous sommes à plusieurs lieues de ces brisants. Ils ne présentent absolument aucun danger. Comme vous n'êtes pas marin, j'excuse votre inquiétude.

— Monsieur, j'ai déjà effectué deux fois le voyage au Sénégal et jamais, au grand jamais, notre navire ne s'est approché aussi près des côtes dans cette région.

— C'est que l'état-major n'avait aucune expérience de cette traversée. À trop jouer la prudence, nous perdrions un temps précieux.

— Perdre un temps précieux !? C'est insensé !

Tournant les talons, Picard, que la colère gagnait, s'éloigna d'un pas rapide, les yeux fixés sur le sol. Près du petit cabestan,

---

[1] Environ deux tonnes.

il heurta le lieutenant Espiaux. Sans prendre la peine de s'excuser, il s'écria aussitôt :

— Lieutenant, voyez-vous à quelle distance de la côte nous sommes ? M. Richefort prétend qu'il n'y a aucun danger mais, vous, vous savez qu'on ne devrait pas naviguer si près des terres ?

Le lieutenant Espiaux se ferma. Il dit avec une extrême froideur :

— Pour la route que nous suivons, voyez avec le capitaine Hugues Duroy de Chaumareys. Il en est le seul responsable.

Picard allait répondre mais Espiaux le coupa sèchement.

— Veuillez m'excuser, monsieur Picard, mais j'ai à faire.

*

Peu avant dix heures, les passagers se massèrent de nouveau sur les gaillards pour la grande cérémonie du baptême. Les enfants Picard étaient très excités et leur mère tentait désespérément de les empêcher de courir en tous sens. Sur la grand-rue, des matelots avaient monté une tente avec des pavillons de différentes nations qui excitait la curiosité des passagers.

— C'est la chapelle, avait répondu le capitaine Dupont au géographe Corréard qui l'interrogeait à ce sujet. Vous verrez…

Le capitaine fut ponctuel. À dix heures précises, il sortit de sa cabine en compagnie du gouverneur et de sa famille et monta sur le pont. Peu de temps après, le bonhomme tropique apparut dans la grande hune sous les vivats de la foule. Il était accompagné d'une nombreuse suite qui souleva l'enthousiasme quand tout ce cortège descendit le long du grand mât et des haubans sur le gaillard d'arrière.

Le bonhomme tropique avait amené son épouse et les passagers s'amusaient à deviner qui était le matelot grimé et déguisé en femme qui jouait ce rôle. Mais il était également accompagné de plusieurs prêtres et de quelques diables qui, courbés en deux, faisaient au public d'épouvantables mimiques. Deux anges choisis parmi les plus jeunes des mousses complétaient le tableau.

Le bonhomme tropique s'approcha du capitaine et lui posa les mêmes questions que la veille. Chaumareys y répondit de bonne grâce sans s'offusquer de cette répétition. Lorsque le bonhomme tropique posa une question nouvelle, la foule retint son souffle.

— Y a-t-il sur ce navire beaucoup de mortels qui, n'ayant jamais passé le tropique, doivent être baptisés ?

— Je le crois, répondit Chaumareys.

— En avez-vous la liste ?

Cette question provoqua un moment de flottement. Le capitaine se tournait à droite et à gauche, cherchant des yeux le lieutenant Raynaud. Schmaltz intervint :

— Si vous permettez, capitaine, à la demande du maître d'équipage, j'ai accepté que mon secrétaire, M. Griffon du Bellay, fasse ce travail. Voici la liste.

Au moment où Schmaltz tendait la feuille au capitaine, il lui glissa à l'oreille :

— J'ai demandé à Griffon de ne pas vous importuner avec cette question et vous n'êtes pas sur la liste.

Chaumareys ne dit rien et jeta un coup d'œil à la longue liste établie par Griffon. Le bonhomme tropique reprit :

— Et le capitaine de ce navire ? A-t-il besoin d'être baptisé ?

— Non, il n'est pas sur la liste ! claironna Chaumareys, évitant ainsi de répondre à la véritable question qui l'aurait peut-être embarrassé.

Le bonhomme tropique resta un moment silencieux avant d'affirmer :

— Je dois baptiser aussi ce navire.

— Non ! dit le capitaine, étonné. *La Méduse* a déjà franchi le tropique !

C'était exact. *La Méduse* avait navigué jusqu'aux Antilles et personne à bord ne l'ignorait. Pourtant, le bonhomme tropique s'entêtait.

— Si ! Je vais baptiser cette frégate ! Je vais donc me transporter sur le gaillard d'avant avec ma suite et couper la figure de proue.

Il y eut des murmures de protestation parmi la foule. On s'indignait avec ostentation.

— Seul le capitaine est en mesure d'empêcher que je coupe la figure de proue de *La Méduse*. Il en a les moyens !

Cette affirmation fut vite comprise par Chaumareys. Il chercha dans ses poches et en ressortit une petite poignée de pièces de monnaie.

— Au grand prêtre… dit le bonhomme tropique dédaigneusement alors que le capitaine voulait lui donner l'argent.

L'un des prêtres, plus richement décoré que les autres, s'avança et tendit un sac de toile. Chaumareys y jeta ses pièces.

— Ce n'est pas pour nous, affirma royalement le bonhomme tropique, c'est pour le ciel…

Les rires fusèrent dans l'assistance. Et le bonhomme tropique salua, l'air satisfait. Il avait réussi à ce que le capitaine montrât la voie. Chaque futur passager comprenait qu'il allait devoir donner la pièce, imitant l'exemple du capitaine.

— Monsieur Griffon, ajouta-t-il, vous qui savez lire et écrire, je vous demanderai de l'aide. Pouvez-vous nous accompagner dans la grand-rue ?

Schmaltz fit un signe de main à son secrétaire pour lui donner l'autorisation de suivre le bonhomme tropique et sa suite. Passant par le passavant tribord, ils descendirent ensemble dans la grand-rue et se placèrent à côté de la tente.

— Voyons d'abord les passagers, dit le bonhomme tropique.

La raison pour laquelle le bonhomme tropique avait décidé de commencer par les passagers, et non par les marins et les soldats, était simple mais ne fut pas comprise par les intéressés.

— Quel est le premier sur la liste ?

Griffon se pencha sur sa feuille et, relevant la tête aussitôt, dit à haute voix :

— Charles Brédif !

— Où est le nommé Charles Brédif ? brailla le bonhomme tropique d'une voix de stentor.

— Ici !

Brédif se précipitait du gaillard d'arrière jusqu'à la grand-rue de la batterie.

— Me voici !

Le bonhomme tropique attendit que Brédif soit face à lui. L'ingénieur des Mines ressentait une vague inquiétude car, la veille, de nombreux marins avaient laissé entendre que le baptême pouvait être une épreuve difficile à endurer.

— On me dit que vous n'avez jamais passé le tropique...

— C'est exact.

— Monsieur, je vais vous demander de faire un serment solennel.

— Lequel ?

— Jurez que vous ne convoiterez jamais la femme d'un marin !

Brédif resta un moment interloqué tandis que la foule, massée sur les rambardes des deux gaillards et surplombant la grand-rue, commentait le surprenant serment.

— Je jure ! affirma Brédif le plus sérieusement du monde.

Le bonhomme tropique reprit d'une voix douce :

— Parfait. Juré c'est juré ! Nous allons vous baptiser mais, voyez-vous, l'eau de ce baptême est sacrée donc...

— Donc ? interrogea Brédif innocemment car le bonhomme tropique ne terminait pas sa phrase.

— Elle coûte fort cher, acheva le bonhomme tropique en même temps que le grand prêtre faisait un pas vers Brédif.

Brédif s'était préparé. Il sortit un franc de sa redingote et le jeta dans le sac tendu par le grand prêtre.

— Baptisons, dit le bonhomme tropique non sans majesté.

Il saisit un gobelet, le plongea dans un baquet et demanda à Brédif de tendre sa main, paume ouverte vers le ciel. Puis, il déversa le gobelet sur la main de l'ingénieur. Il se tourna ensuite vers sa suite qui lui servait aussi de conseil.

— Est-ce que le sieur Brédif s'est mal comporté avec les marins depuis le début de la navigation ?

Après une brève consultation, il y eut unanimité parmi le conseil pour affirmer que Brédif s'était bien comporté. Le bonhomme tropique acquiesça.

— Suivant ! cria-t-il soudain à l'oreille du secrétaire de Schmaltz.

— Euh... Alexandre Corréard.

— Où est le nommé Alexandre Corréard ?

Brédif était très surpris de s'en tirer à si bon compte. Il regagna le gaillard d'arrière et sortit aussitôt son carnet.

Il écrivit: *À dix heures commença la cérémonie du baptême. Je fus baptisé comme les autres. On fut très modéré et j'en fus quitte pour un peu d'eau dans les mains*[1]. Pourtant, Corréard eut un sort différent du sien. S'il dut jurer sur un autre serment tout aussi farfelu que le premier et fut baptisé de manière identique, le conseil affirma qu'il avait eu des mots avec quelques marins.

— Dans ce cas, il lui faut baiser le saint sacrement pour effacer ses fautes, affirma le bonhomme tropique.

Le bonhomme tropique engagea Corréard à le suivre dans la tente. Quand Corréard disparut aux yeux de la foule, il se fit un grand silence. On s'interrogeait sur ce qui se passait à l'abri des regards.

Là, dans une chaleur étouffante, sous le regard impassible du bonhomme tropique, le grand prêtre tendit à Corréard un plat en bois qui faisait office de saint sacrement. Il exigea que celui-ci l'embrasse sur la bouche puis le serre contre ses deux joues et son front. Sans soupçonner quoi que ce soit, Corréard saisit à deux mains le plat et s'exécuta sans protester.

C'est quand il ressortit de la tente que Corréard comprit la farce qu'on venait de lui jouer. La foule hurla de rire en découvrant sa face toute noircie par le mélange de noir et de suif qui avait été consciencieusement étalé sur le plat par le grand prêtre. Il voulut s'essuyer le visage avec les mains mais il ne fit qu'empirer les choses, ses mains étant aussi noires que le visage.

— Suivant! cria de nouveau le bonhomme tropique dans l'oreille du secrétaire de Schmaltz.

Avec sa femme et sa fille, M. Schmaltz avait vécu plusieurs années en Guyane, si bien qu'il ne figurait pas sur la liste de Griffon. M. Picard, ancien notaire-greffier au Sénégal, non plus. Ce n'était pas le cas en revanche de sa seconde épouse et de leurs jeunes enfants, ni de ses deux filles de son premier mariage ni de sa nièce. Toute cette famille eut droit à un baptême collectif effectué dans la bonne humeur et sans

---

[1] Carnets de Charles Brédif (*La Revue de Paris*, 14e année, 1907, p. 791).

passage sous la tente. M. Picard dut cependant s'acquitter d'une participation financière plus élevée en raison du nombre de baptisés.

Les passagers qui n'avaient jamais franchi le tropique furent baptisés sans excès, payèrent leur écot et, pour certains, effectuèrent un bref passage sous la tente pour se faire noircir le visage, ce que la foule, désormais prévenue, attendait avec délectation.

Cependant, la cérémonie se durcissait à mesure que l'on descendait dans l'échelle sociale. Si Brédif, Dechatelus, Leschenault, Corréard, Kummer et d'autres, perçus par les marins comme des personnes de la bonne société, furent traités avec modération – d'autant plus qu'on attendait d'eux une généreuse participation –, ce ne fut plus le cas dès que les artisans, les paysans et les ouvriers de la Société philanthropique du Cap-Vert furent appelés.

Les candidats au baptême devaient s'asseoir sur une étroite planche posée sur un baquet rempli d'eau. Face à eux, le bonhomme tropique posait des questions de plus en plus déconcertantes. Pour un oui ou pour un non, les diables se précipitaient et tiraient violemment la planche provoquant, sous l'hilarité générale, la chute du baptisé dans l'eau.

Une visite sous la tente devint presque un passage obligé et l'impétrant en ressortait barbouillé de suif ou de crème, les cheveux collés de graisse ou dégoulinant d'huile.

Mais la cérémonie commença véritablement à dégénérer quand le tour des soldats fut venu. Ceux-là étaient heureux de sortir de l'entrepont où ils étaient presque perpétuellement consignés. Mais les marins, organisateurs de la fête, les attendaient de pied ferme sachant que, de toute façon, les soldats n'avaient guère de piécettes à leur donner.

Brédif qui observait les brimades pendant lesquelles, à grands seaux d'eau, on aspergeait les soldats sous couvert de les baptiser, s'étonnait des différentes nationalités qui composaient la troupe. Il notait que des soldats s'exprimaient en espagnol, certains en italien, d'autres en portugais ou encore en polonais. Il y avait aussi de nombreux Noirs qui parlaient créole.

Apercevant le capitaine Dupont qui, non loin de lui, surveillait discrètement ses troupes, prêt à intervenir si des débordements se produisaient, il l'interrogea sur la composition du corps expéditionnaire.

— La grande majorité sont des Français, nuança Dupont. Mais il est vrai qu'il y a aussi une proportion non négligeable d'étrangers.

— Et les nègres ?

— Des Guadeloupéens pour la plupart. Le commandant Poinsignon et moi-même revenons des Antilles. Ceci explique cela.

Dupont se tut un instant puis il reprit soudain comme s'il tenait à donner une précision importante.

— C'est une troupe un peu hétéroclite. Certains sont des soldats de métier mais beaucoup, il faut bien le dire, sont un peu là par hasard. Les Français surtout. Vous savez, quand on a des ennuis, il n'y a parfois pas d'autre solution que de s'engager.

— Des ennuis ?

— Ça peut être n'importe quoi. Échapper à une condamnation après un meurtre par exemple...

— Bigre ! dit Brédif en frissonnant.

— C'est un exemple parmi d'autres. Il ne faut pas que ça vous impressionne. Il s'agit souvent d'un simple délit. Mieux vaut toucher une solde en s'engageant que de croupir en prison, même pour une courte durée. Mais il y a aussi beaucoup d'artisans qui ont fait faillite, des ouvriers qui ne trouvent plus d'emploi. Bref, c'est très variable d'un cas à l'autre.

Brédif commençait à se faire une meilleure idée des soldats, qu'il voyait peu puisque, la plupart du temps, ils étaient cantonnés dans l'entrepont.

— Et, pour les commander, vous êtes nombreux ?

— Oui. Outre le commandant Poinsignon, le capitaine Bagnères et moi-même, il y a de nombreux officiers et sous-officiers ; les lieutenants Lheureux et d'Anglas de Praviel, les sous-lieutenants Lozach, Nona, Cléret et Demongeot, le sergent-major Charlot, le sergent Prasty... Je pourrais vous les citer tous mais je ne crois pas que vous en ayez l'utilité.

— C'est juste ! s'exclama Brédif. Cependant, il y a celui-ci qui est souvent en votre compagnie, poursuivit-il en désignant du doigt un sous-officier qui se tenait en contrebas sur la grand-rue de la batterie.

— Lui ? C'est l'adjudant Louis Petit. Un bon soldat qui a tout pour faire une brillante carrière. Courageux, consciencieux, plein de bonnes initiatives tout en respectant scrupuleusement la hiérarchie. Il a toute ma confiance.

Cette dernière affirmation laissa penser à Brédif que ce n'était peut-être pas le cas pour tous les officiers que Dupont avait cités auparavant. Il hocha la tête en regardant l'adjudant Petit. Celui-ci se tenait sur la grand-rue de la batterie, adossé à la grande chaloupe, et ordonnait à des soldats trempés de la tête aux pieds de redescendre dans l'entrepont.

Pendant ce temps, la fête battait son plein et franchissait un nouveau palier. Les matelots avaient délaissé les seaux pour se servir des pompes et, orientant les tuyaux dans leur direction, ils inondaient les derniers soldats à baptiser.

8

C'est en début d'après-midi, alors que les officiers de l'état-major avaient mis fin à la fête et que le calme était revenu sur le navire, que Brédif fit une curieuse constatation. Déjà, le matin, quand il avait mesuré la température de l'eau, il avait été étonné de la trouver assez élevée : dix-huit degrés. C'était un peu surprenant en comparaison des mesures précédentes où l'eau ne dépassait que rarement les quinze degrés.

Bien calé au fond du canot fixé à la proue du navire, il s'était penché au-dessus de l'eau et n'avait pas immédiatement saisi ce qui lui paraissait anormal. Puis, après quelques minutes, il comprit le phénomène.

— Voilà qui est étrange… murmura-t-il.

Il remonta sur le pont du gaillard d'avant et interrogea le premier matelot qu'il rencontra. Celui-ci rangeait un lourd cordage.

— Vous avez vu la mer ? demanda-t-il.

Le matelot le considéra avec méfiance, ne sachant pas ce que cachait une si surprenante question. Il continua sans rien dire à enrouler le cordage sur lui-même.

— La mer… reprit Brédif. Depuis le départ, elle est d'un bleu profond, presque noire.

— Oui… lâcha le matelot entre ses dents.

— Aujourd'hui, elle a changé de couleur. Elle est verte.

— Ah ?

— Si, si, je vous assure, elle est verte. Vous pouvez vous pencher par-dessus bord pour le constater. C'est indéniable.

Le matelot terminait sa besogne mais il ne donnait pas l'impression de vouloir s'intéresser à la couleur de la mer. Il s'occupait à présent de vérifier les gréements, inspectant poulies et manilles.

— Quand une mer devient verte, ça veut dire quoi? demanda Brédif avec impatience.

Le matelot secoua la tête et, tout en continuant son travail, lança à Brédif un regard de travers.

— Ça veut dire qu'y a pas d'fond.

— Pas de fond?

— Oui, pas d'fond.

— Mais n'est-ce pas dangereux de naviguer quand il n'y pas de fond?

— J'pense bien!

Brédif restait interloqué, les bras ballants. Comme le matelot continuait tranquillement à dévisser et à revisser des manilles sans plus se soucier de sa présence, il s'éloigna, l'esprit préoccupé, et descendit machinalement dans la grand-rue de la batterie. «Je dois voir un membre de l'état-major», décida-t-il en se secouant. Il pensait au lieutenant Espiaux dont il appréciait le sérieux et la rigueur.

Il emprunta l'échelle qui menait à l'entrepont et se dirigea vers l'arrière du navire où étaient situées les chambres des officiers. Ce n'est que dans le couloir central qu'il se rappela que les deux lieutenants avaient leur cabine dans la batterie, un étage au-dessus. Il allait rebrousser chemin quand il passa devant une pièce dont la porte était ouverte. C'était le poste de chirurgie. Jetant spontanément un coup d'œil pour regarder à l'intérieur, il aperçut l'aide-chirurgien Savigny, à genoux, qui enroulait une bande autour du mollet de l'aspirant Coudein, lequel était assis sur une chaise.

Sentant sa présence, Savigny et Coudein levèrent tous deux la tête dans sa direction. Brédif hésita une fraction de seconde, mais il était si tourmenté par ce qu'il venait d'apprendre, qu'il entra sans même demander la permission.

— Savez-vous que la mer est devenue verte ? dit-il à brûle-pourpoint.

— Oui, répondit Coudein.

— Et vous savez ce que cela signifie ?

— Ça signifie qu'il y a moins de fond, dit Savigny sur le ton le plus uni.

Savigny finissait d'ajuster la bande et, lorsqu'il l'eut bien fixée avec une épingle, il se releva en se massant le dos avec les mains.

— Eh oui ! Il y a moins de fond ! reprit-il.

— C'est que nous naviguons trop près de la côte, non ?

Coudein se levait à son tour et effectuait quelques pas prudents à travers la pièce.

— Alors ? l'interrogea Savigny.

— De mieux en mieux mais, comme vous l'avez toujours prédit, ce sera long.

Brédif s'impatientait.

— Écoutez-moi, messieurs, s'il vous plaît. Je viens de discuter avec un matelot et il dit que c'est dangereux de naviguer quand la mer est verte !

Il y eut un long silence embarrassé. Coudein et Savigny échangèrent un regard. Ils hésitaient à mettre un civil au courant des dissensions qui minaient peu à peu l'état-major de la frégate.

— Certains pensent effectivement que nous devrions changer de cap, affirma Coudein à regret.

— Et nous ne le faisons pas ?

Coudein et Savigny échangèrent un second regard plus appuyé que le précédent. Savigny prit la parole :

— Nous ne le faisons pas parce que…

Il cherchait ses mots, conscient qu'il n'aurait jamais dû répondre à une telle question.

— Parce que d'autres pensent qu'il est inutile de changer de cap…

Brédif se passa la main dans les cheveux en regardant alternativement Savigny et Coudein. Il voyait l'embarras des deux élèves officiers et une seule conclusion s'imposait dans son esprit rationnel.

— Bref, vous n'êtes pas d'accord entre vous ! lâcha-t-il.

Coudein se redressa et déclara sur un ton très formel :

— Les décisions ultimes sont toujours prises par le capitaine qui est le seul maître à bord après Dieu.

*

Sur le pont, au même instant, le lieutenant Espiaux et l'enseigne Lapeyrère étaient de quart. Ils se taisaient depuis de longues minutes mais la tension était palpable. Espiaux demanda :

— La corvette nous suit-elle ?

Lapeyrère se retourna pour vérifier que *L'Écho* était toujours en vue.

— Oui. Mais ils ont tendance à s'écarter de la côte.

— À s'écarter... Oui... bien sûr...

Le lieutenant Espiaux réfléchissait mais il savait que le temps pressait. Devait-il passer outre aux ordres qu'il avait reçus ? C'était peut-être une question de minutes à présent. Lapeyrère le regardait et frottait ses mains l'une contre l'autre. Elles étaient moites.

— Cette fois-ci, c'est bien le Cap Barbas que nous avons face à nous, dit-il.

— Oui ! Je le sais ! s'écria Espiaux. Il est inutile de me le rappeler !

C'était une véritable torture. À bâbord, on distinguait clairement les côtes basses de l'Afrique. Des langues de rochers noirs s'avançaient dans la mer. Longeant le littoral à quelques lieues de distance, le navire s'approchait d'un vaste golfe, délimité par le Cap Barbas au sud où l'eau se parsemait de petites taches d'écume blanche. Lapeyrère ne cessait de les fixer avec effroi. Il ne put s'empêcher de dire :

— Ce sont des brisants [1], mon lieutenant.

— Taisez-vous, Lapeyrère ! Je sais aussi bien que vous que ce sont des brisants !

---

[1] Rochers émergés ou proches de la surface et sur lesquels se brise la houle.

Un silence de mort s'établit entre les deux officiers. *La Méduse* marchait plein sud, à vive allure, vent de travers. La gîte était nulle et le navire semblait glisser sur l'eau. Le lieutenant Espiaux passa la main sur son front. Il s'aperçut qu'il était trempé de sueur. La chemise collait à son dos. Machinalement, il passa la main derrière lui pour tenter de la décoller.

— Combien de nœuds ? interrogea-t-il.

C'était une question inutile. La vitesse de *La Méduse* ne changeait rien aux données du problème. Pourtant, quand Lapeyrère répondit « Onze nœuds à la dernière mesure du loch », il se produisit un déclic dans la tête du lieutenant. À cette vitesse, en peu de temps, on atteindrait la zone des brisants. L'instinct de survie prima toute autre considération. Il se tourna d'une pièce vers Lapeyrère et cria :

— Il faut lofer, bon Dieu ! Il faut lofer ! Cap au sud-ouest ! Bon plein ou au près !

Lapeyrère s'élança. L'idée d'en informer le capitaine ne lui vint même pas à l'esprit. Il courait sur le gaillard d'arrière, prévenant d'abord le timonier, puis hurlant les ordres de la manœuvre à l'équipage. Le changement d'allure fut effectué promptement. La proue de *La Méduse* pivota et se rapprocha de l'axe du vent.

Espiaux constata que *L'Écho* avait effectué la même manœuvre plusieurs minutes auparavant. La corvette contournait au large, en toute sécurité, la zone de brisants vers laquelle *La Méduse* avait failli se précipiter.

Il ne bénéficia pas d'un long répit. Déjà une voix furieuse s'élevait derrière lui :

— Pourquoi avez-vous fait cela ? Qui l'a autorisé ?

C'était le lieutenant Raynaud. Il était accompagné de l'enseigne de vaisseau Rang des Adrets.

— Avez-vous l'autorisation du capitaine ?

Raynaud était scandalisé. Il était rouge, les sourcils froncés, l'œil brillant. Rang des Adrets partageait la même indignation.

— Non ! Je n'ai pas demandé l'autorisation au capitaine ! répondit Espiaux sèchement.

— Vous n'avez pas…

— Non, je n'ai pas !

— En plus, vous l'assumez? dit Raynaud, abasourdi. Vous passez outre le premier lieutenant et le capitaine pour dérouter le navire !?

Espiaux effectua du bras un geste si brutal qu'il faillit atteindre le visage de Rang des Adrets. Instinctivement, celui-ci fit un pas en arrière.

— Dérouté !? hurla Espiaux. Je ne déroute pas le navire ! Faites attention aux mots que vous utilisez, Raynaud ! J'écarte *La Méduse* des brisants où nous menait tout droit la route imposée par Richefort. Mais regardez donc ! Regardez donc là-bas ces taches d'écume un peu partout !

Raynaud jeta à peine un coup d'œil vers la zone désignée par Espiaux.

— La question n'est pas là ! reprit-il, imperturbable. C'est une question de règlement. Si le navire doit changer de route pour une raison ou pour une autre, le capitaine doit en être averti et il doit donner son accord. Or, vous ne l'avez pas averti et il n'a pas donné son accord.

— Nous n'avions plus le temps ! Il fallait prendre une décision immédiate, sinon c'était le naufrage ! Je l'ai prise !

— Je vais en référer au capitaine.

Espiaux était hors de lui. L'œil mauvais, il lâcha :

— N'oubliez pas non plus d'en référer à M. Richefort ! Dites-lui que moi, lieutenant Espiaux, pour sauver la frégate, j'ai osé m'écarter de sa route !

Rang des Adrets, qui s'était cantonné jusqu'à présent à son rôle d'officier subalterne, réagit immédiatement à cette sortie d'Espiaux.

— M. Richefort est un excellent sujet de Sa Majesté. D'après notre capitaine, il a fait ses preuves !

— Où ? Qui le connaît ?

— Vous mettriez en doute la clairvoyance de notre capitaine ?

Cette question était un piège dans lequel le lieutenant Espiaux n'avait pas l'intention de tomber.

— Nullement ! Je n'ai évoqué que M. Richefort et la route que nous suivons !

Raynaud eut un geste d'agacement et, pivotant brusquement sur les talons, il fit signe à Rang des Adrets de le suivre. Ils descendirent sur la grand-rue où Raynaud heurta Brédif qui, en compagnie de Coudein et de Savigny, venait d'émerger de l'écoutille menant à l'entrepont.

— Désolé... marmonna-t-il sans le regarder.

Quelques secondes plus tard, Rang des Adrets sur les talons, il frappait à la porte du capitaine. Celui-ci discutait paisiblement avec Richefort, un verre à la main, et parut étonné de voir entrer deux membres de l'état-major de la frégate.

— C'est urgent? demanda-t-il d'une manière particulièrement désinvolte.

— Oui, mon capitaine, dit Raynaud en se mettant au garde-à-vous.

— Alors, je vous écoute, répondit Chaumareys à regret.

Raynaud prit une grande inspiration et parla sur un ton accusateur.

— Le lieutenant Espiaux a pris la décision de changer la route de *La Méduse*. Il n'en a demandé l'autorisation à personne. À personne! répéta-t-il en faisant exploser les syllabes. Ni à moi, premier lieutenant, ni à vous, capitaine de ce navire!

— Diable! fit Chaumareys qui montrait plus de surprise que d'indignation. Mais pourquoi donc?

— Il prétend que *La Méduse* allait traverser une zone de brisants.

Chaumareys resta silencieux puis il se tourna vers Richefort.

— Y a-t-il des brisants dans ces parages?

Richefort se redressa et posa même son verre sur la table pour donner plus de sérieux à sa réponse. Il prit un air compétent.

— Certes, il y a quelques brisants le long de la côte. Mais rien de bien dangereux pour qui sait naviguer. On les évite sans difficulté. Le lieutenant Espiaux a fait preuve de nervosité, ce qui m'étonne si on en croit ses états de service.

Raynaud attendait au garde-à-vous, Rang des Adrets en retrait derrière lui.

— Donc, monsieur Richefort, vous nous conseillez de reprendre la même direction? s'enquit Chaumareys.

— Absolument ! Mais je m'en voudrais d'être la cause de l'affolement du lieutenant Espiaux… Remettons cap au sud, et même sud-est pour revenir sur la route prévue, dès qu'il sera convaincu que nous avons dépassé la zone qui l'effraye.

Sur ces mots, Richefort émit un petit rire aigu qui n'était pas exempt de mépris.

— Vous êtes décidément très généreux, monsieur Richefort… affirma Chaumareys.

Puis, se tournant de nouveau vers Raynaud :

— Quels sont les officiers qui sont de quart en ce moment ?

— Le lieutenant Espiaux et l'enseigne Lapeyrère.

— Et qui les remplacera ?

— Moi et M. Rang des Adrets, ici présent.

— Très bien ! Très bien ! répéta Chaumareys avec satisfaction. Voici ce que nous allons faire.

Trouvant sans doute que la formule n'était pas digne de son rôle, il reprit :

— Voici ce que j'ordonne : laissez le lieutenant Espiaux suivre la route qu'il a choisie et, dès que vous prendrez le quart, remettez-nous dans le droit chemin. Plein sud !

— Sud-est d'abord puis plein sud, si vous me permettez, précisa Richefort.

— C'est cela ! Sud-est puis plein sud !

Raynaud était à moitié satisfait. Au regard de la faute commise, il trouvait que le capitaine faisait preuve de beaucoup de mansuétude vis-à-vis d'Espiaux. Il tergiversa puis osa :

— C'est tout ?

— Oui, c'est tout.

— Pas de sanction ?

— Une sanction ? Non, monsieur Raynaud, nous allons éviter les sanctions. Le lieutenant Espiaux a un peu de difficulté à comprendre que la chute de l'usurpateur a remis l'ordre et l'obéissance au centre de nos valeurs. C'est une sorte de tête brûlée, il lui faut plus de temps qu'à vous. C'est pourquoi je vous ai choisi premier lieutenant. Mais il va finir par comprendre que les temps ont changé, j'en suis sûr.

Ce petit discours resta en travers de la gorge du lieutenant

Raynaud. Finalement, Chaumareys venait de lui rappeler d'une manière peu délicate qu'il avait été bonapartiste et qu'il devait sa position de premier lieutenant au fait de l'avoir bien dissimulé.

Rang des Adrets ne put empêcher un sourire d'étirer ses lèvres minces. Lui était un vrai royaliste, fils d'immigré, né à Utrecht en Allemagne. C'était un gage de loyauté dont il pouvait se prévaloir. Le capitaine le savait et lui en témoignait de la reconnaissance.

— Bien, il me semble que nous avons fait le tour de la question, ajouta Chaumareys en constatant l'inertie de Raynaud.

Celui-ci salua avec raideur et sortit. Rang des Adrets lui emboîta le pas. Le capitaine saisit son verre et le leva en direction de Richefort en disant :

— Ah ! C'est bien délicat de gérer toutes ces mesquines jalousies entre membres de l'état-major, n'est-ce pas ? Mais, voyez-vous, au final, tout s'arrange toujours quand on a le bon doigté.

Et, renversant la tête en arrière, il finit d'un trait son verre de vin rouge.

*

Quand la nuit tomba, Raynaud et Rang des Adretss remplacèrent Espiaux et Lapeyrère. La passation se fit dans une atmosphère glaciale. Les quatre hommes n'échangèrent aucune parole. Dès qu'ils furent seuls, Raynaud demanda à Rang des Adrets de vérifier auprès du timonier la direction suivie par *La Méduse*. Ayant eu confirmation que la frégate marchait vers le sud-ouest, il décida de modifier le cap.

— Le vent est au nord et nous sommes tribord amure. Nous allons virer de bord et nous mettre bâbord amure. Cap au sud-est selon les ordres du capitaine, allure grand largue.

— Bien, lieutenant, répondit Rang des Adrets qui attendait cette directive.

La manœuvre fut effectuée efficacement. Le lieutenant Espiaux, qui s'était rendu dans sa cabine et s'était étendu sur son matelas, écouta le branle-bas des matelots et des gabiers et n'eut aucun doute sur ce qui se passait.

— C'est Richefort qui commande ce navire… murmura-t-il avec amertume.

Se sentant impuissant à changer le cours des choses, il ferma les yeux et soupira. Il était déjà désolant d'être dirigé par un capitaine royaliste incompétent, ça l'était plus encore de l'être par un civil dont personne ne connaissait les réelles qualifications.

Le changement de cap modifia la position de *L'Écho* par rapport à *La Méduse*. Située à bâbord arrière de la frégate avant la manœuvre, la corvette se retrouva bientôt à tribord. Raynaud ne semblait pas s'en soucier. Quand Rang des Adrets le lui fit remarquer, il leva la main en un geste d'impatience.

— Ils vont virer de bord aussi, affirma-t-il. De toute façon, ils nous suivent. Le capitaine Chaumareys est le chef de l'expédition et c'est nous qui déterminons la route.

Pourtant, le temps passait et *L'Écho* ne semblait pas changer de cap. De fait, en raison de la nuit, la corvette était de moins en moins visible, si bien que Rang des Adrets s'en alarma.

— Nous devions aller au sud-est puis au sud. Le moment est sans doute venu…

Il laissa sa phrase en suspens mais Raynaud comprit parfaitement que la corvette attendait peut-être ce nouveau changement de cap pour se mettre vent arrière. Sans commenter l'intervention de l'enseigne de vaisseau, il annonça fermement, comme s'il prenait une décision que rien n'avait influencée :

— Cap au sud maintenant, selon les ordres du capitaine.

Rang des Adrets répercuta l'ordre aux marins à la manœuvre. Le nouveau changement de cap permit de voir à nouveau la corvette pendant quelques minutes puis elle disparut dans l'obscurité.

— Ils ont sûrement viré de bord mais la nuit est trop noire, commenta Raynaud. Nous les verrons à l'aube.

C'était une phrase rassurante mais une angoisse planait dans l'esprit de Rang des Adrets qui l'exprima soudain :

— En suivant cette route, ne risquons-nous pas d'être très proches du banc d'Arguin ? Si la corvette ne vire pas de bord, serait-ce qu'elle veut s'en écarter un peu plus avant d'obliquer vers Saint-Louis ?

Raynaud rumina la question pendant un quart d'heure. Alors que Rang des Adrets pensait que le lieutenant n'avait pas jugé utile de répondre ou même, peut-être, qu'il n'avait pas entendu en raison du cliquetis des haubans ou des sifflements du vent, ce dernier dit tout à coup :

— Il n'y a pas de raison de penser cela puisque nous avons marché au sud-ouest pendant plusieurs heures.

C'était donner indirectement raison à Espiaux qui avait imposé cette direction avant que Raynaud ne l'abandonne. Ce raisonnement troubla Rang des Adrets. Cependant, il n'osait rien répondre et, par un réflexe anxieux, il ne cessait de regarder du côté où *L'Écho* devait se trouver. Son regard fut attiré par des lumières distantes de plusieurs lieues. Il eut comme un coup au cœur.

— La corvette fait des signaux ! cria-t-il.

Raynaud tourna la tête et les aperçut également. La corvette avait hissé un feu et faisait brûler une amorce.

— Ils veulent connaître notre position, dit-il.

— Ils sont très en arrière et très écartés de *La Méduse*. À mon avis, ils n'ont toujours pas changé de cap. Ils vont toujours vers le sud-ouest.

— C'est ce que je ne comprends pas ! s'écria Raynaud. Ils ont bien vu notre nouveau cap, non ? À quoi jouent-ils ?

Les signaux étaient bien visibles. Rang des Adrets proposa :

— Il faudrait peut-être mettre en panne, faire des signaux et attendre qu'ils nous rejoignent ?

— Mettre en panne !? Vous n'y pensez pas ! On ne va pas s'immobiliser et attendre des heures sans rien faire !

— Des heures… des heures… Une heure tout au plus.

— C'est déjà trop ! Le capitaine m'a dit à plusieurs reprises que M. Schmaltz était impatient d'arriver à Saint-Louis. On ne va se faire retarder par *L'Écho* et ses atermoiements ! Ils n'ont pas viré quand nous avons viré et maintenant ils s'étonnent de ne plus nous voir !

Les lumières faiblissaient à l'horizon.

— Donc, nous ne nous arrêtons pas…

— Non.
— Et le capitaine ?
— Je crois qu'il est inutile de le réveiller en pleine nuit pour ça. Vous savez, il tient à arriver le premier à Saint-Louis. Que *L'Écho* ne nous suive plus alors que nous touchons au but ne risque pas de l'embarrasser.

Les feux de *L'Écho* étaient à présent si faibles que Rang des Adrets doutait de les voir réellement. Il plissait les yeux en fixant un point lointain sans pouvoir affirmer que c'était vraiment la corvette.

— On devrait quand même mettre un fanal en haut du grand mât. Ils verraient où nous sommes.
— Oui, en effet ! Ça, on peut le faire ! acquiesça Raynaud qui parut heureux de cette initiative. Ordonnez de mettre un feu là-haut afin que la corvette puisse voir notre position !

Quand un gabier installa un fanal en haut du mât, il n'y avait plus aucune trace de la corvette dans la nuit obscure.

9

Le lendemain, au petit matin, Picard se tenait sur le gaillard d'avant côté bâbord. Les deux mains sur le bastingage, le corps bien droit, il scrutait vers l'est avec attention. Au loin, il croyait deviner une pointe rocheuse qui ressortait du littoral embrumé. Il pensait la reconnaître pour l'avoir déjà aperçue au cours de ses traversées vers le Sénégal.

— C'est le Cap Blanc… Il y a peu de doute. Seul le Cap Blanc peut être visible à cette distance.

Il fit un tour complet sur lui-même, cherchant à qui parler. Il vit Touche-Lavilette.

— C'est le Cap Blanc ! s'écria-t-il en pointant l'index vers la côte, le bras tendu.

Lavilette s'approcha.

— Le Cap Blanc ?

— Oui, c'est l'extrémité d'une longue péninsule orientée nord-sud. On la devine au loin. Pas très bien, j'en conviens. Au bout, il y a une pointe qu'on voit mieux. C'est le Cap Blanc !

Lavilette s'efforçait de reconnaître ce Cap Blanc dont lui parlait Picard. Il se penchait en avant, tendait le cou, mettait la main en visière au niveau du front.

— Vous le voyez ? insistait Picard.

— Oui, peut-être…

— Il nous faudrait une longue-vue pour le confirmer mais j'en suis presque certain. La vigie en haut du mât de misaine doit certainement voir mieux que nous.

Par réflexe, il leva la tête et regarda un instant la vigie. Il allait tenter de l'appeler quand le lieutenant Espiaux passa non loin. Il s'élança.

— Lieutenant, pardonnez-moi de vous importuner mais je crois que nous doublons le Cap Blanc. Avez-vous votre petite longue-vue ?

Espiaux jeta d'abord un coup d'œil vers l'est. Il reconnut une bande de nuages lointains qui marquaient l'horizon et qui pouvaient correspondre au littoral.

— Avez-vous votre longue-vue ? répéta Picard.

Espiaux sortit sa longue-vue. Il la déplia et, sans un mot, la pointa vers l'est. Tout en fouillant l'océan, il se parlait à lui-même.

— Est-ce que c'est vraiment la côte, là-bas… Ce sont surtout des nuages… C'est vrai que, bas sur l'horizon, comme ça, et si continu… C'est probable… Et là… Ah, oui ! Il y a une sorte de cap… de rochers blancs… Donc, nous serions en train de doubler le Cap Blanc…

Il rangea sa longue-vue sans s'apercevoir de la déception de Picard qui espérait que le lieutenant la lui prêterait. Puis, il fit un simple commentaire :

— Vous avez une excellente vision, monsieur Picard.

— C'est exact, lieutenant, répondit Picard en souriant, l'air ravi qu'on lui reconnaisse cette qualité. Depuis tout petit, je vois très bien de loin ! M. Lavilette, lui, ne voyait pas…

Lavilette avouait qu'il n'avait pas vraiment vu ce que Picard lui montrait, ce qui semblait augmenter la satisfaction de ce dernier, dont, brusquement, le sourire se figea.

— Lieutenant, si je suis capable de distinguer le Cap Blanc, c'est que nous sommes trop près des côtes. Si nous poursuivons notre route plein sud, nous irons droit sur le banc d'Arguin !

Espiaux restait silencieux. Il fit quelques pas vers la proue du navire en regardant vers le sud. Picard commença :

— Je ne voudrais surtout pas que vous pensiez que je…

Il s'interrompit, comprenant que sa phrase était tellement mal engagée qu'il ne pourrait pas la terminer sans offenser le lieutenant d'une manière ou d'une autre. Il reprit :

— Lieutenant, vous le savez certainement mieux que moi : nous allons vers le banc d'Arguin.

— Oui, je le sais. Et je crois qu'il n'y a pas un officier de l'état-major qui l'ignore.

— Ah ?

Après cette forte parole, Espiaux ne semblait pas en tirer la conséquence qui s'imposait. Lavilette lui-même s'étonnait. Le silence se prolongea.

— La corvette n'est plus avec nous… remarqua Picard.

— C'est exact.

— A-t-elle pris au sud-ouest pour contourner le banc d'Arguin ?

— C'est possible.

— Ferons-nous de même ?

Fidèle à son caractère, Picard allait droit au but et poussait Espiaux dans ses retranchements. Celui-ci, qui jusqu'à présent avait toujours refusé de faire état devant des passagers des difficultés de l'état-major, n'eut pas la force de louvoyer plus longtemps.

— Monsieur Picard, si j'étais à la barre de ce navire, je mettrais le cap au sud-ouest immédiatement.

— Mais vous n'y êtes pas, n'est-ce pas ?

— Non !

C'était dit. L'aveu coûtait, mais risquer d'être pris pour un marin incompétent était encore plus insupportable. Picard échangea un regard avec Lavilette. Depuis plusieurs jours, la rumeur était persistante parmi les passagers : Richefort s'était imposé auprès du capitaine et faisait office de pilote.

Soudain, Picard se rappela les propos de Richefort au cours du dîner avec le gouverneur. Cet individu n'avait-il pas prétendu que le banc d'Arguin pouvait se traverser ? Picard, qui était peu à peu saisi par l'angoisse d'une catastrophe possible, affirma avec force :

— C'est Richefort !

— Si vous le savez, il est inutile de me le demander.

— Il faut lui faire entendre raison ! tonna Picard, les yeux étincelants.

Espiaux regarda Picard avec étonnement. À l'évidence, un

passager était beaucoup plus libre qu'il ne l'était lui-même. Officier de la marine, Espiaux devait obéissance à son capitaine et celui-ci soutenait Richefort. La situation était bloquée. En s'opposant à Richefort, il s'exposait à une sanction pour rébellion. De la plus légère, comme être consigné dans sa cabine pendant une journée, jusqu'à la plus lourde. Selon le bon vouloir du capitaine, il pouvait être mis aux fers à fond de cale, puis jugé par un tribunal militaire à leur retour en France. Il risquait gros. Dégradation, renvoi de la marine, emprisonnement, et même, au pire, condamnation à mort. Son passé bonapartiste ne serait pas un atout dans l'hypothèse d'un procès. Picard ne craignait rien de tout cela. Sa colère s'exprimait ouvertement.

Le lieutenant fixa Picard de ses yeux gris-bleu et dit calmement :

— Si vous vous croyez capable d'y parvenir…

Cette phrase frappa Picard comme un fouet. Il se redressa et s'exclama avec ardeur en regardant autour de lui :

— Où est-il, l'animal ?

Il l'aperçut sur le gaillard d'arrière. Faisant ni une ni deux, il s'élança en avant, traversa au pas de charge le passavant bâbord et gagna le gaillard d'arrière.

— Monsieur Richefort ! cria-t-il d'une voix forte alors qu'il était encore à plusieurs mètres de la coqueluche du capitaine.

Étonnés par le ton employé, les matelots présents cessèrent leur travail et les passagers se turent. Richefort regarda Picard s'approcher en levant les sourcils.

— Monsieur Richefort, j'ai reconnu le Cap Blanc au loin. Nous sommes trop près des côtes. À ce compte-là, nous allons nous perdre sur le banc d'Arguin !

Richefort leva les yeux au ciel, secoua la tête avec mépris, souleva les bras à l'horizontale et les laissa retomber lourdement sur ses flancs.

— Encore ! C'est une obsession, monsieur Picard ! Ne vous occupez donc pas de ces choses où vous n'entendez rien !

— Si, j'y entends quelque chose pour la simple et bonne raison que j'ai déjà effectué ce voyage ! Et le banc d'Arguin, on le contourne ! Tous les marins le savent !

— Les marins dont vous parlez le craignent de réputation

mais ils ne le connaissent pas réellement. Du reste, pour le Cap Blanc, vous vous trompez ! Nous l'avons doublé cette nuit et nous sommes plus au sud que vous ne le pensez ! Il n'y a aucun danger à naviguer vers le sud !

Sur le pont, le silence était total. Les visages étaient tendus, toutes conversations arrêtées. La discussion tournait à l'affrontement. Picard s'insurgeait. Il n'admettait pas que Richefort prétendît soudain que le Cap Blanc eût été dépassé la nuit précédente.

— Vous vous gaussez, monsieur ! Et comment l'avez-vous reconnu en pleine nuit, le Cap Blanc ?

— C'est très simple ! Hier, à midi, notre calcul de l'estime a permis de déterminer notre latitude et notre longitude. Depuis, connaissant notre vitesse, nous savions que le Cap Blanc serait franchi peu avant la nuit. À ce moment-là, nous avons navigué au sud-ouest pour nous écarter de la côte avant de reprendre plein sud.

Le lieutenant Espiaux, qui parvenait sur les lieux, était abasourdi de constater que Richefort se servait du changement de route décidé la veille par lui pour contrer Picard. Ce dernier, du reste, ne se laissait pas faire :

— Vous tentez de nous embrouiller, monsieur ! Le Cap Blanc, je l'ai vu à l'instant ! Nous sommes donc très près des côtes et le banc d'Arguin est face à nous.

— Quel est votre métier ? lança Richefort.

— J'ai la fonction de greffier et de notaire...

— Bien ! Vous n'êtes donc pas marin, alors laissez-nous, je vous prie ! J'ai déjà passé deux fois sur le banc d'Arguin, j'ai navigué aussi loin que la mer Rouge et, vous voyez, je ne me suis jamais perdu !

Sur ce, Richefort tourna le dos à Picard et s'éloigna tranquillement. Picard, hors de lui qu'on lui parlât de la sorte, faillit se jeter sur lui mais il fut retenu à temps par Brédif et Lavilette.

— S'il vous plaît, monsieur Picard, calmez-vous, cela ne résoudrait rien, plaida Brédif en maintenant sa pression sur les épaules de Picard.

— Ce monsieur sera la cause de notre perte à tous ! clama Picard en se dégageant. C'est de la pure folie !

N'osant pas commenter l'altercation, les matelots se remirent silencieusement au travail. En revanche, parmi les passagers, les conversations allaient bon train. La plupart avaient entendu parler du banc d'Arguin et les craintes de Picard étaient partagées par beaucoup.

Parce qu'il était considéré comme un savant, on demanda à Brédif ce qu'il en pensait. La réponse de ce dernier ne fit qu'attiser l'angoisse générale.

— Je ne sais rien du banc d'Arguin, dit-il honnêtement. Mais, hier, j'ai remarqué que la mer était verte. Aujourd'hui, elle est plus verte encore. Entre avant-hier et maintenant, nous sommes passés de bleu foncé à vert foncé puis vert clair. C'est le signe qu'il y a de moins en moins de fond.

— C'est une évidence ! s'écria Picard. Vous avez parfaitement raison.

— L'eau est plus chaude aussi, ajouta Brédif. Ce qui va de pair avec la diminution du fond.

Ce nouvel argument persuada les sceptiques que la frégate courait désormais un véritable danger.

⋆

À midi, comme chaque jour, le lieutenant Raynaud demanda à l'enseigne de vaisseau Maudet d'effectuer la mesure de l'estime. Maudet saisit le sextant et, debout sur le gaillard d'avant, il mesura l'angle entre le soleil et l'horizon. Ayant déterminé la latitude, il se rendit dans la batterie où, non loin du carré des officiers, était rangée l'horloge marine. Prenant connaissance du décalage horaire entre l'heure du méridien de Paris donné par l'horloge et le midi solaire du navire, Maudet calcula la longitude. Il nota latitude et longitude sur le journal de bord et retourna auprès du lieutenant Raynaud.

— Lieutenant, la mesure de l'estime donne 20°10 de latitude et 19°45 de longitude.

— 19°45 ! s'exclama Raynaud. Vous êtes sûr ?

— Si l'heure donnée par l'horloge marine est juste, c'est bien notre longitude.

Les yeux vagues, Raynaud frotta longuement sa barbe avec la main droite. Troublé, il répéta pour lui-même :

— 19°45...

Puis, se tournant vers Maudet :

— Nous serions si près des côtes ? Il faut vérifier notre position sur la carte marine. Suivez-moi !

Dans le carré des officiers, la carte dépliée sur la table, Raynaud posa l'index à l'endroit exact de la position de *La Méduse* selon les mesures de l'estime effectuées par l'enseigne de vaisseau.

— Serions-nous vraiment ici ?

Maudet fit « oui » de la tête.

— Je nous croyais plus à l'ouest...

Il y eut un assez long silence qui fut rompu lorsque Lapeyrère entra dans le carré des officiers. Raynaud lui fit aussitôt un signe de main impérieux.

— Ah ! Lapeyrère ! Venez voir où nous sommes !

Lapeyrère se pencha sur la carte.

— C'est ce que le lieutenant Espiaux a toujours affirmé, nous sommes trop à l'est. Vous savez qu'il a aperçu le Cap Blanc, ce matin ?

— On me l'a dit, répondit Raynaud immédiatement sur la réserve. Mais est-ce bien certain ?

— N'est-ce pas ce que notre latitude et notre longitude actuelles suggèrent ?

— Oui, peut-être...

C'était un dilemme délicat à trancher. Quelle que soit la précision des mesures en latitude et en longitude, la prudence la plus élémentaire recommandait de s'écarter vers l'ouest. Fallait-il avertir le capitaine que la route de son favori Richefort comportait le risque de toucher le banc d'Arguin.

— Nous sommes déjà sur les accores[1] du banc, lâcha Maudet.

C'était exact et un peu effrayant. Ni Raynaud ni Lapeyrère

---

[1] Bords extérieurs d'un haut-fond caché sous l'eau.

ne songèrent à nier cette vérité. Lapeyrère, qui avait sur Richefort la même opinion que le lieutenant Espiaux, était sans aucun doute le plus convaincu du danger encouru.

— Mon lieutenant, dit-il, je crois que notre devoir est d'informer le capitaine de nos craintes.

Malgré ses hésitations, Raynaud ne pouvait pas donner tort à Lapeyrère. Cependant, il lui en coûtait car il souhaitait avant tout éviter de donner au capitaine l'impression de soutenir le lieutenant Espiaux.

— Maudet, allez voir si le capitaine est dans sa cabine, ordonna-t-il à regret, sentant la pression muette des deux enseignes de vaisseau.

Maudet sortit et buta sur Richefort qui traversait le couloir. Il y eut chez l'enseigne de vaisseau un moment d'embarras de se trouver soudain nez à nez avec le responsable de la situation. Il bafouilla et, troublé, s'écarta de la mission que lui avait donnée Raynaud.

— Monsieur Richefort, nous nous inquiétions de notre position…

— Qui, nous ? répliqua Richefort en levant les sourcils.

— Le lieutenant Raynaud, l'enseigne Lapeyrère et moi-même.

— Et que disiez-vous de notre position ?

— Qu'elle nous portait vers le banc d'Arguin.

— Vous n'avez pas à vous inquiéter.

La porte était ouverte, si bien que Raynaud et Lapeyrère suivaient en silence cet échange. Il n'était guère honorable que Raynaud, supérieur hiérarchique de Maudet, continuât de se taire et il le comprit.

— Monsieur Richefort, je vous prie, si vous pouviez vous joindre à nous pour jeter un coup d'œil sur la carte, dit-il.

Surpris par cette brusque intervention, Richefort pivota sur ses talons, aperçut Raynaud dans le carré des officiers et, après un moment d'hésitation, entra à contrecœur. Maudet referma la porte derrière lui tandis que Raynaud posait de nouveau le doigt sur la carte.

— Monsieur Richefort, suivant nos mesures de l'estime notre frégate se trouve ici.

— C'est probablement exact, dit Richefort en regardant à peine la carte.

— Et le banc d'Arguin est là. En maintenant cap au sud, comment allons-nous l'éviter ?

La question était posée simplement. Richefort admettait que la position de *La Méduse* était celle déduite par les officiers de l'état-major. En prolongeant cette localisation vers le sud avec le doigt, Raynaud aboutissait dans la zone du banc d'Arguin. Le lieutenant releva la tête, fixa Richefort, et attendit.

Il pensait à tort que Richefort admettrait qu'il serait prudent de mettre cap au sud-ouest pour éviter le haut-fond. Il n'en fut rien et la réponse de Richefort le prit à contre-pied.

— Tout le monde sait que la carte de Bellin est fausse, rétorqua-t-il.

C'était une réponse d'une désinvolture qui frisait la mauvaise foi. Raynaud s'offusqua :

— Justement ! On dit que la carte de Bellin est fausse parce qu'elle situe le banc d'Arguin plus près des côtes qu'il ne l'est en réalité. Si c'est vrai, la situation est pire encore !

— Non, elle n'est pas pire ! Les cartes ne remplacent pas la connaissance et l'expérience d'une côte ! Cette expérience, je l'ai !

Lapeyrère bouillait. La peur qu'il avait vécue avec le lieutenant Espiaux quand ils avaient évité les brisants du golfe [1] situé au nord du Cap Barbas lui revenait en mémoire. Rétrospectivement, il en avait encore des sueurs froides.

— Vous l'aviez aussi, cette expérience, quand nous avons failli jeter *La Méduse* sur les brisants du Cap Barbas ! Si le lieutenant Espiaux n'avait pas changé de cap à ce moment-là, où serions-nous maintenant ?

Richefort pâlit sous la violence de l'attaque.

— Ces brisants dont vous parlez... Vraiment... Vous vous êtes affolés... Je les ai traversés déjà... Sans dommage...

— Sans dommage ! rugit Lapeyrère. Monsieur Richefort, il faudrait toujours vous croire sur parole ! Mais j'ai des doutes,

[1] Il s'agit du golfe de Saint-Cyprien.

de sérieux doutes sur ce que vous nous racontez depuis que vous pilotez ce navire !

C'était comme un sac qui crevait. Lapeyrère déversait soudain toute une rancœur accumulée depuis des jours. Lancé, il ne pouvait plus s'arrêter.

— Et la corvette *L'Écho* ? Où est-elle ? Elle nous a quittés ! Et vous savez pourquoi ?

Toujours sous le choc de cette attaque en règle, Richefort restait muet.

— Je vais vous le dire où elle est ! Après le Cap Barbas, elle a maintenu son cap vers le sud-ouest pour ne prendre aucun risque vis-à-vis de ce haut-fond ! C'est ce que les lieutenants Gicquel des Touches et de Parnajon, commandants *La Loire* et *L'Argus*, feront aussi [1] !

Raynaud était si étonné de voir Lapeyrère malmener Richefort de cette manière qu'il tardait à intervenir pour y mettre un terme. Sonné, Richefort ne baissait pas pavillon pour autant. Profitant d'un moment où Lapeyrère reprenait son souffle, il affirma :

— Et ils auront tort ! Il est totalement inutile de faire ce long détour ! Il suffira de sonder régulièrement pour s'assurer qu'il y a assez de fond.

— Vous vous entêtez, Richefort ! hurla Lapeyrère. Je ne sais pas ce qui me retient de vous passer mon épée à travers le corps !

Effrayé par la tournure que prenait soudain l'altercation, Raynaud s'écria :

— Ça suffit, Lapeyrère ! Vous vous oubliez ! Faites immédiatement des excuses à M. Richefort !

Un sourire narquois se dessina sur les lèvres de Richefort. Il prit un ton magnanime.

— Laissez, monsieur Raynaud. Les esprits de certains s'échauffent par ces latitudes, c'est bien naturel. Il faut garder la tête froide pour naviguer le long de ces côtes.

Il fit quelques pas vers la porte puis se retourna :

---

[1] C'est ce qu'ils firent en effet.

— N'oubliez pas de sonder régulièrement. Ceci devrait rassurer M. Lapeyrère.

Richefort quitta le carré des officiers et frappa à la porte du capitaine Chaumareys. Son intention n'était pas de se plaindre du comportement de Lapeyrère à son égard. Il avait le sentiment d'avoir gagné la partie après l'intervention de Raynaud en sa faveur. Non, il effectuait simplement une de ces nombreuses visites qui lui permettaient, un verre à la main, de bavarder innocemment avec le capitaine de leur passé commun.

La porte était entrouverte. Tout en frappant, il la poussa et aperçut de dos le lieutenant Espiaux, debout, qui faisait face au capitaine assis à son bureau. Chaumareys lui fit signe aussitôt.

— Ah, monsieur Richefort, vous tombez à pic ! Entrez, je vous prie…

Espiaux se retourna et ne put cacher sa contrariété.

— Monsieur Richefort, reprit Chaumareys, le lieutenant Espiaux est venu me faire part de ses craintes. Il estime que nous devrions aller au sud-ouest pour éviter ce fameux banc d'Arguin que chacun redoute. Rassurez-nous, nous ne courons aucun risque, n'est-ce pas ?

— Aucun, capitaine.

Richefort jouait sur du velours. Il n'avait guère besoin de persuader un convaincu ; tout argument devenait superflu. Il suffisait d'affirmer avec assurance. Le capitaine regarda à nouveau Espiaux.

— Vous voyez, pourquoi s'inquiéter ?

— Je m'inquiète, tenta Espiaux, parce que j'ai aperçu ce matin le Cap Blanc et que je sais lire une carte. Il est…

Le lieutenant ne put terminer sa phrase, Chaumareys le coupa.

— M. Richefort aussi sait lire une carte ! Les cartes ne sont pas bonnes. Nous nous fions à l'expérience, c'est plus sûr.

Il sourit benoîtement, leva ses mains potelées à la hauteur de sa tête et ajouta :

— Avons-nous fait naufrage depuis notre départ de l'île d'Aix ?

C'était un argument tellement inattendu et absurde que le lieutenant renonça. Les mâchoires contractées, il baissa la tête.

— Il faut juste sonder de temps à autre, conclut Richefort avec cet air compétent qu'il affectionnait.

*

La mer était de plus en plus verte et transparente. Depuis que Brédif avait appris aux passagers la signification de ce changement de couleur, on se pressait au bastingage pour le commenter. Par ailleurs, des matelots qui lançaient la ligne d'un sabord pêchaient de plus en plus de poissons. Là encore, cette pêche un peu miraculeuse était un signe qui ne trompait pas et qui confirmait un fond marin peu profond.

À la demande de l'enseigne de vaisseau Maudet, Raynaud décida de sonder sans avertir le capitaine. Il fallait mettre en panne *La Méduse*, ce qui agaça Schmaltz qui trouva qu'on perdait du temps. Il en fit la remarque au lieutenant Espiaux qui lui répondit assez sèchement :

— Monsieur le gouverneur, il est nécessaire de savoir où nous en sommes.

Les alizés soufflant du nord-est vers le sud-ouest, la frégate était grand largue, ce qui obligea l'équipage à abraquer les écoutes de foc et de la misaine, à carguer la brigantine et à mettre la barre en dessous en amarrant les bras sous le vent.

Un matelot jeta la sonde dès que la frégate eut perdu son erre. Il retira le plomb et annonça dix-huit brasses [1]. C'était peu.

— Il faut prévenir le capitaine, ordonna Raynaud.

Celui-ci monta peu après sur le pont. Il rejoignit Raynaud et Espiaux qui se trouvaient côte à côte sur le gaillard d'avant.

— On me dit qu'il n'y a que dix-huit brasses ?

— Oui, mon capitaine, répondit Raynaud.

— C'est ennuyeux tout de même… Ceci dit, il est vrai que M. Richefort avait bien prévenu qu'il fallait sonder pour suivre la meilleure route.

---

[1] 29 mètres (brasses françaises).

— Que fait-on, capitaine ?

— C'est le haut-fond, n'est-ce pas ?

— Sans aucun doute, capitaine.

Le capitaine paraissait désorienté. Avec un geste d'impuissance, il dit :

— On va venir d'un quart sur tribord pour s'écarter de la zone où nous sommes.

— C'est peu, remarqua Espiaux.

— Ce sera suffisant, lieutenant ! répondit Chaumareys dans un accès dérisoire d'autorité.

Schmaltz arrivait sur eux, d'un pas vif, le front levé, l'œil autoritaire.

— Lorsque nous jetons la sonde, sommes-nous obligés de nous arrêter de la sorte ? demanda-t-il d'une voix forte.

Cette irruption un peu brutale dans la conversation produisit un court silence. Chaumareys se taisait, sans qu'on sache s'il ignorait la réponse ou s'il voulait éviter de contrarier le gouverneur.

— En principe oui, dit Raynaud.

— Vraiment, n'y aurait-il pas un moyen de sonder sans mettre en panne le navire ? reprit Schmaltz. Nous sommes au XIXe siècle tout de même ! Et vous pouvez constater par vous-même le temps que nous perdons dans cette manœuvre !

Il y eut un échange de regards entre Espiaux et Raynaud. Naïvement, le capitaine renchérit sur la question du gouverneur.

— Oui, vraiment, est-ce qu'il n'y a pas un moyen de sonder plus rapidement ?

À contrecœur, Espiaux prit la parole :

— S'il y a peu de fond, on peut procéder autrement…

— Ah ! Je m'en doutais ! s'exclama Schmaltz avec satisfaction.

— Sans mettre en panne la frégate, on peut placer un sondeur dans chacun des porte-haubans du grand mât. Ces deux hommes lancent à la main le plomb sur l'avant et annoncent la profondeur du fond.

— Eh bien, pourquoi ne procède-t-on pas de cette manière ? questionna Chaumareys qui souhaitait avant tout que le gouverneur obtienne gain de cause.

— Parce que le fond est encore trop important. Avec dix-huit brasses, le plomb lancé à la main vers l'avant n'a pas le temps de toucher le fond avant que le grand mât ne soit à son niveau. Après, c'est trop tard ; le plomb est entraîné vers l'arrière dans le sillage du navire.

Schmaltz baissa les yeux un instant, le front plissé. Il opinait du chef.

— Je comprends… Je comprends…

Puis, relevant la tête, il prit le capitaine à témoin :

— Ce que je retiens de tout cela, c'est que le fond est encore important et que nous ne courons aucun risque. Voilà qui valide la route choisie par M. Richefort !

Espiaux et Raynaud étaient consternés. La situation grave et préoccupante dans laquelle se trouvait *La Méduse* venait d'être retournée par le gouverneur pour encenser Richefort. Espiaux protesta aussitôt.

— Avec dix-huit brasses de fond, nous devons être en état d'alerte permanent et sonder le plus souvent possible. Dix-huit brasses ! Mais qu'est-ce que c'est ? Rien ! Absolument rien ! Il en faudrait cent pour nous rassurer !

Le visage du gouverneur se ferma. Il jeta un coup d'œil furieux à Espiaux puis, se tournant vers le capitaine, il sembla le considérer comme son seul interlocuteur.

— S'il faut sonder, sondons ! Cependant, dès que le fond sera suffisamment peu important pour sonder sans nous arrêter, faisons-le !

C'était à croire que Schmaltz, pour ne pas perdre de temps, souhaitait la diminution du fond et donc prendre le risque d'échouer *La Méduse*. Il tourna les talons et s'éloigna sans cacher sa mauvaise humeur. Le silence gêné qui suivit fut rompu par le capitaine.

— Sondons peu, si possible, dit-il. Et si le fond diminue, utilisons votre méthode, lieutenant Espiaux.

— Espérons que nous n'en arriverons pas là ! déclara Raynaud.

Le capitaine partit sur les pas du gouverneur, sans doute pour le rassurer et l'assurer qu'il avait pris les dispositions pour lui donner satisfaction.

La Méduse reprit sa course en avant. Le temps était magnifique, le vent soufflait fort et gonflait les voiles, l'horizon était dégagé.

Un quart d'heure après cette conversation, Raynaud, dont l'inquiétude allait crescendo, ordonna de mettre en panne pour sonder à nouveau. On ne trouva plus que dix brasses[1]. Le capitaine fut appelé de nouveau sur le pont. Rien dans son attitude ne donna l'impression que cette nouvelle mesure l'inquiétait davantage que la première.

— Faisons venir de deux quarts sur tribord.

— Ceci ne nous a pas éloignés du danger quand nous étions à dix-huit brasses, remarqua Raynaud.

— Et que proposez-vous donc ?

— Je ne sais pas… avoua Raynaud.

Seul Espiaux avait une stratégie claire.

— Capitaine, si vous me permettez de donner une opinion ?

Pour Chaumareys, n'importe quelle idée proposée par Espiaux était par avance suspecte. Son opposition systématique à Richefort, son caractère intransigeant et son passé bonapartiste le mettaient hors-jeu.

— Oui, mais faites vite, s'il vous plaît, dit-il en fixant l'horizon.

— Il faut faire demi-tour, suivre à rebours la route que nous venons d'emprunter et, au niveau du Cap Blanc, prendre ouest/sud-ouest, puis sud-ouest.

Chaumareys eut une vision instantanée : celle du gouverneur Schmaltz furieux découvrant que *La Méduse* revenait sur ses pas.

— Vous n'y pensez pas, lieutenant, nous touchons au but ! Nous sommes sûrement à moins de cinquante lieues[2] de Saint-Louis et vous voulez nous faire repartir vers le nord !

— C'est à mon sens la seule solution. Nous avons déjà obliqué d'un quart sur tribord et nous avons moins de fond encore. Autrement dit, nous naviguons sur le haut-fond et il

---

[1] 16 mètres.

[2] 241 kilomètres.

s'étend certes au sud et à l'est, mais aussi à l'ouest de notre position.

Le raisonnement était imparable et le capitaine n'avait pas d'arguments à lui opposer. Il avait besoin d'un appui.

— Lieutenant Raynaud, allez chercher M. Richefort, dit-il.

Dans l'attente qui suivit, Chaumareys et Espiaux restèrent côte à côte dans un silence pesant. Chacun regardait au loin, les yeux fixés sur une mer qui n'avait jamais été aussi verte et transparente.

Raynaud revint en compagnie de Richefort. Ce dernier ne paraissait nullement inquiet de la situation. Il marchait avec la même assurance et affichait cet air supérieur qui irritait Espiaux. Chaumareys invita le lieutenant à répéter son argument. Richefort écouta avec un déplaisant sourire aux lèvres, puis il dit :

— Oui, peut-être ! Mais en nous déportant légèrement sur tribord tout en poursuivant notre marche au sud, nous longerons le banc sans encombre. Nous sommes sur la bordure occidentale du banc d'Arguin. Un peu plus de fond, un peu moins de fond, mais toujours suffisamment pour avancer en toute sécurité. Nous n'allons pas échouer *La Méduse* avec dix brasses de fond. Nous passons, nous passerons !

— Voilà qui est bien dit : nous passons, nous passerons ! reprit le capitaine, heureux de la jolie formule de son protégé.

Espiaux renonça à défendre son point de vue. Avant même de l'énoncer, il ne se faisait guère d'illusion sur le sort de sa proposition.

— Donc, deux quarts sur tribord, capitaine ? demanda Raynaud toujours aux ordres.

— Oui, deux quarts. Nous passons, nous passerons ! réaffirma Chaumareys en lançant un sourire complice à Richefort.

Le capitaine s'éloigna d'un pas paisible et satisfait. Ces officiers de l'état-major créaient des problèmes là où il n'y en avait guère. Leur nervosité finissait presque par vous contaminer. C'était une vraie chance d'avoir Richefort à bord de la frégate et de profiter de son expérience et de son calme.

10

Vers deux heures de l'après-midi, Brédif mesura tranquillement la température de l'eau. Il obtint 22 degrés, la plus forte valeur jamais obtenue depuis qu'il effectuait des mesures. Il la nota consciencieusement sur son carnet tout en remarquant que la mer n'avait jamais été aussi verte.

Au même moment, sur le gaillard d'arrière, plusieurs officiers de marine s'étaient spontanément rassemblés. Certains ne cachaient pas leur inquiétude, comme Espiaux ou Lapeyrère, mais d'autres, comme Rang des Adrets ou Raynaud, en raison de leur soutien au capitaine, défendaient l'opinion de Richefort selon laquelle la frégate longeait le bord occidental du haut-fond sans risquer de s'y ensabler.

L'eau était par endroits si transparente que des matelots crurent en apercevoir le fond. La vigie, qui surveillait dans la hune du mât de misaine, le signala.

— Il faut sonder, lâcha Espiaux.

Machinalement, parce qu'il restait soumis aux ordres donnés, Raynaud précisa :

— Inutile de mettre en panne. Deux matelots lanceront la sonde des porte-haubans du grand mât.

— Il faut quand même réduire un peu la voilure car la vitesse de *La Méduse* est trop élevée, nota Lapeyrère.

Raynaud y consentit *a minima,* si bien que la frégate conservait une vitesse de quelques nœuds quand les plombs furent lancés à l'eau.

— Six brasses[1] ! crièrent les deux matelots quasiment en même temps.

— Six brasses !? Nom de Dieu ! s'exclama Espiaux. Il faut mettre en panne et faire demi-tour !

— Ou aller un peu plus à tribord ! répondit Raynaud.

— Mais vous voyez bien que ça ne change rien ! répliqua Espiaux avec violence. Ça fait deux fois que nous effectuons cette manœuvre et maintenant il n'y a plus que six brasses !

— Je vais avertir le capitaine ! s'écria Raynaud, tardivement ébranlé par le peu de fond où naviguait *La Méduse*.

— On n'a plus le temps ! Il faut agir immédiatement ! lança Lapeyrère.

— On ne peut rien décider sans avertir le capitaine ! rétorqua Rang des Adrets.

L'hésitation l'emporta. Raynaud qui, un instant auparavant, affirmait qu'il allait prévenir le capitaine ne bougeait plus. Espiaux n'osait pas lancer la manœuvre consistant à mettre en panne le navire. Les deux enseignes de vaisseau, Rang des Adrets et Lapeyrère, dont l'opinion divergeait sur la conduite à suivre, se taisaient.

Il y eut soudain un bruit sourd et effrayant qui se produisit dans les tréfonds du navire, remonta jusqu'au pont et ébranla la frégate. C'était comme un raclement monstrueux et démesuré qui couvrit le sifflement du vent dans les voiles et le cliquetis des haubans. La course du navire fut brutalement freinée, déséquilibrant les matelots et les passagers. Certains tombèrent en avant.

Cette décélération fut suivie d'un sursaut comme si la frégate bondissait en avant. Elle retomba lourdement, talonnant et pénétrant le sable, progressant sur la quille, tandis que les secousses augmentaient à mesure et que le bruit de raclement devenait assourdissant. Il semblait que la cale était en train de s'éventrer. Les mâts tremblaient sur leur base et tanguaient dangereusement.

Puis, *La Méduse* s'arrêta. Elle subissait des à-coups violents,

---

1 9,70 mètres.

oscillant sur elle-même, déséquilibrée par le vent qui frappait les voiles avec violence.

Le silence qui suivit fut épouvantable. Parmi les officiers de l'état-major, c'était la stupeur. Comme un état de sidération qui les figeait sur place. Espiaux était d'une pâleur extrême. Son regard se porta sur le grand mât dont le bois craquait et grinçait affreusement. Espiaux crut qu'il allait se renverser et se briser sous ses yeux.

— Halez bas les bonnettes ! Carguez toutes les voiles ! Toutes les voiles ! Vite ! hurla-t-il comme un dément.

À ce cri, les gabiers qui s'étaient figés au moment de l'événement sortirent de leur torpeur. Comme un seul homme, ils se précipitèrent dans la mâture pour carguer les voiles sur leur vergue.

Ordonnant à ses soldats de ne pas bouger, le capitaine Dupont remonta précipitamment de l'entrepont. Il jaillit de l'écoutille sur la grand-rue de la batterie et, sans comprendre ce qui se passait, il vit les gabiers qui nouaient fébrilement les voiles carrées sur les vergues.

Il se retourna. Chaumareys sortait en courant de sa cabine. Son visage était décomposé, comme affaissé ; il avait les yeux fuyants et hagards. Il cria d'une voix désespérée :

— Nous touchons ! Nous touchons !

Il ne pouvait en dire plus. Cette phrase elle-même laissait penser qu'il espérait encore que la frégate avait seulement raclé le fond et qu'elle poursuivait sa course. L'illusion fut de courte durée. À la vue des gabiers au travail, il comprit que *La Méduse* était ensablée et qu'elle était immobilisée au milieu de l'océan.

Il eut un malaise. Les jambes cotonneuses, titubant jusqu'à la chaloupe, il s'y cramponna pour ne pas tomber. Passant la main sur son front en sueur, il murmura :

— C'est affreux...

Quittant sa cabine, Schmaltz arriva sur ces entrefaites. Apercevant le capitaine toujours accroché à la chaloupe, il le rejoignit d'un pas ferme et l'interpella d'une voix autoritaire.

— Que se passe-t-il ?

Chaumareys fit un violent effort sur lui-même pour paraître

moins pitoyable. Il se redressa, lâcha la chaloupe, oscilla, mais parvint à tenir debout.

— Nous sommes ensablés... articula-t-il d'une voix faible.

— Ensablés ! tonna Schmaltz. Comment ça, ensablés !

— Ensablés...

— Dans le banc d'Arguin !?

— Oui...

La fureur de Schmaltz explosa d'un seul coup.

— Quels sont ces incapables qui nous fourvoient sur un banc de sable que tout le monde connaît ! C'est ahurissant ! En dépit de toutes les précautions que nous avons prises ! Ensablés ! Et on leur demandait de sonder pour avancer en sécurité ! Sont-ils déjà capables de sonder, ces misérables ! Ils en répondront ! Je vous le dis, capitaine, ils en répondront !

Chaumareys fixait le gouverneur en écoutant cette violente diatribe. Chose curieuse, la colère de Schmaltz le remettait d'aplomb. L'accusation que lançait le gouverneur atténuait le caractère irrémédiable de la catastrophe. Ce n'était plus un désastre, c'était un événement sur lequel la raison avait prise et dont on pouvait déterminer des responsables. De plus, il n'était nullement considéré comme l'un d'eux par le gouverneur.

Des cris se firent entendre au-dessus d'eux sur le gaillard d'avant. Au niveau du petit cabestan, dont ils ne voyaient que le sommet arrondi, ils virent Lapeyrère se précipiter vers un homme et le saisir violemment par la veste.

— C'est votre faute tout ça ! hurlait Lapeyrère. Sans vous, nous n'en serions pas là !

Richefort tentait de se dégager mais il était poussé et reculait vers le bastingage. Un autre homme l'empoigna par l'épaule et le tira aussi en arrière. C'était Picard. Lui aussi invectivait Richefort et le secouait frénétiquement. Bientôt, le dos de Richefort heurta le bastingage et on crut que Lapeyrère et Picard allaient le basculer par-dessus bord. Richefort appela à l'aide en poussant des cris de terreur.

Raynaud et Rang des Adrets se précipitèrent ensemble. Ils dégagèrent Richefort et firent rempart de leur corps pour le protéger car deux autres passagers, Corréard et Lavilette, se faisaient également menaçants. Raynaud tira brusquement son épée et la leva au-dessus de sa tête :

— Le premier qui s'en prend à M. Richefort, je lui passe mon arme à travers le corps.

Les passagers belliqueux reculèrent précipitamment, impressionnés par le sabre brandi par le lieutenant. Puis Raynaud apostropha l'enseigne de vaisseau :

— Lapeyrère, vous perdez la tête.

— Il est cause de tout… tenta Lapeyrère pour justifier sa conduite.

Pourtant, face à son supérieur hiérarchique, il s'était mis instinctivement au garde-à-vous.

Picard réajustait son vêtement. À quelques pas, il voyait son épouse, le visage très pâle et leur bébé dans les bras, puis ses plus jeunes enfants groupés autour d'elle, et il avait un peu honte de s'être laissé emporter de la sorte.

— Vous auriez dû nous laisser faire… marmonna-t-il.

Raynaud avait la situation bien en main. Richefort filait vers le passavant et descendait sur la grand-rue pour se mettre à l'abri. En retrait, Espiaux n'avait pas bougé d'un pouce au moment de l'agression. Raynaud le lui reprocha vertement :

— Vous auriez dû intervenir aussi !

Espiaux haussa les sourcils et son visage prit une expression à la signification incertaine. Se balançant d'un pied sur l'autre, il eut cette réplique étonnante :

— L'idée ne m'en est pas venue.

Au moment où Richefort dégringolait l'escalier pour descendre sur le pont de la batterie, Schmaltz et Chaumareys se trouvaient au pied du même escalier pour monter sur le pont supérieur. Quand Richefort atterrit à leur niveau, Schmaltz, qui avait observé l'agression de Lapeyrère et de Picard avec attention, lui lança assez sèchement :

— Restez discret pendant quelque temps, ce sera mieux pour vous !

Richefort fit un rapide signe de tête et, sur les incitations bienveillantes de Chaumareys, disparut par l'écoutille qui descendait à l'entrepont.

Schmaltz et Chaumareys gagnèrent le gaillard d'avant. Ils

rejoignirent les officiers de l'état-major qui s'y trouvaient. Chaumareys pensait que le gouverneur allait accuser les officiers d'être responsables de l'accident, mais il n'en fut rien. Dans un silence pesant, Schmaltz posa une simple question pratique :

— Nous sommes donc ensablés. Comment allons-nous sortir de là ?

Ni Raynaud ni Espiaux ne se précipitèrent pour lui répondre. Ils échangèrent un regard hésitant et Espiaux dit enfin :

— Si c'est la marée basse, nous pouvons espérer repartir dans quelques heures à marée haute.

— Ah !? fit Schmaltz arborant soudain un grand sourire de soulagement. Ce pourrait être aussi simple que cela !

— Oui, ça pourrait...

— Il nous suffit donc d'attendre ?

— Oui, si nous sommes à marée basse.

Schmaltz posa sa main sur l'épaule du capitaine comme pour l'encourager à reprendre courage.

— Finalement, vous voyez...

Mais il ne termina pas sa phrase et poursuivit d'une tout autre manière :

— Rentrons ! Sur le pont, notre présence ne ferait qu'inquiéter les passagers.

Dans l'heure qui suivit, la rumeur que la frégate était échouée parce que la marée était basse se répandit parmi les passagers. Nul ne savait qui avait propagé cette nouvelle mais il y avait fort à parier que c'était le gouverneur lui-même pour rassurer son épouse et sa fille. L'information avait ensuite circulé de passager en passager.

Dans l'attente qui commençait, des groupes se formaient ici et là et chacun commentait la situation. La forte inquiétude des passagers contrastait fortement avec le calme de l'équipage. Être échoué sur le sable n'est pas faire naufrage et il n'y avait pas de danger imminent. C'était le sentiment des matelots les plus expérimentés, ceux qui par chance s'étaient déjà sortis de situations plus périlleuses encore.

Pourtant, il fallut se rendre assez vite à l'évidence. L'eau ne montait pas. Au contraire, on voyait sa surface qui s'abaissait de minute en minute et découvrait peu à peu la coque de la frégate. La frégate déjaugeait. Les matelots furent les premiers à le constater et à le rapporter aux officiers.

— La mer baisse, dit Raynaud, l'air abattu. Informez le capitaine.

Celui-ci remonta sur le pont. Il était toujours accompagné de Schmaltz dont le visage s'était fermé depuis que la mauvaise nouvelle de la marée descendante était connue. Chaumareys se révéla incapable de proposer une quelconque initiative.

— Que peut-on faire ? implora-t-il.

Schmaltz fixait les deux lieutenants de la frégate. Malgré son antipathie pour le personnage, il faisait plus confiance à Espiaux pour trouver une solution.

— On ne peut pas rester à rien faire ! lâcha-t-il. Doit-on évacuer la frégate ?

— Surtout pas ! réagit Espiaux.

— Alors, que faut-il faire ?

— Il y a au moins deux choses à faire.

— Ah ! Nous vous écoutons.

Malgré cette incitation, Espiaux ne poursuivit pas. Peut-être avait-il conscience que certaines de ses idées déplairaient ? Schmaltz fronça les sourcils et, cherchant à connaître la raison de ce silence, demanda :

— Serait-ce long et compliqué à expliquer ?

— Plus ou moins...

Schmaltz se tourna vers le capitaine.

— Dans ce cas, nous serons sans doute mieux dans le carré des officiers, n'est-ce pas ?

— Tout à fait, répondit Chaumareys, l'air absent.

*

La quasi-totalité des membres de l'état-major se rendit au carré des officiers. Outre le capitaine Chaumareys et les deux lieutenants, les trois enseignes de vaisseau – Lapeyrère, Maudet et Chaudière – ainsi que deux des cinq aspirants officiers – Coudein et Rang des Adrets – étaient présents. Il ne manquait que le chirurgien Follet occupé à soigner un blessé et trois aspirants laissés sur le pont pour gérer la situation.

Autour de la table, les visages étaient graves, le silence pesant. Chaumareys ne disant rien, Schmaltz prit la direction de la réunion :

— Messieurs, nous sommes ensablés et notre situation est délicate. Il faut agir vite et c'est pourquoi le capitaine nous a réunis ici.

Il y avait un paradoxe à évoquer une action rapide tout en s'installant autour d'une table. Personne ne sembla le remarquer. Schmaltz poursuivait :

— La mer descend, ce qui enlève tout espoir de nous sortir de ce mauvais pas en attendant passivement d'être renfloué par la marée. Bien entendu, il y a d'autres moyens que nous allons employer. Si notre capitaine n'y voit pas d'inconvénients, je laisserai la parole au lieutenant Espiaux qui a déjà vécu ce genre de désagrément.

Chaumareys eut un malheureux sourire et inclina simplement la tête en plissant les yeux. Espiaux ne s'était jamais trouvé à bord d'un navire échoué sur un banc de sable, mais il comprit que cette affirmation du gouverneur servait avant tout à donner de la légitimité à ses propositions.

— La frégate ne partira pas d'elle-même, commença-t-il. Si nous hissons les voiles à nouveau pour lui donner une force motrice, le seul résultat sera que les mâts se briseront. J'ai évidemment bien fait de donner l'ordre de carguer les voiles.

Espiaux tenait à rappeler à Raynaud que c'était lui, et lui seul qui, au moment du choc, avait pris la bonne décision alors que les autres officiers de l'état-major étaient paralysés par l'événement. Raynaud n'était pas dupe de cette entrée en matière et il gardait le front baissé, la mâchoire crispée.

— Il ne faut pas croire pour autant que nous sommes impuissants. Nous pouvons tirer la frégate hors de sa souille.

— Comment ? interrompit Schmaltz.

— Il faut mouiller une ancre assez loin en arrière du navire. Ce point d'ancrage sur le fond marin doit être relié à la frégate par un câble suffisamment résistant. Nous pouvons alors nous tracter vers l'ancre en actionnant le grand cabestan. Nous sortirions de cette zone où nous sommes ensablés et, faisant ensuite demi-tour, nous emprunterions la route que nous avons suivie avant d'échouer la frégate.

— Ah oui! fit Schmaltz, c'est très astucieux!

Du coup, l'idée défendue par Espiaux de revenir sur ses pas – idée rejetée énergiquement par Chaumareys quelques heures auparavant – apparaissait désormais comme une excellente stratégie. Espiaux ne fit aucune remarque, doutant qu'on le féliciterait d'avoir eu raison avant tout le monde.

— Il faut faire ça immédiatement! affirma Schmaltz qui se comportait de plus en plus comme le capitaine de *La Méduse*.

— Il y a cependant autre chose à faire avant, si nous voulons être certains de réussir, ajouta Espiaux.

— Mais quoi donc? dit Schmaltz qui regrettait qu'un délai puisse entraver une si belle action.

— La frégate doit être allégée.

Schmaltz ne comprit pas ce que le lieutenant voulait dire. Il fronça les sourcils, regarda autour de lui avec un air interrogateur et, finalement, comme personne ne disait rien, il dit simplement:

— Allégée?

— Oui. La frégate est enfoncée dans le sable de plusieurs pieds. Elle a creusé un sillon sur lequel elle repose de tout son long et de tout son poids. Elle est certainement trop lourde pour qu'on puisse la tirer de là sans l'alléger.

— Et donc?

— Il faut jeter du lest.

— Par-dessus bord? s'alarma Schmaltz.

— Je crains qu'il n'y ait pas d'autre solution.

C'était une idée très désagréable. Penser qu'on allait se débarrasser d'une partie du matériel emporté pour l'installation à Saint-Louis heurtait profondément le gouverneur. Comment trier? Pourquoi jeter ceci plutôt que cela? Il tenta de minimiser la recommandation du lieutenant.

— Nous pourrons jeter du matériel si nous ne parvenons pas à nous tracter vers l'ancre.

— Il vaudrait mieux le faire avant, insista Espiaux.

— Je ne vois pas très bien pourquoi ! répliqua Schmaltz en haussant brusquement le ton. On jette l'ancre en arrière du navire et on actionne le grand cabestan. Si nous ne parvenons pas à bouger la frégate, alors nous jetons du lest peu à peu, jusqu'à ce que *La Méduse* sorte de son sillon. C'est simple, non ?

Le silence qui suivit montrait que personne n'avait envie de contredire le gouverneur. Mais celui-ci cherchait aussi à être approuvé. Il interrogea Raynaud.

— Qu'en pensez-vous, lieutenant Raynaud ? Il n'est pas utile de jeter du lest tant que nous ne savons pas si c'est nécessaire.

— Sans doute… dit Raynaud.

Pourtant, au fond de lui-même, Raynaud pensait aussi que la frégate était trop lourde pour être tirée en arrière sans être allégée. Son soutien fut trop tiède pour que Schmaltz s'en contentât. Contrarié, il demanda à Espiaux :

— Et qu'est-ce que vous voudriez qu'on jette par-dessus bord ?

— Quelque chose de lourd pour ce que ce soit réellement efficace.

— C'est-à-dire ?

— Les canons.

Il y eut un silence très bref qui fut interrompu par un cri strident. Le capitaine Chaumareys, qu'on avait presque oublié depuis le début de la réunion, sauta sur sa chaise comme si on lui avait enfoncé une aiguille dans le bas du dos

— Les canons !? hurla-t-il. Vous êtes fou, Espiaux !

Surpris par l'agressivité de cette réaction, Espiaux bafouilla un peu en tentant de se justifier.

— Nos plus petits canons pèsent près de 5 000 livres… Dix canons font presque 50 000 livres[1]… c'est un poids énorme… J'ai peur que si nous les gardons à bord…

— Taisez-vous, Espiaux ! cria le capitaine. Nous ne jetterons pas les canons de Sa Majesté Louis XVIII ! Je m'y oppose absolument !

L'affaire était entendue. On ne passerait pas par-dessus bord

[1] Environ 22 tonnes.

les canons de Sa Majesté. Les boulets non plus qui, par leur nombre, représentaient pourtant un poids important. Espiaux se désespérait en silence, mais il n'avait pas le pouvoir de faire changer d'avis le capitaine.

— Que pourra-t-on jeter si nous devons en passer par là ? reprit Schmaltz.

Le gouverneur se persuadait que délester la frégate restait une simple option, mais s'inquiétait cependant de ce qu'on pourrait jeter à la mer, surtout depuis l'opposition farouche de Chaumareys à la perte des canons.

— Il faut sans doute considérer que nous ne sommes qu'à quelques dizaines de lieues des côtes, dit Raynaud.

— Oui ? l'encouragea Schmaltz.

— Nous n'avons certainement plus besoin de toute la nourriture que nous avons dans la cale.

— Vous voulez jeter de la nourriture ? Ça ne pèse pas très lourd…

— Les tonneaux de farine ? Plus qu'on ne pense.

— Il sera peut-être possible de jeter aussi quelques barils de poudre ? ajouta Rang des Adrets.

Chaumareys sourcilla mais ne dit rien. Les barils de poudre, c'était moins grave que les canons. Et puis, c'était Rang des Adrets, un vrai royaliste, qui avait fait cette proposition.

Soudain, il y eut un choc violent accompagné d'un bruit sourd et puissant. *La Méduse* talonna au niveau de la quille puis s'inclina d'une dizaine de degrés sur le côté gauche. Un deuxième choc, moins violent que le premier, l'agita de nouveau avant qu'elle s'immobilise. La table du carré des officiers, heureusement fixée au sol comme la plupart des meubles, restait inclinée.

— Que s'est-il passé ? s'inquiéta Schmaltz dont les traits s'étaient figés.

— Nous avons sans doute pris deux lames par le travers, avança Raynaud.

— Au point de coucher la frégate !?

Cette remarque fit sourire Raynaud.

— Dieu merci, la frégate n'est pas couchée. Mais il est vrai que nous gîtons un peu.

Chaumareys pensa à la carafe de vin qu'il avait laissée sur la commode de sa cabine. Il craignait qu'elle ne se soit renversée. L'instant d'après, il eut honte de cette pensée futile en de telles circonstances.

— Rassurez-moi, reprit Schmaltz, nous ne risquons rien ?

— Non, pas dans l'instant... répondit Raynaud laconiquement.

Schmaltz s'inquiéta de l'ambiguïté de la réponse. Raynaud tergiversa et cette hésitation incita Espiaux à répondre :

— La mer était belle quand nous avons buté sur le haut-fond. Elle l'est toujours. Mais si le temps se dégrade, si les lames deviennent fortes et nombreuses, elles viendront frapper la frégate et leur action continuelle fragilisera la carlingue.

— Et... ?

— La coque finira par s'éventrer, des voies d'eau rempliront la cale, puis l'entrepont...

Schmaltz se leva. Il fut surpris par le sol légèrement en pente et dut faire un pas de côté pour trouver l'équilibre.

— Et ça, vous ne nous l'annoncez que maintenant !

Espiaux jeta un bref coup d'œil vers Raynaud et regarda à nouveau le gouverneur.

— Nous n'avons pas eu l'occasion de le dire...

Schmaltz leva les bras au ciel et laissa échapper un juron.

— C'est un monde ! Nous sommes là à causer tranquillement autour d'une table alors qu'il y a un réel danger ! S'il y a une tempête, notre situation peut virer au drame ! Car c'est bien cela que vous venez de nous prédire avec tant de calme ?

— Oui ! lâcha Espiaux.

— Capitaine, il faut donner des ordres pour jeter au plus vite une ancre à l'arrière du navire !

Chaumareys se redressa sur sa chaise, presque étonné d'être ainsi interpellé. Il bredouilla :

— Oui... bien sûr... j'allais le faire...

Le court silence qui suivit montrait pourtant le contraire, mais l'assistance fit semblant de ne pas le remarquer. Enfin, Chaumareys s'adressa à Raynaud.

— Lieutenant, mettez des canots à la mer et faites sonder

tout autour de la frégate. Nous connaîtrons ainsi le meilleur côté pour mouiller une ancre afin de touer[1] *La Méduse*.

Ce fut une surprise générale. Chaumareys ne tenait pas compte de la proposition pourtant logique du lieutenant Espiaux de haler dès maintenant la frégate par l'arrière, c'est-à-dire de lui faire suivre la voie qu'elle avait empruntée avant de s'ensabler. Schmaltz ne put s'empêcher de manifester son incompréhension.

— Vous pensez, capitaine, qu'il pourrait y avoir plus de fond à l'avant ou à tribord, ou encore à bâbord, qu'à l'arrière d'où nous venons ?

— Qui peut le dire ? répliqua Chaumareys.

La réplique était imparable. En effet, qui pouvait le dire ! Face à tant de sottises, Espiaux contenait sa rage avec peine et ses deux mains serraient de toutes ses forces le rebord de la table.

— Bon… dit Schmaltz, décontenancé. Si vous pensez que c'est utile…

*

Déjà la clarté du jour diminuait. *La Méduse* s'était échouée peu après trois heures de l'après-midi. On avait tergiversé et les courtes journées de la zone tropicale laissaient entrevoir qu'aucune action ne pourrait être menée à bien avant la nuit.

On mit un canot à la mer. Espiaux décida d'accompagner les matelots désignés pour sonder tout autour de la frégate. Être actif était pour lui le seul moyen de calmer son irritation. On avait déjà perdu assez de temps et le capitaine avait sciemment décidé d'en faire perdre davantage.

C'était désespérant, d'autant plus qu'Espiaux était persuadé que la frégate était trop chargée pour être halée sans délestage. Or, à ce sujet, on n'avait encore rien décidé. Pire, on avait résolu de ne pas jeter des canons et des boulets inutiles – la guerre était terminée – qui alourdissaient pourtant *La Méduse* de plusieurs dizaines de tonnes.

---

[1] Tirer.

Quand, une heure plus tard, Espiaux remonta sur le pont, il laissa l'un des matelots annoncer les résultats des mesures. Les chiffres étaient éloquents. La seule zone qui montrât suffisamment de fond se situait définitivement et clairement en arrière du navire ainsi qu'il l'avait affirmé au gouverneur.

Raynaud ordonna à plusieurs matelots d'aller chercher une ancre dans la cale. Il fallait ensuite la suspendre sur un bossoir à l'aide d'un palan afin de l'étalinguer sur un câble sortant de l'écubier tribord du gaillard d'avant. Quand Espiaux vit l'ancre choisie, il se précipita vers les matelots.

— Qui vous a dit de choisir cette ancre-là ?

— Personne, lieutenant, lui répondit un des matelots. On nous a dit d'aller chercher une ancre, de l'étalinguer sur le bon grelin[1] et de la descendre dans le canot. C'est ce que nous faisons.

Espiaux chercha Raynaud. Il le trouva sur le gaillard d'avant au milieu d'un groupe de passagers qu'il tentait de rassurer. Il le tira par la manche.

— Avez-vous vu l'ancre que les matelots ont choisie ?

— Non.

— C'est une ancre à jet !

— Et alors ?

— Elle n'est pas assez lourde. On ne tirera pas la frégate avec ça !

Raynaud souffla bruyamment comme s'il avait affaire à un importun.

— Bien sûr que si !

— Non. Une ancre de ce type pèse dans les 1 500 livres[2]. Ce n'est pas assez pour touer une frégate enfoncée dans le sable et non délestée de ses canons.

Le canot était prêt à partir. Raynaud, qui avait l'intention de se joindre aux matelots pour mouiller l'ancre à l'endroit choisi, cherchait à se débarrasser d'Espiaux.

— Il y a eu assez de temps perdu comme ça ! dit-il comme

---

[1] Cordage capable de résister à de très fortes tensions.

[2] Environ 700 kilogrammes.

s'il en tenait responsable son interlocuteur. La nuit tombe, il faut y aller !

— C'est voué à l'échec ! lâcha Espiaux avec hargne.

— Qu'en savez-vous ? répliqua vertement Raynaud. Vous avez déjà halé une frégate ensablée ? Non, vous ne l'avez jamais fait ! Donc, vous ne le savez pas plus que moi !

Là encore, comme celui de Chaumareys peu de temps auparavant, l'argument était difficile à contrer. La certitude du lieutenant Espiaux reposait sur son expérience générale de la navigation et non sur ce cas précis. Pris de court, il déclara péremptoirement :

— Je le sais, c'est tout !

— Décidément, vous savez beaucoup de choses, je vous admire ! répliqua Raynaud avec une ironie mordante puis, pivotant brutalement, il laissa Espiaux pour descendre dans le canot.

Une trentaine de marins avaient pris place dans l'embarcation. Poussant avec leur rame sur la coque de la frégate, ils écartèrent le canot et commencèrent à ramer vers la poupe. Sur *La Méduse*, les passagers s'étaient massés sur le gaillard d'arrière pour suivre l'opération. Il régnait parmi eux un silence tendu, parfois rompu par quelques commentaires anxieux. Chacun avait compris le sens de la manœuvre et plaçait tout son espoir dans sa réussite.

L'ancre avait été placée à l'arrière du canot. Son poids relevait légèrement l'embarcation vers l'avant, ce qui obligeait les marins à forcer sur les rames pour s'orienter dans la bonne direction. Raynaud était debout à l'avant et rectifiait le cap. Par bonheur, la houle était légère et ne présentait pas de danger.

Dès que le canot eut dépassé la poupe de la frégate et voulut remonter vers le nord, sa marche fut contrariée par les vents de nord/nord-est et le courant de jusant. Dirigés par Raynaud, les marins tiraient sur les avirons mais, malgré leurs efforts, ils ne pouvaient éviter une dérive vers l'ouest.

Du gaillard d'arrière, les passagers assistaient à cette lutte. Certains encourageaient les marins de la voix. D'autres, plus naïfs, indiquaient avec de grands gestes la position souhaitée – plein nord, en arrière de la frégate – comme si

Raynaud et les marins ne voyaient pas eux-mêmes la dérive du canot.

Quand l'embarcation se fut éloignée d'une cinquantaine de brasses[1] de la frégate, Raynaud comprit qu'il ne parviendrait pas à atteindre l'endroit idéal. Jugeant que la distance avec *La Méduse* était suffisante, il décida de jeter l'ancre. L'opération s'avéra délicate et l'embarcation fut fortement secouée quand l'ancre bascula dans l'eau. Elle coula aussitôt, filant à toute vitesse le grelin auquel elle était attachée, jusqu'à ce qu'elle s'immobilise sur le fond. L'ancre se trouva mouillée au nord-ouest un peu par tribord de la frégate.

Aussitôt, l'embarcation revint vers le navire. Dès que Raynaud fut remonté à bord, il ordonna la manœuvre pour touer la frégate vers l'ancre.

Encombrant le pont de la batterie, les passagers gênaient les matelots qui devaient travailler au grand cabestan. Il fallut les dégager sans ménagement, ce qui déplut à certains. Le ton monta entre les officiers et quelques passagers mais Coudein parvint à calmer ces derniers en leur montrant sa blessure à la jambe. Il fit valoir que le cabestan était dangereux et pouvait provoquer de nombreux accidents, souvent graves, parfois mortels. Ses abords devaient impérativement être dégagés quand les matelots se mettraient au travail.

Dès que la place fut libre, les marins se disposèrent le long des bras du cabestan. Ils poussèrent ensemble pour le faire tourner, actionnant ainsi le treuil qui enroulerait le grelin pour haler la frégate vers l'ancre.

L'état-major au grand complet se tenait debout sur le gaillard d'arrière. Tous les regards étaient braqués sur le grelin qui disparaissait sous les flots. Il frémit d'abord puis entama son mouvement vers la frégate, filant au niveau de l'écubier, enroulé peu à peu par l'action du cabestan. L'instant crucial serait celui où le grelin serait entièrement tendu entre l'ancre et la frégate. C'est à ce moment que la force exercée sur lui,

---

[1] Environ 80 mètres.

démultipliée par le cabestan, devait sortir le navire de sa souille et le tirer vers l'ancre.

On sentit ce moment par un arrêt net du mouvement du grelin. Prêt à se rompre, sa tension était extrême et les hommes au cabestan ne parvenaient plus à le faire tourner. On changea d'équipe. Des matelots plus jeunes et plus puissants prirent le relais. Très lentement, ils réussirent à faire tourner de nouveau le cabestan.

Sur le gaillard d'arrière, en voyant le grelin reprendre son mouvement vers la frégate, il y eut d'abord une réaction de joie. Elle fut de courte durée car il fallut vite se rendre à l'évidence. Certes, le grelin remontait le long des flancs du navire jusqu'à l'écubier mais la frégate restait immobile.

— Que se passe-t-il ? demanda Schmaltz à Chaumareys.

— Je ne comprends pas… répondit celui-ci d'une voix faible.

— Lieutenant Raynaud, que se passe-t-il ? reprit Schmaltz sans insister auprès du capitaine.

Raynaud était très pâle et fixait le grelin. Espérait-il encore que l'opération réussirait ?

— Il faut attendre encore un peu… bafouilla-t-il.

— Ça ne sert à rien d'attendre ! explosa Espiaux. Ça ne marche pas !

— Ça ne marche pas !? Mais pourquoi donc ? s'alarma Chaumareys.

— L'ancre est trop légère et la frégate est trop lourde ! C'est tout ! Nous ramenons simplement l'ancre vers nous et *La Méduse* ne bouge pas d'un pouce ! L'ancre laboure le fond sans parvenir à y mordre ! Voilà ce qui se passe !

Le malaise qui suivit soulignait les dissensions au sein de l'état-major. Schmaltz tournait sur lui-même sans savoir à qui s'adresser. Le capitaine restait silencieux et ses petites mains boudinées palpaient nerveusement son uniforme. Raynaud fixait toujours le câble, comme si un miracle pouvait encore se produire. Les enseignes de vaisseau regardaient leurs pieds. Rang des Adrets, le seul aspirant présent, se pencha par-dessus bord pour mieux regarder le mouvement du grelin.

Espiaux se mit à marcher de long en large sur le tillac, ne

cachant pas sa rage. Il s'arrêta brusquement et fit face au petit groupe :

— Je l'avais dit ! Il faut délester la frégate !

Dans le silence qui suivit, Espiaux ne put s'empêcher d'ajouter :

— Et j'avais aussi prévenu Raynaud que l'ancre était trop légère !

Schmaltz s'empara aussitôt de cette information, oubliant la question du délestage.

— L'ancre était trop légère ?

— Oui, c'est une ancre à jet. Il aurait fallu au moins une ancre d'affourche pour haler la frégate.

Schmaltz considéra les mines défaites de la plupart des officiers et décida qu'il était de son devoir de ranimer l'espoir.

— Messieurs, ne nous disputons pas. Si l'ancre était trop légère, il nous suffira demain à l'aube d'aller jeter une ancre plus lourde et de recommencer l'opération. Il n'y a aucune raison pour que ça ne marche pas cette fois.

Il encouragea Chaumarays à dire quelques mots allant dans ce sens. Ce dernier allait s'exécuter quand Espiaux prit de nouveau la parole :

— Il faudra aussi délester la frégate.

Schmaltz eut un mouvement d'humeur :

— Lieutenant, vous êtes décidément bien têtu ! Nous avons déjà réglé cette question. Si nous ne parvenons pas à haler la frégate alors, à ce moment-là, nous allégerons le navire. Nous n'allons pas sans cesse remettre en cause les décisions que nous avons prises. N'est-ce pas, capitaine ?

Chaumareys sursauta. Sa pensée allait aux magnifiques canons de Sa Majesté Louis XVIII. Il eut une réaction qui résumait bien son caractère :

— Nous verrons demain. Il fait nuit et le mieux est d'aller nous coucher.

— C'est cela, messieurs, il fait nuit et nous avons besoin de prendre un peu de repos, conclut Schmaltz.

Pourtant, dès que Schmaltz et Chaumareys eurent regagné leur cabine, Raynaud et Espiaux prirent une dernière décision pour prévenir toute mauvaise surprise pendant la nuit. La mer continuant à baisser, ils accotèrent la coque de *La Méduse* de deux mâts de perroquets à tribord, là où la frégate penchait, pour éviter qu'elle ne se couche sur le côté quand l'eau serait à son plus bas niveau. Cependant, le fond vaseux et le roulis permanent du navire empêchaient ces mâts de porter efficacement la frégate. Leur utilité fut donc des plus réduites. Par chance, la mer ne baissa pas de plus d'un mètre et la frégate resta dans sa position.

*

Avec les autres passagers massés sur le pont, Brédif avait assisté à la tentative avortée de tirer la frégate hors de son sillon. Déçu, il décida d'aller se coucher et descendit dans l'entrepont. Dans sa petite tente, allongé sur le matelas, il posa près de lui une chandelle et ouvrit son carnet, désireux de noter ses impressions après cette triste journée.

À la date du 2 juillet 1816, à propos du responsable de l'ensablement du navire, il écrivit de sa petite écriture fine et précise :

> *Tout le monde en jette la cause sur M. Richefort, passager. C'est une espèce d'aventurier qui prétend avoir été enseigne et connaître beaucoup les parages dans lesquels nous nous trouvons. Plusieurs officiers avaient prévu l'accident et, s'apercevant que les brasses diminuaient, ils en avaient prévenu le commandant M. de Chaumareys. Mais ce dernier, trop ignorant pour bien commander une frégate et trop sot pour s'en rapporter à ses officiers dont il ne voulait pas s'avouer la supériorité, ne les écouta pas et força de voiles. À deux heures, on n'avait que six brasses ; avec de la promptitude, il était peut-être encore temps ; mais on hésita : deux minutes après, nous touchâmes ; la frégate labourait un peu et faisait des petits bonds jusqu'à ce qu'on carguât toutes les voiles.*
>
> *M. Richefort prétendait qu'on ne devait rien craindre du banc d'Arguin sur lequel nous étions si bien placés. Malgré tous les avertissements qu'on lui avait donnés, malgré*

qu'on lui dise que le banc d'Arguin avait une pointe très grande à l'ouest qui n'était pas marquée sur les cartes, ce sot présomptueux n'écoutait personne, il levait les épaules et nous perdit[1].

Brédif relut ces quelques lignes et ferma son carnet. Au moment où il soufflait sur la chandelle, la frégate se souleva brusquement sur elle-même et retomba aussitôt, s'inclinant un peu plus sur le côté. Des bruits sourds et des craquements inquiétants remontèrent de la cale. Brédif pensa que la coque avait cédé. Dressé sur sa couche, il écouta, mais le silence était retombé. Il n'entendait plus que les battements de son propre cœur.

---

1 Carnets de Charles Brédif (*La Revue de Paris*, 14e année, 1907, p. 792).

11

Dès l'aube, une grande agitation régna sur la frégate. Brédif et Picard, qui se trouvaient sur le pont de la batterie, observaient les matelots qui couraient dans toutes les directions, s'activant à diverses tâches qui ne semblaient pas d'une grande cohérence et paraissaient même parfois contradictoires.

Des ordres variés étaient donnés par les uns et par les autres et il devenait clair que les officiers de l'état-major n'agissaient plus en concertation. Chacun y allait de sa petite initiative, souvent dénuée de portée réelle.

Avec surprise, Brédif et Picard virent l'aspirant Rang des Adrets sommer une douzaine de matelots de déplacer à bâbord les canons situés à tribord pour faire contrepoids et contrecarrer ainsi la gîte tribord de la frégate. Dans le même temps, Raynaud mettait le canot à la mer pour faire rajuster contre la coque les mâts de perroquets qui avaient glissé sur le fond et partaient à la dérive. De son côté, pour alléger la frégate, Lapeyrère faisait remonter de la cale quelques barils de poudre et de farine pour les jeter à la mer. Dans le même but, d'autres matelots reçurent l'ordre du même Lapeyrère de crever quelques barriques d'eau et de pomper cette eau ainsi déversée dans la cale.

S'étonnant avec Picard de cet éparpillement des tâches, Brédif sortit son carnet de sa poche et nota rapidement : *Tout se fait sans ordre et sans ensemble, comme il arrive toujours quand la tête ne peut conduire par elle-même*[1]. L'absence d'un capitaine digne de ce nom était pour lui la cause de tout.

Cette débauche d'énergie apparut si brouillonne aux passagers qu'ils eurent bientôt l'impression que l'équipage n'avait pas de plan précis pour sortir la frégate de son ensablement. Ce sentiment les poussa à se rassembler. Certains posèrent aux officiers de l'état-major des questions de plus en plus précises sur le but de chaque manœuvre. Face aux réponses hésitantes, ils mirent en cause collectivement la compétence de l'équipage et l'ambiance générale se dégrada. Les critiques fusaient, ce qui accentuait la désunion de l'état-major.

Puis, des passagers commencèrent à formuler des solutions que personne n'avait jusque-là envisagées. Certaines de ces propositions étaient farfelues ou irréalistes. Mais d'autres étaient pleines de bon sens et méritaient d'être prises très au sérieux. Ainsi, Picard réussit à retenir l'attention d'un grand nombre lorsqu'il déclara :

— Il faut mettre toutes les embarcations à la mer et gagner la côte du Sahara. De là, en caravane, nous gagnerons la ville de Saint-Louis.

— Vous voulez abandonner la frégate !? protesta Raynaud qui venait d'être pris à partie au sujet des actions menées sur le navire.

— C'est la meilleure solution ! affirma Picard.

— Nous n'avons pas assez d'embarcations pour tout le monde ! lâcha Raynaud pour clore la discussion.

Il eut tort. En quelques minutes, cette information se répandit dans toute la frégate. Si *La Méduse* venait à se disloquer sous les assauts de l'océan, des hommes seraient fatalement abandonnés. Il fallait s'attendre à des scènes de panique ; on se battrait pour prendre place sur les embarcations au risque de les faire chavirer, entraînant un désastre total.

L'effervescence fut telle qu'elle gagna les soldats cantonnés dans l'entrepont. Habitués à être souvent sacrifiés sur les champs de bataille, la plupart se persuadèrent qu'ils seraient

[1] Carnets de Charles Brédif (*La Revue de Paris*, 14e année, 1907, p. 792).

les victimes du naufrage. On sauverait d'abord, parce que c'était dans la logique des choses, le gouverneur et sa famille, les officiers de l'état-major, les officiers de l'infanterie, les notables civils et enfin les marins, parce que ces derniers étaient nécessaires pour conduire les embarcations jusqu'à terre. Les soldats, en bas de l'échelle sociale et ignorant la navigation, seraient les oubliés du sauvetage.

Le capitaine Dupont s'alarma des murmures et de l'agitation de ses soldats. Un vent de fronde se levait et si les militaires ne quittaient pas l'entrepont, beaucoup étaient debout, protestant contre le sort qui leur serait fatalement réservé. Dupont en avertit le commandant Poinsignon qui décida de renforcer la surveillance. Tous les officiers de l'infanterie furent sollicités.

Mais il était avant tout nécessaire de rassurer les hommes. Poinsignon interrogea le capitaine Chaumareys sur les moyens de ramener le calme. Dans son désarroi, le capitaine confia son inquiétude à Schmaltz. Celui-ci prit la situation au sérieux. Il décida aussitôt de convoquer un conseil restreint dans le carré des officiers.

*

Outre le capitaine, les deux lieutenants et les trois enseignes de vaisseau, le commandant Poinsignon avait été convié à la réunion. Les cinq aspirants étaient absents, laissés sur le pont pour diriger les opérations en cours. Un silence glacial accueillit l'entrée de Richefort qui accompagnait le capitaine. C'était une surprise de le revoir car depuis l'événement il désertait le pont. Personne ne le regarda, ni ne le salua. Sa présence montrait à tous que sa responsabilité dans le drame actuel n'avait pas entraîné sa disgrâce auprès du capitaine. Il s'assit en silence à côté de Chaumareys.

— Messieurs, commença Schmaltz de sa belle voix grave, on me rapporte des faits inquiétants sur le moral des passagers et des troupes. Or, vous en conviendrez, l'ordre doit régner à bord de la frégate si nous voulons que cette affaire se termine dans les meilleures conditions.

Il se tourna d'un bloc vers le commandant Poinsignon :

— Vos soldats craignent d'être abandonnés, c'est bien cela ?
— Ils en sont même persuadés.
— Eh bien, ils ne le seront pas et il faut le leur faire savoir !

Cette forte parole fut suivie d'un long silence, chacun s'interrogeant sur ce qui ressemblait plus à une incantation qu'à une solution. Schmaltz reprit avec force :

— J'ai d'abord besoin de savoir combien il y a d'embarcations sur lesquelles nous pourrons prendre place. Lieutenant Raynaud, je vous laisse la parole.

Raynaud ne s'attendait pas à être sollicité et il marqua un temps d'arrêt avant de répondre.

— Monsieur le gouverneur, il y a en tout et pour tout six embarcations disponibles.
— Qui sont ?
— Suspendue aux potences du porte-hauban d'artimon, côté tribord arrière, il y a une yole. C'est la plus petite des embarcations. Sur le bossoir au niveau de la poupe, un canot est aussi suspendu et enfin, côté bâbord avant, nous avons un second canot.
— Oui, je vois très bien ces trois embarcations qui sont plaquées contre notre coque et suspendues au-dessus de l'eau, ponctua Schmaltz qui avait fermé les yeux mais souhaitait montrer qu'il était attentif.
— Sur la grand-rue, nous avons la chaloupe. De loin la plus grande embarcation.
— Oui, je l'ai remarquée aussi. Difficile d'ailleurs de ne pas la voir tant elle est grande. Elle est rangée au pied du passavant bâbord et je passe à côté d'elle à chaque fois que je sors de ma cabine ou que j'y rentre.
— À l'intérieur de la chaloupe, il y a deux autres canots.
— À l'intérieur de la chaloupe !? Que racontez-vous là ? s'exclama Schmaltz, ouvrant soudain les yeux et fixant Raynaud.

Espiaux ne put s'empêcher de sourire devant l'ignorance du gouverneur mais il détourna la tête pour que celui-ci ne s'en aperçoive pas. Raynaud fut aussi assez étonné mais il poursuivit :

— La grande chaloupe est dégarnie de ses bancs et un canot est posé à l'intérieur. Ce canot est aussi débanqué et accueille un troisième canot plus petit.

— Ah? fit Schmaltz, presque joyeux de cette explication. Ils sont emboîtés l'un dans l'autre comme des assiettes creuses de plus en plus petites!

— C'est cela, monsieur le gouverneur.

— Je ne m'étais absolument pas aperçu de cela! Et vous, monsieur Poinsignon?

— Le capitaine Dupont avait attiré mon attention sur cet agencement, répondit Poinsignon qui ne semblait pas trouver la chose aussi plaisante que le gouverneur.

Le sourire de Schmaltz s'effaça de son visage et il interrogea de nouveau Raynaud.

— Au total, combien de personnes les six embarcations peuvent-elles transporter?

— Au mieux? En utilisant toute la place disponible?

— Oui.

Raynaud se livra mentalement à un petit calcul. Schmaltz attendit patiemment.

— En se tassant au maximum, je dirais environ deux cent soixante-dix personnes, annonça Raynaud.

Le chiffre annoncé était faible comparé aux quatre cents personnes embarquées sur *La Méduse*. Schmaltz énonça lui-même la conclusion qui s'imposait:

— Il manque au moins cent trente places...

— Au bas mot, monsieur le gouverneur.

Il y eut alors un long silence où chacun repensa à la phrase du gouverneur au sujet de la crainte des soldats d'être les laissés-pour-compte du sauvetage: «Eh bien, ils ne le seront pas et il faut le leur faire savoir!» Schmaltz tambourinait nerveusement sur la table avec ses doigts. Il plissait le front à la recherche d'une solution mais l'équation paraissait insoluble.

— On pourrait faire plusieurs voyages? tenta le capitaine.

L'idée parut bonne mais Schmaltz la balaya d'un revers de main.

— Non, ça prendrait du temps. Il faudrait aller à terre, débarquer des hommes, revenir à la frégate pour reprendre d'autres hommes et ainsi de suite. Si nous quittons la frégate – car je rappelle que pour l'instant il n'en est pas question – c'est que la situation a empiré et n'est plus tenable. Dans ce cas, la frégate aura coulé avant qu'une embarcation ait la possibilité de revenir.

— Et si nous commencions dès maintenant une évacuation tant que la frégate résiste aux lames ? proposa Espiaux. En quelques jours, en plusieurs voyages, nous aurons le temps de ramener à terre tous les hommes présents sur la frégate.

— Non ! coupa Schmaltz. Ce sera toujours le même problème. Qui embarquera en premier dans les six embarcations ? Ceux qui seront désignés pour rester sur la frégate – les soldats – risquent de se révolter ! C'est une très mauvaise idée.

Devant le refus de ces deux propositions et le ton utilisé par le gouverneur pour les rejeter, les officiers de l'état-major attendirent qu'il trouve lui-même une solution. Il étonna l'assemblée quand il dit soudain :

— Je sais ce qu'il faut faire !

Dans un bel ensemble, les officiers tournèrent la tête vers le gouverneur.

— Il faut construire un radeau ! lâcha Schmaltz triomphalement.

— Construire un radeau !? Pour quoi faire ? s'exclama Chaumareys.

L'expression du visage de Schmaltz fut si éloquente qu'elle révéla à tous le peu d'estime qu'il portait au capitaine de *La Méduse*. Croisant les mains devant lui et jetant un regard circulaire autour de la table, il donna presque l'impression de prendre à témoin l'assemblée de la sottise du capitaine.

— J'y vois deux avantages ; l'un pratique, l'autre moral. L'aspect pratique saute aux yeux. Si nous devons évacuer *La Méduse*, la majorité des soldats pourront prendre place sur ce radeau.

— Il faudra qu'il soit grand, votre radeau, pour accueillir plus de cent cinquante soldats, interrompit le commandant Poinsignon.

— Oui, commandant, il le sera ! Nous avons à bord de bons charpentiers et d'excellents menuisiers, ils nous feront quelque chose de grand et de solide ! Vous pouvez leur faire confiance. Ce sera un radeau où vos soldats se sentiront en sécurité. Du reste, ce sera votre rôle de le leur présenter ainsi.

Poinsignon fit un signe de tête en inclinant militairement le buste en avant.

— L'autre avantage est d'ordre moral. Ce radeau, il va falloir le construire, ce qui va occuper beaucoup de monde. Les soldats seront sollicités, les passagers aussi. Mettre les gens au travail est le meilleur moyen de leur redonner de l'optimisme et de la confiance. La construction du radeau doit être l'affaire de tous. Vous comprenez ?

On comprenait surtout que ce n'était pas par hasard que le gouverneur avait réussi dans la politique. Il savait distraire des préoccupations les plus angoissantes l'attention de ses semblables. Schmaltz fixa des yeux les deux lieutenants puis, avec un temps de retard, les trois enseignes de vaisseau.

— Je compte sur vous, messieurs, pour lancer cette opération dès la fin de cette réunion.

Il y eut un murmure d'approbation. Schmaltz sourit d'un air satisfait, puis reprit aussitôt :

— Par ailleurs, nous devions porter en arrière de *La Méduse* une ancre plus lourde. Où en sommes-nous ?

Raynaud eut l'air embarrassé d'un gamin pris en faute.

— Nous le faisons, dit-il précipitamment.

— Vous le faites ou vous allez le faire ? interrogea Schmaltz sur un ton méfiant et en levant les sourcils.

— C'est-à-dire… bafouilla Raynaud. Il y avait ce matin de nombreuses urgences à régler…

— Parce que ce n'en est pas une ? insista Schmaltz, incisif.

— Si, bien sûr…

— Bien. Donc, il faut le faire dès maintenant.

Il marqua une petite pause.

— Autrement dit, il y a beaucoup de travail pour tous et je vous fais confiance pour le mener à bien. Nous nous sortirons de ce mauvais pas en restant soudés.

Le gouverneur se leva, imité par tous.

— De mon côté, je vais demander à mon secrétaire, M. Griffon du Bellay, de dresser des listes de personnes pour répartir tout le monde dans les embarcations et le radeau si jamais, et par malheur – Dieu nous en garde ! – nous devons évacuer la frégate.

Il conclut soudain par ces mots :

— Messieurs, l'anticipation doit être notre maître mot.

Espiaux trouva la formule d'une cruelle ironie et il ne put empêcher son regard de glisser sur Richefort, puis sur le capitaine Chaumareys. Il n'eut pas l'impression que ces deux hommes se sentaient concernés par la phrase du gouverneur.

*

De retour sur le pont, les officiers de l'état-major annoncèrent aux passagers qu'un radeau serait construit, ce qui permettrait à tout le monde d'être évacué en cas de besoin. De son côté, le commandant Poinsignon en informa le capitaine Dupont qui fit de même avec les soldats. Cette nouvelle calma la plupart d'entre eux, même si certains émirent des doutes sur la sécurité que pouvait offrir une telle embarcation.

Les charpentiers et les menuisiers de l'équipage furent sollicités pour concevoir le radeau. Bien que passager, Lavilette fut accepté parmi eux car il avait noué des liens d'amitié avec ces hommes qui exerçaient la même profession que lui. La conception de l'objet ne posait pas de problème. La réalisation se révélait plus difficile. Il fallait assembler dans l'eau de longues pièces de bois, ce qui nécessitait l'utilisation de la quasi-totalité des embarcations de *La Méduse*.

Les canots furent mis à l'eau sans ordre et sans vérification de leur état. On s'aperçut vite que l'un d'eux était très abîmé. Les bordages étaient disjoints, il prenait l'eau. Il fallut le hisser à bord pour le calfater. Pendant ce temps, dans une totale anarchie, on remontait de la cale des planches et des solives, dont heureusement on ne manquait pas, tandis que des gabiers dégréaient en partie la frégate, mettant à bas les mâts de hune, des vergues, des jumelles et des bômes.

Deux longs mâts de hune devaient constituer l'ossature du radeau et déterminer sa longueur qui dépasserait ainsi vingt mètres. Des planches devaient être disposées transversalement sous ces deux mâts de hune, toutes reliées entre elles et aux deux mâts par des cordages. Ensuite, divers gréements seraient agencés parallèlement aux deux mâts de hune, sous les planches et amarrés à celles-ci. Les charpentiers avaient prévu d'espacer les deux mâts de hune d'environ sept mètres, ce qui constituerait la largeur du radeau.

L'idée du gouverneur se révéla exacte. Il y avait tant de travail à faire que la plupart des passagers, en particulier les artisans, ouvriers et paysans de la Société philanthropique du Cap-Vert, mirent la main à la pâte. Cette activité sollicitait leur énergie et renforçait leur optimisme. Ils pensaient moins à la situation, ou à autre chose, et leur angoisse s'en trouvait réduite.

Du passavant, Espiaux observait le difficile labeur des marins qui, à bâbord de la frégate et sur les canots, tentaient de réaliser cet assemblage monstrueux. Il donnait l'impression de réprouver toute cette agitation. Coudein, qui venait de le rejoindre, se méprit sur l'attitude du lieutenant.

— Je trouve ce travail très dur. Les hommes s'y prennent plutôt bien. Ce n'est pas votre avis ?

— Pourquoi me dites-vous cela ? répondit Espiaux avec froideur, tout en continuant de regarder les matelots au travail.

— J'ai cru que vous pensiez le contraire.

— Moi ? Pas du tout. En fait, je pensais que nous ne faisions pas ce que nous devrions faire.

Coudein attendit la suite mais Espiaux se taisait. Il le relança.

— Qu'est-ce que nous devrions faire à votre avis ?

— Une solution de bon sens.

— Qui serait ?

Espiaux se tourna soudain vers l'aspirant et agita sa main sous ses yeux.

— Nous devrions envoyer dès maintenant un canot à Saint-Louis du Sénégal pour demander des secours. Deux goélettes à faible tirant d'eau, capables de naviguer dans ces parages, pourraient embarquer tous les soldats et tous les passagers et l'essentiel des marchandises. D'une part, nous serions sauvés et d'autre part la frégate ainsi délestée pourrait être tirée hors de sa souille.

Coudein médita cette proposition mais ne fit pas de commentaires. Au bout d'un moment, suivant le fil de la dernière phrase du lieutenant, il dit :

— Rien ne dit que nous ne pourrons pas dégager *La Méduse*. La grande chaloupe vient d'être mise à l'eau pour transporter une ancre beaucoup plus importante que la première.

— C'est le lieutenant Raynaud qui a choisi l'ancre ? demanda Espiaux et son ton soupçonneux n'échappa pas à Coudein.

— Oui. C'est une ancre d'affourche. Elle doit peser dans les quatre mille livres[1].

— Hum ! fit Espiaux qui ne voulait pas avouer que, cette fois-ci, l'ancre avait été bien choisie.

— Elle est maintenant suspendue au bossoir de tribord à l'avant et on s'apprête à la descendre dans la chaloupe.

— Comme ça !? s'écria Espiaux.

— Euh, oui… Quelle est la difficulté ?

— Suivez-moi ! dit Espiaux en se précipitant vers le gaillard d'avant.

Penché par-dessus le bastingage, il cria aux marins qui étaient à la manœuvre :

— Attendez ! Rien ne dit que la chaloupe supportera une telle ancre !

Un silence accueillit cette mise en garde. La voix de Raynaud s'éleva derrière Espiaux.

— *A priori* si !

— *A priori* non !

Les deux hommes étaient face à face et s'opposaient. Le visage en lame de couteau du lieutenant Espiaux s'était de nouveau durci. Il était prêt à l'affrontement, conscient qu'il avait déjà eu raison sur de nombreux points depuis le départ de France et qu'il avait dû souvent renoncer à imposer son point de vue.

— Attention ! gronda-t-il avec férocité, au point que les matelots détournèrent la tête, gênés d'assister à un conflit entre deux officiers. Attention ! Ne répétez pas l'erreur de l'ancre à jet !

Marqué par l'échec de la première tentative, Raynaud choisit de s'effacer tout en protestant.

---

[1] Environ 2 tonnes.

— Il faut bien la descendre dans la chaloupe, cette ancre ! Que proposez-vous ? Qu'on la mette dans un canot plus petit ? Ce serait absurde !

— Il faut attacher des barriques vides autour de la chaloupe qui serviront de flotteurs ! Voilà ce qu'il faut faire !

À la surprise générale, Espiaux reprit son calme.

— Je ne prétends pas que la chaloupe va forcément chavirer quand on déposera l'ancre à son bord, mais c'est un risque. Et c'est un risque qu'on ne peut pas se permettre de courir !

Raynaud céda, tout en répétant qu'il n'était pas vraiment convaincu, et ordonna qu'on aille chercher des barriques. L'opération fit perdre encore du temps. Il fallut trouver des tonneaux vides dans la cale. Comme il en manquait, Lapeyrère, toujours soucieux d'alléger la frégate, proposa de vider deux autres tonneaux d'eau, ce qui fut fait. Et on chargea quelques soldats de pomper l'eau répandue dans la cale. Dupont veilla à ce que la discipline soit maintenue.

Les matelots attachaient une dizaine de barriques vides sur les côtés de la chaloupe, en particulier à l'arrière où le poids de l'ancre devait porter, quand le secrétaire du gouverneur, M. Griffon du Bellay, surgit derrière Raynaud et Espiaux. Ils étaient tous les deux penchés au-dessus du bastingage à suivre les opérations se déroulant sur la chaloupe.

— Pardonnez-moi de vous déranger, messieurs, mais notre gouverneur souhaiterait vous parler.

— Maintenant ? lança Espiaux par-dessus son épaule.

— Oui. Il voudrait vous voir de toute urgence.

Espiaux et Raynaud échangèrent un bref regard et Raynaud dit à Lapeyrère :

— En attendant notre retour, choisissez un câble du bon calibre et, par l'écubier, faites étalinguer ce câble à l'ancre. Puis, vous la descendrez à l'arrière de la chaloupe.

*

Schmaltz était déjà assis à la table du carré des officiers. Le capitaine était à sa droite. Richefort était absent, ce qui contenta Espiaux.

— Prenez place, messieurs, dit le gouverneur en montrant les chaises d'un geste de la main.

Comme son secrétaire restait debout, il ajouta avec une autorité bienveillante :

— Vous aussi, monsieur Griffon.

Griffon avait dans les mains une liasse de feuilles qu'il posa devant lui.

— Comme je vous l'avais indiqué, j'ai demandé à M. Griffon de répartir les hommes dans les diverses embarcations. C'est assez fastidieux. Nous sommes très nombreux, ce qui rend la tâche ardue. M. Griffon a passé du temps à réfléchir à la question et propose une première version qui a retenu mon attention. M. Griffon, c'est à vous.

Griffon rassembla les feuilles posées devant lui, les redressa et, les saisissant en un seul paquet, les tapota verticalement sur la table pour les unir étroitement. L'entrée en matière du gouverneur l'avait profondément perturbé et contrarié mais, en bon secrétaire, il ne pouvait guère le montrer.

S'il avait en effet établi la liste de tous les passagers et discuté avec Schmaltz, c'était bien ce dernier qui avait effectué les choix cruciaux en accord avec le capitaine. Pour le dire avec netteté, il n'avait pas vraiment eu voix au chapitre. Il n'en était pas choqué – était-ce à lui de prendre de telles décisions ? –, mais la présentation du gouverneur faisait porter sur ses épaules une responsabilité qu'il n'avait pas. Pourtant, l'introduction de Schmaltz le contraignait à s'exprimer comme s'il avait effectivement pris ces décisions, et c'était bien là le plus embarrassant.

— Messieurs les officiers n'ignorent pas que les canots portent des noms qui permettent de les différencier. Il y a ainsi le grand canot, le canot major et un canot sans nom. À cela s'ajoute le canot du Sénégal puisque, si j'ai bien compris ce que l'aspirant Coudein m'a expliqué, il doit être laissé à Saint-Louis. Enfin, il y a la grande chaloupe et la petite yole.

Au risque de trahir son implication dans les décisions, Schmaltz ne put s'empêcher de préciser :

— Le canot sans nom, nous l'appellerons le canot du commandant puisque M. de Chaumareys, commandant de l'expédition au Sénégal, y prendra place.

— Oui, effectivement, dit Griffon lentement. Et puis, il y aura le radeau…

— Le radeau qui est en cours de construction, n'est-ce pas ? s'exclama joyeusement Schmaltz

Les deux lieutenants firent « oui » de la tête et restèrent sur la réserve. Ils comprenaient que le sort de dizaines et de dizaines de personnes avait été scellé tandis qu'ils travaillaient sur le pont. Ils s'inquiétaient de ce qui avait pu être décidé.

— Continuez, monsieur Griffon.

— Nous avons pensé, reprit Griffon en tentant par cette formule de diluer sa responsabilité, que les canots et la chaloupe devaient être dirigés par les officiers de marine et que, par conséquent, il s'agissait en premier lieu de répartir ces derniers dans cette perspective.

— C'est bien cela, approuva Schmaltz qui, décidément, avait des difficultés à tenir le second rôle dans une réunion.

— Le lieutenant Raynaud dirigera le grand canot. Les trois enseignes de vaisseau Lapeyrère, Maudet et Chaudière commanderont respectivement le canot major, le canot du Sénégal et le canot du commandant.

Espiaux tressaillit. Non seulement on avait parlé des enseignes de vaisseau avant lui, mais il n'avait même pas été cité.

— Et moi ? dit-il d'un ton aigre. Où suis-je ?

— Sur la grande chaloupe ! dit Schmaltz précipitamment. La chaloupe peut contenir tellement de monde… C'est un poste important, qui ne peut revenir qu'à un homme d'expérience tel que vous.

Espiaux n'avait cure de cette flatterie lancée par le gouverneur. Ce qu'il comprenait était tout autre chose. Dans un état assez médiocre, la chaloupe était de loin la moins bonne et la moins maniable de toutes les embarcations. Espiaux détourna la tête et, fixant son regard sur le mur face à lui, il resta silencieux, jugeant qu'il valait mieux ne rien dire s'il voulait conserver le contrôle de lui-même.

— Bien, fit Schmaltz comme si l'affaire était entendue et que chacun en était satisfait. Donnez-nous maintenant, monsieur Griffon, la suite de la répartition.

— Dans le grand canot, le lieutenant Raynaud accueillera

notre gouverneur et sa famille, le commandant Poinsignon et le chirurgien Follet.

— Je suis rassuré, c'est un canot en excellent état ! dit ironiquement Espiaux, ce qui qui provoqua un silence glacial.

Ce n'était hélas que trop vrai ! Le gouverneur avait choisi pour lui, son épouse et sa fille, la plus sûre des embarcations. Mais le gouverneur n'était pas homme à se démonter. Il opta pour la provocation :

— Je demanderai à M. Richefort de se joindre à nous dans le grand canot.

La tension atteignit un seuil dangereux. Espiaux allait se lever quand Raynaud dit opportunément :

— Et les aspirants officiers, où se trouvent-ils ?

— Dites-le nous, monsieur Griffon, dit Schmaltz en fixant Espiaux dans les yeux.

— Ils sont répartis au mieux. Dans le canot du commandant, par exemple, où notre capitaine prendra place, et M. Rang des Adrets l'accompagnera.

Espiaux était révolté et avait presque envie de quitter la pièce. On s'était acoquiné par affinités ; les deux meilleures embarcations étaient occupées par les royalistes ou, à défaut, par les bonapartistes serviles.

— L'aspirant Pouthier sera avec vous, monsieur Espiaux, Bellot sera dans le canot du Sénégal et Barbotin dans le grand canot.

— Voilà, voilà... dit Schmaltz. Quant aux savants, nous les répartirons ici et là dans les embarcations. Vous avez proposé Dechatelus dans la yole, Brédif dans la chaloupe, Leschenault dans le canot major, le médecin Estruc dans le canot du Sénégal, etc. C'est bien cela ?

— Euh... oui... oui... murmurait Griffon, se plongeant précipitamment dans ses notes et soudain impressionné par la mémoire du gouverneur.

— Et enfin, concluait Schmaltz, la plupart des marins seront aussi dans ces embarcations pour les mener à terre. Vous avez fait vite, monsieur Griffon, et tout cela n'est pas encore au point dans les détails mais, globalement, c'est la liste et il suffira de la compléter.

— Et la famille Picard ? demanda Raynaud.

— Ah ! Cette encombrante famille avec ce M. Picard toujours prêt à se plaindre de tout ! lâcha Chaumareys.

— Ah oui, vraiment ! Quelle famille ! renchérit Schmaltz.

De toute évidence, ni le capitaine ni le gouverneur ne la souhaitaient à son bord, cette famille, et il apparut assez clairement qu'elle avait été oubliée car Griffon du Bellay levait vers le gouverneur des yeux interrogatifs.

— Bon ! fit Schmaltz. On les mettra dans le canot major avec Lapeyrère.

Le sort de la famille Picard étant réglé, il y eut soudain un silence étrange qui en disait long sur ce dont personne n'avait encore parlé. Espiaux dit soudain :

— Et le radeau ?

Cette question fut suivie d'un nouveau silence, pesant cette fois-ci.

— Le radeau... Le radeau... répéta Schmaltz à plusieurs reprises, vous savez bien qu'il est destiné à accueillir les soldats qui ne pourront embarquer avec nous.

— C'est-à-dire presque tous.

— Oui, presque tous...

— Mais encore ? insista Espiaux. On ne laissera pas que des soldats sur ce radeau. Il y faudrait aussi des marins et au moins un officier de marine pour les commander.

Schmaltz jeta un coup d'œil vers Chaumareys, le prenant à témoin que ce lieutenant était décidément incapable de se tenir à sa place. Il était même insupportable à vouloir se mêler de tout et de rien.

— Alors, oui ! reprit-il sur un ton où pointait le plus grand agacement. Il faudra des marins et nous en mettrons quelques-uns !

— Et au moins un officier...

Schmaltz se tourna vivement vers Griffon.

— Quels sont ceux que vous n'avez pas encore cités ?

Le secrétaire relut attentivement ses notes, hésita et finalement murmura :

— Nous avons oublié l'aspirant Coudein.

— Eh bien, voilà ! Coudein, c'est parfait ! clama Schmaltz de manière expéditive.

— Coudein !? Mais il est blessé ! s'exclama Espiaux aussitôt.

— Justement ! affirma Schmaltz. Sur un radeau, il n'y a aucune manœuvre à effectuer. Parce qu'il est blessé, c'est la meilleure place que l'on puisse lui donner. Qu'en pensez-vous, capitaine ?

Le capitaine paraissait ravi de mettre sur le radeau cette mauvaise graine de bonapartiste. Il acquiesça aussitôt.

— Mais rassurez-vous, monsieur Espiaux, on ne va pas le laisser seul ! On va lui adjoindre un autre membre de l'état-major. Coudein, je le vois toujours en compagnie de Savigny, l'aide-chirurgien. Ce sont deux jeunes gens qui sont de très bons amis. Savigny accompagnera Coudein. Et puis, c'est très bien qu'il y ait un futur médecin sur ce radeau. On ne sait jamais ce qui peut arriver !

Espiaux était horrifié. Les deux plus jeunes membres de l'état-major, qui avaient à peine dépassé vingt ans, venaient d'être choisis pour aller sur le radeau. Il allait protester quand Schmaltz haussa le ton et s'écria violemment :

— Encore une fois, cela suffit, monsieur Espiaux ! Croyez-vous que je ne comprenne pas vos insinuations : que certains seraient favorisés tandis que d'autres seraient maltraités ! C'est inadmissible ! Personne ne sera favorisé ! Par exemple, ce géographe, M. Corréard, eh bien, tenez, il ira sur le radeau ! Un géographe, tout de même !

Il pointa un index menaçant dans la direction du lieutenant :

— Votre attitude va démoraliser tout le monde ! Il ne sera pas plus dangereux d'aller sur ce radeau que d'aller dans un canot ! Ce radeau, nous le remorquerons jusqu'à terre ! Il ne s'agit pas de l'abandonner au milieu des flots !

S'empourprant tout à coup, Schmaltz, dont la fureur atteignait un paroxysme, désigna soudain son secrétaire :

— Et, pour vous démontrer qu'on ne favorise personne, mon propre secrétaire, M. Griffon, qui m'est si précieux, ira sur le radeau aussi !

Griffon pâlit, ses yeux exprimèrent l'effroi le plus absolu, mais il se tut. Quant à Schmaltz, il prenait à présent une attitude satisfaite, convaincu qu'il avait démontré qu'il n'y aurait pas de privilèges et que le radeau serait un lieu sûr et tranquille.

À la surprise générale, le commandant Poinsignon, discret jusque-là, prit alors la parole :

— Monsieur le gouverneur, nous ne pouvons pas laisser sans surveillance cent cinquante soldats sur un radeau. Il faut des chefs pour les surveiller et les diriger, sinon tout peut arriver.

À aucun moment cette question n'avait effleuré Schmaltz, qui la découvrait.

— Des chefs… des chefs… Oui, certainement. Qui proposez-vous ?

— Puisque M. Griffon m'a placé dans votre canot, je ne peux pas être à la fois sur ce canot et sur le radeau.

— C'est très juste, commandant.

Le point étant réglé, Poinsignon, ayant vraiment donné l'impression qu'il regrettait de ne pouvoir suivre ses hommes sur le radeau, réfléchit quelques instants.

— Parmi les deux capitaines Dupont et Bagnières, il me semble que Dupont est le plus capable. Il a l'autorité nécessaire et il est aimé de ses hommes. Il devrait monter sur le radeau.

— Très bien. Notez-le, monsieur Griffon.

— Et puis, il faudrait aussi une bonne douzaine d'officiers et de sous-officiers. Je pense au lieutenant Georges Lheureux ou au sous-lieutenant Lozach, et quelques autres comme le sergent Charlot… Si vous le souhaitez, je vous transmettrai une liste.

— Liste que vous donnerez à M. Griffon qui complétera la sienne, je vous en remercie… Ah ! J'y pense. Parmi vos hommes, commandant, il y a le lieutenant Coureau, qui me sert d'aide de camp. C'est un homme énergique. Je le souhaiterais dans mon canot avec vous, si vous n'y voyez point d'inconvénient.

Poinsignon s'inclina. Puis, Schmaltz sourit au capitaine Chaumareys qui avait suivi les derniers échanges avec un intérêt limité.

— Capitaine, je crois que M. Griffon a fait de l'excellent travail.

Le gouverneur se gratta ensuite la tête ; sa physionomie

changea et il prit un air d'intense réflexion qui sembla l'absorber totalement. On attendait qu'il ajoutât quelque chose, ce qu'il fit effectivement au bout d'un moment.

— Il ne serait sans doute pas bon de diffuser dès maintenant cette liste. D'abord, elle est incomplète et elle subira sûrement des petites modifications. Ensuite, nous donnerions l'impression de penser que les manœuvres en cours pour nous désensabler vont échouer. Ce qui n'est pas le cas. Dans le même temps, pourtant, il est important que les gens sachent que nous avons tout prévu. Cela peut aussi rassurer.

Tant d'incertitudes inquiétaient le capitaine. Il s'exclama :

— Que faut-il donc faire alors ? Donner la liste ou la cacher ?

Schmaltz regarda Chaumareys et lui renouvela son sourire.

— Il faut faire les deux. Faire savoir que cette liste existe mais sans la communiquer. Vous comprenez ?

*

Sitôt ce conseil restreint et secret terminé, Raynaud et Espiaux retournèrent sur le pont. La nuit tombait déjà. Les matelots avaient étalingué un câble sur la grosse ancre. Ils avaient présenté l'arrière de la grande chaloupe sous le bossoir qui retenait l'ancre. Puis, filant du capon, ils avaient descendu l'ancre de sorte qu'elle demeure en dehors de la chaloupe mais plaquée contre sa poupe. Ils avaient ensuite passé un fort cordage autour de la verge de l'ancre et amarré solidement celui-ci aux bancs de la chaloupe. L'ancre restait ainsi suspendue à l'arrière de la chaloupe en position verticale.

Lapeyrère et Rang des Adrets avaient supervisé la manœuvre mais Espiaux ne put s'empêcher de se pencher par-dessus le bastingage et de crier :

— Vérifiez la cravate [1] ! Qu'elle tienne bien et n'aille pas se détacher !

---

[1] La cravate est le nom donné au cordage qui retient l'ancre de cette manière.

Les matelots vérifièrent les nœuds et la solidité des bancs sur lesquels la cravate était amarrée. Comme pour l'ancre à jet, la veille, Raynaud descendit dans la chaloupe et celle-ci s'orienta pour s'éloigner de la frégate.

Surchargée par le poids de l'ancre et devant traîner le lourd câble qui lui était attaché, la chaloupe ne pouvait avancer avec les avirons. Il fallait la haler le long du grelin de la petite ancre mouillée la veille. Les matelots s'y employaient, soit à la main soit en s'aidant de palans. Ils tiraient ainsi lentement la chaloupe vers le mouillage de la première ancre. Un canot suivait la chaloupe à distance, soulevant le câble et le maintenant en partie hors de l'eau afin de diminuer la résistance qu'il produisait à l'avancée de la chaloupe.

Accoudé au bastingage, Espiaux suivait des yeux la lente progression de la chaloupe. Brédif, l'esprit en éveil comme à l'ordinaire, vint s'accoter au lieutenant pour obtenir des éclaircissements sur la manœuvre en cours. Espiaux répondit avec patience, montrant de la main la position de l'ancre à jet qu'indiquait la bouée flottant au-dessus d'elle, expliquant le rôle du canot à l'arrière de la chaloupe ainsi que la technique de halage de la chaloupe le long du grelin de la première ancre.

Brédif s'émerveilla aussi de la construction du radeau qui pourtant, à l'autre bord de la frégate, progressait avec les plus grandes difficultés.

— C'est vraiment un plan immense au ras de l'eau. Il fera environ soixante-cinq pieds de long et vingt-cinq pieds de large !

Puis, il s'inquiéta :

— Je ne mets pas en doute la solidité des cordages qui relieront toute cette armature de bois. Mais imaginer ce radeau en pleine mer par gros temps, ça fait frémir.

— Je ne peux pas vous contredire sur ce point, glissa Espiaux sobrement.

— Et combien d'hommes sont censés y prendre pied si nous devons quitter la frégate ?

— Peut-être cent cinquante…

— Cent cinquante !? C'est considérable !

Espiaux resta impassible, les yeux fixés sur la chaloupe.

Le silence dura. Au bout d'un moment, Brédif répéta pour lui-même :

— Cent cinquante...

Espiaux entendit. Il se redressa et se tourna vers Brédif.

— Monsieur Brédif, l'état-major a procédé à la répartition des hommes dans les diverses embarcations, y compris le radeau, si l'affaire devait mal tourner.

— Ah ? fit Brédif, troublé.

— Je dirigerai la chaloupe et vous serez à son bord.

La physionomie de Brédif s'éclaira, exprimant du soulagement et même de la reconnaissance envers le lieutenant.

— Je serai très heureux de me retrouver en votre compagnie, affirma-t-il comme s'il participait à une réception mondaine, ce qui fit sourire Espiaux.

Le lieutenant se pencha de nouveau au bastingage mais il ne voyait presque plus la chaloupe qui était passée derrière la frégate.

— Excusez-moi, monsieur Brédif, mais je vais sur le gaillard d'arrière pour suivre la manœuvre.

*

Espiaux avait rejoint les autres membres de l'état-major. Il se tenait sur le gaillard d'arrière et suivait des yeux la chaloupe. En raison de la nuit, celle-ci éclairait sa progression par une série de lanternes accrochées au sommet du bordé. Formant une tache claire autour de la chaloupe, l'eau reflétait la lumière projetée par les lanternes.

Bien qu'incliné d'une dizaine de degrés, le pont de *La Méduse* restait ferme, sans oscillation, et les officiers de l'état-major se tenaient debout, sans craindre d'être bousculés par un soubresaut de la frégate. *La Méduse* était bien calée dans le sillon de sable qu'elle avait elle-même creusé. D'une certaine manière, la journée avait apaisé les passagers car la stabilité de la frégate était réelle et chacun pouvait le constater. L'équipage, à juste titre, se voulait rassurant. En début d'après-midi, Espiaux l'avait explicitement affirmé à Picard :

— Vous savez, monsieur Picard, tant que la frégate est bien lovée dans sa souille comme en ce moment, je crois qu'elle pourrait rester ainsi des mois sans broncher. Peut-être même des années !

La chaloupe éprouva des difficultés à atteindre l'objectif.

À quinze brasses de *La Méduse*, l'ancre suspendue à l'arrière de la chaloupe bascula sur le côté, ce qui fit rugir Espiaux de colère.

— Les imbéciles !

Dès lors, la manœuvre devint de plus en plus difficile car la chaloupe, déséquilibrée, penchait sur le côté. Le halage se révéla vite impossible. L'embarcation pivotait de l'arrière, se mettant de travers et empêchant toute progression.

Raynaud sembla tergiverser un moment puis on entendit sa voix portée par le vent qui semblait donner des ordres. On vit alors les matelots s'activer au niveau de l'ancre et, finalement, larguer la cravate. Instantanément, l'ancre disparut dans les flots. L'orin fut également lâché pour que la bouée signale l'emplacement de l'ancre. Les matelots sortirent les avirons et revinrent à la rame vers la frégate.

La marée haute pouvant seule garantir la réussite de l'opération, il fallut attendre quatre heures du matin pour virer au cabestan. La déception fut immense. Comme la précédente, l'ancre ne tint pas le fond vaseux et laboura. Le cabestan la ramenait vers la frégate sans bouger celle-ci. Les officiers de l'état-major se dispersèrent sans commenter ce nouvel échec. Ceux qui n'avaient pas dormi de la nuit allèrent se reposer dans leur cabine.

Brédif, qui avait suivi cette seconde tentative de désensabler *La Méduse*, fit de même. Allongé sur son matelas, épuisé mais ne parvenant pas à trouver le sommeil, il sentit son optimisme vaciller. L'hypothèse d'une évacuation sur les embarcations devenait plus que plausible. Il pensa au radeau où cent cinquante hommes devraient s'entasser et il frémit au sort qui leur était réservé. Mû par une impulsion soudaine, il s'empara de son carnet et écrivit : *Je suis sur la chaloupe avec M. Espiaux*[1]. Il relut plusieurs fois cette phrase rassurante avant de s'endormir.

---

[1] Carnets de Charles Brédif (*La Revue de Paris*, 14e année, 1907, p. 793).

12

Ce ne fut que quelques heures de sommeil, à peine. Les officiers de l'état-major qui avaient pris du repos après le nouvel échec du halage de la frégate remontèrent sur le pont dans la matinée. Les visages fatigués et les regards impuissants reflétaient l'incertitude de la situation. Le temps passait sans qu'un changement notable se produise. *La Méduse* s'était échouée le 2 juillet en début d'après-midi. Le 4 au matin, on en était toujours au même point.

La construction du radeau reprit. À l'avant, on croisa en oblique deux vergues de perroquet qui formèrent une pointe évoquant une proue grossière. Sur les côtés, il fut décidé de faire dépasser inégalement les planches latérales pour briser les lames. Enfin, on disposa sur le pourtour du radeau des barils de farine qui rempliraient le vague office de bastingage et pourraient également freiner l'assaut des vagues.

Depuis la veille, de nombreux soldats, sous le contrôle étroit de leurs officiers, dont le capitaine Dupont, s'activaient sur le pont pour aider les marins. Cette aide s'avérait d'autant plus précieuse qu'un nombre non négligeable de matelots se trouvaient dans les embarcations, soit pour relier entre elles les différentes pièces du radeau, soit pour organiser les opérations de désensablement de la frégate. Ainsi, les soldats allaient chercher à la cale les derniers madriers et planches nécessaires au radeau. Ils maniaient des barils de farine ou actionnaient les pompes pour vider la cale de toute son eau. Ils travaillaient également aux bossoirs pour descendre du matériel dans les canots ou en remonter à bord.

L'atmosphère de la frégate en était fortement changée car les passagers côtoyaient désormais des militaires dont certains ne parlaient même pas le français. De plus, les soldats savaient à présent que le radeau leur était expressément réservé. Certains murmuraient et s'alarmaient, doutant que cet assemblage de planches et de mâts puisse résister aux assauts de la mer. De leur côté, les passagers avaient appris l'existence d'une liste d'évacuation que posséderait le secrétaire du gouverneur.

Brédif avait pris la malheureuse initiative de confirmer cette liste en annonçant à Dechatelus et à Lavilette qu'il se trouvait sur la chaloupe avec le lieutenant Espiaux. Dès lors, tous les passagers avaient voulu connaître leur sort personnel. Se heurtant au refus obstiné des deux lieutenants de donner plus d'informations sur ce sujet, les passagers critiquaient ouvertement cette attitude et en tenaient rigueur tout à la fois au capitaine et au gouverneur.

Malgré les importuns qui ne cessaient de les interrompre, Espiaux et Raynaud avaient décidé d'une nouvelle manœuvre pour sortir la frégate de son sillon. Raynaud se chargea de l'expliquer à Schmaltz et à Chaumareys.

— Nous avons une ancre à jet qui est mouillée à tribord arrière de la frégate. Comme vous vous en souvenez, les courants du jusant nous ont empêchés de la mettre exactement en arrière de *La Méduse* où nous aurions souhaité qu'elle se trouve.

Disant cela, il désignait la bouée qui montrait l'emplacement de cette première ancre. Du gaillard d'arrière, Schmaltz et Chaumareys regardaient la bouée sans faire de commentaires.

— L'ancre ainsi placée, nous ne pouvions touer la frégate. Et nous avons échoué

— En effet… murmura Schmaltz qui, par son ton désagréable, montrait qu'il faisait porter la responsabilité de cet échec sur les officiers de l'état-major.

Raynaud fit comme s'il n'avait pas entendu.

— L'idée est de mouiller une deuxième ancre du même type à bâbord arrière, selon un angle égal à celui de la première ancre. La frégate et les grelins des deux ancres formeraient ainsi une patte d'oie.

— Et alors ? fit Schmaltz avec impatience.

— En virant simultanément au cabestan sur ces deux ancres, la frégate devrait reculer suivant la bissectrice de l'angle formé par les deux grelins. Ensuite, nous pourrons faire un évitage de la frégate.

— Faire un évitage de la frégate ? Qu'est-ce que c'est que ce jargon ?

— Nous la ferons pivoter sur elle-même. Virant cap pour cap, nous repartirons vers le nord d'où nous sommes venus.

— Ah ? fit Schmaltz, songeur. Qu'en pensez-vous, capitaine ?

— Cela me paraît une excellente initiative, dit Chaumareys sans hésiter. Faites donc, Raynaud. Dirigez la manœuvre, je vous prie.

À grandes enjambées, le commandant Poinsignon longeait le passavant puis traversait le gaillard d'arrière pour les rejoindre.

— Capitaine, dit-il précipitamment, j'ai informé ce matin les soldats que le radeau leur était destiné, mais l'effet n'a pas été celui escompté. Il y a depuis des murmures, des insolences, de la mauvaise volonté. Ils se montent la tête, parlent dans le dos des officiers et insinuent les pires choses. Il faut trouver un moyen de les calmer.

Chaumareys jeta des regards désespérés à droite et à gauche, puis il leva les bras en signe d'impuissance.

— Que voulez-vous que je fasse ?

— Il y a toujours quelque chose à faire pour tranquilliser les hommes, lâcha le gouverneur avec force. Suivez-moi, commandant !

Schmaltz s'élança sans attendre, suivi avec un temps de retard par Poinsignon.

— Où sont-ils, ces soldats ? lança Schmaltz par-dessus son épaule.

— Un peu partout ; dans la cale, dans l'entrepont... Il y en a beaucoup sur le gaillard d'avant à assister à l'assemblage du radeau.

— Eh bien, allons sur le gaillard d'avant !

Schmaltz s'arrêta au pied du grand mât.

— Rassemblez ceux qui sont présents et amenez-les-moi.

En moins d'une minute, une cinquantaine de soldats faisaient face au gouverneur. Celui-ci parla d'une voix forte :

— Soldats ! Nous n'avons pas construit le radeau pour vous ! Il doit d'abord et avant tout servir à recevoir la plus grande quantité de marchandises pour alléger la frégate afin de diminuer son tirant d'eau ! Plus la frégate sera légère, plus nous avons une chance de la désensabler ! Dès que le radeau sera achevé, ce qui ne saurait tarder, vos chefs vous demanderont de descendre dans le radeau des barriques de vin, d'eau, et toutes sortes d'autres choses. Nous comptons sur votre discipline pour réaliser cette tâche promptement ! Vive le roi !

Habitués à crier « Vive l'empereur ! » pendant des années, les soldats, dont la condition ne variait guère au gré des changements de régime, n'avaient pas de difficulté à se rallier à cette nouvelle exhortation. Comme un seul homme, ils levèrent leur couvre-chef et braillèrent dans un bel ensemble « Vive le roi ! ». Schmaltz les considéra d'un sourire satisfait. Il leva la main pour les faire taire et ajouta :

— Soldats ! Sachez aussi que si le destin devait nous forcer à quitter la frégate, le radeau sera remorqué par toutes les autres embarcations ! Jamais il ne sera abandonné, je vous en fais le serment solennel ! Vive le roi !

De nouveau, les soldats s'époumonèrent en acclamant le roi. Alors qu'ils se dispersaient, Schmaltz s'approcha du commandant Poinsignon et lui glissa à voix basse :

— Et voilà… Pas plus difficile que cela.

*

Une ancre fut mouillée à bâbord arrière de la frégate, à l'endroit exact que Raynaud avait indiqué au capitaine et au gouverneur. Simultanément, une frénésie s'était emparée des soldats et des passagers qui avaient jeté par-dessus bord une grande quantité de matériel jugé inutile. Des barriques d'eau furent éventrées dans la cale et les soldats pompaient avec ardeur pour l'évacuer hors du navire. Les barriques de vin furent épargnées avec méthode, car le vin était considéré comme une nourriture autant que comme une boisson. On remonta un certain nombre de ces précieuses barriques qu'on descendit avec peine dans le radeau. À l'inverse du vin, des barils de farine et de salaisons furent passés par-dessus bord sans réflexion.

Cette activité s'effectuait dans un joyeux désordre et un observateur étranger aurait éprouvé les plus grandes difficultés à désigner les chefs qui l'organisaient. Les initiatives personnelles et brouillonnes avaient pris le dessus. C'était d'autant plus vrai que les deux lieutenants Espiaux et Raynaud ainsi que les enseignes de vaisseau s'occupaient principalement de la manœuvre de désensablement.

Du reste, observant ce branle-bas, Espiaux avait tenté une nouvelle fois de convaincre le capitaine que ce délestage désordonné, sans être totalement inutile, ne serait pas décisif et que le moment était propice pour jeter les canons. Chaumareys y avait d'abord opposé une objection tout à fait juste.

— Monsieur Espiaux, si nous balançons les canons par-dessus bord, ils vont tomber au pied de la frégate et, au moindre mouvement de celle-ci sous l'action de la houle, ils vont défoncer la coque.

— C'est pourquoi il faut nous servir du radeau. Descendons les canons sur le radeau et remorquons-le avec les canots à quelques encablures de la frégate. Nous pourrons alors jeter les canons sans aucun risque pour notre navire.

Le visage de Chaumareys s'était fermé comme une huître. Il avait simplement répété avec un tremblement dans la voix :

— Monsieur Espiaux, nous n'abandonnerons jamais en pleine mer les canons de Sa Majesté. Je vous serais reconnaissant de ne plus jamais m'importuner avec cette question.

C'est en fin d'après-midi que la nouvelle tentative de désensabler la frégate commença. Quand on vira au grand cabestan, les grelins des ancres se raidirent tant au niveau des écubiers qu'on crut un instant qu'ils allaient céder sous la tension exercée. Puis, soudain, dans un bruit effrayant de raclement, la frégate bougea. Elle recula de quelques mètres, basculant en même temps vers l'avant.

Toutes les activités à bord cessèrent immédiatement. Les

hommes occupés à la cale ou à l'entrepont montèrent précipitamment sur le pont supérieur. Pour la première fois depuis l'ensablement, l'espoir de sauver la frégate se matérialisait dans une action concrète. Certains exultaient bruyamment tandis que d'autres restaient muets, incapables d'exprimer leur joie. Il y avait aussi de l'inquiétude en raison du basculement qui faisait désormais pencher le navire vers l'avant. Constatant ces craintes nouvelles, Espiaux se tourna vers les enseignes de vaisseau.

— Expliquez aux passagers et aux militaires que ce basculement vient du fait que *La Méduse* est à moitié sortie de sa souille. L'avant repose encore dans le sillon qu'elle a creusé alors que l'arrière n'y est plus.

La frégate recula encore et, peu à peu, elle bascula dans le sens opposé jusqu'à ce que le pont redevienne horizontal. Elle sembla flotter, ne touchant le fond que par intermittence. Comprenant le phénomène, les passagers acclamèrent ce retour à l'équilibre. On agitait au vent son chapeau ou son mouchoir. Les «Hourra !» et les «Vive le roi !» fusaient de partout.

Tout à coup, la frégate parut hésiter. Elle oscilla sur son axe longitudinal et se mit légèrement en travers. Elle talonna à plusieurs reprises. L'ancre située à tribord arrière s'était mise à labourer le sol vaseux. La bouée qui localisait la position de cette ancre se déplaçait vers la frégate. Raynaud et Espiaux se précipitèrent en même temps sur le côté tribord et se penchèrent par-dessus le bastingage, les yeux fixés sur la bouée.

— L'ancre ne mord plus ! lâcha Espiaux.

— Il faut tout arrêter !

Dès que le grand cabestan cessa de tourner sur son axe, un lourd silence tomba sur la frégate. Les passagers ne savaient pas si la manœuvre avait réussi ou échoué. Schmaltz l'ignorait également. Il s'approcha des deux lieutenants.

— Je ne suis pas sûr de savoir où nous en sommes. Pouvons-nous repartir ?

Raynaud passa les deux mains sur son visage puis massa son dos en s'étirant.

— Nous avons tiré la frégate hors de son sillon. Elle touche encore, mais peu.

— Alors? insista Schmaltz. Vous parliez de la faire pivoter sur elle-même?

Raynaud échangea un regard avec Espiaux qui fit «oui» de la tête. La manœuvre paraissait envisageable.

— Nous pouvons peut-être éviter sur l'ancre qui mord encore, affirma Raynaud au gouverneur.

— Maintenant?

— Il faut faire vite, la marée est étale et elle va bientôt redescendre.

Les matelots empoignèrent de nouveau les bras du cabestan et poussèrent de toutes leurs forces. Le grelin s'enroulait peu à peu sur l'axe du treuil. La dernière ancre tenait bon, constituant un point fixe, et la frégate commença à pivoter sur elle-même. Ce mouvement fut accueilli par des hurlements de joie. La frégate, allégée par le délestage et ne touchant plus que par l'arrière, déjaugeait peu. Le raclement de la quille sur le sable n'avait jamais été aussi atténué.

En une demi-heure, *La Méduse* avait tourné sur elle-même de cent quatre-vingts degrés et la proue faisait désormais face au nord. L'enthousiasme à bord était indescriptible. Les passagers tombaient dans les bras l'un de l'autre et s'embrassaient.

— C'est fait! s'exclama Schmaltz. Vous voyez, capitaine, nous avons réussi!

Chaumareys était si ému qu'il ne pouvait articuler une parole. Schmaltz tapa dans ses mains.

— Repartons immédiatement, c'est ce que nous avons de mieux à faire!

Raynaud et Espiaux restaient silencieux.

— Eh bien, messieurs! Qu'attendons-nous? insistait Schmaltz.

— Nous touchons toujours de l'arrière, dit Raynaud, et la mer descend. Il faudra attendre la pleine mer.

— Et, à ce moment-là, nous pourrons appareiller?

— Il me semble que oui, répondit prudemment Raynaud.

— Et vous, monsieur Espiaux, vous pensez la même

chose? interrogea Schmaltz qui ne parvenait pas à cacher une soudaine inquiétude.

— Je le crois.

— Donc, vous pensez tous les deux que demain matin nous pourrons repartir.

— Probablement.

— C'est admirable… murmura Schmaltz. Admirable…

Il se tut un moment puis s'exclama, joyeux:

— Je crois qu'il faut du réconfort pour tous ces marins et ces soldats qui travaillent à cette affaire depuis deux jours! Et aux passagers aussi! À combien de distance sommes-nous des côtes, lieutenant Raynaud?

— D'après les cartes, environ dix-huit lieues[1]. Peut-être un peu plus, peut-être un peu moins; la carte n'est pas très bonne…

— Un très court voyage en somme, ce qui veut dire que nous pouvons offrir aux hommes un moment de détente bien mérité. Capitaine, si vous n'y voyez pas d'inconvénient, je souhaiterais que les hommes aient double ration de salaisons et que plusieurs tonneaux de vin réchauffent l'ambiance générale.

Séduit par l'idée, Chaumareys l'approuva sans retenue.

*

Ce fut une fête désorganisée. Convaincus que la frégate était sauvée et qu'elle n'aurait aucune difficulté à repartir le lendemain, les hommes appréciaient avec un immense bonheur ce «moment de détente» voulu par le gouverneur. On distribua la nourriture sans parcimonie, comme s'il s'agissait du dernier repas pris à bord avant le débarquement à Saint-Louis. On monta des barriques de vin dans l'entrepont et les hommes plongeaient avidement leur gobelet dans les tonneaux, vidant rasade sur rasade en chantant et en jouant.

C'était surtout les matelots et les soldats qui buvaient à plein

[1] Une centaine de kilomètres (lieue marine).

gosier. Les esprits s'échauffaient mais l'atmosphère restait bon enfant. On parlait fort, on fraternisait bruyamment, sous la surveillance bienveillante des officiers de l'infanterie. Ceux-ci participaient d'ailleurs aux réjouissances, ne rechignant pas à lever le coude avec leurs hommes.

Les passagers festoyèrent aussi et leur soirée fut plus arrosée qu'à l'ordinaire, sans atteindre toutefois les excès des matelots et des soldats. Un tonneau de vin fut déposé sur le pont de la batterie au niveau de la grand-rue et chacun se servait sans ordre. Le gouverneur et sa famille furent présents en début de soirée. On percevait assez distinctement le tapage des soldats dans l'entrepont sous-jacent. Par la grande écoutille, leurs plaisanteries peu relevées parvenaient jusqu'aux passagers.

Quand ces plaisanteries, sous l'effet de la boisson, passèrent aux grossièretés les plus crues, Schmaltz jeta un coup d'œil à son épouse et lui fit signe que les chastes oreilles de leur fille se devaient d'être épargnées. Saluant à la cantonade, les époux Schmaltz se retirèrent dans leurs appartements.

Le capitaine Chaumareys resta plus longtemps. Il avait les yeux brillants et buvait plus souvent qu'à son tour. Il conversait gaiement avec le commandant Poinsignon et Richefort se tenait à ses côtés. Si ce dernier n'avait manifesté jusque-là aucun regret, il avait cependant perdu un peu de sa superbe et son attitude était devenue plus circonspecte depuis l'accident. L'enseigne de vaisseau Rang des Adrets se joignit à eux ainsi que d'Anglas de Praviel, lieutenant de l'infanterie, dont la sensibilité royaliste était connue.

La plupart des aspirants officiers étaient groupés autour des deux lieutenants, Espiaux et Raynaud, et discutaient de l'heure à laquelle il faudrait tenter d'appareiller le lendemain. Il fallait attendre la haute mer et espérer que la marée aurait un coefficient élevé. Une marée de morte-eau condamnerait l'opération à l'échec.

Brédif, Dechatelus et Lavilette formaient un trio à l'écart qui appréciait la soirée, gardait le verre à la main, mais buvait peu. Son insatiable curiosité poussa Brédif à s'approcher des robustes matelots qui venaient de déposer sur la batterie une seconde barrique de vin.

— Messieurs, puis-je vous poser une question au sujet du vin ? Comment fait-on pour le conserver si longtemps dans des tonneaux sans qu'il tourne au vinaigre ?

— Ça, m'sieur, faudrait d'mander au chef de cambuse.

— Où se trouve-t-il ?

Sans rechigner, le matelot alla chercher le maître-commis tandis que Dechatelus reprochait à Brédif d'importuner les marins avec ses questions incessantes. Pourtant, le maître-commis, gros homme qui marchait lentement en pivotant son corps d'un côté et de l'autre, répondit de bonne grâce, apparemment heureux qu'un passager s'intéressât à ce genre de chose.

— C'est tout un art, monsieur ! On lave d'abord la barrique avec du vin chaud, puis on la remplit du vin qu'on veut emporter. Ensuite, on introduit par la bonde une mèche soufrée allumée, pour qu'elle se consume dans la barrique. On la bouche aussitôt avec une bonde en liège, garnie de toile, pour que la fumée ne s'évapore pas immédiatement. Ça permet de conserver le vin assez longtemps, quelques mois même…

Brédif mémorisait l'explication pour l'écrire sur son carnet. Le maître-commis donna aussi des précisions sur la conservation des pièces à eau, que Brédif ne demandait pas, et il aurait poursuivi sans doute si Dechatelus ne l'avait finalement remercié pour ces éclaircissements.

Picard, qui venait de laisser son épouse dans leur chambre où elle couchait les enfants les plus jeunes, se versa un verre de vin et les rejoignit, interrompant leur conversation sans même s'en rendre compte.

— Pensez-vous vraiment que ce radeau tiendra le coup ? Ce ne sont que quelques planches plus ou moins liées entre elles ?

Outré par de tels propos, Lavilette protesta avec véhémence :

— Quelques planches plus ou moins liées entre elles !? Comment pouvez-vous dire une chose pareille, monsieur Picard ? Les plus forts matériaux, dont deux mâts de hune, sont assemblés dans le sens de leur longueur par des bridures très résistantes et ils sont ensuite traversés par des bordages fortement liés à tout leur système ! Je vous assure que c'est d'une solidité à toute épreuve !

— Monsieur Picard, vous allez fâcher notre maître-charpentier ! plaisanta Brédif.

— Oui… Non… Enfin… Je voulais dire… Certes, il est sans doute solide… bafouilla Picard. Mais ce n'est finalement qu'une gigantesque planche de bois posée sur l'eau. On ne peut pas l'orienter ni le diriger.

— Ce n'est pas tout à fait exact, reprit Lavilette. À l'occasion, on peut dresser un mât de perroquet et y mettre un cacatois. C'est prévu.

— Sans gouvernail, on n'irait pas bien loin quand même. Et puis, il risque d'être submergé.

— Ah non, pas du tout, il est insubmersible !

— Insubmersible peut-être, mais en cas de tempête il sera sans cesse recouvert par les lames ! Les hommes qui se trouveront dessus seront balayés comme un château de cartes et projetés à la mer !

— Mon Dieu, monsieur Picard ! Vous nous faites de ce radeau un horrible tableau ! s'exclama Dechatelus.

Comme le capitaine Dupont passait non loin, Brédif lui fit signe de se joindre à eux.

— Capitaine, nous discutons de la solidité du radeau. Vous-même, qu'en pensez-vous ?

— Je n'en ai pas une très bonne opinion, répondit Dupont à voix presque basse, jetant quelques regards furtifs autour de lui. Mais je garde cela pour moi car je ne veux pas affoler mes soldats.

— Car il leur est destiné ? questionna Dechatelus.

Dupont redoubla d'attention en effectuant un tour complet sur lui-même.

— Oui, comme vous dites, il leur est destiné. Et il m'est destiné aussi. Le commandant Poinsignon me l'a appris tout à l'heure.

Cette information provoqua un silence tendu.

— Et qui d'autre ? demanda Brédif.

— Une bonne partie des officiers de l'infanterie. Presque tous à vrai dire.

— Et des marins ? Des officiers de marine ?

— Sur ce point, je vous avoue que ça ne m'a pas paru très

clair. Le commandant a affirmé qu'il y aurait des marins et des officiers sans pouvoir me dire lesquels. De plus, il m'a conseillé de ne rien dire à mes officiers pour l'instant. Il est vrai que nous espérons tous que ce radeau ne servira pas.

— Non, il ne servira pas ! s'exclama Brédif avec optimisme. Je vous sens soucieux, capitaine, mais vous n'avez pourtant aucune raison de vous inquiéter. La frégate a merveilleusement pivoté aujourd'hui. Elle touche à peine le fond. À la haute mer, demain, nous repartons.

Ces bonnes paroles ne semblaient pas totalement convaincre le capitaine Dupont. Il piétina sur place un moment avant de répondre :

— Espérons-le, parce qu'à mon avis, on parle de remorquer le radeau, mais je ne vois pas ça d'un très bon œil.

— Pourquoi ?

— Parce que je crois que si la mer devient grosse, s'il y a tempête, le remorquage sera impossible et qu'on coupera les attaches.

— Vous croyez ? s'écria Picard. Mais si vous croyez cela, capitaine, il ne faudra pas descendre dans ce radeau !

Dupont releva la tête. Sa physionomie exprimait la plus grande surprise.

— Voyons, monsieur Picard, il s'agit d'un ordre que j'ai reçu de mon supérieur. C'est un devoir de l'exécuter.

Dupont paraissait soudain profondément troublé.

— Peut-être n'aurais-je pas dû vous confier mes états d'âme ? Je suis sorti de mon rôle de soldat. Au moins, puis-je vous demander la discrétion la plus absolue sur ce que je viens de vous confier ?

Personne n'eut le temps de promettre car il y eut tout à coup un choc violent. *La Méduse* talonna de l'arrière, bousculée par une houle soudaine. Cet incident provoqua un grand silence sur le pont de la batterie tandis que les soldats continuaient leur charivari dans l'entrepont. Chaumareys s'inquiéta.

— Qu'est-ce que cela ? répéta-t-il deux fois, mais il n'avait plus les idées suffisamment claires pour en dire davantage.

Les regards se tournèrent instinctivement vers le lieutenant Espiaux dont les avis éclairés depuis le départ de France avaient convaincu les passagers qu'il était le plus compétent des officiers de l'état-major. Le lieutenant avait été étonné par la violence de la secousse mais il en connaissait la raison. Il hésita à la donner puis il céda sous l'insistance des passagers.

— La frégate était bien calée au fond de son sillon. En sécurité en quelque sorte. Nous l'en avons fait sortir, puis pivoter entièrement. C'était nécessaire pour repartir, mais à présent elle touche seulement par l'arrière. La poupe d'un navire est moins résistante que son étrave. La mer descend, l'avant flotte toujours, et l'arrière de la frégate supporte tout le poids et tous les chocs. Il ne faudrait pas que la mer devienne mauvaise car il pourrait y avoir du dégât.

C'était dit sans masquer la vérité et ces paroles jetèrent un froid parmi les passagers. Les vociférations joyeuses des matelots et des soldats dans l'entrepont apparurent soudain incongrues et déplacées.

— Mais la mer, aujourd'hui, elle était très belle, non? lança Corréard à l'adresse du lieutenant.

Espiaux hocha la tête et un sourire condescendant étira ses lèvres minces.

— Vous savez, monsieur le géographe, la mer, elle change vite. Il ne faut pas s'y fier.

⋆

Cet épisode refroidit l'ardeur des passagers. Certains continuèrent à manger, debout, par petits groupes, le verre à la main, mais la plupart décidèrent de se coucher. Le pont de la batterie se vida peu à peu. D'un commun accord, les officiers de marine et ceux de l'infanterie décidèrent d'interrompre la fête qui se poursuivait dans l'entrepont.

Une partie de l'équipage, sous la conduite de deux officiers de quart, reprit la surveillance de la frégate. Un homme remonta sur la vigie. D'autres matelots regagnèrent leur poste habituel.

À vrai dire, il n'y avait pas grand-chose à faire, sinon à constater que le vent avait forci et fraîchi, et que la mer, calme jusqu'alors, s'agitait. Les vagues venaient frapper *La Méduse* de plus en plus violemment. La frégate était bousculée et l'arrière talonnait le fond sableux d'une manière peu rassurante.

De ce fait, personne ne dormait profondément et une inquiétude latente se répandait dans les esprits. Une dizaine de soldats s'étaient même relevés et, avec l'autorisation du capitaine Dupont, ils s'étaient installés sur le gaillard d'arrière, assis en cercle et bavardant à voix basse.

Vers minuit, deux matelots qui se trouvaient sur le gaillard d'avant côté bâbord, entendirent des claquements violents au pied de la frégate, à l'endroit où le radeau était amarré. Ils se penchèrent par-dessus le bastingage.

— Nom de Dieu! Le radeau!

Le radeau avait rompu ses amarres et partait à la dérive. Il était soulevé par les vagues et l'avant retombait parfois en claquant l'eau, émettant ce bruit caractéristique qui avait alerté les deux matelots. Ils se précipitèrent sur le gaillard d'arrière à la rencontre des deux officiers de quart, Lapeyrère et Coudein.

Il fallait agir vite. Le radeau s'éloignait doucement de la frégate, ballotté au gré des vagues.

— Dans la yole! Dix hommes! Allez chercher le radeau! décida Lapeyrère aussitôt.

Les matelots se ruèrent côté tribord et descendirent précipitamment l'échelle de corde pour sauter dans la yole. C'était l'embarcation la plus légère et la plus maniable.

— En silence! cria Lapeyrère qui souhaitait ne pas alerter les soldats.

C'était une sage précaution. Pour ces hommes, la perte du radeau aurait été un motif d'affolement, et même de panique, pourquoi pas de révolte, puisqu'ils savaient déjà qu'il leur était destiné. Malgré les précautions prises, le remue-ménage que provoqua cette ruée vers la yole attira l'attention des soldats qui se trouvaient sur le gaillard d'arrière.

Ils se redressèrent et virent les matelots qui enjambaient le bastingage et quittaient la frégate. Ce qui leur parut suspect fut justement que ces matelots, répondant aux ordres de Lapeyrère, chuchotaient et tentaient de faire le moins de bruit possible. Le premier qui crut comprendre le sens de cette étrange pantomime cria soudain à ses camarades :

— Saloperie ! L'équipage quitte le navire ! On nous abandonne !

Déjà la yole s'écartait de la frégate et une quinzaine de matelots étaient penchés par-dessus le bastingage pour la regarder. Ils furent encerclés par les soldats qui pointèrent leur fusil sur eux. Ce fut un instant de stupeur parmi les marins.

— Vous croyez qu'on va s'laisser faire ? cria un soldat qui dominait les autres d'une tête. Qu'vous allez fuir comme ça ? En douce ? Les lâches ! Rappelez vos copains, sinon on tire dans l'tas !

À ces mots, la stupeur se transforma en effroi. Car le soldat qui les interpellait de cette manière n'avait pas l'air de plaisanter. Il était non seulement particulièrement grand et massif, l'aspect menaçant, mais il avait aussi une profonde cicatrice qui barrait horizontalement toute la largeur de son front. C'était un homme qui parlait fort et semblait n'avoir peur de rien. En allusion à cette longue et hideuse cicatrice au sommet du front, ses camarades l'avaient surnommé Larondelle.

Alors que les marins étaient paralysés par une terreur soudaine, l'un d'eux eut la présence d'appeler à l'aide.

— Monsieur Lapeyrère ! Monsieur Coudein !

— C'est ça ! Appelle tes chefs ! s'exclama Larondelle d'un rire moqueur. Nous, on va appeler les nôtres !

Lapeyrère accourut. Coudein le suivait avec retard. Sa tentative de courir, en sautillant et en traînant une jambe comme un boiteux, rendait sa démarche encore plus misérable.

— Que se passe-t-il ? interrogea Lapeyrère d'une voix presque tremblante.

— Y a qu'des matelots ont fui la frégate et qu'eux, là, ils auraient bien fait pareil si on les avait pas empêchés ! dit Larondelle en désignant les marins regroupés et plaqués contre le bastingage comme des moutons affolés.

— Fui la frégate ?

— Oui ! Fui la frégate ! R'gardez là-bas, l'canot qu'est parti !

Le soldat désignait la yole qui contournait l'étrave de *La Méduse* pour se mettre à bâbord.

— C'est une méprise… commença Lapeyrère.

— Une méprise ? répliqua Larondelle, soupçonneux. J'vois pas d'méprise, moi ! J'vois un canot qui s'enfuit pendant la nuit !

Lapeyrère hésitait à avouer aux soldats que le radeau avait rompu ses amarres et dérivait de l'autre côté de la frégate. Il s'inquiétait de leur réaction en apprenant la nouvelle.

— Monsieur Coudein, allez réveiller le gouverneur. Expliquez-lui ce qui se passe et qu'il vienne le plus vite possible.

— En pleine nuit ?

— Oui, en pleine nuit.

Le recours à Schmaltz et sa venue probable sur le tillac avaient ébranlé les soldats. En tant que gouverneur du Sénégal, Schmaltz était le chef des soldats dans le grade le plus élevé. Il était au-dessus du commandant Poinsignon lui-même. Il y eut un long silence et certains soldats abaissèrent leur fusil. Le vent sifflait dans la mâture et faisait cliqueter les haubans. La houle se creusait.

Quand Schmaltz arriva sur le pont, il serra la main de Lapeyrère – ce qui étonna ce dernier –, puis il s'adressa directement aux soldats sur un ton de commandement :

— Je sais ce que vous croyez et vous vous trompez ! Monsieur l'aspirant Coudein m'a mis au courant de la situation. Vous devriez féliciter ces matelots plutôt que de les menacer. Ceux qui ont embarqué dans la yole sont partis récupérer le radeau qui a rompu ses amarres. Ils vont le faire promptement puis remonter à bord. Personne ne fuit et personne n'abandonne personne !

Ce fut un moment de flottement et de honte parmi les soldats. Ils bafouillèrent des excuses inaudibles et, instinctivement, ils se mirent au garde-à-vous. Même le terrible Larondelle paraissait embarrassé.

— Soldats, rentrez dans l'entrepont et mettez-vous sous les ordres du capitaine Dupont et du capitaine Bagnères qui doivent s'y trouver !

Les soldats s'exécutèrent en silence. Schmaltz lança un bref coup d'œil à Lapeyrère.

— Allons voir le radeau !

À bâbord, sur le gaillard d'avant, la dégradation de l'état de la mer était plus perceptible. Le vent secouait la mâture d'une manière inquiétante et *La Méduse* vibrait à chaque lame qui battait ses flancs. La yole avait rattrapé le radeau qui, ballotté par la houle, ne s'était guère éloigné de la frégate.

— Dieu merci, il est à moins d'une demi-encablure[1] ! constata Lapeyrère.

Schmaltz fronçait les sourcils et tendait son cou en avant pour distinguer les lumières de la yole.

— Que font-ils ? On dirait qu'ils reviennent...

— Ils ont dû amarrer le radeau et reviennent pour qu'on puisse le haler de la frégate. Il va nous falloir du monde.

Lapeyrère demanda à Coudein d'aller chercher des renforts. Des matelots affluèrent rapidement. Ce remue-ménage réveilla Raynaud, Espiaux et Rang des Adrets qui montèrent aussi sur le pont. En peu de temps, le gaillard d'avant fut encombré par une petite foule attendant le retour de la yole.

Celle-ci avançait à la rame assez péniblement. On la voyait monter sur la crête des vagues, s'incliner fortement sur un côté, puis s'enfoncer brutalement jusqu'à disparaître. L'instant d'après, elle réapparaissait sur une crête aussi soudainement qu'elle avait disparu. Schmaltz observait cette progression avec un peu d'inquiétude.

— Que pensez-vous de la mer ?

— Maîtrisable... répondit Espiaux laconiquement. Mais elle grossit.

La yole accosta. Les matelots remontèrent à bord. Ils avaient amarré le radeau à un bout d'une amure de bonnette. Le radeau fut halé à la force des bras par les marins présents sur le pont. Quand il buta contre la coque du navire, on le serra étroitement pour que son balancement n'endommage pas la frégate.

— Amarrez-le solidement au pavois en doublant une aussière ! ordonna Espiaux.

---

[1] Une encablure équivaut à environ 180 mètres.

Le vent redoublait et la frégate, frappée par des lames puissantes, talonna à trois reprises. L'arrière donna l'impression de se soulever puis de retomber lourdement sur le fond. Espiaux fit la grimace et arrondit les épaules comme s'il recevait lui-même des coups.

— C'est pas bon… lâcha-t-il.

Connaissant la réputation de sang-froid du lieutenant Espiaux, cette réaction fit forte impression sur Schmaltz.

— Vous croyez qu'il se pourrait que…

— Il se pourrait, en effet… répondit Espiaux sur un ton qui n'avait rien pour rassurer le gouverneur.

— Mais encore ?

— Soyons clairs, monsieur le gouverneur. La coque de la frégate tape violemment le fond. Si ça continue de cette manière, nous risquons une voie d'eau dans la cale.

Le silence se fit entre les deux hommes. Schmaltz posa ses deux mains sur le bastingage et jeta un regard circulaire sur l'agitation des flots, les écumes blanchâtres qui surmontaient le sommet des vagues, les courants sournois qui s'enroulaient sous ses yeux. N'étant pas homme à se laisser dominer par l'inaction, il prit une décision.

— Je vais réveiller Griffon et lui demander de faire des copies de notre liste d'embarcation. Il faut nous tenir prêts à la distribuer aux officiers de l'état-major. On ne sait jamais.

Espiaux lui lança un étrange regard.

— Vous croyez qu'il parvient à dormir, monsieur Griffon, avec les bonds que vient de faire notre frégate ?

13

La plupart des officiers de l'état-major avaient renoncé à dormir et se tenaient sur le pont, prêts à toutes les éventualités. Ils avaient placé des matelots aux endroits critiques et ils passaient régulièrement de poste en poste pour s'assurer qu'aucune détérioration du navire n'était à signaler.

La frégate était secouée à intervalles réguliers et le vacarme était parfois insupportable. Les pressions exercées sur la coque devaient être considérables. Les mains derrière le dos, marchant côte à côte en suivant inlassablement le même itinéraire, Espiaux et Raynaud cachaient leur inquiétude. Pourtant, lorsqu'un choc particulièrement violent ébranla une nouvelle fois *La Méduse*, Raynaud ne put s'empêcher de lâcher :

— Pourvu que ça résiste…

Espiaux ne répondit pas. Il leva seulement la tête pour vérifier que la mâture tenait le coup en dépit des assauts répétés du vent et des oscillations brutales du navire.

Dans la cale, le maître-calfat Jean Girodeau inspectait les différents compartiments pour vérifier l'état des parois. Les lames frappaient continuellement la frégate et le bordé en était ébranlé. Des craquements sinistres se faisaient entendre comme si les bordages qui constituaient la coque allaient se dissocier. Jean Girodeau tentait de rassurer les autres calfats qui l'aidaient dans cette tâche de surveillance.

Passant et repassant les porques qui subdivisaient la cale, le maître-calfat passait de l'avant à la cale à eau, puis à l'archipompe et à la cale à vin. C'est au niveau de la cale à vin, à l'arrière, là où la frégate touchait le fond, que la paroi souffrait le plus. Girodeau se sentait impuissant. La force des flots semblait presser le bordé au point de le déformer et le maître-calfat doutait que l'élasticité du bois puisse encaisser très longtemps de telles forces.

— Ça va tenir? demanda l'un de ses assistants d'une voix inquiète, presque tremblante.

— Oui, ça va tenir. *La Méduse* est d'une solidité sans pareille!

Le maître-calfat avait à peine achevé sa phrase qu'un bruit assourdissant se fit entendre. Instinctivement, Girodeau se plia en deux. Une pièce maîtresse de la frégate s'était rompue, ou détachée, et un battement irrégulier mais violent s'entendait dans un cliquetis de chaînes. C'était comme un bélier désarticulé qui tapait à l'arrière de la frégate.

— Merde! Le gouvernail! Il a cassé! s'écria Girodeau.

C'était en soi une nouvelle épouvantable. Comment repartir le lendemain sans gouvernail? Il faudrait le réparer. On pourrait certes compter sur la compétence des charpentiers, mais l'opération prendrait au moins une journée, peut-être plus. Le maître-calfat n'eut pas le temps de penser aux conséquences.

Quasiment au même instant, il vit sous ses yeux deux bordages qui vibraient et qui s'écartaient l'un de l'autre. Ça craquait. Dans un premier temps, l'eau suinta le long de la paroi intérieure, puis il y eut un mince filet qui coula en s'élargissant. L'instant d'après, l'eau pénétrait dans la cale à gros bouillons.

— Aux pompes, aux pompes! cria Girodeau.

Il battait en retraite, bousculant ses assistants qui, pétrifiés, regardaient la voie d'eau.

— Aux pompes, nom de Dieu! Dégrouillez-vous, bordel! Je m'occupe des tuyaux!

Les aide-calfats se précipitèrent aux épontilles qu'ils escaladèrent pour remonter à l'entrepont. Ils donnèrent l'alerte. De nombreux matelots réagirent avec retard. Certains avaient tant bu quelques heures auparavant qu'ils se levaient hagards, presque titubants. Ce n'était guère mieux du côté des soldats dont certains avaient la bouche pâteuse et le crâne endolori.

Au début, les hommes s'agitèrent dans le plus grand désordre et sans aucune efficacité. On perdit du temps à organiser des groupes qui, sur le pont de la batterie, se relaieraient à actionner les cinq pompes. On forma des équipes de marins et des équipes de soldats.

Il fallait pomper sans relâche. Le seul objectif était de ne jamais s'arrêter pour rejeter continûment à la mer l'eau qui envahissait la cale. C'était une course de vitesse. Pouvait-on pomper l'eau plus vite qu'elle ne pénétrait par la coque fendue de la frégate ?

Des marins étaient descendus dans la cale pour déplacer les tuyaux aux meilleurs endroits tandis que les calfats, sous les ordres de Girodeau, tentaient de colmater la brèche, ou tout au moins de la réduire. L'eau montait et les hommes en avaient déjà jusqu'à mi-cuisse. Le travail se révélait difficile.

Pour parer au plus pressé, les calfats tentèrent de clouer des planches au niveau de la voie d'eau avec l'idée de les calfater dans la foulée. Les planches furent fixées tant bien que mal mais elles ne garantirent aucune étanchéité. L'eau giclait latéralement en rafales par les contacts entre le bordé et les planches clouées dessus.

Girodeau voulut quand même tenter de calfater ces jointures béantes. Il enfonçait l'étoupe dans les fentes avec un maillet tandis que ses aides la badigeonnaient avec du goudron. Rien ne tenait. L'eau expulsait l'étoupe, et le goudron n'avait pas le temps de consolider la zone si sommairement calfatée. Il fallut se rendre à l'évidence : la réparation était impossible.

Pire, les planches subissaient une telle pression que les clous commençaient à sortir de leur logement. Il fallut les clouer à nouveau. Les hommes avaient de l'eau au niveau de la ceinture et le moindre déplacement exigeait un effort exténuant. Découragé, Girodeau ordonna la retraite. Il laissa une dizaine de matelots s'occuper des tuyaux et les calfats remontèrent à l'entrepont en escaladant les épontilles.

Prenant pied sur l'entrepont, Girodeau tomba sur Espiaux

et Raynaud qui s'apprêtaient à descendre eux-mêmes à la cale. Les deux lieutenants posèrent sur le maître-calfat des yeux inquiets.

— Je ne peux pas réparer la fuite ! L'eau monte ! cria Girodeau.

Le ton avait été si affirmatif que ni Raynaud ni Espiaux ne demandèrent des détails supplémentaires.

— C'est foutu, lâcha Espiaux.

— Je cours prévenir le capitaine ! dit Raynaud en faisant immédiatement demi-tour.

— Et le gouverneur ! jeta Espiaux par-dessus son épaule.

*

Tandis que le lieutenant Espiaux ordonnait à des matelots de descendre à la cale pour sauver les barils de nourriture qui pouvaient encore l'être, Raynaud, la gorge asséchée par l'émotion, tambourinait à la cabine du capitaine. La porte de la chambrette du domestique Jean Poilleau s'ouvrit presque immédiatement.

— Monsieur Poilleau, réveillez le capitaine ! Nous coulons !

Ce mot, prononcé à tort puisque la frégate reposait déjà sur le fond, provoqua un tel choc chez Poilleau qu'il vacilla. Portant la main à son cœur, les jambes soudain tremblantes, il dut s'adosser contre la paroi du couloir pour ne pas tomber.

La porte de la cabine du capitaine s'ouvrit. Le visage affolé de Chaumareys apparut par l'entrebâillement.

— Qu'est-ce que vous dites ?

— La frégate se remplit d'eau au niveau de la cale, capitaine. Nous ne pourrons pas sauver *La Méduse*.

Il y eut un silence puis, chose curieuse, Chaumareys énonça lui-même d'une voix faible le seul ordre sensé en pareilles circonstances :

— Il faut évacuer.

— Bien, capitaine.

Chaumareys jeta un coup d'œil à Poilleau qui s'était ressaisi à la vue de son maître.

— Poilleau, préparez mes malles pendant que je m'habille.

Chaumareys allait retourner dans sa cabine quand il se ravisa tout à coup.

— Raynaud, prévenez M. le gouverneur. Que Griffon fasse connaître la place des uns et des autres. Nous quitterons la frégate dès que le jour sera levé.

Raynaud s'inclina et se précipita à la cabine du gouverneur. La porte de celle-ci était ouverte. Mme Schmaltz était habillée d'une longue redingote et elle surveillait ses deux femmes de chambre qui fermaient des malles remplies de vêtements. Leur fille se tenait silencieusement à ses côtés mais ses yeux inquiets révélaient son angoisse. Schmaltz aperçut Raynaud et l'apostropha presque brutalement :

— Lieutenant Raynaud ! Le commandant Poinsignon m'a averti que le gouvernail avait cassé et qu'une voie d'eau s'était ouverte dans la cale. Il faut nous préparer à évacuer la frégate.

Il sortit dans le couloir et appela d'une voix forte.

— Griffon !

Comme personne ne répondait à son appel, il s'écria :

— Mais où est-il, le bougre ! Il n'est jamais là quand on a besoin de lui !

Il appela de nouveau et, sans attendre, se tourna vers Raynaud.

— Bon ! Raynaud, trouvez Griffon ! Qu'il vous remette les listes que nous avons élaborées !

Griffon arrivait en courant.

— Où étiez-vous, bon sang ! lança Schmaltz en l'apercevant.

— Je terminais les copies des listes d'embarquement.

— Vous les avez sur vous ?

— Non.

— Mais allez les chercher, nom d'un petit bonhomme ! C'est extraordinaire, ça ! Ces listes, on vous dit de les faire, c'est pour qu'elles servent !

Griffon disparut en courant. Schmaltz ne décolérait pas.

— Où est le capitaine ?

— Il se prépare.

— Et Poilleau, à quoi sert-il ? Il va boucler ses malles lui-même, le capitaine !?

De la cabine, Mme Schmaltz posa une question à son mari.

— Pas maintenant, ma chère, pas maintenant ! Je vous paye des femmes de chambre, c'est aussi pour qu'elles servent à quelque chose !

Disant cela, il jeta un regard furieux dans la cabine puis se retourna d'un bloc et fit face à Raynaud.

— Lieutenant, vous récupérez ces listes auprès de cet incapable de Griffon et vous les distribuez aux officiers de l'état-major. Puis vous avertissez les passagers de l'évacuation imminente !

Raynaud fit demi-tour mais Schmaltz le rappela :

— Attendez ! Vous avertissez les passagers pour qu'ils aient le temps de sauver quelques-unes de leurs affaires les plus précieuses. Mais ne prévenez pas encore ni l'équipage ni les soldats ! C'est bien compris ?

— Oui, fit Raynaud, un peu étonné.

— Allez, filez !

Le ton et la forme de cette dernière injonction choquèrent Raynaud. Schmaltz venait de lui parler comme à un domestique. Mettant cette inconvenance sur le compte des circonstances dramatiques, Raynaud ravala sa dignité bafouée et se dirigea vers la minuscule cabine de Griffon. Le secrétaire en sortait avec des feuilles à la main.

— Voilà les listes, monsieur Raynaud. Je n'ai pas eu le temps d'en faire plus de sept.

— Donnez-en une au gouverneur. Je garde les autres. Une pour le capitaine, une pour le lieutenant Espiaux, trois pour les enseignes de vaisseau, et une pour moi.

*

La frégate oscillait dangereusement, déséquilibrée par l'eau qui remplissait peu à peu la cale. Elle était agitée de mouvements si brusques qu'il devenait difficile de garder son équilibre. Même les matelots, qui ont l'habitude de la gîte, se retenaient parfois au bastingage, aux haubans, aux mâts ou à tout élément fixe du navire pour ne pas tomber.

Selon la directive de Schmaltz, Raynaud tenta d'avertir

uniquement les passagers d'une évacuation imminente. Ce fut peine perdue. Une telle information ne pouvait être gardée secrète. À peine divulguée à quelques passagers, elle se répandit dans toute la frégate et mit celle-ci en effervescence.

Il est vrai aussi que chacun constatait depuis peu que l'eau remplissait la cale, que rien ne semblait arrêter sa progression et que l'entrepont serait bientôt menacé d'inondation. L'information ne fut finalement que la confirmation d'une décision qu'un sentiment général considérait désormais comme inéluctable.

La consigne fut donnée aux passagers de n'emporter que le strict minimum. Le nombre de personnes qui allaient embarquer dans les canots serait tel qu'il était hors de question de se charger des bagages. Chacun le comprit et s'exécuta sans protester.

En toute hâte, Brédif prépara un petit paquet, essentiellement du linge. Il partagea avec Dechatelus les huit cents francs qu'il possédait, ne gardant sur lui que la moitié. Cette précaution lui parut utile quand il constata que des matelots désœuvrés, les mains dans les poches, rôdaient autour des passagers, semblant repérer ceux qui portaient sur eux de l'argent.

Profitant du désordre, d'autres matelots faisaient un sort aux barriques de vin qui, depuis la veille, se trouvaient encore sur le pont de la batterie et dans l'entrepont. Comme si leur dernier jour était arrivé, ils buvaient fiévreusement gobelet sur gobelet. En peu de temps, ces barriques furent vidées et le discernement de ces matelots fortement altéré.

Les officiers de l'état-major n'eurent ni le temps ni le courage de les en empêcher. Car le pompage continuait pour retarder la montée des eaux. Il fallait également remonter des vivres qui seraient embarqués sur les canots et sur le radeau.

Assez rapidement, les passagers se massèrent sur le gaillard d'arrière, chacun ayant un sac ou un baluchon à ses pieds. Ils furent rejoints par le capitaine Chaumareys et la famille du gouverneur avec une très grande quantité de malles portées par les domestiques. Ce fut alors comme une sorte de signal. Une nuée de matelots, entraînant avec eux quelques soldats, pillèrent l'entrepont. Les chambres désertées par les passagers ou les officiers de l'infanterie furent mises à sac systématiquement.

Les malles regorgeaient de vêtements. Avides de tant de richesses, les marins enfilaient sur eux autant de chemises qu'ils pouvaient, jusqu'à six parfois. Ils rajoutaient par-dessus des vestes d'habits, parfois deux, et ressortaient les bras chargés d'affaires jetées pêle-mêle dans un drap vaguement noué en boule. Parfois, deux marins jetaient leur dévolu sur la même chemise, tiraient dessus si fort – aucun ne voulant céder –, que la chemise se déchirait brutalement et que les deux matelots tombaient à la renverse.

Dupont était en train de boucler son sac quand plusieurs matelots pénétrèrent en hurlant dans sa petite tente dressée au milieu de l'entrepont. Leur haleine empestait le vin et leur regard avait perdu toute lucidité. Pourtant, à la vue du capitaine, ils s'arrêtèrent brusquement comme des enfants pris en faute.

Le capitaine leur jeta un regard sévère et souleva le sac qu'il avait préparé pour lui-même. Il regarda un instant sa malle grande ouverte puis les matelots qui avaient des barres de fer à la main.

— Je ne la ferme pas, dit-il. Ça vous évitera d'avoir à la défoncer.

Puis, dans un grand silence, il passa au milieu d'eux et se dirigea vers l'escalier pour monter à la batterie. Derrière lui, il entendit les cris des marins qui se disputaient sa malle. Dupont, soldat droit et honnête, était profondément choqué. Il jetait des regards dégoûtés sur les matelots qui couraient en tous sens dans l'entrepont, renversant les malles et fouillant furieusement leur contenu. Sans y parvenir, il tentait de les excuser en considérant la misère noire qui était leur lot depuis l'enfance.

Au niveau de la batterie, c'était le même spectacle désolant. On se battait presque dans les cabines du gouverneur, des deux lieutenants et du capitaine Chaumareys. Il est vrai que c'étaient des lieux où le pillage se révélait particulièrement fructueux. D'abord parce que les deux lieutenants, contrairement au capitaine et au gouverneur, n'avaient pas eu le temps de mettre leurs affaires en sûreté. Ensuite parce que les matelots découvrirent dans les appartements du capitaine et du gouverneur des liqueurs fines et des vins délicats. Impossibles à transporter, les matelots faisaient exploser les goulots des bouteilles contre les portes et buvaient celles-ci avidement.

Certains de ces matelots titubaient et d'autres, malgré les hurlements et les continuelles oscillations de la frégate, s'endormaient sur les couchettes. D'autres encore finissaient à quatre pattes, vomissant à même le sol avant de s'étaler dans leur vomi.

Dupont remonta sur le passavant. Les soldats étaient massés sur le gaillard d'avant. À côté d'eux, il vit le commandant Poinsignon qui lui faisait signe. Il le rejoignit aussitôt.

— Capitaine, je vous cherchais... M. Schmaltz a demandé que les soldats soient rassemblés. C'est fait, nos sous-officiers s'en sont chargés.

Dupont jeta un coup d'œil aux soldats. Certains serraient dans leurs bras quelques effets personnels rassemblés à la hâte mais la plupart n'avaient même pas eu le temps de le faire. Tous tenaient leur fusil à la main comme s'ils allaient partir à l'assaut. Ils savaient que le radeau leur était destiné et il y avait sur leur visage une poignante expression de résignation. Il n'y avait pas besoin d'être grand clerc, en effet, pour comprendre qu'on les avait désignés pour occuper le radeau parce que personne ne voulait risquer de s'y trouver.

Regardant autour de lui, Dupont vit des barils de farine et de biscuits entassés sur le gaillard d'arrière, là où les passagers et l'équipage avaient été majoritairement rassemblés. Sous les ordres de Chaumareys et du gouverneur, des matelots descendaient des caisses de vivres dans les deux canots qui leur étaient destinés, ainsi que de nombreuses malles.

Vers l'est, une lumière bleutée se devinait au ras de l'horizon. La pénombre était moins dense. Le jour allait se lever. La mer, très agitée, secouait les canots. Les vagues les soulevaient et les basculaient le long de la coque de *La Méduse*.

— Capitaine, reprit Poinsignon, voici les ordres du gouverneur. Il veut que nous fassions descendre les soldats sur le radeau immédiatement, avant d'embarquer les passagers dans les canots.

— Pourquoi ?

Poinsignon s'approcha de Dupont et baissa la voix.

— Il craint que les soldats refusent de descendre dans le radeau s'ils voient les passagers et l'équipage prendre place dans les canots.

— Les soldats obéiront aux ordres, répondit Dupont.

— Vous avez sûrement raison… Le gouverneur veut aussi que les soldats soient désarmés.

— Désarmés !?

Un peu gêné par la réaction de son capitaine, Poinsignon l'entraîna à l'écart.

— Parlez moins fort, s'il vous plaît… Ce n'est pas une partie de plaisir et il faut agir d'une manière conséquente. Le gouverneur m'a appris qu'il y avait déjà eu une révolte de soldats cette nuit. Nous ne pouvons prendre aucun risque. Vous comprenez ?

Dupont fit un vague signe de tête et se tut.

— Je vais donc ordonner que les fusils, les pistolets et les sabres soient déposés sur le pont, dit Poinsignon qui voulait aller vite et ne pas perdre de temps avec les états d'âme de son capitaine. Il faut faire comprendre à nos hommes que ces armes encombrantes ne leur seront d'aucune utilité sur le radeau.

Poinsignon s'éloigna et rassembla les sous-officiers autour de lui pour leur donner les consignes adéquates. Puis il revint vers Dupont :

— Dès que les armes seront déposées, vous procéderez à l'embarcation des hommes sur le radeau. Il reste un dernier petit problème…

— Lequel ?

— Je n'ai pas eu le temps d'annoncer aux officiers qu'ils embarquaient sur le radeau, tous, à part quelques rares exceptions. Vous le ferez.

Dupont s'inclina. Comme s'il cherchait à atténuer l'effet de sa lâcheté, le commandant ajouta :

— Naturellement, vous, les officiers et les sous-officiers, vous gardez vos armes.

— Je l'avais compris ainsi, commandant, dit Dupont d'un ton neutre.

Le commandant cherchait un moyen d'interrompre l'entretien mais il éprouvait quelques difficultés à se retirer sans donner l'impression de fuir ses responsabilités.

— Croyez bien, soupira-t-il, que le capitaine Bagnères, le lieutenant Coureau et moi-même aurions préféré nous joindre à vous. Il est en effet bien difficile de se séparer de ses hommes au moment du danger... Mais je dois vous avouer que les ordres du gouverneur étaient impérieux et qu'il n'y avait nul moyen de s'y soustraire. Il souhaitait, jusqu'à l'obstination, que Bagnères, Coureau, qui est son aide de camp, et moi-même prenions place avec eux sur les canots. Je n'ai rien pu faire.

Ayant ainsi laissé croire qu'il s'était battu pour descendre avec les soldats sur le radeau, Poinsignon ajouta d'une manière vibrante :

— Bonne chance, capitaine.

Assez dubitatif sur l'ordre de désarmer les soldats, Dupont assista à l'opération en silence. Les hommes déposèrent leurs armes sans trop protester, la surprise et l'habitude d'obéir l'emportant sur la contestation.

Redoutant de manquer de nourriture, le capitaine Dupont mit dans son schako [1] quelques galettes de biscuits. Quand les hommes furent prêts, il leur demanda de faire de même. Mais le commandant Poinsignon qui se trouvait sur le passavant tribord et les observait de loin l'interpella avec force.

— Capitaine ! C'est inutile, il y a tout ce qu'il faut sur le radeau ! Ne perdez pas de temps, je veux que les hommes embarquent au plus vite.

Navré par une telle précipitation, Dupont fit signe aux officiers de le rejoindre. Sans prendre de précaution, il leur annonça qu'ils prendraient place sur le radeau avec les soldats.

---

[1] Un schako est le couvre-chef militaire porté par les officiers de cette époque.

À la mine déconfite des officiers, il ajouta pour éviter toute résistance :

— Je suis aussi sur le radeau.

— Et le capitaine Bagnères ? demanda Georges Lheureux.

Lheureux était lieutenant d'infanterie, soldat depuis 1793, et il avait longtemps servi en Guadeloupe comme Dupont.

— Non, le capitaine Bagnères sera sur le canot major.

Cette information fut accueillie par un grand silence. Si, aux yeux des officiers, le commandant Poinsignon méritait sans doute ce privilège en raison de son grade élevé, il n'en était pas de même du capitaine Bagnères. La différence de traitement entre Dupont et Bagnères ne laissait pas non plus d'étonner. Observant un certain flottement parmi ces gradés, Dupont y mit un terme :

— Messieurs, je vous ordonne à présent de faire descendre nos hommes sur le radeau.

⋆

Le gouverneur avait les deux mains posées sur la rambarde du gaillard d'arrière. Il surplombait la grand-rue de la batterie. Son regard portait plus loin, sur le gaillard d'avant, où les militaires, massés près du bastingage, descendaient peu à peu dans le radeau.

— Que c'est lent ! dit-il, exaspéré.

À ses côtés, le capitaine Chaumareys et le commandant Poinsignon l'approuvaient. Pourtant, l'opération était délicate. Le radeau bougeait beaucoup. Il se cabrait en arrière et en avant, s'écartait et se rapprochait brusquement de la frégate, heurtant parfois celle-ci avec violence.

Au niveau inférieur de la batterie, sous les yeux du gouverneur, des marins continuaient à s'enivrer et à mettre à sac les cabines. On les voyait courir, tituber, hurler et parfois se disputer le butin. Schmaltz les désigna d'un bras rageur.

— Cette chienlit est inadmissible !

C'était de sa part un cri d'impuissance. La frégate était perdue et il n'y avait aucun moyen de s'opposer au pillage. L'eau commençait à envahir l'entrepont et les matelots qui s'y trouvaient encore remontaient précipitamment, émergeaient par la grande écoutille et s'affalaient sur le pont de la batterie.

— De toute façon, ils ne pourront jamais emporter tous ces sacs ! lâcha Schmaltz. On les leur fera jeter à la mer ! Ce ne sont pas ces soiffards qui feront chavirer nos canots !

Puis il se retourna et cria d'une voix forte :

— Lieutenant Raynaud !

Raynaud accourut.

— Raynaud, il est temps d'avertir les passagers qui iront sur le radeau de se rendre sur le gaillard d'avant. Il faut également que l'aspirant Coudein et le chirurgien Savigny y aillent aussi. Ce seront les deux officiers de marine qui commanderont cette embarcation. Qu'ils choisissent une soixantaine de matelots pour aller sur le radeau avec eux.

— Une soixantaine !? s'alarma Raynaud.

— Oui, une soixantaine ! Pourquoi faites-vous cette tête-là ?

— C'est qu'il va déjà y avoir au moins cent cinquante soldats sur ce radeau. Soixante matelots en plus, c'est considérable...

— Et alors ? Ça fera environ deux cents personnes sur le radeau. Il a été conçu pour ça, non ? Dépêchez-vous, mon vieux ! Nous perdons du temps !

C'était la seconde fois en peu de temps que le gouverneur parlait au lieutenant Raynaud d'une manière si familière qu'on l'aurait cru son domestique. Même Chaumareys sourcilla. Raynaud devint écarlate mais il parvint à se contenir. Il tourna les talons brutalement en sortant de sa poche la liste d'embarquement que Griffon lui avait donnée.

Sur le gaillard d'avant, Dupont tentait d'accélérer la descente des soldats dans le radeau. Ils montraient peu d'empressement. Certains cherchaient même le moyen d'y échapper. On en voyait se détacher du groupe agglutiné près du bastingage et marcher discrètement vers les passavants. Dupont dut en rappeler plusieurs d'entre eux mais il ne pouvait avoir les yeux sur tout et quelques soldats, jetant bas leur uniforme, réussirent à se mêler aux matelots qui se trouvaient sur le gaillard d'arrière.

Dupont décida de descendre à son tour pour montrer

l'exemple. Prenant pied sur le radeau, il eut la surprise de constater que la soixantaine de soldats qui s'y trouvaient déjà constituaient une charge importante. Le radeau s'enfonçait sous leur poids et il était déjà recouvert d'eau d'une vingtaine de centimètres.

— On ne sera pas à pied sec, dit-il simplement.

Il s'installa au centre à côté des barils de farine qui avaient été entassés là pour alléger la frégate.

— Capitaine, je ne vois pas les caisses de biscuits qui devaient se trouver sur le radeau, s'inquiéta le lieutenant Lheureux qui l'avait suivi.

On les chercha. Sans les trouver. Il n'y avait aucune caisse de biscuits sur le radeau.

— Elles se trouvaient sur le gaillard d'arrière...

— Elles doivent encore s'y trouver.

Pourtant, Poinsignon n'avait-il pas assuré à Dupont que les vivres se trouvaient déjà sur le radeau ? Dupont appela l'un de ses soldats les plus dévoués, l'adjudant Louis Petit.

— Petit, je ne sais pas à quoi est due cette désorganisation, mais nous n'avons pas de biscuits. Rien que du vin et de l'eau. Retournez sur la frégate et voyez cela avec le lieutenant Raynaud. Il faut qu'on nous descende les caisses de biscuits qui sont restées sur le gaillard d'arrière.

Petit s'élança aussitôt sur une amarre qui reliait le radeau à la frégate. N'ayant pas l'agilité des gabiers, il tomba à l'eau sous les regards tendus des hommes entassés sur le radeau. Nageant fébrilement entre le radeau et la frégate, il risquait à tout instant d'être broyé si le radeau venait à heurter le navire. Petit rattrapa la corde, se hissa dessus mais tomba une nouvelle fois. Enfin, à la troisième tentative, péniblement, il parvint à grimper le long de la corde et à attraper la volée d'une pièce de canon. Lâchant la corde, il se rétablit en un énergique tour de reins et pénétra dans la frégate par le sabord.

Quelques minutes plus tard, il revint au sabord et il balança vers le radeau un sac à pain et des chaussettes remplis de biscuits qu'il avait lui-même ramassés sur la batterie et entassés hâtivement dans ces sacs improvisés. Ces maigres provisions tombèrent à l'eau et furent repêchées avec peine. L'ensemble ne formait plus qu'une pâtée informe.

Dupont lui fit néanmoins un grand signe de remerciement et cria :

— Allez sur le gaillard d'arrière pour voir ce qu'il en est des biscuits qui nous étaient destinés.

Pendant ce temps, malgré l'exemple donné par leur capitaine, les soldats continuaient à descendre sur le radeau avec une extrême lenteur. Constatant leur manque d'ardeur ainsi que les tentatives de certains de se soustraire aux ordres, le jeune lieutenant d'Anglas de Praviel sortit soudain deux pistolets et se mit à cheval sur le bastingage. Il menaça les récalcitrants de tirer s'ils ne descendaient pas plus vite.

D'Anglas paraissait hors de lui. Il brandissait les pistolets dans la direction des soldats. Ceux-ci, par crainte que le lieutenant ne tire au hasard sur eux, se précipitèrent sur l'échelle de corde et les bouts attachés au pavois qui permettaient de se laisser glisser sur le radeau. Il y eut des chutes sur le radeau et dans l'eau, heureusement sans gravité.

Au même moment, Coudein et Savigny parvenaient sur le gaillard d'avant. Ils étaient accompagnés de quelques passagers dont la triste mine montrait à quel point l'ordre de prendre place sur le radeau les avait pris de court. C'étaient essentiellement des membres de la Société philanthropique du Cap-Vert emmenés par le géographe Corréard. Derrière eux, une soixantaine de matelots les suivaient à contrecœur.

Coudein marchait avec difficulté, traînant la jambe et claudiquant plus que jamais. Ce fut avec toutes les peines du monde qu'il se laissa glisser le long d'un cordage pour atteindre le radeau. Savigny fut plus alerte, cependant que Corréard empruntait l'échelle de corde.

Sur le radeau, tous trois se frayèrent un passage jusqu'au capitaine Dupont. Coudein informa aussitôt le capitaine qu'il serait l'officier de marine en charge du radeau. Outre que Coudein n'était pas encore officier mais seulement aspirant, sa jeunesse et son état physique firent mauvaise impression à Dupont. Il le regarda d'un air dubitatif.

— N'y aura-t-il pas un officier chevronné sur le radeau ?

— Je ne crois pas, répondit Coudein, peu étonné par cette réaction.

— Avez-vous des instruments de navigation ? Une boussole, un sextant, un compas, une carte ?

— Non. Nous serons remorqués et le lieutenant Raynaud n'a sans doute pas jugé utile de m'en donner.

La réponse avait l'apparence de la logique. Néanmoins, elle surprit Dupont. Il dévisagea Coudein mais, après un moment d'hésitation, il ne fit aucun commentaire. Ils furent rejoints par l'ancien condisciple de Brédif au collège de Chartres, le maître-charpentier Lavilette. Peu de temps après et non sans difficulté, le secrétaire du gouverneur, Griffon de Bellay, se faufila aussi jusqu'à eux. Il était très pâle et ses yeux exprimaient la plus profonde terreur.

— Laissez de la place ! criait Corréard aux soldats. Nous serons au centre.

Ce que ce « nous » désignait exactement n'était que trop clair. Les officiers d'infanterie et les passagers occuperaient le centre du radeau parce qu'il était l'endroit le moins submergé par les flots. De fait, les vagues balayaient l'arrière et l'avant du radeau avec constance cependant que le centre était épargné.

Les soldats continuaient d'affluer et le radeau ne cessait de s'enfoncer. Bientôt, il y eut jusqu'à trente centimètres d'eau recouvrant le radeau.

— Ce n'est pas possible, lança Dupont à Coudein. Nous ne tiendrons jamais dans de telles conditions.

— Il faut alléger le radeau ! proposa Corréard.

Il n'avait pas sitôt prononcé cette phrase que des soldats, le prenant au mot, s'attaquèrent aux barils de farine qui faisaient office de bastingage en coupant les cordages et en les balançant à la mer. Ce délestage fit remonter quelque peu le radeau.

Pourtant le problème restait entier. Pour équilibrer le radeau et avant qu'il ne soit entièrement couvert d'hommes, Savigny ordonna que la plupart des barils de vin, d'eau et de farine qui y avaient été déposés la veille soient amenés au centre, près d'eux.

— Très bien, remarqua Corréard. Comme ça, nous pourrons contrôler la distribution des vivres.

Il y avait déjà environ cent quarante personnes sur le radeau quand les matelots commencèrent à y prendre place. L'eau remonta. Quand une dizaine de marins furent présents, l'eau atteignait la ceinture et les soldats étaient si serrés sur le radeau qu'ils se touchaient. Des hommes continuaient à paraître sur le bastingage et à saisir les cordes pour descendre. C'étaient des matelots, jeunes pour la plupart. Il y avait même un jeune mousse de douze ans, le petit François Rignac, haut comme trois pommes, qui venait d'atterrir sur le radeau.

— Des enfants maintenant… constata Lavilette.

— Ça suffit ! cria soudain Dupont. Ça suffit ! Il n'est plus possible de prendre du monde sur ce radeau. Nous allons couler si ça continue ! Allez dans les canots !

Les marins ne se firent pas prier. Ils refluèrent et disparurent aussitôt. Le lieutenant Raynaud apparut au niveau du bastingage de la frégate. Il constata avec stupeur l'enfoncement du radeau et la position intenable des hommes qui s'y trouvaient. Il cria à l'aspirant Coudein :

— Jetez les barils de farine ! Ça va vous alléger !

Coudein ordonna qu'on jette à la mer les derniers barils de farine, ce qui fut fait promptement car ce délestage permettait non seulement d'alléger le radeau mais aussi de gagner un peu de place.

Les jambes dans l'eau, Coudein grimaçait de douleur. Savigny, tant bien que mal, se faufila au milieu des officiers et atteignit Dupont. Il s'appuya sur lui pour ne pas tomber.

— Capitaine, l'aspirant Coudein a une méchante blessure à la jambe. Le sel de l'eau de mer pénètre dans le bandage qui se décolle et va lui ronger la plaie. Il souffre horriblement et cet état va empirer.

Dupont haussa les épaules, impuissant.

— J'entends bien, monsieur Savigny, c'est bien triste, mais que voulez-vous que j'y fasse ?

— Si vous me permettez un avis de médecin, je crois qu'il faut l'installer sur une barrique afin que sa jambe ne trempe plus dans l'eau.

— Ah ! C'est une excellente idée ! Du reste, ainsi installé, il verra mieux ce qui se passe autour de nous et pourra faire des signaux bien visibles aux autres canots.

Deux officiers assirent Coudein sur la plus élevée des barriques. Au même instant, le lieutenant d'Anglas de Praviel, qui avait menacé les soldats avec des pistolets, descendait sur le radeau. Il ne put trouver place qu'à l'arrière. Les hommes étaient si serrés qu'il était impossible de gagner le centre où, en raison de son rang de lieutenant, d'Anglas pensait devoir se trouver.

De l'eau jusqu'à la ceinture, il était parfois submergé par les vagues et, en quelques minutes, comme les hommes qui l'entouraient et le comprimaient, il fut trempé de la tête aux pieds. D'Anglas de Praviel ne put supporter l'injure faite à son nom et à son grade. Convaincu qu'il allait périr en cette affaire, on le vit soudain se jeter à l'eau, nager furieusement et regagner la frégate.

14

Le lieutenant Raynaud revenait en courant du gaillard d'avant. Il s'adressa directement au capitaine Chaumareys et au gouverneur.

— Le radeau est plein. Il est impossible d'y mettre plus d'hommes.

— Très bien ! Une bonne chose de faite ! répondit Schmaltz qui tournait en rond depuis une demi-heure. Avec mon épouse et ma fille, je vais descendre dans le canot qui m'est réservé. Ensuite, capitaine, vous pourrez procéder à l'embarquement de tous les passagers.

Un fauteuil fut amené sur le pont. Mme Schmaltz y prit place. Usant de cordes passées sous le siège, quatre matelots descendirent doucement Mme Schmaltz dans le canot, où se trouvaient déjà une grande quantité de malles. Ensuite, exactement de la même manière, ce fut le tour de sa fille et, enfin, du gouverneur lui-même.

Debout dans le canot, Schmaltz appela Raynaud :

— Les personnes désignées pour embarquer sur mon canot peuvent venir me rejoindre.

Aussitôt, le commandant Poinsignon, le lieutenant Coureau, Richefort, le chirurgien Follet et quelques autres s'approchèrent. Ils le firent dignement, sans se presser, convaincus que personne ne leur disputerait ce droit.

Cependant, dès que ces personnalités ou ces protégés furent descendus dans le canot du gouverneur et que Chaumareys eut donné l'ordre d'un embarquement collectif, ce fut la ruée. C'était à qui passerait avant l'autre. La bousculade fut générale. On se poussait du coude, les plus forts écartaient les plus faibles, on s'arrachait les cordes et certains, sans tenir compte de leur affectation, descendaient dans le premier canot venu.

Brédif fut épouvanté par cette mêlée furieuse et s'en écarta. Confiant, il pensait qu'il y aurait de la place pour tout le monde et il l'affirma à ceux qui, trop faibles, se trouvaient rejetés derrière les groupes agglutinés contre le bastingage. Parmi ces passagers, il y avait quelques femmes et des enfants, dont Marie-Sophie Diabo, la femme de chambre sénégalaise de Mme Schmaltz, laquelle ne semblait guère s'être souciée de son sort. Silencieuse et résignée, elle tenait par la main son enfant de cinq ans. Il y avait aussi la famille Picard, dont le bébé hurlait de terreur et que sa mère serrait désespérément dans ses bras.

Les hommes dégringolaient par grappes dans les embarcations au risque de les faire chavirer. Les canots tanguaient dangereusement; le pire était à craindre. Mettant sa main en porte-voix dans le vacarme général, Schmaltz hurla à Raynaud un nouvel ordre. On vit alors Raynaud courir vers le gaillard d'avant, se pencher par-dessus le bastingage et crier à l'adresse de Coudein:

— Rompez les amarres du radeau! Nous allons venir vous remorquer!

— Les voiles! hurla Coudein. On n'en a pas!

Raynaud se retourna et lança un ordre. Une minute plus tard, trois matelots apparurent au bastingage et jetèrent par-dessus bord quelques voiles, dont le cacatois de perruche et le grand cacatois enroulés sur leur vergue, blessant ainsi des hommes qui les reçurent sur la tête.

Ensuite, Raynaud repartit aussitôt en toute hâte, enjamba le bastingage et sauta dans le canot du gouverneur. L'instant d'après, ce canot s'écartait de *La Méduse*, imité par toutes les autres embarcations, au grand dam des passagers demeurés sur la frégate.

Ce fut un moment de surprise et d'incompréhension. Les

passagers et les matelots restés sur *La Méduse* hurlaient aux embarcations de revenir, mais celles-ci s'éloignaient à force de rames. Pourtant, un fait tangible et significatif les rassurait. Le capitaine Chaumareys se trouvait toujours sur la frégate ainsi que les deux officiers de marine, Chaudière et Rang des Adrets, qui devaient embarquer avec lui.

L'adjudant Petit, qui tentait de traîner des caisses de biscuits vers le gaillard d'avant pour les embarquer sur le radeau, vit aussi les embarcations s'éloigner de la frégate. Ne comprenant plus ce qui se passait, il jugea urgent d'en référer au capitaine Dupont. Il courut jusqu'au bastingage qui surplombait le radeau et s'aperçut avec stupéfaction que celui-ci avait rompu ses amarres et dérivait à une cinquantaine de mètres de la frégate. Se sentant coupable d'abandon de poste, il revint lentement vers l'arrière du navire, tout désemparé.

La seule embarcation qui s'approchait de la frégate était la yole. Les six matelots de cette barque semblaient posséder une liste d'embarquement – ou bien recevaient-ils des consignes du gouverneur? – et ils prenaient, nommément et au compte-gouttes, des passagers pour les conduire dans les canots.

La yole avait déjà effectué deux allers et retours. Picard, à chaque fois, l'avait sollicitée avec vigueur, arguant qu'il était régulièrement inscrit pour prendre place sur le canot major dirigé par Lapeyrère et que sa famille – femme, enfants, bébé – méritait un peu d'humanité. Les matelots de la yole ne prenaient même pas la peine de lui répondre et continuaient à embarquer des personnes triées sur le volet.

Quand la yole revint pour la troisième fois à proximité de la frégate, les hurlements du malheureux bébé atteignaient un paroxysme. Sa mère le serrait contre elle jusqu'à l'étouffer et des larmes de désespoir coulaient sur ses joues. Picard se précipita sur le gaillard d'avant. Dans le tas laissé par les soldats, il empoigna quatre fusils et, revenant au bastingage, il en braqua un sur les marins de la yole.

— Si vous ne prenez pas ma femme et mes enfants, je vous tire comme des lapins!

Les matelots furent saisis d'effroi. Le ton de Picard ne laissait planer aucun doute. Il allait tirer. La yole obliqua et s'accota à la frégate à l'endroit où se tenait Picard. Les matelots jetèrent des cordes et l'un d'eux, un gabier sans doute car il fit preuve d'une agilité surprenante, monta lui-même chercher le bébé cependant que les six autres membres de la famille Picard descendaient laborieusement dans la yole.

— Nous sommes affectés au canot de l'enseigne Lapeyrère, dit Picard dès qu'il fut assis dans la yole.

La petite embarcation s'éloigna en direction du canot de Lapeyrère où, quelques instants plus tard, la famille Picard prenait place. Sur la frégate, cet embarquement mouvementé de la famille Picard fut suivi dans le plus grand silence. Des regards se portèrent vers le tas de fusils et de sabres laissés par les militaires. Les armes étaient en accès libre et chacun pouvait s'en saisir pour en faire usage.

Quelques matelots, irrésistiblement attirés, rôdèrent autour et, sans intention particulière, volèrent plusieurs fusils et les mirent ostensiblement à l'épaule. Il n'y avait dans cette attitude aucune intention agressive. Un fusil coûte cher et l'arrière-pensée de ces pauvres marins était d'en tirer un bon prix si jamais ils réchappaient à l'aventure.

Ce comportement étonna Brédif. Il n'aurait pas cru possible qu'un homme, au cœur d'un péril où sa propre vie était en balance, pouvait encore penser à son enrichissement personnel, au point de voler des objets totalement inutiles dans le moment présent.

Chaumareys, toujours accompagné de Chaudière et de Rang des Adrets, allait de groupe en groupe et tenait à chaque fois un discours rassurant. Non, les canots n'allaient pas partir sans embarquer toutes les personnes encore à bord de la frégate. Non, la liste de Griffon n'était pas incomplète. Oui, la yole continuerait ses navettes et prendrait tout le monde. Oui, l'éloignement des embarcations visait à mettre fin à la pagaille d'un embarquement désordonné qui pouvait faire chavirer les canots.

Un calme précaire revint sur la frégate. Seul le lieutenant d'Anglas de Praviel, trempé de la tête aux pieds, allait et venait dans un état de fureur inquiétante. À l'inverse, l'adjudant Petit s'était fait une raison de son involontaire abandon de poste et considérait à présent qu'il devait sa situation à sa bonne fortune. Il était allé récupérer son violon dans l'entrepont et, assis par terre, jouait tranquillement comme s'il se trouvait dans l'estaminet d'un port un soir d'escale. Sa femme, Angèle Petit, heureuse d'avoir retrouvé son mari, se tenait accroupie près de lui.

D'Anglas fut le seul à s'apercevoir qu'un des canots se rapprochait lentement de la frégate. Il y avait à son bord une vingtaine de marins qui tiraient sur les avirons pour passer peu à peu sous l'avant de la frégate. Ainsi dissimulé, le canot s'arrêta sous le mât de beaupré[1]. L'enseigne Chaudière vint chuchoter quelques mots à l'oreille du capitaine. Celui-ci sembla approuver son interlocuteur puis parla à Rang des Adrets.

La suite fut si étonnante que même d'Anglas qui assistait à la scène comprit trop tard le sens de ces conciliabules. Il était principalement occupé à surveiller Chaumareys du coin de l'œil, jugeant que la présence du capitaine sur le navire prouvait que l'embarquement des passagers et de l'équipage se poursuivait normalement. Le devoir et l'honneur d'un capitaine est d'être le dernier à quitter un navire naufragé. Tant que Chaumareys était présent, il n'y avait pas de raison de soupçonner une fuite des embarcations.

Rang des Adrets se rendit discrètement sur le gaillard d'avant et s'avança debout sur le mât de beaupré avant de se laisser glisser souplement sur le canot à l'aide d'une corde. Peu de temps après, Chaudière prit place dans le canot de la même manière.

D'Anglas ne vit pas Rang des Adrets ni Chaudière descendre dans le canot. D'abord parce que se tenant sur le gaillard d'arrière il ne voyait plus le canot caché sous la proue du navire. Ensuite parce que Chaumareys était non loin de lui et tournait le dos au gaillard d'avant. Plusieurs minutes s'écoulèrent et le capitaine, en apparence indifférent, tenait ici et là de brèves conversations avec des passagers.

[1] Le beaupré est le mât presque horizontal qui prolonge la proue du navire.

D'Anglas ne prit pas garde quand Chaumareys gagna soudain le passavant tribord puis le gaillard d'avant. De loin, il le vit s'agenouiller au niveau du mât de beaupré, tripoter des cordages puis, tout à coup, disparaître de sa vue. Il resta un moment immobile avant de comprendre que le capitaine avait quitté le navire.

*

D'Anglas poussa un hurlement perçant et se rua en avant. Il courut le long du passavant tribord et traversa le gaillard d'avant jusqu'à la proue de la frégate. Alertés par son cri, plusieurs matelots et quelques passagers, dont Brédif, l'avaient suivi.

Gesticulant, agitant ses bras dans tous les sens, d'Anglas lançait les pires injures vers le canot qui s'éloignait. À son bord, on voyait encore distinctement le capitaine Chaumareys qui, faisant se lever plusieurs matelots, s'asseyait à la meilleure place.

— Le capitaine a quitté son poste ! Il nous abandonne ! L'ignoble sac à vin ! Le lâche ! Le salaud !

Oubliant que lui-même avait abandonné les hommes du radeau à leur triste sort, le lieutenant d'Anglas accusait Chaumareys de désertion.

— Il mérite la cour martiale et une bonne corde !

Tout à coup, perdant le peu de sang-froid qui lui restait, il empoigna le fusil qu'il portait sur l'épaule et visa le capitaine.

— Toi ! Tu vas le payer maintenant !

Il allait tirer quand un homme saisit le canon du fusil et l'abaissa brutalement. C'était Rabarou, un des domestiques de Schmaltz. Initialement, la liste de Griffon indiquait que Rabarou devait descendre dans le radeau. Avec le secrétaire du gouverneur, ce domestique constituait la caution d'impartialité que Schmaltz s'était délivrée à bon compte et au détriment de ses subalternes.

Le coup partit et la balle se ficha dans le bastingage. Le bruit de la détonation avait figé tous les hommes présents sur le gaillard d'avant. Il y eut une courte lutte entre Rabarou et d'Anglas, chacun tirant le fusil à lui. Puis d'Anglas céda et Rabarou jeta l'arme à la mer.

— Vous êtes fou, jeune homme! s'exclama Rabarou, essoufflé. C'est vous qui serez jugé pour assassinat!

Mis à trop rude épreuve depuis quelques heures, les nerfs de d'Anglas craquèrent soudain. Le jeune lieutenant de vingt-trois ans recula, s'accota au pavois et se laissa glisser sur le sol.

— On nous a abandonnés, répétait-il faiblement.

Cependant, son geste fit des émules. Les matelots, qui avaient assisté à la scène entre Rabarou et d'Anglas, fixaient à présent le canot du capitaine. Celui-ci se trouvait encore à portée de fusil. Il y eut des échanges de regards où dominaient la haine et le désir de vengeance. Les matelots se précipitèrent sur le tas de fusils abandonnés par les soldats du radeau et mirent en joue le canot. Cette fois-ci, ce fut Brédif qui s'interposa.

— Ne faites pas ça! Si nous tirons sur eux, ils ne reviendront jamais nous chercher!

L'argument porta. En effet, comment espérer embarquer sur les autres canots si les hommes de la frégate tiraient sur l'embarcation du capitaine? De rage, les matelots jetèrent violemment leur fusil.

Il fallut se rendre à l'évidence. Les canots ne revenaient pas et même la yole avait cessé ses allers et retours. La situation était angoissante, d'autant plus que la frégate fut de nouveau agitée de soubresauts et que, soudain déséquilibrée, elle bascula sur le côté et pencha dangereusement.

— On va crever ici! lança un matelot.

Exprimée aussi crûment, cette hypothèse prit immédiatement la forme d'une horrible prédiction. Le silence qui suivit en disait long sur le découragement et l'impuissance des naufragés.

Pourtant, cet abattement fut de courte durée. Déjà des propositions émergeaient, énoncées par quelques hommes au caractère bien trempé, des marins essentiellement, qui avaient déjà vécu sur les mers de semblables tragédies. C'est le chef timonier, Jean-Baptiste Goyet, qui redonna le courage de prendre des initiatives:

— Nous sommes une soixantaine. Faut pas croire qu'on a besoin de faire un aussi grand radeau que celui où s'trouvent les soldats. Un plus petit suffira ! On mettra des flotteurs, pour pas qu'il s'enfonce, et on construira un vrai bastingage tout autour !

Le chef timonier rassurait. Un matelot proposa de le désigner commandant des naufragés, ce qui fut de suite accepté. Soudain légitime aux yeux de tous, Goyet n'en fut que plus écouté. Il poursuivit :

— Il faut d'abord abattre le mât d'artimon pour soulager la frégate. Ensuite, il faut sortir de l'entrepont tous les vivres qui s'y trouvent encore et les rassembler ici.

— Mais faut qu'personne les vole ! cria un matelot.

— La mort à çui qui les volera ! renchérit un autre matelot.

L'idée de punir de mort toute personne qui s'emparerait du bien commun fut accueillie avec enthousiasme.

— La mort pour les voleurs de vivres ! fut repris en chœur.

Brédif était un peu effrayé par une loi si radicale mais il en comprenait la nécessité. Il s'agissait de sauver sa peau. On ne pouvait pas y arriver sans une action collective où la solidarité ne souffrirait aucune exception. Saisi par une soudaine émotion, il prit la parole :

— Il faut jurer !

— Jurer quoi ?

— *Je propose de jurer sur l'honneur de nous sauver tous ou de périr tous*[1] !

On jura, solennellement. Ce fut un moment de fraternité qui s'accompagna d'embrassades et de fortes étreintes. Puis des hommes allèrent dans les cuisines de la batterie pour rassembler toute la nourriture qui s'y trouvait encore.

D'autres descendirent dans l'entrepont où l'eau montait lentement. Des hommes y pillaient toujours mais ils étaient peu nombreux et à moitié saouls. Ils furent écartés par de robustes marins. Les matelots trouvèrent aussi un vieil homme, ivre mort, allongé sur le sol et déjà à moitié recou-

1 Carnets de Charles Brédif (*La Revue de Paris*, 14e année, 1907, p. 794).

vert par l'eau. Il fallut l'empoigner et le remonter presque inconscient dans la batterie.

Tandis que les vivres s'entassaient sur le gaillard d'avant, Goyet reprit la parole :

— Vous voyez toute cette nourriture ! On peut tenir sur *La Méduse* des s'maines et des s'maines ! J'vais vous dire c'que j'pense ! Faut construire un radeau pour être prêt à tout. Mais tant qu'la frégate tient l'coup, il faut rester à son bord ! C'est là qu'on est en sécurité !

— L'eau monte dans l'entrepont ! On va couler ! cria une voix.

— Nigaud ! asséna Goyet. L'eau dans l'entrepont, elle va pas monter plus haut que l'niveau d'la mer ! Y en aura donc jamais sur le pont d'la batterie et encore moins sur les gaillards !

— Et si *La Méduse*, elle s'couche sur le côté ?

— Si la frégate bascule, la vergue du grand mât touchera le fond et nous retiendra. On peut pas s'renverser complètement avec si peu d'fond !

Goyet avait réponse à tout. C'est ce qui le rendait rassurant. Du travail fut distribué à chacun pour occuper l'esprit et entretenir l'espoir.

*

Quand Chaumareys délogea une dizaine de matelots et de passagers pour s'asseoir au centre du canot, il ne vit pas ce qui se passait sur le gaillard d'avant de la frégate, ni que des fusils le mettaient en joue. Ignorant l'émoi que sa fuite avait provoqué, il faisait des signes aux rameurs de souquer ferme pour s'éloigner de *La Méduse*.

— À la chaloupe ! ordonna-t-il.

La chaloupe était déjà lourdement chargée. Espiaux n'avait pas tardé à constater que cette grande embarcation de onze mètres de long était en mauvais état. L'étanchéité de la coque laissait à désirer. La chaloupe était aussi sous-équipée, ne possédant plus que cinq avirons sur les seize normalement prévus.

La veille, les matelots avaient taillé à la hâte deux voiles en coupant en deux un cacatois de la frégate. À partir de pièces disparates de gréement, deux mâts avaient aussi été construits dans la même précipitation. Espiaux savait déjà que cette mâture improvisée n'avait pas de bonnes proportions et il doutait que les voiles puissent s'orienter correctement. Il comprenait bien pourquoi il avait été désigné pour diriger la chaloupe.

Il se demandait comment il allait faire pour manœuvrer ce qui n'était finalement qu'une grosse et lourde barque quand le canot du capitaine passa près d'eux. Chaumareys, sans se lever, héla Espiaux.

— Lieutenant ! Il reste des hommes à bord de la frégate. Il faudrait que vous alliez les chercher.

C'était un paradoxe. Le canot du capitaine comptait douze avirons et les hommes à son bord n'atteignaient pas la trentaine alors que cinquante auraient pu y prendre place. Par contraste, la chaloupe s'enfonçait déjà sérieusement sous le poids des hommes embarqués.

— Combien d'hommes reste-t-il à bord de la frégate ?

— Une vingtaine, je crois… répondit Chaumareys.

Rang des Adrets, qui se trouvait assis à côté du capitaine, s'étonna de cette sous-estimation. Il ouvrit la bouche pour corriger ce chiffre mais, après un court moment d'hésitation, il décida de se taire, ne voulant pas contredire son capitaine.

— Capitaine, reprit Espiaux, la mer est houleuse et la chaloupe est très difficile à manœuvrer. Il faudrait que votre canot et la yole, qui est toute proche, nous remorquent jusqu'à la frégate.

À contrecœur, Chaumareys accepta. Le canot et la yole s'amarrèrent à la chaloupe et tentèrent de la tirer vers la frégate. La tentative se révéla infructueuse. L'agitation perpétuelle de la mer et les lames qui prenaient les embarcations par le travers rendaient l'opération impossible. Chaumareys ordonna que soit mis fin à cet essai. Toujours assis, il s'adressa de nouveau à son lieutenant :

— On ne peut pas continuer à perdre du temps. Je dois me mettre en tête de la ligne de remorquage du radeau.

— Mais les hommes à bord de la frégate !? cria Espiaux.

— Je vous le répète, lieutenant, on ne peut plus attendre. Suivez-nous pour aider au remorquage du radeau !

Espiaux sentit l'indignation monter en lui. Il ferma les yeux pour recouvrer son calme. Puis, il les rouvrit brusquement et affirma d'une voix tremblante de rage :

— Capitaine, il est de mon devoir d'officier de ne laisser personne à bord de la frégate. Je suis déterminé à tout tenter pour les sauver et prêt à périr pour y parvenir !

Il y eut un long silence. Chaumareys ne savait quoi répondre face à une telle démonstration d'un héroïsme qui lui était totalement étranger. L'embarras le rendait muet.

— Capitaine, reprit Espiaux, ordonnez à la yole d'aller à la frégate, qu'elle demande aux matelots de *La Méduse* de réunir et d'attacher bout à bout des drisses. La yole m'en portera l'extrémité et les matelots de *La Méduse* pourront ainsi haler la chaloupe jusqu'à eux.

C'était une porte de sortie qui donnait bonne conscience à Chaumareys. Il accepta. La yole partit en direction de la frégate cependant que le canot du capitaine, hissant une voile de misaine, s'éloignait pour rejoindre les autres embarcations.

L'arrivée de la yole provoqua une grande agitation sur la frégate. Les hommes étaient agglutinés au bastingage au moment où elle accosta contre la coque du navire. L'un des marins de la yole reconnut le maître-timonier.

— Goyet, envoie l'amarre la plus longue que tu pourras pour haler la chaloupe jusqu'à la frégate !

— Le lieutenant Espiaux revient ?

— Oui ! Il a dit au capitaine qu'il ne vous abandonnerait jamais !

L'information fut accueillie par des hourras frénétiques. Le soulagement était tel que les hommes tombèrent dans les bras l'un de l'autre ou jetaient leur chapeau en l'air. Il y eut même un marin qui, se trouvant à côté de Marie-Sophie Diabo, la saisit brusquement et la serra contre lui en pleurant et en la couvrant de baisers.

Aussitôt, on se mit au travail pour confectionner une longue amarre en mettant bout à bout des drisses de bonnettes, selon la suggestion du lieutenant. Dès qu'elle fut prête, on la jeta aux marins de la yole qui repartirent en direction de la chaloupe.

Actionnant le cabestan, la chaloupe fut halée avec l'énergie de l'espoir retrouvé. Dès qu'elle aborda la frégate, le lieutenant Espiaux monta à bord. Il fut accueilli par Goyet, les quelques notables encore présents sur *La Méduse*, dont Brédif et le lieutenant d'Anglas de Praviel. Ce dernier, inactif depuis le départ de Chaumareys et sa courte lutte avec Rabarou, se releva à la vue d'Espiaux afin de tenir le rang qui était le sien et dont il était très imbu. L'adjudant Petit cessa de jouer du violon et, accompagné par sa femme qui ne le quittait plus, s'approcha également.

— Lieutenant, vous ne pouvez pas savoir la joie que vous nous faites en revenant parmi nous, dit Brédif.

— Je ne fais que mon devoir.

Après un court silence qui témoignait en cet instant du respect et même de l'admiration portés au lieutenant, celui-ci s'étonna de voir autant de monde autour de lui.

— Combien êtes-vous ?

— Une soixantaine, répondit Goyet.

— Une soixantaine !?

C'était effrayant. Espiaux avait prévu d'emmener la vingtaine de personnes annoncée par le capitaine. Une soixantaine d'hommes supplémentaires dans la chaloupe risquait de la faire chavirer. Espiaux était atterré et il se taisait. Goyet énonça clairement la conclusion qui s'imposait.

— Vous ne pourrez pas nous prendre tous.

Une forte tension renaissait sur les visages, qui se crispaient à nouveau.

— Nous avons juré de nous sauver tous ou de rester tous, dit Brédif, rappelant le serment prononcé par les naufragés.

Cette phrase provoqua un sursaut chez le lieutenant. Il dit aussitôt :

— Je vous prendrai tous. Il est hors de question de laisser quiconque sur la frégate.

Face aux doutes que cette affirmation suscitait, Espiaux ajouta :

— Tout le monde prendra place dans la chaloupe et j'y descendrai moi-même en dernier.

Cette dernière déclaration rassura les plus sceptiques et rétablit une totale confiance dans les décisions du lieutenant. Le constatant, il expliqua sa décision :

— Il y a de la place dans tous les canots. Je vous prends tous et nous irons de canot en canot pour soulager notre chaloupe avec une meilleure répartition.

L'idée du lieutenant était marquée au coin du bon sens. Personne ne douta qu'elle ne puisse être mise à exécution. Espiaux marcha ensuite jusqu'à la rambarde surplombant la grand-rue de la batterie. Il vit avec stupéfaction que des hommes continuaient à piller, remontant tout trempés de l'entrepont avec les bras chargés d'affaire de toutes sortes.

— Il faut mettre fin à ce désordre. Goyet, envoyez des hommes et faites…

Espiaux s'interrompit. Il venait d'apercevoir ses propres bottes aux pieds d'un ouvrier charpentier de la Société philanthropique du Cap-Vert. Détournant les yeux pour éviter de perdre son sang-froid, il acheva sa phrase :

— …et faites remonter ces pillards sur le gaillard. Je constate qu'ils sont totalement avinés ; vous leur jetterez des seaux d'eau sur la tête pour les dessoûler. Je veux un rassemblement de tous pour un embarquement immédiat.

Puis, désignant les vivres entassés sur le gaillard :

— On ne pourra pas tout prendre mais descendez dans la chaloupe au moins trois cents rations de biscuits et plusieurs bidons d'eau et de vin.

L'affaire fut menée promptement. Pourtant, au moment de l'embarquement, des hommes refusèrent de descendre dans la chaloupe. Certains d'entre eux étaient dans un tel état d'apathie, assis par terre et abrutis par l'alcool, qu'il n'y avait aucun moyen de leur faire entendre raison. Ils refusaient obstinément d'embarquer et tenaient des propos incohérents.

D'autres, une minorité, renonçaient en conscience à descendre dans une chaloupe surchargée et en mauvais état qui – disaient-ils – allait chavirer dès qu'elle s'écarterait de la frégate. Ils prétendaient qu'il valait mieux attendre des secours quand la nouvelle de l'échouage de *La Méduse* serait connue à Saint-Louis du Sénégal.

Malgré les efforts désespérés du lieutenant Espiaux, aucun argument ne put convaincre ni les uns ni les autres. Il fallut se résoudre à les laisser à bord de *La Méduse*. La mort dans l'âme, Espiaux abandonna ainsi à leur triste sort dix-sept hommes.

Quatre-vingt-dix hommes s'entassaient désormais sur la dizaine de bancs de la chaloupe. Celle-ci s'enfonça tellement sous le poids que l'eau affleurait en haut du bordé et que la moindre vague se déversait dans la chaloupe.

Espiaux ordonna que soient jetés à la mer les sacs où avaient été entassées les affaires personnelles que chacun voulait sauver du naufrage. La plupart s'y résolurent mais d'autres les dissimulèrent, incapables, malgré le danger, de s'en séparer.

*

Pendant que la chaloupe recueillait à son bord les derniers passagers de la frégate, le canot du capitaine Chaumareys s'était porté en tête du convoi qui devait remorquer le radeau. Il s'était amarré au canot dirigé par l'enseigne de vaisseau Maudet, lequel était déjà relié au canot major commandé par Lapeyrère, lui-même attaché au canot du gouverneur commandé par le lieutenant Raynaud. C'est ce dernier canot, de loin l'embarcation la moins surchargée et dans le meilleur état, qui était amarré au radeau.

Quatre canots tentaient donc de remorquer vers le sud-est le lourd radeau à moitié immergé par les flots. La yole, dont la légèreté ne pouvait être d'aucune utilité dans cette manœuvre, était chargée de sonder les fonds en avant du convoi, ce que lui permettait son faible tirant d'eau. La précaution était utile car, par endroits, le sable affleurait presque à la surface de l'eau.

Si, dans son principe, l'idée d'un remorquage du radeau paraissait bonne, il devint vite évident qu'elle était délicate à mettre en œuvre. La force de traction des différents canots s'avérait insuffisante. Malgré des vents orientés vers la terre, le courant de la marée descendante déportait le convoi vers le nord-ouest dans une direction opposée à celle du continent.

Au centre du radeau, Coudein, assis sur la barrique où les officiers l'avaient placé, donnait à ses compagnons des informations sur la difficulté du remorquage. Il constatait la dérive du convoi que ni les rames ni les voiles des canots ne parvenaient à enrayer.

— C'est pas étonnant ! lâcha Lavilette.

— Pourquoi ? interrogea le capitaine Dupont.

— Imaginez ! Nous sommes environ cent cinquante sur le radeau. Une moyenne de cent cinquante livres [1] par personne donne déjà vingt-deux mille cinq cents livres [2], rien que pour le poids des hommes. C'est énorme !

Corréard allait prendre la parole quand il perdit l'équilibre et tomba sur Lavilette qu'il renversa. En se relevant, il s'écria :

— Et encore ! Il y en a qui pèsent beaucoup plus que cent cinquante livres sur ce radeau ! Regardez à l'arrière, ce soldat, là-bas, qui dépasse tout le monde d'une tête ! Vous le connaissez, capitaine ?

Dupont se retourna.

— Oui, c'est Jean Durtol, surnommé Larondelle.

— Quelle hideuse cicatrise que celle-là, qui lui barre le front horizontalement !

— Un coup de sabre… dit Dupont.

— Un coup de sabre !? Eh bien, il est costaud, l'animal !

— C'est un dur à cuire, qui a beaucoup d'ascendant sur ses camarades. Mais c'est aussi un soldat valeureux et obéissant…

— Vaut mieux l'avoir avec soi que contre soi ! ricana Corréard.

— Et ça, ce n'est que le poids des hommes ! reprit Lavilette qui n'avait pas fini sa démonstration et s'était relevé de sa chute entièrement trempé. Si vous prenez en compte le poids du radeau lui-même ; tous ces mâts et ces madriers attachés l'un à l'autre, on atteint aisément le double !

---

[1] Environ 70 kg.

[2] Environ 10,2 tonnes.

Savigny se pencha pour regarder Lavilette :

— Qu'est-ce que vous êtes en train de nous dire, monsieur Lavilette ? Qu'on ne va pas y arriver ?

— Non, je ne dis pas ça ! Je n'en sais rien ! Je suis menuisier, pas marin !

— Moi, je peux vous dire, coupa Coudein, que c'est à cause du jusant que ça ne marche pas. Quand la marée montera, ce sera beaucoup plus facile. Nous serons portés vers la terre par les courants.

C'était la parole rassurante qui convenait. Elle mit fin aux doutes qui s'insinuaient dans les esprits. D'autant plus que la chaloupe du lieutenant Espiaux, qui luttait pour rattraper le convoi, passait sur leur gauche et se mettait à leur niveau.

— La chaloupe !

Ce fut un cri de joie poussé d'une seule voix par les occupants du radeau.

— Vive le roi ! Vive la France !

Sur le radeau, c'était l'enthousiasme. Le sous-lieutenant Lozach avait attaché un tissu blanc à la baïonnette de son fusil à deux coups et l'agitait au-dessus de sa tête. Pour ces hommes, la chaloupe allait s'intégrer au convoi et augmenter sa force de traction. C'était une erreur. La chaloupe, sans réelles voiles et seulement cinq avirons, était trop lourde pour se joindre à la ligne de remorquage. Espiaux le savait et n'y songeait même pas.

La chaloupe parvint à dépasser le radeau et à s'approcher du premier canot, celui du gouverneur Schmaltz dirigé par le lieutenant Raynaud. Vue du canot, la chaloupe avait un aspect effrayant. Surchargée d'hommes tassés sur les bancs et sur le fond, tellement enfoncée dans l'eau que sa ligne de flottaison se situait au sommet du bordé, elle éprouvait toutes les difficultés à se déplacer, ballottée par la houle qui pénétrait à l'intérieur. Des matelots écopaient frénétiquement le fond de l'embarcation pour la vider de son eau.

Désormais à portée de voix, Espiaux ne savait pas s'il devait s'adresser à Raynaud ou à Schmaltz. Il cria à la cantonade :

— Nous sommes trop chargés ! Il faudrait que vous preniez quelques hommes à votre bord !

Sur le moment, Espiaux n'obtint pas de réponse. Il vit Raynaud, debout à l'avant du canot, se tourner vers Schmaltz confortablement assis à côté de son épouse et de sa fille. Il l'interrogeait du regard. Le silence se prolongea. Puis, Espiaux entendit le gouverneur qui disait sans tourner la tête et en haussant à peine la voix pour se faire entendre :

— Je suis désolé, lieutenant Espiaux, mais notre embarcation coulerait si nous en prenions plus !

— Je crois que votre canot supporterait très bien cinq ou six hommes supplémentaires.

Fouetté par cette remarque, Schmaltz se leva soudainement et cria à l'adresse d'Espiaux.

— Écoutez, lieutenant ! Vous êtes allé chercher tous ces hommes sur la frégate, vous n'avez qu'à vous en occuper !

Et il se rassit. Au même instant, un matelot de la chaloupe se jeta à la mer. Il nagea fébrilement la dizaine de mètres qui séparaient la chaloupe du canot du gouverneur. Son intention était de se mettre en sécurité dans le canot, persuadé que la chaloupe était condamnée à chavirer tôt ou tard. Quand il atteignit l'embarcation, il tenta d'y monter en s'agrippant au bordé. Mais le lieutenant Coureau, aide de camp du gouverneur, tira son sabre et posa la pointe sur la poitrine du matelot.

— Si tu ne lâches pas ce canot, je te coupe les mains !

Effrayé, le matelot lâcha le bordé. Il n'eut pas d'autre choix que de regagner précipitamment la chaloupe pour y remonter. Comprenant qu'il était inutile d'insister, Espiaux tenta d'atteindre le canot suivant, celui commandé par Lapeyrère. La chaloupe était de plus en plus difficile à maîtriser. Elle se soulevait sur la crête des vagues et, perdant ensuite tout contrôle, elle glissait d'un côté ou de l'autre, pivotant sur elle-même. Le gouvernail n'avait plus guère d'utilité.

Elle arriva ainsi sur le canot major de Lapeyrère et la collision fut évitée de justesse. Les matelots du canot durent bloquer la chaloupe et la repousser avec les mains pour qu'elle n'éperonne pas leur embarcation. Dans les deux autres canots de tête, on observait la scène avec effroi. Certains, qui avaient vu le lieutenant Coureau manier le sabre et dont l'imagination travaillait trop, pensaient même que la chaloupe, chargée d'hommes animés par un esprit de rébellion, cherchait à saborder le canot de Lapeyrère.

Espiaux cria à Lapeyrère de prendre quelques hommes à son bord. Celui-ci refusa obstinément.

— Impossible, lieutenant ! Si nous nous mettons bord à bord, ce sera la ruée de la chaloupe vers le canot, et je chavirerai ! Je refuse !

Espiaux essaya d'expliquer qu'il désignerait lui-même les dix hommes qui monteraient à bord du canot et que seuls ceux-là passeraient d'une embarcation à l'autre. Hélas, le geste du matelot qui avait tenté de monter sans autorisation sur le canot du gouverneur ne plaidait pas en faveur d'une telle discipline. Lapeyrère fut inflexible, malgré la médiation de Picard qui, craignant que ne coulât sous ses yeux la chaloupe surchargée, souhaitait que l'opération soit tentée.

Remontant le convoi, Espiaux poursuivit sa route vers le canot dirigé par Maudet. Il perdit soudain tout contrôle de la chaloupe qui dériva rapidement en direction du canot. Ne pouvant plus arrêter son embarcation, il cria en direction de Maudet :

— Attention ! Nous dérivons ! Écartez-vous !

La collision parut inévitable car le canot de Maudet n'avait que très peu de marge de manœuvre. Il était amarré à l'avant au canot de Chaumareys et à l'arrière à celui de Lapeyrère. Maudet n'avait plus qu'une solution. Comme la chaloupe lui arrivait dessus par l'arrière, il hurla :

— Larguez l'amarre arrière ! Choquez la voile !

Libéré de son entrave, allure grand largue, le canot de Maudet bondit en avant cependant que la chaloupe, de travers, passait juste derrière, évitant de peu la collision.

La ligne de remorquage du radeau était de fait coupée en deux. Le canot du gouverneur dirigé par le lieutenant Raynaud et celui de Lapeyrère restaient seuls amarrés au radeau tandis que le canot de Maudet et celui de Chaumareys s'écartaient et prenaient de l'erre.

Dans le canot du capitaine, l'étonnement domina face à cette situation nouvelle. Après un moment d'hésitation, Chaumareys vit le canot de Maudet s'éloigner de la chaloupe, sans doute pour éviter tout risque d'abordage, puis virer lentement de bord pour se mettre vent debout, la proue du canot pointée dans la direction du radeau. La manœuvre était claire. Maudet retournait sur ses pas pour reprendre sa place dans la ligne de remorquage du radeau. Chaumareys décida d'en faire autant et ordonna de virer de bord.

Dans le canot du lieutenant Raynaud, Schmaltz s'était levé. Il constatait l'éloignement des deux canots en tête du remorquage et laissait échapper un juron.

— Nom de Dieu ! Nous n'allons pas tirer tout seuls ce maudit radeau !

Il jeta un coup d'œil derrière lui. Le radeau flottait entre deux eaux avec son énorme cargaison humaine serrée comme un troupeau de moutons.

— C'est inutile ! On n'arrivera jamais à traîner cette « machine » !

Raynaud, qui avait parfaitement compris le gouverneur et partageait sa conclusion, l'interrogea sans ambiguïté :

— Larguerai-je ?

À ces mots, il y eut des protestations dans le canot. En particulier, M. Clanet, agent comptable de la frégate, s'écria indigné :

— Non ! Non ! On ne peut pas faire ça !

Raynaud ne les écouta pas. Il répéta sa question au gouverneur :

— Larguerai-je ?

— Coupez cette amarre, lieutenant ! Il faut que cesse au plus vite cette illusion que nous pouvons remorquer le radeau !

L'amarre fut larguée et le canot du gouverneur prit de la vitesse. Il rattrapa le canot de Lapeyrère qui, stupéfait et désemparé, assistait impuissant à la scène. Son canot fut doublé par la droite.

— Larguez tout ! Nous partons ! lui cria Raynaud.

Lapeyrère hésita, mais le canot du gouverneur ne l'attendait pas et, ayant hissé son taillevent, il remontait rapidement vers l'embarcation du capitaine. La ligne de remorquage n'existant plus, Lapeyrère prit son parti de suivre le canot du gouverneur.

Chaumareys allait de surprise en surprise. Il avait viré de

bord et se trouvait derrière le canot de Maudet, qui avait fait de même, quand il vit le canot du gouverneur qui venait à lui en sens inverse. Un matelot lui cria :

— Le gouverneur a largué la remorque du radeau !

Le capitaine Chaumareys ne comprenait plus. Il se leva et, au moment où le canot du gouverneur passait à portée de voix, il demanda :

— Quelle est cette manœuvre ?

— La remorque vient de casser ! répondit Raynaud.

— Ah, bien ! Allons la reprendre !

— Nous les abandonnons !

Cette réponse laissa le capitaine sans voix. Au bout d'un instant, il dit :

— Nous n'avons pas entendu !

— Nous les abandonnons ! répéta Raynaud.

Et, sans prendre le temps d'une explication, le canot du gouverneur poursuivit sa course et s'éloigna du canot du capitaine. Déconcerté, celui-ci ordonna de virer de bord à nouveau pour suivre le gouverneur. Bientôt, les quatre canots tournaient le dos au radeau et s'éloignaient toutes voiles dehors. Menant la bande, la yole avait hissé son taille-vent, sa misaine et son tape-cul pour prendre une vitesse maximale.

*

Quand le canot du gouverneur avait volontairement rompu son amarre, Coudein n'avait pas compris ce qui se passait. Il avait crié :

— L'amarre s'est détachée ! L'amarre s'est détachée !

Ce cri de détresse fut repris en chœur par tous les hommes du radeau. Ils agitaient les bras pour signaler la chose aux matelots du canot qui ne semblaient pas s'en apercevoir. L'idée que l'attache puisse avoir été coupée délibérément était tellement inconcevable qu'elle ne venait même pas à l'esprit de ces malheureux.

Constatant que leurs hurlements n'avaient aucun effet sur la conduite de l'embarcation du gouverneur, les hommes se turent. Ils assistaient en silence, avec une angoisse qui leur nouait le ventre, à l'incompréhensible ballet des canots, ceux de Chaumareys et de Maudet virant de bord pour revenir vers eux, ceux de Schmaltz et de Lapeyrère qui s'éloignaient.

La chaloupe luttait toujours au milieu de la houle. Le lieutenant Espiaux tenait fermement le gouvernail et les cinq avirons s'activaient pour sortir de cette zone tumultueuse. Quand Espiaux vit les canots du gouverneur et de Lapeyrère s'éloigner du radeau, il ne put croire que la manœuvre était volontaire. La voix d'un homme assis à côté de lui le fit presque sursauter. C'était Brédif.

— Vous comprenez ce qui se passe, lieutenant ?

— Non…

— On dirait que les canots abandonnent le radeau.

— Ce n'est pas possible… dit Espiaux d'une voix faible. Vous vous trompez certainement, monsieur Brédif.

Espiaux se tut. Le silence dura si longtemps que Brédif reprit :

— Vous hésitez ?

— Non… répondit Espiaux sur un ton vague qui contredisait sa réponse.

Puis, il dit soudain d'une voix plus ferme :

— Il faut retourner au radeau pour inciter tous les canots à reprendre le remorquage.

La chaloupe s'orienta vers le radeau et entreprit une lente progression dans sa direction. Mais il fallut se rendre à l'évidence. Les canots fuyaient, forçant les voiles, et la distance entre eux et la chaloupe était telle qu'ils n'étaient déjà plus que quatre petites embarcations lointaines au ras des flots.

— C'est affreux… lâcha Espiaux, à présent lucide et anéanti. Ils ont abandonné le radeau. J'ai honte…

— Que faisons-nous ? demanda Brédif.

Espiaux tourna vers Brédif de pauvres yeux où des larmes affleuraient. D'un revers de manche, il les effaça.

— Rien, hélas ! Nous ne pouvons rien faire !

La chaloupe pivota lentement et commença à s'éloigner du radeau. Les voiles de fortune furent hissées.

Désormais livré à lui-même, le radeau était ballotté par les flots. Il se soulevait, s'abaissait, plongeait en avant puis en arrière, dérivant au hasard au milieu de l'océan.

II.

LE RADEAU

(Le capitaine Dupont)

15

C'est en silence que les naufragés du radeau avaient assisté aux hésitations des canots. Puis à leur fuite. Les efforts de la chaloupe qui tentait de revenir vers eux avaient ensuite été suivis avec angoisse. Elle avait finalement rebroussé chemin et hissé les voiles pour s'éloigner à son tour. Alors, l'horrible réalité s'était imposée. Ils étaient abandonnés à leur sort.

Des hurlements s'étaient élevés où se mêlaient le désespoir, l'injure et l'appel à la vengeance. La grappe humaine entassée sur cette planche gigantesque grondait et pleurait. Les responsables, Chaumareys et Schmaltz, étaient nommément voués aux gémonies. La peur déliait les langues et des accusations plus générales contre les chefs se faisaient entendre.

Les officiers et les civils se taisaient, anéantis par la situation. Dupont, qui avait toujours montré au cours de ses campagnes militaires un calme et un sang-froid à toute épreuve, n'avait pas le souvenir d'avoir jamais vu ses soldats s'en prendre ouvertement à la hiérarchie. Il s'en inquiétait. Regroupés au centre du radeau à l'emplacement le plus favorable, les notables et les officiers représentaient parfaitement ce monde que certains soldats et quelques marins condamnaient ouvertement. Il tenta de se faire entendre en criant d'une voix forte :

— Écoutez-moi ! Nous avons tort de penser que le gouverneur nous a abandonnés ! Le radeau était trop lourd pour être traîné par les canots ! Soyez-en sûrs, dès que les canots auront touché terre et débarqué les hommes, ils reviendront nous chercher !

Ces paroles rassurantes furent accueillies avec scepticisme mais elles ramenèrent le calme. On pouvait y croire. C'était l'essentiel. Elles eurent aussi une autre vertu : celle d'orienter les pensées vers les actions à mener dans l'immédiat. Quelqu'un cria :

— Il faut retourner à la frégate !

Dupont se tourna vers Coudein qui, assis sur son tonneau, assistait en silence à ces échanges.

— On ne peut pas, dit-il à voix presque basse. On ne peut pas parce que les courants nous éloignent de *La Méduse*.

— Alors, que faut-il faire ? insista Dupont.

— Il faut dresser une voile ! s'écria Savigny.

— Une voile, sur ce radeau ?

— Oui ! Elle nous aidera à atteindre la côte, les vents nous y pousseront.

Dupont respectait la hiérarchie. Il l'avait toujours respectée. Par son éducation de soldat, elle lui était chevillée au corps. Coudein avait été désigné par Schmaltz et Chaumarey pour diriger le radeau. Malgré la blessure de l'aspirant qui ne lui permettait pas d'assurer ce commandement, il fallait son approbation.

— C'est aussi votre avis, monsieur Coudein ?

— Oui.

— Je vais m'en occuper, reprit Savigny. Dites-le à vos soldats.

On fit venir des matelots au centre du radeau. Rien que ce simple déplacement de personnes fut laborieux. Les hommes étaient tellement serrés qu'il fallait se tenir par les épaules et se mouvoir avec précaution. Tels des dominos en contact, le moindre faux pas d'un matelot risquait d'entraîner la chute simultanée d'une dizaine d'hommes.

Sur le tiers antérieur du radeau, Savigny fit dresser une des bômes de la frégate. Avec le long cordage de la remorque que Schmaltz avait largué, on tendit des sortes de haubans qui stabilisèrent le mât. La voile se gonfla bientôt au vent et le radeau donna l'impression de ne plus dériver. Pourtant l'absence de gouvernail ne permettait pas de se diriger. Mais il y avait quelque chose de rassurant de sentir le vent s'engouffrer dans la voile qui claquait et faseyait comme sur une embarcation ordinaire.

Pendant que Savigny dirigeait cette manœuvre délicate, Dupont ne put s'empêcher de dire son sentiment au lieutenant Lheureux qui se trouvait à ses côtés :

— C'est une grave erreur de nous avoir abandonnés ici. Si les canots ne pouvaient pas remorquer le radeau, il aurait fallu nous laisser à bord de la frégate. Nous y serions demeurés en sécurité.

Lheureux approuva. Lavilette, qui avait entendu cette réflexion, marmonna entre ses dents :

— C'est plus qu'une grave erreur, c'est un crime.

*

La frégate n'était déjà plus qu'un point minuscule à l'horizon. La mer s'était calmée et le temps ensoleillé permettait de voir loin. Hélas, de tous côtés, ce n'était que l'immensité de l'océan et la côte était invisible. Le radeau était doucement poussé par le vent et entraîné par les courants.

L'absence d'instruments de navigation – ne serait-ce que pour faire le point à défaut de se diriger – se ressentait cruellement. Elle amena Dupont à lancer à l'adresse de Coudein une réflexion de dépit :

— Vraiment, monsieur Coudein, vous n'avez rien sur vous qui permettrait de savoir vers quoi nous nous dirigeons !

— Non, je n'ai rien…

— De quoi avez-vous besoin ? s'écria Corréard qui se tenait aux épaules du lieutenant Lheureux. Une boussole, par exemple ?

— Une boussole, ce serait déjà très bien… dit Coudein.

— Il y a un ouvrier de notre société qui en a une ! reprit Corréard triomphalement.

Chacun mesura l'importance de l'information. C'était finalement inespéré. L'homme se trouvait vers l'arrière du radeau. Il fut interpellé par Corréard.

— Dujonc ! Fais passer ta boussole ! On en a besoin ici !

La boussole passa de main en main. De la taille d'un écu de six livres, elle circula comme un objet précieux jusqu'à l'aspirant Coudein. Assis sur le tonneau, repliant tant bien que mal la jambe qui le faisait souffrir, Coudein attendit que l'aiguille se stabilise, comparant son orientation à la dérive du radeau. Il restait silencieux. Savigny fit un pas vers le tonneau et s'y cramponna.

— Alors ?

— On s'éloigne de la côte, chuchota Coudein.

C'était une nouvelle consternante. Elle ne pouvait être divulguée au risque de tuer l'espoir que le beau temps et l'installation de la voile avaient produit sur les esprits.

— Disons au capitaine Dupont que nous longeons la côte et que, vers le sud, des courants plus favorables nous y porteront, proposa Savigny.

Dupont accepta cette fausse information avec calme. Il retint surtout qu'on ne s'approchait pas encore de la côte.

— Rien sur ce sujet à nos soldats, glissa-t-il avec sagesse au lieutenant Lheureux.

Savigny avait conscience que l'inaction aurait des effets négatifs sur le moral des hommes. L'installation du mât et de la voile avait été une initiative bienvenue, non seulement pour ceux qui y avaient participé mais aussi pour les autres qui avaient suivi la manœuvre avec attention. Par cette action, l'attention avait été durablement détournée de la dure réalité. Il fallait trouver autre chose.

— Comptons-nous et distribuons des vivres ! s'exclama-t-il soudain.

— Personne ne se plaint encore ni de la soif ni de la faim, fit remarquer Dupont.

— Aucune importance ! Nous allons nous numéroter, un par un, et la distribution des vivres suivra l'ordre des numéros. Ainsi, personne n'aura deux parts et personne ne privera quelqu'un de sa part !

L'idée parut intéressante et fut approuvée. Le capitaine Dupont, parce qu'il était le plus âgé dans le grade le plus élevé, reçut le numéro 1. Coudein et Savigny, assimilés à deux officiers de marine dirigeant le radeau, eurent les numéros 2 et 3. Puis, les officiers et les sous-officiers de l'infanterie prirent à leur tour un numéro. Enfin, les passagers terminèrent ce premier comptage.

Quand le moment vint de distribuer des numéros aux hommes entassés pêle-mêle sur le radeau, l'opération s'avéra délicate. Dans la cohue indistincte qui faisait face aux sous-officiers qui attribuaient des numéros, il apparut que certains prenaient deux numéros, voire trois. Cette tricherie, effectuée dans le but d'obtenir double ou triple ration, fut en partie corrigée par les sous-officiers qui veillaient au grain. Cependant, il n'y eut guère de doute, malgré toute l'attention déployée, que quelques hommes peu scrupuleux avaient réussi à se faire attribuer deux numéros.

Le sergent-major Charlot donna le résultat du comptage au lieutenant Lheureux qui en référa à Dupont.

— Capitaine, il y a d'abord quatre officiers d'infanterie et seize sous-officiers.

— Cela, je le sais déjà, dit simplement Dupont.

— Notons que la femme du sergent Prasty est là.

— Quoi !? La femme de Prasty est là ? Notre cantinière ?

— Elle n'a pas voulu quitter son mari quand elle a su qu'il était affecté sur le radeau.

— Où est-elle ?

— Elle était cachée vers l'arrière. Des soldats l'ont aidée à se dissimuler.

— Ah ?

— Je prends des sanctions ?

— Contre ces soldats ? Non. À quoi cela servirait-il ? Y a-t-il d'ailleurs punition plus importante que de se trouver sur ce radeau ? Prasty est-il au courant que sa femme est là ?

— Maintenant, oui. Mais il l'ignorait.

— Vous lui direz que sa femme doit venir nous rejoindre ici au centre du radeau. Elle y assurera sa fonction de cantinière en aidant à la distribution des vivres.

Lheureux ordonna au sous-lieutenant Cléret de faire venir l'épouse du sergent Prasty. Ce dernier était heureux de revoir sa femme mais se désespérait qu'elle se trouvât à présent embarquée dans une aventure à l'avenir si incertain. Lheureux revint vers Dupont et poursuivit son rapport :

— Il y a deux sous-officiers de marine, MM. Coudein et Savigny.

— Cela, je le sais aussi, dit Dupont, sans un sourire, même ironique.

— Il y a encore M. Griffon du Bellay, secrétaire de M. Schmaltz.

Imperturbable, Dupont opina du chef, alors que Griffon se tenait à deux mètres de distance et qu'il se trouvait dans son champ de vision.

— M. Corréard de la Société philanthropique du Cap-Vert.

— Très bien… lâcha Dupont, sans montrer la moindre impatience.

— Quinze ouvriers de la même Société du Cap-Vert, dont M. Lavilette que vous connaissez, je crois…

Lavilette se trouvait à ce moment derrière Dupont et écoutait le rapport du lieutenant Lheureux.

— Enfin, cent trois soldats, conclut le lieutenant.

— Bien. Combien d'hommes au total ?

— Cent quarante-six hommes et une femme. Mais j'aurais tendance à penser que nous sommes moins car des soldats ont pris plusieurs numéros.

Cette fois-ci, Dupont manifesta sa surprise et se tourna d'un bloc vers son lieutenant.

— Plusieurs numéros !? Il faut sanctionner ces comportements. Ceux qui ont pris deux numéros seront privés de ration une fois. Et pour trois numéros, privés de ration deux fois.

— Impossible. Les hommes sont si serrés que nous ne pouvons les mettre sur plusieurs rangs, ce qui rend la tricherie difficile à détecter.

La contrariété de Dupont était visible mais il dit seulement :

— Merci, lieutenant.

Il répéta à Savigny, qui l'avait en partie entendu, le rapport du lieutenant Lheureux.

— Je vais procéder à une première distribution : du biscuit

trempé dans du vin, conclut Savigny. Ça va occuper les hommes pendant un moment.

— M. Coudein en est informé ?

— Je le ferai, répondit Savigny un peu étonné par le formalisme du capitaine.

Quand Savigny espérait que l'opération de distribution des vivres occuperait les hommes, il ne soupçonnait pas à quel point. Les soldats avaient sur eux un gobelet, mais ils étaient tellement serrés qu'aucun ne pouvait se déplacer pour venir chercher sa ration. Il fallait donc que le gobelet vide circulât de main en main jusqu'au centre du radeau, où il était rempli d'une petite ration de biscuit trempé de vin, et retournât ensuite par le même chemin jusqu'à son propriétaire.

C'était long et fastidieux. Houleux aussi, car certains soldats peu scrupuleux n'hésitaient pas au second passage à plonger le doigt dans le gobelet pour voler un peu du mélange attendu. Ces agissements provoquaient injures et menaces. Il y eut même parfois quelques bousculades qui firent tomber plusieurs hommes, lesquels se relevaient furieux et trempés en menaçant leurs voisins de les faire chuter à leur tour.

*

Dupont recula d'un mètre pour permettre à Savigny de procéder à cette distribution. Pour y parvenir, il dut demander à Lavilette de se déplacer également, ce que fit ce dernier sans discuter. Ce faisant, Dupont découvrit quelque chose qu'il n'avait pas remarqué et qui l'étonna.

— Vous portez un sabre, monsieur Lavilette ? demanda-t-il en montrant du doigt le baudrier du maître charpentier.

— Oui, capitaine, répondit Lavilette fièrement. J'avais peu de bagages sur la frégate, comme vous pouvez vous en douter, et ce sabre est le seul bien auquel je tenais et je l'ai emporté.

— Et comment se fait-il que vous possédiez un sabre ? Je vous croyais charpentier.

— Oui, je suis charpentier. Mais j'ai aussi fait les campagnes d'Allemagne et de France dans l'artillerie de la garde. J'ai fini sergent !

Cette découverte plut à Dupont qui arbora un grand sourire.

— Ah ! Vous êtes donc un ancien soldat ! Et même un ancien sous-officier !

— Parfaitement, capitaine ! Et je suis à vos ordres, si vous le souhaitez !

— À la bonne heure, sergent Lavilette ! réagit Dupont en ajoutant un clin d'œil appuyé au maître charpentier.

Tandis que la lente distribution de vivres se poursuivait, Corréard qui les écoutait lâcha la barrique contre laquelle il s'était adossé et se rapprocha d'eux.

— Au moins, Lavilette, s'il y a du grabuge, vous pourrez nous défendre ! s'exclama-t-il.

— Pourquoi voulez-vous donc qu'il y ait du grabuge ? s'étonna Lavilette. Notre situation est déjà suffisamment désespérée comme ça…

— Justement ! Nous n'avons pas assez de nourriture pour rester longtemps sur ce radeau. Trop de monde, entassé comme des bêtes affamées ! Trop de soldats aussi, dont des nègres et des étrangers ! Tout ça peut vite dégénérer.

Dupont regarda Corréard sévèrement mais se tut.

— Dites donc, reprit Corréard, nous avons de l'eau jusqu'à la ceinture et nous sommes serrés comme un troupeau de moutons, comment croyez-vous que nous allons pouvoir dormir cette nuit ?

— Je ne sais pas, répondit Lavilette qui n'avait pas réfléchi à ce problème et qui le découvrait soudain.

— Je crains que nous ne puissions pas dormir, dit Dupont froidement.

— À moins que nous soyons capables de dormir debout comme des chevaux ! plaisanta Corréard. Encore que vous, capitaine Dupont, vous êtes avantagé par votre grande taille, si bien que vous n'avez de l'eau que jusqu'à mi-cuisse[1] !

Dupont ne jugea pas utile de répliquer, ne voyant pas très bien en quoi le fait d'avoir de l'eau à mi-cuisse, et non à la ceinture, lui permettrait de dormir mieux que Corréard.

---

[1] Le capitaine Dupont, qui mesurait 1,73 mètre, était grand pour l'époque.

Pourtant, ces remarques du géographe l'inquiétaient. Dans un premier temps, c'est l'épuisement par manque de sommeil qui guettait les hommes du radeau, plus que la faim et la soif. Or, il n'y avait aucune solution à ce problème. «Trop de monde entassé comme des bêtes.» Cette formule de Corréard, hélas, traduisait bien la réalité. Comment les hommes se comporteraient-ils si la situation perdurait? Du grabuge, prédisait Corréard. Dupont tenta de refouler cette idée.

Il n'y parvint pas totalement. Instinctivement, il regarda les officiers et les sous-officiers qui l'entouraient. Comme lui, ces derniers étaient armés. Ils avaient conservé leur sabre, parfois un pistolet, et presque tous leur fusil, dont certains à deux coups. Les soldats en revanche étaient désarmés. Certes, ils devaient posséder des couteaux et des poignards, mais c'était peu au regard de l'armement des officiers.

Parmi ces derniers, il y avait le lieutenant Lheureux et les sous-lieutenants Lozach et Cléret. C'étaient des soldats de métier, aux nerfs solides, sur lesquels on pouvait compter. Il y avait aussi deux sergent-majors, cinq sergents et neuf caporaux. C'étaient là des hommes rudes, et même violents, habitués à se trouver en première ligne dans les combats au corps à corps. Leur aptitude à prendre les décisions les plus radicales et les plus sanglantes les avait maintenus en vie au milieu des pires batailles rangées. L'un d'eux, le sergent-major Bernard Charlot, avait une telle réputation de férocité que sa seule évocation faisait frémir. En cas de «grabuge», pour reprendre le mot de Corréard, la révolte serait matée, et durement, si nécessaire.

Ces réflexions, Dupont les faisait presque malgré lui. Avec tristesse. C'était la première fois qu'il envisageait que ses hommes puissent devenir des ennemis. C'était inconcevable et il développait une sourde rancœur contre Corréard qui lui avait mis cette idée en tête.

Fils de vigneron, issu du peuple, Dupont aimait ses soldats et ceux-ci le respectaient. Il avait montré sa bravoure, ayant été nommé capitaine en 1810 sur le champ de bataille, en Guadeloupe, en récompense de l'héroïsme dont il avait fait preuve. Son regard se porta sur ces soldats qui, le gobelet à la main, mastiquaient lentement le biscuit trempé dans le vin. Non, il n'y avait dans leur attitude aucune rébellion, rien qui justifiât les propos de Corréard. Dupont voyait seulement des hommes aux yeux inquiets, et même effrayés par l'univers hostile de cet océan qui les cernait.

Un cri le tira brutalement de ses pensées. C'était Coudein. Il se tortillait sur la barrique, le buste penché en avant et désignant la surface de l'eau à ses pieds.

— La boussole !

— Quoi, *la boussole* ? s'écriait Savigny en se précipitant.

Malgré sa question, Savigny avait immédiatement compris ce qui s'était passé. Il se jetait au pied de la barrique, à genoux, ses mains fouillant sous l'eau le plancher du radeau.

— Elle m'a échappé… se lamentait Coudein.

Savigny chercha. Lavilette aussi. La boussole était introuvable.

— Elle a dû glisser entre les planches disjointes du radeau, conclut Savigny en se relevant.

— J'ai perdu notre unique boussole… Notre seul moyen de connaître la direction que suit le radeau…

Coudein était inconsolable. Savigny tenta d'atténuer l'importance de cette perte.

— Pas le seul. Le soleil reste un point de repère et nous savons que nous devons aller vers l'est pour atteindre la côte.

C'était vrai. Pourtant, la perte de la boussole s'ajoutait à l'impression de désastre que la situation présente suscitait déjà. Comme une sorte de fatalité, un présage de malheur. Ceux qui avaient assisté à l'incident gardaient un visage fermé. Personne ne commenta la remarque de Savigny pour y puiser un peu d'optimisme. Le sentiment d'une catastrophe imminente minait les esprits et altérait profondément le moral.

De nouveau, Savigny eut l'intuition que quelque chose devait être fait qui puisse maintenir l'unité du radeau. On ne pouvait rester ainsi inactif à tourner et retourner dans sa tête de sinistres pensées. Il fallait trouver un moyen de redonner de l'espoir. À défaut de le trouver dans la réalité, on pouvait le chercher dans la foi et le recueillement. Tenter de s'adresser aux âmes plutôt qu'à la raison.

— Quelqu'un a-t-il une Bible ? cria-t-il à la cantonade.

Il se trouva un soldat qui en possédait une et qui accepta de la prêter. Savigny s'appliqua à en lire un passage à haute voix, grimpant sur une barrique pour être vu de tous. Cette intervention provoqua le silence et les hommes se découvrirent, écoutant religieusement. Quand Savigny ferma la Bible, chacun fit consciencieusement le signe de croix. Pendant un temps, le fait d'implorer Dieu et de se recommander à Lui apaisa les cœurs et les esprits.

Enfin, il fut décidé une nouvelle distribution de nourriture. Ce fut une erreur, qui effaça l'effet positif de la lecture biblique. Le peu de biscuits que l'adjudant Petit avait jeté aux hommes du radeau fut dès lors épuisé. On ne put même pas terminer cette seconde tournée. Et ceux qui ne reçurent rien conçurent une sourde rancune envers ceux qui en avaient profité, en particulier les officiers déjà installés au meilleur endroit du radeau.

La nuit tomba. Hélas, la fatigue ne put se dissoudre dans le sommeil. Il fallait rester debout. Ceux qui s'assoupissaient s'écroulaient brusquement et il fallait les relever, ce qui provoquait des chutes en cascade.

Épuisés, certains décidèrent néanmoins de s'asseoir. Ils avaient de l'eau jusqu'au cou. Relevant leurs genoux et serrant les cuisses contre leur buste, ils tentaient de dormir la tête inclinée. La position était si inconfortable qu'elle ne pouvait être tenue longtemps. Elle provoquait aussi des querelles car un homme assis prenait plus de place qu'un homme debout, restreignant l'espace déjà étroit de chacun. Encore une fois, ceux du centre étaient avantagés. Non seulement ils avaient moins d'eau mais ils pouvaient s'adosser contre les barriques ou même se hisser dessus à tour de rôle.

La seule consolation était la douceur de l'eau.

— Heureusement que nous ne sommes pas au large de Brest ! lança Savigny.

— Pourquoi ? interrogea Corréard.

— Avec de l'eau jusqu'à la ceinture, sans bouger, la nuit nous serait fatale. Les hommes mourraient comme des mouches. De froid !

16

Vers deux heures du matin, la mer se creusa. Au début, ce fut imperceptible. Certes, le radeau s'élevait et s'abaissait avec une amplitude croissante, mais une certaine stabilité était conservée. C'est quand les mouvements se firent plus désordonnés, le radeau basculant d'avant en arrière et d'arrière en avant, mais aussi latéralement, que les hommes éprouvèrent des difficultés à conserver leur équilibre. Ils se tenaient l'un à l'autre en silence, leurs yeux reflétant l'angoisse qui montait peu à peu. Le vent sifflait en rafales au-dessus d'eux.

Quand la première lame balaya l'arrière du radeau, il y eut des cris. Perdant l'équilibre, un homme glissa, tenta de se raccrocher au plancher sans y parvenir. Il fut comme aspiré par le ressac et disparut dans les flots. Ce fut la stupeur.

Une seconde lame plus puissante que la première renversa une dizaine d'hommes. Quelques-uns ne réussirent pas à se relever. Leurs jambes étaient prises dans l'espacement grossier des planches et des madriers. Ils hurlaient, couchés dans l'eau, agitant les bras et se contorsionnant désespérément pour extraire leurs jambes. D'énormes paquets de mer les submergèrent. Précipités violemment contre le plancher du radeau, la tête sous l'eau, deux d'entre eux se noyèrent, restant prisonniers entre les pièces de bois. Pour éviter les nouvelles lames, des hommes piétinèrent sans même s'en rendre compte ceux qui tentaient encore de se relever, les condamnant à une mort atroce.

La situation n'était plus tenable. Il se produisit alors un mouvement de panique. Des hommes voulurent quitter l'arrière du radeau. Poussant leurs camarades, ils provoquaient de nouvelles chutes et quatre hommes situés sur les côtés du radeau tombèrent à l'eau. On les voyait accrochés aux planches, hurlant qu'on les secourût. L'un d'eux fut soudain entraîné dans un tourbillon et disparut sous le radeau. Les autres, plus robustes, réussirent à se hisser de nouveau sur le plancher.

Au centre du radeau, dans une situation déjà délicate mais moins exposée, le danger d'un mouvement de foule provoquant un désastre général entraîna une réaction immédiate du capitaine Dupont. Il se précipita à l'arrière, bousculant les hommes en se frayant un passage, criant à chacun de rester à sa place. Sa présence enraya le mouvement. Montrant l'exemple, le chef était au milieu de ses soldats, acceptant lui-même le risque de perdre la vie. L'ordre était de garder son poste et, par un réflexe militaire face à la hiérarchie, Dupont fut obéi.

Avec stupéfaction, il s'aperçut que deux barriques de vin qu'on croyait solidement amarrées à l'arrière du radeau venaient de se détacher sous la violence des lames. Elles menaçaient de se renverser et de rouler de l'arrière vers l'avant écrasant les hommes sur leur passage. Le capitaine reçut une puissante vague en pleine poitrine et fut renversé. Il se releva et cria :

— Jetez les barriques à la mer !

On les poussa tant bien que mal. Elles roulèrent au milieu des flots chaotiques et disparurent dans la nuit. Dupont ordonna que plusieurs cordages soient tendus d'une extrémité à l'autre sur toute la largeur du radeau. Malgré la difficulté, des matelots accroupis dans l'eau, à moitié submergés par les flots incessants, parvinrent rapidement à mener à bien ce travail.

À nouveau, Dupont montra l'exemple. Il ordonna que chaque homme empoignât à deux mains les cordages. Quand la lame le basculait à droite, il tirait sur le cordage avec sa main gauche pour se rétablir, et vice-versa. Bientôt, grâce à cette filière, personne ne tombait plus à la mer.

Pourtant, en dépit de cette sécurité relative, l'horreur ne les quittait pas. Car on trébuchait sans cesse sur des corps enfouis et enchevêtrés sous l'eau. Parfois, des cadavres, ramenés par les lames sur le radeau, venaient heurter violemment les jambes et les faisaient tomber à genoux.

Il y eut une brutale embardée du radeau. Dupont tomba sur le côté et un homme, poussé par une lame, le piétina. À moitié immergé, il se débattit, affolé par l'angoisse atroce de périr noyé ou écrasé comme d'autres avant lui. Il eut toutes les peines du monde à se relever et à reprendre sa place.

Malgré son endurance naturelle, l'épuisement le gagnait. Ses mains serraient la corde si fortement qu'il avait l'impression qu'elle sciait peu à peu ses cartilages et que les doigts, sur le point d'être tranchés, allaient se détacher et tomber dans l'eau. Il entendait autour de lui des voix indistinctes, portées et déformées par le vent. L'une d'entre elles le frappa :

— Il faut enlever la voile et faire tomber le mât !

Il chercha celui qui avait lancé cette idée. Il ne put y parvenir car elle était reprise en chœur par d'autres. Il tenta de s'y opposer.

— La voile nous porte en avant ! Elle permet de fuir la lame. Si nous n'avançons plus, ce sera pire !

Mais, dans le tumulte, la fureur des flots et le sifflement des vents, sa voix n'avait plus la force nécessaire pour se faire entendre. Il vit des hommes quitter leur poste et partir vers l'avant du radeau. À leur tête, il reconnut la haute taille de Larondelle. Il voulut les suivre. Tombant à plusieurs reprises, il n'avait pas atteint le centre que ces hommes arrachaient déjà la voile et renversaient le mât.

Le radeau parut basculer en avant et s'enfoncer sous les flots. Il se cabra soudain, émergea et fut même refoulé en arrière où il fut presque entièrement recouvert par une lame. Dupont avait raison. Sans voile, c'était pire. Désormais, il fallait tenir, coûte que coûte, en s'accrochant à tout ce qui se trouvait à portée de main.

Ce fut l'aube qui apporta la délivrance. Au lever du soleil, la mer se calma. Les hommes tombèrent à genoux. Seule la conscience d'être en vie surnageait dans l'impression d'une débâcle générale. Des regards épuisés, hagards pour la plupart, s'échangeaient en silence.

*

— Combien dites-vous ? s'exclama Savigny, effrayé par le nombre évoqué.

— Une vingtaine, sans doute. C'est ce que m'annonce le lieutenant Lheureux, répondit Dupont.

— C'est énorme ! À l'arrière du radeau surtout, c'est cela ? dit Griffon, le secrétaire de Schmaltz.

— Oui, j'y étais. C'était épouvantable. Les lames nous frappaient sans relâche. Des hommes ont été emportés par les flots, d'autres ont eu les jambes prises entre les planches du radeau et ils n'ont pu se libérer. On marchait dessus, c'était affreux. J'ai failli subir le même sort.

Même Dupont, pourtant habitué aux pires horreurs sur les champs de bataille, paraissait impressionné par ce qu'il avait vécu la nuit précédente.

— J'ai demandé aux sous-officiers de dégager les corps encore prisonniers des planches et de les jeter à la mer.

— Vous avez bien fait… affirma Savigny.

Corréard profita du silence qui suivit pour faire une observation qui jeta le trouble.

— Le niveau de l'eau a légèrement baissé sur le radeau…

Comme personne ne se hasardait à relever cette remarque parfaitement exacte, Corréard reprit :

— Vingt hommes de moins et les conditions sont un peu moins pénibles. Le radeau est allégé.

— J'ai aussi fait jeter à la mer deux barriques de vin qui se trouvaient à l'arrière, dit Dupont. Elles menaçaient d'écraser tout le monde.

— Vingt hommes plus deux barriques de vin et une baisse du niveau d'eau de presque un demi-pied. Imaginez si nous n'étions qu'une trentaine sur ce radeau…

Personne ne comprit pourquoi Corréard se livrait à ces réflexions. Le savait-il lui-même ? Cependant, il y eut quelques regards échangés entre les officiers d'infanterie. Ces soldats, accoutumés à obéir sans états d'âme aux ordres parfois inconcevables des généraux, semblaient les seuls à envisager une éventualité qui n'affleurait même pas à la conscience de Savigny, de Coudein, des matelots ou encore des ouvriers de la Société du Cap-Vert.

— Il faut redresser le mât et accrocher une nouvelle voile! s'écria Savigny, soucieux de remettre de l'ordre dans le radeau.

— Et à quoi sert-elle, cette voile? lâcha Corréard. Vous nous avez déjà expliqué que le radeau était emporté par les courants, voile ou pas voile! Et d'ailleurs, si j'ai bien compris, ces courants ne nous portent même pas vers la côte!

— Parlez moins fort, monsieur Corréard, coupa Dupont. Voulez-vous donc que les hommes comprennent que nous ne faisons que dériver au gré des courants!

La voix de Coudein s'éleva soudain. Assis sur son tonneau, regardant au loin, on avait tendance à l'oublier.

— Détachez-moi, dit-il.

Quand la mer avait commencé à s'agiter la nuit précédente, Savigny avait pris la sage décision de l'amarrer au tonneau pour éviter qu'il n'en glissât. Pendant qu'on le détachait, Coudein répondait à Corréard.

— Je vais vous dire pourquoi il faut impérativement remettre une voile même si elle ne nous aide en rien à gagner la côte.

— C'est pour faire joli? railla Corréard sur un ton déplaisant. Que voilà un charmant radeau au milieu de l'océan! C'est cela?

— Non, monsieur Corréard, ce n'est pas pour faire un joli tableau. Notre seule chance de survie, j'en ai peur, est qu'on parte à notre recherche. Le radeau est, par définition, au ras de l'eau. Si nous voulons qu'un navire nous repère, il faut absolument cette voile, et il la faut la plus grande possible.

Corréard se tut, frappé par la justesse de la remarque. Coudein avait raisonné en marin et, sur cette question de la voile, force était de reconnaître qu'il avait raison. De nouveau, ce fut Savigny qui s'entoura de quelques matelots et redressa le mât pour y accrocher une voile qu'il choisit plus grande que la précédente.

L'inquiétude des hommes sur le radeau était extrême. La nuit avait été très éprouvante mais l'espoir de voir revenir une ou deux embarcations de la frégate pour les secourir avait subsisté chez la plupart des soldats et des marins. Au matin, dès que la clarté fut suffisante, les regards fouillaient anxieusement l'océan à la recherche d'un point qui pourrait correspondre à un canot voguant vers eux.

Rien ! Il n'y avait rien que la ligne d'horizon séparant le bleu de la mer et du ciel.

— Terre ! Terre ! cria soudain un soldat.

C'était dit avec une telle émotion que beaucoup crurent également apercevoir la côte. On tendait le bras dans une direction et certains affirmaient qu'il y avait là-bas une ligne plus sombre – ou plus claire selon d'autres – qui ne pouvait être que le rivage. On y croyait, on entretenait l'illusion, on affirmait qu'il n'y avait pas de doute possible. La déception n'en fut que plus cruelle. Elle eut sur le moral de quelques-uns des répercussions dramatiques.

Quand on dut reconnaître que la côte n'était pas en vue, un homme décida d'en finir. Sur un ton qui faisait craindre que sa raison ne soit altérée, il expliqua qu'il n'y avait plus désormais aucun espoir d'être sauvé et il commença à étreindre en pleurant ses plus proches compagnons. Au centre du radeau, on assistait incrédule à la scène.

— Qui est-ce ? demanda Dupont.

— Canghillem, le boulanger, répondit Savigny.

— Deux mousses aussi !? s'écria Coudein.

Au côté du boulanger, deux jeunes garçons faisaient également leurs adieux.

— Ils sont fous… lâcha Lavilette.

— Ils ont quatorze ou quinze ans. Pas plus.

— Il faudrait les convaincre que… commença Dupont.

Il n'eut pas le temps d'achever sa phrase. Le boulanger et les deux mousses sautèrent à la mer. L'un des mousses, qui ne devait pas savoir nager, coula immédiatement. Le second eut l'air étonné de voir disparaître aussi vite son compagnon et il regardait autour de lui comme s'il espérait le voir surgir à nouveau des flots. Il attendait passivement, sans agiter les bras, et sa tête s'enfonçait dans l'eau. Elle ressortit un instant. Et on le regardait aussi passivement, sans émotion apparente. Puis, il disparut à son tour.

Le boulanger fut visible plus longtemps. Manifestement, il ne parvenait pas à trouver la mort. La dérive du radeau fit qu'on s'éloigna lentement de lui. Sa tête émergeait encore des flots et tous les regards se portaient vers elle, témoin d'une décision que les hommes du radeau avaient acceptée sans tenter véritablement de l'infléchir. Personne ne le vit couler et, plusieurs heures après, certains restaient convaincus que le boulanger Canghillem était toujours vivant.

*

À l'approche du soir, Savigny entreprit une nouvelle distribution de vin. Il n'y avait plus de nourriture proprement dite, mais le vin était presque considéré comme tel. Économiser fut la règle dans cette distribution. Curieusement, la soif et la faim étaient jusqu'à présent parfaitement supportables. Dupont qui s'en étonnait posa la question à l'aide-chirurgien :

— Monsieur Savigny, vous qui deviendrez médecin un jour, du moins, je l'espère…

Savigny comprit que la restriction de Dupont ne signifiait pas une réserve sur ses capacités intellectuelles mais une allusion à l'avenir incertain du radeau. Il sourit tristement.

— … Comment donc expliquez-vous que la soif ne me soit pas encore intolérable ?

La question sembla intéresser Griffon du Bellay qui s'approcha pour mieux entendre la réponse.

— Je crois, commença Savigny, que le fait d'avoir les jambes dans l'eau et nos vêtements trempés en permanence permet une absorption de liquide par la peau.

— Ah ! s'écria Dupont, surpris par cette explication. Comme c'est intéressant ce que vous dites !

— Voilà pour vous un beau sujet de thèse que la faculté de médecine devrait encourager ! osa Griffon.

— Il est rare de mener sur soi-même les expériences de

médecine ! dit Savigny en éclatant de rire. Au moins, on ne pourra pas me contester les résultats.

Il se rembrunit aussitôt, rattrapé par la réalité.

— Si nous en réchappons, monsieur Griffon, si nous en réchappons…

La distribution fut compliquée par la volonté de donner à nouveau un numéro aux hommes. C'était une idée de Savigny qui craignait que les numéros manquants, correspondant aux disparus de la veille, n'altèrent encore plus le moral de la troupe. Il fallut faire face à la même difficulté : certains prenaient plusieurs numéros dans l'espoir d'obtenir double ration de vin. Cette tricherie fut à nouveau combattue mais sans parvenir à être éliminée totalement.

Aidé par l'épouse du sergent Prasty, la cantinière du bataillon, Savigny décida aussi de diminuer la ration pour préserver la ressource. Trois quarts de vin fut le maximum autorisé. Cette restriction, alors que plusieurs barriques non entamées se trouvaient au centre du radeau, entraîna des protestations.

— Si y a rien à manger, faut boire plus de vin ! cria soudain Larondelle.

Cette opinion, dont l'apparent bon sens ravit les hommes qui se trouvaient autour de lui, fut appuyée par des cris et diverses manifestations de mécontentement, injures et insultes. Le lieutenant Lheureux s'approcha de Dupont et chuchota à son oreille :

— C'est pas bon.

Comme son subordonné, Dupont s'inquiétait de la détérioration de la discipline. Dans la bouche de soldats dont l'obéissance est la vertu cardinale, les phrases entendues ici et là étaient proprement intolérables. Il eut un réflexe militaire et, à voix basse, glissa à son lieutenant :

— Dites aux sous-officiers de se tenir prêts à toutes les éventualités.

Corréard se dressa soudain et s'adressa directement aux hommes qui protestaient :

— Personne ne touchera au vin ! Le vin, c'est notre survie !

Cette intervention entraîna des hurlements et des huées. Corréard fut conspué avec véhémence.

— Monsieur Corréard, dit Dupont en accrochant le bras du géographe, ne les mettez pas tous dans le même sac ! Ceux qui protestent ne sont pas majoritaires.

C'était exact, mais il était tout aussi exact que l'interpellation maladroite de Corréard avait accru le nombre des mécontents. Déjà, Larondelle répliquait d'une voix forte :

— Notre survie ou la vôtre ? Les barriques, vous avez la main dessus ! Et nous ? Des nèfles ! Bernique !

— Les beaux messieurs, ils ont tous les droits ! cria un soldat.

L'opposition s'envenimait. Il y avait d'un côté une trentaine d'hommes regroupés au centre du radeau. C'étaient les officiers d'infanterie et de marine, quelques lettrés comme Corréard et Griffon, des marins instruits comme le second timonier de *La Méduse* Henri Thomas ou le maître canonnier Joseph Tourtal, et des artisans de la Société du Cap-Vert comme Lavilette. De l'autre, répartie à l'arrière et à l'avant, là où les vagues déferlaient régulièrement sur le radeau, il y avait la masse indistincte des soldats et des pauvres matelots. Pour ces mal lotis, ceux du centre représentaient des notables, dont les privilèges se maintenaient jusque dans l'organisation du radeau. Ils s'étaient installés à la meilleure place et disposaient comme bon leur semblait de la ressource en eau et en vin.

Le fantôme de la Révolution de 89 surgissait brusquement sur un radeau perdu au milieu de l'océan Atlantique. Un nouvel affrontement se profilait.

Issu du peuple, engagé volontaire en 1792 dans l'armée de la jeune République, Dupont sentait confusément que les événements tragiques et sa fonction de capitaine le plaçaient du côté qui n'était pas originellement le sien. C'était fortuit, presque un malentendu, et s'il n'était pas capable de concevoir clairement sa situation, il en était désorienté.

⋆

Les deux groupes s'épiaient dans un état de nervosité que le manque de sommeil et de nourriture exacerbait. C'était un véritable face-à-face, périlleux et à l'issue incertaine, que la houle fit cesser. Le vent se leva soudain et le cauchemar de la nuit précédente reprit de plus belle. Le radeau était chahuté, bousculé, projeté ou bloqué brutalement, tandis que des lames incessantes le recouvraient.

La mer était si creusée que le radeau menaçait parfois de se renverser. Pour rétablir l'équilibre, les hommes les plus mobiles couraient du côté opposé où le radeau penchait. C'étaient des fuites effrénées vers la droite, puis vers la gauche, qui épuisaient encore davantage les organismes. Trébuchant dans leur course ou bousculés dans la panique, des hommes tombèrent à l'eau et furent absorbés par les flots.

Dans le désordre occasionné par cette lutte pour la survie, des soldats conduits par Larondelle envahirent le centre du radeau. Sans doute, au début, avaient-ils seulement l'intention de se mettre dans un endroit un peu épargné par les lames? La violence des intempéries ne permettait guère de s'organiser pour les repousser, ce qui fut néanmoins tenté, mais vainement, par quelques officiers.

Ces soldats profitèrent du chaos général. Ils entourèrent une barrique de vin et, la saisissant à plusieurs, l'emportèrent vers l'arrière. Personne ne put les en empêcher. C'était un nouveau butin, une ultime et dérisoire réplique du pillage de la frégate.

La barrique fut crevée et les soldats se bousculaient autour pour y plonger leur gobelet. Certains puisaient le vin à pleines mains et buvaient avidement.

— Si on doit crever sur c'radeau, autant crever bourrés! vociférait Larondelle.

Cette belle sentence légitimait la saoulerie. Il apparut dès lors comme une évidence qu'il fallait boire tant et plus pour échapper à l'enfer du radeau. Entouré par ses officiers, Dupont qui se trouvait au pied du mât observait la scène.

— Que fait-on? demanda le lieutenant Lheureux.

— Pour l'instant, rien. Que voulez-vous faire? répondit Dupont en haussant les épaules.

La tempête se calmait peu à peu et les soldats buvaient toujours.

— Ils vont la vider, cette barrique… remarqua le sergent Prasty.

C'était un constat. Déjà, malgré la pluie et le vent, les soldats qui s'adonnaient à la beuverie changeaient d'attitude. Ils ne semblaient plus se soucier du lieu où ils se trouvaient. On s'encourageait mutuellement à braver l'autorité. Larondelle, habitué à exercer sur ses camarades une forte influence, menait la danse.

— De quel droit gardent-ils le pinard pour eux? hurlait-il, le visage empourpré.

— Oui, de quel droit? beuglaient les hommes.

— De quel droit sont-ils au centre du radeau et pas nous? reprenait Larondelle.

— Oui, de quel droit? braillaient les hommes derechef.

Tous les soldats ne participaient pas à cette bacchanale. Certains se tenaient à l'écart et paraissaient surpris, sinon effrayés, par ces débordements. Peut-être redoutaient-ils la réaction des officiers? D'autres encore, les étrangers, regroupés sur un côté du radeau, ne participaient pas non plus et chuchotaient entre eux en montrant du doigt Larondelle et ses camarades avinés.

La barrique était déjà aux trois quarts vide. Ceux qui n'avaient pas de gobelet se penchaient sur le rebord, basculaient et plongeaient leur tête dans le vin pour boire encore. L'un d'eux tomba dedans. Il en fut retiré par Larondelle et jeté sur le côté.

Sur des organismes à jeun et épuisés par le manque de sommeil, l'effet de l'alcool était démultiplié. Des soldats titubaient et se soutenaient mutuellement. D'autres se trouvaient dans un état d'excitation effrayant. Les paroles étaient de plus en plus agressives et visaient pêle-mêle les officiers et les passagers qui occupaient le centre du radeau.

— Y a pas d'raison qu'ce soit eux et pas nous! lança Larondelle.

— Oui, pas d'raison! reprenaient les soldats sous l'emprise de l'alcool. Pas d'raison!

— Eh bien, on prend leur place! proposa Larondelle.

— On prend leur place!

Larondelle marcha vers le centre du radeau. Il était suivi par une cinquantaine de soldats dans un mouvement désordonné. De leur part, il n'y avait aucune concertation, aucun plan, aucune stratégie. C'était une action instinctive. On allait occuper le centre du radeau tout simplement parce qu'il n'y avait aucune raison que seuls certains – «les beaux messieurs» – aient le privilège de s'y trouver.

Les officiers se regroupèrent. Ils firent face, tandis que les passagers, effrayés par la tournure des événements, se cachaient derrière eux. Larondelle fut le premier à entrer en contact. À deux mètres du cordon des officiers, il s'arrêta et cria :

— Dégagez ! C'est à notre tour !

La brutalité de la réponse produisit sur Savigny, Coudein, Griffon et Corréard un état de sidération. Le geste fut accompli d'une manière délibérée, de sang-froid, simplement et proprement exécuté. Le sergent-major Charlot pointa son fusil sur Larondelle et tira.

Larondelle reçut la balle en pleine poitrine. Il donna l'impression de ne pas en ressentir l'impact. Il restait debout, la bouche ouverte, muet. Lentement, son bras droit se mit en action et il posa la main à l'endroit où la balle l'avait pénétré.

Le sergent Charlot fit feu une seconde fois. Touché pratiquement au même endroit, Larondelle vacilla et tomba à la renverse. Pétrifiés, les soldats regardaient le grand corps immobile de leur meneur. Ils n'eurent pas le temps de prendre une décision.

Les officiers firent feu en même temps. Ils ne visèrent personne en particulier, sinon la foule indistincte qui se trouvait face à eux. Puis, jetant leur fusil, ils tirèrent leur sabre du baudrier et se ruèrent sur les soldats.

Ce fut un carnage. Désarmés, ivres pour la plupart, les soldats étaient hachés et percés par les sabres. Des hurlements de souffrance couvrirent le bruit de la mer et du vent. Le sang giclait et les corps s'amoncelaient ; bras découpés, têtes tranchées, gorges ouvertes. Les officiers frappaient au hasard, à droite et à gauche, massacrant sans discernement, même des soldats qui n'avaient pris aucune part à la mutinerie. Pour cette raison, la mêlée fut bientôt totale.

Les soldats attaqués sortaient leur couteau et parvenaient

parfois, malgré l'inégalité de l'armement, à toucher un officier. L'exiguïté du champ de bataille provoqua des déplacements incontrôlés, des mouvements de rotation, si bien que les soldats se retrouvèrent soudain au centre du radeau. La bousculade générale entraîna la chute du mât qui tomba sur la jambe gauche du capitaine Dupont. Fauché brutalement, celui-ci perdit connaissance.

Trois soldats le saisirent par les pieds et les mains et le traînèrent vers le bord du radeau. Coudein, qui se recroquevillait sur la barrique où Savigny l'avait de nouveau attaché au début de la tempête, hurla aux officiers qui se battaient autour de lui :

— Dupont ! Ils veulent noyer Dupont !

Déjà, l'un des soldats s'apprêtait à jeter le capitaine à l'eau quand il s'effondra en avant, et bascula tête la première dans la mer. Le lieutenant Lheureux lui avait fendu le dos d'un grand coup de sabre. Les deux autres soldats s'enfuirent aussitôt. Deux caporaux ramenèrent Dupont près du mât effondré et le déposèrent, toujours évanoui, sur une barrique.

Pour dégager le centre du radeau encore occupé par une vingtaine de soldats, Savigny, Lavilette et le second timonier Thomas tirèrent également leur sabre et frappaient les soldats qui se trouvaient à leur portée. Cette aide soudaine apportée aux officiers provoqua un recul des révoltés qui, pris à revers, furent ainsi expulsés du centre du radeau tandis que tous les officiers y reprenaient place.

Ce mouvement, qui replaçait les combattants dans leur position initiale, provoqua une trêve soudaine. Les sous-officiers, sergents et caporaux, gardaient le sabre à la main mais ne frappaient plus, les soldats se tenant à distance respectable. Les officiers, le lieutenant Lheureux et les deux sous-lieutenants Cléret et Lozach, remirent le sabre au baudrier.

⋆

Le premier réflexe des officiers fut de compter les pertes de leur camp. Lozach s'en chargea et revint auprès de Lheureux qui, en l'absence de Dupont, prenait le commandement des soldats. Le rapport fut assez bref et Lheureux se rendit auprès de Coudein, chef officiel du radeau, faisant signe à Savigny de les rejoindre. Coudein demanda qu'on le détache et s'informa de la santé de Dupont.

— Il délire, sa jambe gauche est endommagée, mais il ne semble pas gravement blessé, répondit Savigny sur un ton qui se voulait rassurant mais où perçait un sentiment d'horreur devant les événements qui s'étaient produits.

— Tant mieux… C'est affreux ce qui vient de se passer…

— Affreux, oui… reprit Savigny.

Le lieutenant Lheureux s'impatientait. Ces deux jeunes militaires de la marine, sans expérience du combat et qui venaient d'en découvrir l'effroyable réalité, n'étaient pas de force à assumer les décisions brutales qui devaient être prises. Il devinait cependant plus de ressources chez Savigny que chez Coudein.

— Nous avons deux morts et plusieurs blessés, coupa-t-il.

— Qui ? réagit Savigny.

— Le sergent Noël Blanc et un ouvrier de la Société du Cap-Vert.

— Comment ?

— Quoi *comment* !? À coups de couteau !

— Oui, bien sûr… dit Savigny machinalement.

Lheureux attendait mais il doutait que les deux jeunes gens puissent conclure quoi que ce soit de concret. Si bien qu'il ne fut pas surpris quand Savigny prononça d'une voix faible :

— Et que faut-il faire à présent ?

— Nous venons de faire face à une rébellion ! asséna Lheureux avec force. Elle est temporairement matée.

— Temporairement ? s'alarma Coudein.

— Les conditions ne sont pas réunies pour que les choses rentrent dans l'ordre. Nous sommes sur un radeau au milieu de l'océan. Il n'y a ni prison, ni cour martiale, ni peloton d'exécution pour mettre un terme définitif à la sédition.

Savigny et Coudein baissaient les yeux. Lheureux leur faisait comprendre que le cauchemar d'une bataille rangée pouvait reprendre d'un moment à l'autre. Le sergent-major Charlot s'approchait. Il avait du sang sur son uniforme.

— On pourrait en fusiller une dizaine au hasard pour l'exemple, suggéra-t-il.

Les méthodes efficaces de Bernard Charlot étaient appréciées des généraux et expliquaient sa promotion de simple soldat à sergent-major. Pourtant, le lieutenant Lheureux secouait la tête :

— Non, c'est une mauvaise idée. Nous serions à la caserne, dans un environnement favorable, avec des forces loyales nombreuses, je ne dis pas. Mais ici ça ne servirait à rien.

— De plus, il faudrait recharger les fusils et la poudre est mouillée. Nous n'avons plus d'armes à feu, que les sabres... fit remarquer le sous-lieutenant Lozach.

— Alors ? demanda Coudein.

— Il faut rester groupés au centre du radeau et interdire à tout soldat de s'approcher, proposa Lheureux. À la moindre désobéissance, il faut être intraitable.

Ce que le lieutenant Lheureux entendait par « intraitable » n'était que trop clair. Corréard se mêla au groupe de discussion.

— De toute façon, moins nous serons sur ce radeau et plus nos chances de nous en sortir seront grandes, dit-il pour appuyer les propos du lieutenant.

— Et les matelots ? lança Coudein dont l'esprit de corps se réveillait.

A priori, les matelots n'avaient pas participé à la rébellion. Lheureux hésitait.

— Vous croyez qu'on peut leur faire confiance ?

— J'en réponds ! affirma Coudein. Du reste, ils ne sont qu'une quinzaine.

— Faut voir... lâcha Lheureux, peu convaincu.

Ils n'eurent pas le temps d'aller plus loin sur cette question. De nouveaux cris s'élevaient du côté des soldats. Lheureux se porta aux avant-postes :

— Ils veulent qu'on leur donne à boire et ils réclament du pain, expliqua le sergent Prasty.

— Du pain !? Mais nous n'en avons pas, du pain ! Ils le savent !

— Certains pensent qu'on en a quand même et qu'on le garde pour nous.

Les soldats s'avançaient. Quelques-uns paraissaient avoir perdu la raison et, en plus du pain et du vin, réclamaient aussi un hamac pour dormir.

— Vous ne pouvez pas nous laisser crever comme ça ! lança un soldat, dont les mains tremblaient.

— Donnez-nous du pain ! Nous savons que vous en avez ! cria un autre, les yeux exorbités.

— C'est tout ce qu'on demande ! Du pain et du vin ! supplia un troisième.

Lheureux répliqua d'une voix forte :

— Nous n'avons pas de pain ! Et du vin, vous n'en aurez pas ! Reculez !

Les soldats se rapprochaient lentement. Plusieurs sortaient le couteau de la poche. Situés au centre du radeau, les officiers étaient déjà menacés d'un encerclement. Lheureux était un homme expérimenté. Il fallait prendre les devants, il les prit.

Tirant brutalement son sabre du baudrier et le levant en l'air, il cria aux sous-officiers qui avaient déjà le leur à la main :

— Chargez !

Vers le devant et vers l'arrière du radeau, les sous-officiers s'élancèrent, frappant les premiers rangs. Les soldats refluèrent précipitamment mais, butant sur leurs camarades situés derrière eux, ils furent contraints de se jeter en avant sur les officiers. Ceux-ci ne s'attendaient pas à les voir fondre sur eux de cette manière inattendue. Ils n'eurent pas le temps d'abattre leur sabre une seconde fois.

Ce fut un corps à corps brouillon où les armes, même les couteaux, se révélaient inefficaces, tant les corps étaient enchevêtrés. Les soldats qui n'avaient pas de couteau mordaient les officiers aux oreilles ou dans le cou. C'était une mêlée sauvage où les coups de tête se révélaient plus efficaces que les couteaux.

Cette mêlée dura, parce que les officiers ne parvenaient pas à se dégager. Ils auraient pu être submergés par le nombre mais l'exiguïté du radeau jouait en leur faveur. Relégués derrière l'étroite ligne de front, la plupart des soldats ne pouvaient participer à la lutte. Ils hurlaient et poussaient leurs camarades, augmentant la compacité des adversaires en contact et, par le fait, l'inefficacité du combat.

Savigny et Coudein assistaient à cette seconde bataille de la nuit. Savigny avait tiré son sabre. L'issue incertaine du combat les obligeait à se tenir prêts à toutes les éventualités. Lavilette se tenait à leur côté.

— Nous ne pouvons pas intervenir, dit-il.

C'était vrai. Le champ de bataille était inaccessible. Cette passivité se révélait éprouvante pour des nerfs déjà durement malmenés et Corréard se tordait les mains en silence.

— Je voudrais être dans mon lit et dormir… dit-il soudain de manière totalement incongrue.

Puis, ils virent la ligne de front osciller. Les officiers cédaient sous la pression et il y eut une chute généralisée. Les soldats ne purent en profiter, au contraire. Ils étaient écrasés par leurs camarades de l'arrière qui avaient basculé en avant. Se relevant plus vite, les officiers reprirent un peu de distance et frappèrent immédiatement à coups de sabre les soldats en train de se relever.

Ce fut un nouveau carnage où toute la première ligne des soldats fut fauchée en quelques minutes. Le repli fut immédiat. Lâchant prise, les hommes refluaient précipitamment. Les officiers restaient maîtres du terrain et regagnèrent le centre.

— Qu'est-ce que je vous avais dit! s'écria Lheureux en rejoignant Savigny. Vous feriez confiance à ces enragés?

Malgré l'obscurité, on devinait du côté des soldats un spectacle de désolation. Les blessés, à quatre pattes, pataugeant dans l'eau et le sang, roulaient sur les morts. Des plaintes s'élevaient de tous côtés. Les râles des mourants se mêlaient au fracas des vagues.

— C'est horrible… dit Coudein en plaquant ses deux mains sur les oreilles pour ne plus entendre.

17

L'aube se leva. Des hommes se laissaient glisser sur le plancher du radeau et s'asseyaient dans l'eau, épuisés et anéantis. La plupart s'endormirent. Les sous-officiers, cependant, ne dormaient pas et gardaient le sabre à la main. Ils veillaient toujours, le regard fixe, les cheveux hirsutes, l'uniforme souillé.

À quelques mètres d'eux, allongés et soutenant avec peine leur tête hors de l'eau, des blessés geignaient et tendaient les bras vers le ciel.

— Ils souffrent… lâcha le sergent Prasty qui ne pouvait détacher le regard de quatre d'entre eux dont les blessures étaient fatales.

— De toute façon, ils sont foutus, affirma l'adjudant Despierre. Vaudrait mieux les achever.

Le sergent-major Bernard Charlot se leva. Il s'approcha des quatre malheureux, les regarda un instant. Puis, il leva son sabre et leur trancha la gorge à chacun, d'un coup net, presque chirurgical. À chaque fois, un râle ultime, un glouglou affreux, et c'était fini. Le sergent-major regagna sa place.

— Être soldat n'empêche pas d'avoir un peu d'humanité, grogna-t-il en s'asseyant.

Coudein regardait la scène. L'épouvante lui donnait des tremblements dans les bras et dans les jambes.

— J'en peux plus… dit-il d'une voix à peine audible.

Personne ne lui répondit. Savigny se tenait accroupi auprès

du capitaine Dupont. Celui-ci était assis, les jambes allongées, le dos accoté contre une barrique de vin. Les yeux mi-clos, il était agité par un rêve qui prenait la forme d'un délire.

— Vous m'étouffez... disait-il dans de brusques accès de terreur. Non!... Ne me noyez pas!... Vous m'étouffez... écartez-vous...

Il agitait faiblement les bras comme s'il repoussait des assaillants. Savigny posa la main sur son front. Dupont avait de la fièvre.

Se relevant brusquement, Savigny sentit ses jambes flageoler. La tête lui tourna. «Nous allons mourir de faim», pensa-t-il. Il s'approcha du lieutenant Lheureux, lequel restait debout, immobile comme une statue, le regard absent.

— Lieutenant, c'est de faim que nous mourrons.

Lheureux tourna vers lui des yeux froids.

— Taisez-vous, dit-il simplement.

— Nous n'avons absolument rien à manger. Et il ne reste plus que deux barriques de vin. Les quelques pièces d'eau que nous possédions ont été renversées pendant la bataille.

Lheureux ne répondit pas. Il paraissait préoccupé par une idée qui ne le lâchait pas.

— Monsieur Savigny, sur terre, après une guerre meurtrière, le champ de bataille est nettoyé de ses morts.

— ??

— Vous voyez tous ces cadavres sur le radeau?

— Oui... dit Savigny qui n'osait pas les regarder.

— Eh bien, il faut s'en débarrasser, et vite.

— Comment?

— Je vais les faire jeter à l'eau. Vous avez une autre solution?

Savigny se tut. Lheureux reprit avec une pointe de mépris dans la voix:

— Je suppose que, sur ce sujet, il n'est pas nécessaire que je demande son avis à M. Coudein?

— Non, avoua Savigny.

Lheureux se détourna pour rejoindre les sous-officiers mais Savigny le saisit par le bras.

— Demandez aux matelots de faire ce travail.

— Pourquoi?

— Parce que les matelots n'ont pas participé à la révolte. Ils sont désarmés et vos sous-officiers pourront continuer à surveiller les soldats pendant ce temps-là. Les matelots sont sous les ordres de l'aspirant Coudein, qui a été désigné par le capitaine Chaumareys pour commander le radeau. Ils ont leur place au centre du radeau. Tout porte à penser qu'ils ne suivront pas les soldats dans leur révolte mais continueront à nous servir.

— *Tout porte à penser*… répéta le lieutenant Lheureux.

— J'en suis intimement convaincu.

— Vous les connaissez mieux que moi… Bien, j'accepte mais je les ferai quand même surveiller en permanence par deux ou trois adjudants.

⋆

Malgré les pertes subies pendant une bataille à laquelle ils n'avaient pas participé mais où cinq d'entre eux avaient perdu la vie, les matelots acceptèrent de jeter les cadavres à la mer. Ils y virent un intérêt. On les dissociait des soldats et on leur octroyait le privilège de se tenir au centre du radeau. Par ailleurs, Coudein en fut satisfait, même s'il en fallait plus pour mettre fin à son accablement.

Ce fut un travail pénible. Il fallait saisir par les jambes et par les pieds des hommes dont les blessures étaient si hideuses qu'elles soulevaient le cœur. On voyait parfois un matelot lâcher brusquement un bras et vomir, plié en deux. Les spasmes étaient violents et douloureux, même si les estomacs vides ne rejetaient qu'une bile quasi limpide. Le nombre de morts était effrayant et certains cadavres furent oubliés, coincés entre les planches disjointes du radeau.

Tout en suivant des yeux ces croque-morts improvisés, le lieutenant Lheureux effectuait un comptage sommaire des victimes des affrontements de la nuit. Il revint ensuite près de Savigny pour en rendre compte. Corréard et Lavilette se joignirent à eux. Lheureux dit sobrement :

— Les pertes sont énormes.

— C'est-à-dire ?

— Difficile d'être précis, mais je dirai qu'il y a au moins cinquante morts, peut-être plus.

Le chiffre parut considérable. Savigny et Lavilette se taisaient, épouvantés.

— À quelque chose, malheur est bon ! lâcha soudain Corréard.

— Que voulez-vous dire ? demanda naïvement Lavilette.

— Je veux dire que le premier jour nous avions de l'eau jusqu'à la ceinture. Après la première nuit de tempête et les pertes subies, elle avait un peu baissé. À présent, elle est en dessous du genou.

— C'est vrai, répondit Lheureux avec un pragmatisme qui étonna Savigny.

— C'est aussi autant de rations de vin en moins à distribuer, ajouta cyniquement Corréard.

La distribution ! Depuis le premier jour, Savigny s'était donné ce rôle de l'organiser et il n'y avait pas encore songé aujourd'hui. Il voyait la dizaine de matelots encore en vie regagner le centre du radeau et s'affaler par terre, livides et épuisés. Plus loin, à l'arrière, les soldats attendaient en silence, debout ou assis dans l'eau selon leur degré de lassitude.

— Il faut faire cette distribution maintenant ! s'écria-t-il.

— Vous comptez donner aussi une ration de vin aux soldats ? demanda le lieutenant Lheureux.

— Oui.

— Nourrir des rebelles, ça me laisse perplexe...

— Si on ne les nourrit pas, ils vont mourir de faim.

— C'est ce qu'ils mériteraient.

Savigny s'effrayait des dispositions du lieutenant.

— Mais enfin, lieutenant, tous les soldats n'ont pas participé à la révolte !

— Comment faire le tri ? On ne le peut tout simplement pas.

— Donc vous les condamnez tous ?

— Vous connaissez la formule : Dieu reconnaîtra les siens.

— Non ! On ne peut pas faire ça ! s'insurgea Savigny.

— Et pourquoi donc ?

— Parce que, si on refuse de les nourrir, ce sera immédiatement une seconde guerre sur le radeau. Et cette fois-ci, les soldats que nous affronterons ne seront pas ivres. Nous risquons des pertes importantes. Non! Il faut tenter de retrouver l'unité du radeau.

Corréard leva les bras au ciel.

— L'unité! L'unité! Vous me faites rire, Savigny! Allez-vous inviter ces soldats à venir au centre du radeau? Non! Vous n'allez pas le faire! Encore heureux! Nous sommes à notre juste place, ici, et ils sont à leur place, là-bas! Nous devons déjà supporter ces matelots déguenillés à nos côtés, c'est déjà beaucoup! D'ailleurs, vous m'auriez demandé mon avis à ce sujet, je vous l'aurais donné!

— Je ne vous l'ai justement pas demandé! répliqua sèchement Savigny.

— Passons! s'exclama Corréard en faisant un grand geste de la main comme s'il écartait un gêneur. Mais je vais vous dire une chose que vous savez très bien! Si on reste trop nombreux sur ce radeau, on mourra tous de faim et plus vite qu'on ne le pense! Vous voulez mourir de faim, vous?

— Nous allons procéder à la distribution maintenant, affirma Savigny sans relever les propos de Corréard.

Le lieutenant Lheureux fit la moue mais abdiqua.

— Dans ce cas, les soldats viendront à la barrique deux par deux, pas plus, dit-il. Nous éviterons ainsi un afflux au centre du radeau qui pourrait nous faire perdre le contrôle de la situation.

Pour cette raison, la distribution prit du temps. Les soldats venaient par deux, étroitement surveillés par les sous-officiers qui gardaient le sabre à la main. Mme Prasty remplissait à moitié chaque gobelet. Quand ce fut son tour, il fallut relever Griffon du Bellay, le secrétaire du gouverneur, prostré dans un coin, le visage inexpressif.

— Qu'est-ce que nous faisons là? balbutia-t-il alors qu'on lui mettait son gobelet de vin dans la main.

Il alla se rasseoir en tenant des propos incohérents.

— Combien avez-vous compté de personnes au total? demanda Corréard à Mme Prasty quand la distribution fut achevée.

— Une soixantaine.

Le chiffre frappa Lavilette.

— Soixante ? Nous étions cent cinquante au départ et une vingtaine de personnes sont mortes au cours de la première tempête. Si nous ne sommes plus que soixante, c'est que les événements de la nuit dernière ont fait quelque soixante-dix victimes !? C'est plus que ce que vous pensiez, lieutenant.

— Faut croire que oui… dit Lheureux sans s'émouvoir.

— Je pense aussi que pas mal d'hommes sont tombés à la mer au cours des bousculades, tenta Savigny en guise d'explication.

— Soixante ! lâcha Corréard sur un ton lugubre. C'est encore trop pour survivre avec le peu de vin qui nous reste. Je ne donne pas cher de notre peau si nous ne sommes pas secourus rapidement.

Personne ne fit écho à cette remarque mais, sur le fond, chacun pensait de même.

*

Le capitaine Dupont rêvait et s'agitait. C'étaient des songes étranges où il était bousculé, retourné ou transporté. Des hommes le pressaient, mettaient la main dans ses poches et le déshabillaient. Il se débattait et on le laissait tranquille un moment avant que les mêmes tourments ne reprennent de plus belle. Il se vit aussi sur la frégate, cherchant désespérément l'escalier afin de descendre à l'entrepont et s'y cacher.

Dupont sentit soudain une vive douleur au niveau de la jambe et ouvrit les yeux. Il vit un simple matelot, à quatre pattes, qui entamait sa cheville gauche avec un mauvais couteau. Le sang coulait déjà. Il se redressa brusquement et, de la main, repoussa violemment le matelot.

— Que fais-tu ? cria-t-il, horrifié.

Le matelot lui jeta un regard de travers et ricana d'une manière extravagante. Puis, son visage se figea et il eut l'air effrayé. Il se tassa sur lui-même.

— Que faisais-tu ? répéta Dupont.

— J'coupe le radeau !

— Le radeau!? Mais c'est ma jambe que tu coupes, imbécile!

— Vot' jambe?

Le matelot paraissait sincèrement surpris. Il se releva et considéra le capitaine avec attention comme s'il le découvrait.

— Ma parole, tu as perdu la raison! s'exclama Dupont.

— Moi?

— Oui, toi! Tu es fou?

Le matelot ne protesta pas. Il donna même l'impression de réfléchir à l'accusation. Soudain, il enjamba Dupont et disparut. Le capitaine avait du mal à reprendre ses esprits. Il passa la main sur sa cheville ensanglantée.

— Jolie coupure!

Et secouant la tête avec véhémence:

— Quel bougre de crétin!

Puis, il regarda autour de lui. Il fut étonné de voir que le radeau, surpeuplé avant qu'il perde connaissance, paraissait presque vide.

— Que s'est-il passé? Où sont-ils?

Il eut une autre surprise. On l'avait délesté de sa redingote. Son habit était déchiré et il n'avait plus ses chaussures. Instinctivement, il fouilla aussitôt dans ses poches. Sa montre n'y était plus. Le bouton en or de sa chemise avait été arraché. Son shako, son couvert en argent, son portefeuille et même son mouchoir avaient également disparu. Dupont n'en revenait pas.

— Dépouillé comme un cadavre sur un champ de bataille…

Il se releva difficilement. Savigny vint à sa rencontre.

— Doucement! Vous avez été secoué, capitaine!

— Je crois même que certains m'ont cru mort…

Dupont constata que le nombre de soldats avait été réduit de moitié.

— Que sont devenus les autres soldats?

— Ils sont morts…

— Morts!? Comment est-ce possible?

— Nous avons fait face à une terrible révolte. Les soldats voulaient nous massacrer…

— Nous massacrer?

Le capitaine Dupont avait du mal à y croire. Il sentait au ton de Savigny qu'il ne lui disait pas exactement la vérité. Du reste, celui-ci ajoutait :

— Le lieutenant Lheureux et les sous-officiers ont pris les devants, sinon je ne serais pas là en train de vous parler.

— Ah ? Ils ont pris les devants…

Dupont restait dubitatif mais n'osait pas poser d'autres questions. Il avait peur de découvrir une vérité qui l'effrayait. Tout à coup, il eut le regard attiré par un simple matelot qui se tenait à quelques mètres. Il se précipita en avant et arracha le mouchoir que celui-ci tenait dans les mains.

— C'est mon mouchoir ! dit-il sèchement.

Le matelot recula, les yeux fuyants, et disparut.

— C'est incroyable, monsieur Savigny, on m'a dérobé tout ce que j'avais sur moi.

Une voix de femme le fit se retourner. C'était l'épouse du sergent Prasty, la cantinière du bataillon.

— Capitaine, j'ai votre montre, votre couvert d'argent et le galon de votre shako.

Le verre de la montre était brisé et l'eau de mer avait pénétré à l'intérieur.

— Que diable ! Où avez-vous trouvé tout cela ?

— C'est mon mari qui l'a trouvé sur des morts avant qu'on ne les jette à la mer.

— Et la redingote ?

— Non…

— Et mon shako ?

— Non plus. Le voleur a dû arracher le galon et la ganse et jeter le fût à la mer.

Mme Prasty était une femme un peu forte avec un visage lunaire. Cantinière de l'armée depuis des années, elle était pleine d'attention pour les soldats qu'elle considérait un peu comme ses enfants. Elle était sincèrement heureuse de rendre au capitaine les objets précieux qui lui avaient été dérobés.

— Je vous remercie, madame Prasty, dit Dupont en remettant la montre et le couvert d'argent dans ses poches.

Le capitaine reprenait lentement possession de ses facultés. Il regarda autour de lui.

— Je ne vois pas le sergent Noël Blanc…

— Il a été tué dans les combats.

Il y eut un court silence puis Dupont reprit aussitôt sur un ton précipité :

— Nous avons eu d'autres pertes ?

— Un ouvrier de la Société du Cap-Vert.

— Je vois…

Lavilette et Corréard vinrent saluer le capitaine. Puis, on vit Griffon du Bellay qui, surgissant de nulle part – on le croyait toujours affalé dans son coin –, attrapait Savigny par le bras et disait d'une voix étrangement sérieuse :

— Messieurs, je me rappelle à présent que nous avons été abandonnés par les embarcations. Ne vous faites pas de soucis, je viens d'écrire au gouvernement et dans quelques heures nous serons sauvés.

Des regards inquiets furent échangés en silence.

— Merci, monsieur Griffon, dit Savigny.

— C'est le moins que je pouvais faire pour vous aider.

Corréard éclata soudain d'un rire nerveux :

— Avez-vous un pigeon pour porter vos ordres avec autant de célérité ?

Griffon considéra longuement Corréard avec un regard d'une infinie tristesse. Il s'éloigna sans répondre.

— Qu'arrive-t-il à ce pauvre M. Griffon ? demanda Lavilette dès que le secrétaire de Schmaltz fut hors de portée de voix.

— Je crois que c'est un effet de la calenture, répondit prudemment Savigny.

— La calenture ? Qu'est-ce que c'est ?

— Une sorte de fièvre tropicale qui atteint les naufragés. Ça s'accompagne de mirages, d'illusions de toutes sortes, d'une perte de la réalité, d'une abolition du discernement… On pense être ailleurs qu'à l'endroit où on se trouve. Il peut en résulter des réactions et des comportements les plus inattendus, parfois furieux.

Dupont frappa entre ses mains comme s'il venait de faire une découverte.

— Le matelot qui voulait me couper le pied en pensant qu'il s'attaquait au radeau, c'était ça ?

— Certainement.

— Comment s'en prémunir ? interrogea Corréard.

— On ne peut pas. Il fait chaud, le soleil tape sur nos têtes toute la journée et nous n'avons rien à manger. Ajoutez à cela le manque de sommeil, l'angoisse et l'épuisement…

— Et boire du vin ?

— C'est sans doute le meilleur remède, vu que nous n'avons rien d'autre.

*

Se protégeant du mieux possible contre le soleil, les hommes avaient l'esprit vide. Le radeau tomba dans une sorte de somnolence généralisée. Les soldats s'étaient regroupés à l'arrière du radeau et se tenaient tranquilles. Dupont était assis et peu lui importait d'avoir les fesses dans l'eau. Finalement, c'était un gain de fraîcheur dans cette torpeur tropicale.

Il gardait un œil sur les soldats. C'était plus sûr. Savigny qui était allongé à côté de lui s'en aperçut.

— Vous vous méfiez de ceux qui restent ?

Dupont fut étonné d'être soudain interrompu dans ses pensées. Il tourna la tête vers la droite, regarda son interlocuteur et attendit presque une minute avant de répondre. Savigny ne s'impatientait pas ; le temps était aboli en cette chaude journée où la mer était d'huile.

— Vous savez, monsieur Savigny, pour la plupart d'entre eux, les hommes qui sont morts n'étaient pas des soldats de métier. À part le redoutable Larondelle et quelques autres, leur jeunesse ou leur inexpérience des combats ne pouvaient rivaliser avec la longue pratique de la guerre et des armes des officiers ici présents. Il est normal qu'ils aient subi de si lourdes pertes…

— D'autant plus qu'ils n'avaient pas d'armes à part leur couteau.

— D'autant plus, en effet.

Savigny se taisait puis constatait que le capitaine n'avait pas répondu à sa question.

— Nous n'avons donc plus à nous en méfier. C'est ce que vous pensez ?

— Non, ce n'est pas ce que je pense. Car ceux qui restent et n'ont pas – si j'ai bien compris – participé à la révolte sont d'un tout autre calibre.

— Ah bon ?

— Il y a parmi eux beaucoup de mercenaires, des étrangers de divers pays, qui ne parlent même pas le français. Et aussi des soldats des îles, de Guadeloupe principalement, mais aussi de Martinique. Et enfin quelques soldats engagés depuis très longtemps, qui ont fait sous mes ordres la campagne de Vendée en 93 et en 94. Ces hommes ont une grande expérience des campagnes militaires. Si jamais l'idée leur prenait de vouloir nous jeter à la mer, ils seraient beaucoup plus dangereux.

Savigny considérait désormais les soldats sous un autre œil. Il en avait même un frisson. Ce que Dupont affirmait était simple. Le massacre qui avait eu lieu la nuit précédente et qui avait vu périr plusieurs dizaines de soldats ne donnait en aucun cas l'assurance que toute rébellion était écartée. Elle pouvait ressurgir, menée par des hommes qui n'avaient que peu de rapport avec les premiers émeutiers. Comme pour définir une humanité commune, il affirma :

— Ils sont comme nous. Ils crèvent la faim et ils ont peur d'en mourir.

Dupont hochait la tête en silence tandis que Savigny poursuivait :

— Et nous en mourrons…

L'absence de nourriture condamnait à une mort lente. C'était affreux d'y penser et de ne pouvoir rien faire. Accablé par ces sombres pensées, Savigny entendit des éclats de voix. C'étaient les soldats. Ils s'agitaient. Debout, on voyait quatre ou cinq hommes qui traînaient un corps.

— Sans doute un blessé de la nuit dernière qui vient de mourir, dit Dupont comme s'il répondait à une question de Savigny.

Les mêmes soldats étaient maintenant penchés au-dessus du cadavre. Ils se taisaient mais semblaient se livrer à un travail délicat. Les autres soldats s'étaient tus et les regardaient.

— Que font-ils ? interrogea Savigny.

— Je ne sais pas.

Dupont et Savigny continuaient à observer sans comprendre. Soudain, Savigny poussa un cri d'horreur.

— Mon Dieu ! Ils le mangent !

Il avait crié si fort que Corréard et Lavilette qui étaient aussi assis mais tournés vers l'avant du radeau se levèrent instantanément. En revanche, adossé à la dernière barrique, Coudein n'eut aucune réaction.

— Quoi !? s'écriait Corréard qui, dans sa précipitation, trébuchait et tombait à plat ventre.

Savigny tendait un bras tremblant vers le groupe de soldats.

— Regardez ! Ils le mangent !

La première réaction fut celle du dégoût. Les soldats taillaient dans la cuisse et le dos du malheureux des lambeaux de chair sanguinolente qu'ils portaient à leur bouche et mâchaient frénétiquement. Ils jetaient des morceaux à leurs camarades qui s'en saisissaient à leur tour et les déchiraient à pleines dents.

— Des bêtes… Ce sont des bêtes… répéta Savigny à plusieurs reprises.

— Pas tous, certains n'y touchent pas, précisa Lavilette.

Un épais silence succéda à ces premières réflexions. C'était horrible à voir mais les regards ne pouvaient se détacher de cette scène de cannibalisme. Le lieutenant Lheureux s'était également approché et se taisait. Tous les sous-officiers étaient debout.

L'homme fut dépecé presque entièrement. Seuls quelques soldats résistèrent à la tentation de manger de la chair humaine. Était-ce par répulsion ou par conviction religieuse ? On ne le savait pas mais les autres soldats les encourageaient à passer à l'acte. Après de longues hésitations, certains finirent par céder mais mangeaient avec honte et dégoût.

Ce fut Corréard qui, le premier, lança la discussion :

— Ceux-là, au moins, ne mourront pas de faim ! Tandis que nous…

Savigny s'insurgea.

— Vous voudriez qu'on fasse pareil !?

— Et pourquoi pas !

— Vous parlez sérieusement, Corréard ?

— Bien sûr, je parle sérieusement ! Au moment de mourir de faim, si je vous tends un morceau de viande, vous le prenez, oui ou merde ?

Le visage empourpré, Corréard retroussait ses lèvres comme un chien qui s'apprête à mordre.

Savigny n'osa pas répondre à cette question. Il était troublé. Devait-il se laisser mourir parce qu'il ne voulait pas manger de la chair humaine ? De toute façon, ces hommes étaient morts ; on ne les avait pas tués pour se nourrir.

— Moi, si je dois crever, j'en mange, dit soudain le lieutenant Lheureux.

— Eh bien, justement, on va crever ! asséna Corréard.

— J'en mange aussi, dit Lavilette.

Et il ajouta en une forme d'explication ou d'excuse :

— Parce que c'est dégueulasse qu'on nous ait abandonnés sur ce radeau ! Dégueulasse !

C'était un sentiment partagé. Ils étaient des victimes ! Et en tant que tels, ils n'avaient pas à se justifier de la manière dont ils tenteraient de sauver leur peau. Corréard reprit :

— Et si je demande aux matelots qui sont derrière nous, que croyez-vous qu'ils vont répondre ?

— Eh bien, demandez-leur ? lâcha Dupont sans donner son opinion.

Corréard se retourna. Le petit groupe de matelots était parcouru de chuchotements nerveux. Il n'y avait pas besoin de leur expliquer les enjeux du débat.

— Vous en prenez ? lança Corréard à la cantonade.

Malgré une gêne évidente, le second timonier et le maître canonnier qui avaient l'ascendant sur leurs camarades répondirent d'une seule voix :

— Vu les circonstances, est-ce qu'on a le choix ?

— Ben non ! On n'a pas le choix ! Voilà !

Puis Corréard pivota vers les sous-officiers :

— Et vous ?

La réponse fut identique. Triomphant, Corréard revenait vers Savigny.

— Vous voulez être le seul à mourir de faim sur ce radeau ?

— Non… répondit Savigny d'une voix sourde.

La décision était prise mais personne ne passait encore à l'action. Corréard lui-même ne bougeait pas. Pourtant, l'abomination qu'ils s'apprêtaient tous à commettre exacerbait la lucidité du géographe. Il dit soudain :

— Je vais vous dire une chose : on doit tout faire pour ne pas mourir ici. Tout ! Parce que ces messieurs des canots, ils seraient trop contents que le radeau ne soit jamais retrouvé, ou alors sans survivants. Que des morts ! C'est ce qu'ils doivent souhaiter ! Ils savent très bien que nous les accuserons de nous avoir abandonnés ! Et qu'on réclamera justice ! Ils payeront chèrement le prix de leur lâcheté ! Rien que pour ça, on doit se nourrir coûte que coûte !

La perspective de la vengeance était un stimulant puissant. S'il fallait en passer par le cannibalisme pour obtenir la condamnation des coupables, alors qu'importe ! On mangerait du cadavre. Fouettés par le discours de Corréard, ceux qui étaient encore assis se levèrent.

*

Les matelots se mirent à la recherche d'un cadavre. Il ne fut pas long à trouver. Plusieurs des blessés de la nuit précédente avaient succombé dans la journée. On en rapporta un au centre du radeau. Les matelots sortirent leur couteau et commencèrent à le découper.

Il y eut une première distribution. Mais une honte violente subsistait encore. Pour manger, les hommes se cachaient du regard des voisins. Ils baissaient la tête au moment de porter cette chair à la bouche et c'est la tête baissée qu'ils la mastiquèrent, ne relevant le visage qu'après l'avoir avalée.

Quand chacun fut rassasié, il fut décidé de détacher du mort toute la viande possible pour la stocker.

— Faites des tranches ! lança Savigny. Faites des tranches, on pourra les suspendre aux haubans de notre voile pour qu'elles sèchent.

Consommer de la viande séchée et non sanguinolente parut une bonne idée. Ce n'était presque plus de la chair humaine.

Une fois le corps vidé et rejeté à la mer, ce n'étaient que des tranches et des morceaux divers, séchés donc transformés, dont l'origine humaine était moins évidente.

Après quoi, on but une ration de vin. Pour la première fois, l'impression revigorante d'avoir eu un vrai repas l'emporta sur tout le reste.

Cependant, quelques hommes refusèrent de manger du cadavre. Ils furent peu nombreux. En compensation, Savigny décida de leur accorder une double ration de vin. Dupont fut parmi ceux-là.

C'était pour le capitaine une ultime résistance. Dès le surlendemain, souffrant un martyre d'autant plus insupportable que les autres mangeaient devant lui, il céda.

— Vous avez bien fait… lui souffla Savigny quand il fut enfin passé à l'acte. Rien ne justifie de mourir tant qu'on peut encore vivre…

18

Pour la première fois, les estomacs étaient à peu près rassasiés et la nuit se présentait sous de meilleurs auspices. Celle-ci, néanmoins, apportait son lot d'inquiétudes. La calenture, qui touchait de manière plus ou moins intense tous les hommes du radeau, avait la particularité de se déclencher préférentiellement la nuit et de s'atténuer dans la journée.

Pour cette raison, la nuit était redoutée et chacun craignait de perdre la raison pendant son sommeil. C'était une crainte intériorisée mais bien réelle. Elle flottait dans les esprits au point de contrarier l'endormissement.

Ainsi, Savigny se surveillait et tentait de garder le contrôle de lui-même. Malgré sa concentration, son esprit parfois lâchait prise. Il se voyait tout à coup dans un paysage riant, vallonné et verdoyant, où des plantes et des animaux paisibles flattaient ses sens. Heureux, il avait envie de se lever et de courir les rejoindre. À intervalles réguliers et au prix d'un grand effort, il levait les paupières et regardait autour de lui.

— Je suis toujours sur le radeau… marmonnait-il. Ne pas se lever et ne pas courir, sinon je tombe à l'eau.

Il serrait les points pour résister à la tentation. Car le risque était réel et d'autres avant lui y avaient succombé.

Au crépuscule, il y avait d'abord eu un matelot qui s'était brusquement levé et qui s'était précipité dans la mer sans qu'on comprît pourquoi. Ses camarades avaient eu toutes les peines du monde à le ramener à bord et l'homme avait ensuite été incapable d'expliquer son geste.

Peu de temps après, une autre scène avait marqué les esprits. À l'arrière du radeau, on avait vu un soldat qui s'était placé debout face à ses camarades. Il avait pris la parole avec un sérieux qui ajoutait à l'absurdité de ses propos :

— J'crois qu'personne sait qu'nous attendons ici, sinon on s'rait v'nu nous sauver. Attendez-moi, j'vais aller chercher du s'cours. À la nage, j'atteindrai vite la côte.

Sous les yeux éberlués de ses camarades qui n'avaient pas eu le temps de réagir, il s'était jeté à l'eau et avait commencé à nager. Il avait rapidement disparu.

Ces comportements insolites ou suicidaires avaient pour résultat de créer une tension générale. Chacun scrutait chez l'autre ou chez soi l'effet de la calenture. Le moindre propos dont la cohérence était suspecte suscitait la méfiance.

Finalement, Savigny eut trop peur de s'adonner au sommeil. Il s'approcha du maître-canonnier Joseph Tourtal qui surveillait les deux dernières barriques de vin.

— Donnez-m'en un peu, dit-il en tendant son gobelet.

Tourtal ne protesta pas. C'était pourtant une entorse que se permettait celui-là même qui présidait ordinairement à une stricte et équitable distribution. Savigny but lentement et il sentit que des soldats l'observaient de l'arrière du radeau. « Ce n'est sûrement pas une bonne idée », pensa-t-il dans un accès de lucidité, mais il avait tellement soif qu'il se pardonna ce moment d'égarement.

Dupont s'était allongé sur le dos. L'eau le recouvrait. Sa tête reposait sur un sac, ce qui lui permettait de conserver le visage hors de l'eau et de respirer normalement. Il cherchait le repos mais sans s'égarer dans un sommeil qu'il estimait dangereux.

Deux hommes vinrent s'allonger de part et d'autre de lui. Se sentant oppressé, il voulut leur ordonner de s'éloigner un peu mais il n'avait plus l'énergie pour le faire. Son corps s'engourdissait malgré lui. Il n'avait pas véritablement le sentiment de dormir, ouvrant les yeux régulièrement et contemplant le ciel étoilé au-dessus de lui.

Il s'agaça à plusieurs reprises car les hommes qui l'entouraient le pressaient dans leur sommeil et il poussa quelques grognements qui n'eurent aucun effet.

Au petit matin, quand il ouvrit de nouveau les yeux, il était seul. Par une sorte de prémonition, il eut le réflexe de mettre la main dans les poches de sa culotte. Son argent avait disparu. Il pesta.

— Qu'avez-vous, capitaine ? demanda Corréard qui se réveillait aussi non loin de lui.

— On m'a volé !

— Combien ?

— Si je ne me trompe pas, j'avais trois cents francs. Tout en pièces de six francs, excepté un double louis !

— Vous soupçonnez quelqu'un en particulier ?

— Ça s'est passé pendant la nuit... Ils ont profité de mon sommeil, mais j'ignore qui.

— Alors, vous pouvez dire adieu à votre argent ! s'exclama Corréard en se levant.

Brédif déjà s'en était étonné. Même dans les circonstances les plus dramatiques, alors que leur propre vie était en jeu, les hommes continuaient à voler. Jusqu'à leur dernier souffle, avait-on l'impression. Cette observation avait été une véritable découverte pour Brédif, issu d'une bonne famille, n'ayant jamais manqué de l'aisance et du confort que procure l'argent.

Dupont avait une autre expérience de la vie. Son milieu familial, sans être pauvre, possédait surtout le nécessaire et peu de superflu. Par ailleurs, depuis vingt-cinq ans, il était en contact avec des hommes pour lesquels l'armée avait été la seule manière de sortir de l'indigence la plus absolue, de celle qui oblige à dormir sous les ponts ou à l'abri précaire d'une porte cochère. Il avait vu l'avidité des soldats qui volaient les morts sur les champs de bataille.

Il n'était donc pas étonné par ce nouveau vol, même si celui-ci l'exaspérait et choquait sa propre morale.

⋆

Les réserves de vin diminuaient. Même Coudein s'en alarma, malgré ses douleurs à la jambe qui ne lui permettaient pas de jouer le rôle de commandant du radeau que lui avait assigné Chaumareys. Le plus souvent, il se tenait en dehors des discussions, souffrant en silence, et son moral s'en était ressenti dès le premier jour.

Savigny inspectait pourtant sa blessure régulièrement. Mais les conditions n'étaient pas propices à la guérison. Le pansement avait pourri au contact de l'eau de mer et se révélait de moins en moins protecteur. Savigny craignait même que cette vieille bande à moitié désagrégée ne véhiculât des germes malins.

Alors que Savigny tentait de replacer le pansement qui tombait sur la cheville, Coudein lui dit d'une voix angoissée :

— Quand manquerons-nous de vin ?

Savigny ne s'attendait pas de la part de son condisciple à une question aussi directe. Il était du reste difficile d'y répondre car la préservation de la maigre réserve dépendait du nombre de personnes survivantes et du rationnement. Il hésitait. Coudein reprit d'une voix tremblante :

— Il faut en donner moins, sinon on n'aura plus rien.

Il n'y avait rien de plus exact. N'était-ce d'ailleurs pas inéluctable que la boisson vînt à manquer un jour ? C'était ce moment qu'il fallait retarder le plus possible.

— Combien en donnes-tu par jour ? chuchota Coudein, passant pour la première fois au tutoiement.

Ce tutoiement soudain surprit Savigny, mais il n'en fut pas choqué. L'âge identique des deux hommes, tous les deux aspirants officiers, ainsi que les événements dramatiques du radeau le rendaient finalement naturel.

— Cinquante centilitres à peu près.

— Réduis la ration journalière à trente-cinq.

— C'est peu…

— C'est déjà trop vu ce qu'il reste.

Évidemment, en comparaison des deux litres d'eau qu'un marin buvait quotidiennement sur la frégate, Savigny se demandait si on pouvait survivre avec si peu. Cependant, il accepta.

Quand cette quantité dérisoire fut annoncée aux soldats, il y eut de nombreuses protestations. Déjà les sous-officiers mettaient la main sur la poignée de leur sabre, prêts à toutes les éventualités, même la pire.

La tension, qui allait crescendo entre les soldats et les officiers, tomba d'un coup lorsque des dizaines de poissons s'abattirent sur le radeau, se tortillant sur le plancher. Ils ne parvenaient pas à s'extraire de l'enchevêtrement des lattes et des madriers. Le réflexe fut général. Oubliant la querelle du rationnement, les hommes se jetaient à quatre pattes sur ces poissons qui frétillaient désespérément en tentant de regagner la mer. Ils glissaient souvent entre les mains mais on les saisissait à nouveau pour les jeter dans une barrique vide d'où ils ne pouvaient s'échapper.

— Qu'est-ce que c'est que ces poissons ? s'écria Dupont.

— Des poissons volants, capitaine ! répondit Savigny.

— Des poissons volants ?

— En fait, ils ne volent pas. Ils nagent à la surface de l'eau et se projettent hors de celle-ci pour planer sur de longues distances. Regardez-les !

À droite du radeau, une nuée de poissons volants rasaient les vagues ou planaient en direction du radeau, retombant sur celui-ci.

— C'est une grâce du ciel ! dit Dupont. En plus, ils sont grands ! Un demi-pied[1] de long pour la plupart !

— C'est tout un banc ! Des milliers de poissons ! On va en ramasser une grande quantité !

La source se tarit néanmoins rapidement. Bientôt il n'y eut plus que quelques attardés qui échouèrent sur le radeau. On jeta les derniers dans la barrique et, pris d'un enthousiasme soudain, on les compta : trois cents ! Trois cents poissons volants tombés du ciel pour se substituer, au moins momentanément, à la viande sacrilège.

La profonde division entre les hommes du radeau, qui avait pourtant provoqué un affrontement meurtrier deux nuits auparavant, parut abolie. Sans que l'ordre en ait été donné, les

---

[1] Environ quinze centimètres.

hommes vidaient les poissons avec leur couteau pour garantir une plus longue conservation. Dans le même temps, ils en profitaient pour en manger crus une bonne ventrée.

C'était un vrai bonheur. Dupont qui n'avait pas encore touché à la chair humaine profitait à plein de ce repas inattendu.

— En plus, ça désaltère, confia-t-il à Savigny.

— Et c'est rafraîchissant par cette chaleur.

Il n'y eut pas un homme qui refusât d'en manger. Le soir, Lavilette proposa de les cuire. Les sous-officiers firent sécher une once de poudre. Un soldat fit savoir qu'il possédait de l'amadou. La pierre à fusil, un briquet et du linge sec firent le reste. Le foyer, constitué de planches brisées, fut organisé dans un tonneau vide recouvert de linges mouillés pour éviter qu'il ne prenne feu.

On grilla les poissons. Mais la portion se révélait petite. Sans une parole, des soldats amenèrent de la viande humaine qu'ils firent cuire également. Il n'y eut pas de protestation. Elle fut mangée avec le poisson. Tout commentaire fut soigneusement évité.

Savigny interdit qu'on mangeât plus de deux poissons par personne. C'était peu, car la partie comestible de l'animal représentait peu de chose, mais déjà la moitié de la récolte avait été engloutie par les hommes. Face à la mauvaise humeur des soldats qui réclamaient de manger davantage, Savigny demanda aux matelots d'amener la barrique à poissons au centre du radeau et de la placer à côté des deux dernières barriques de vin.

— Vous avez raison, lui glissa Dupont. Et je vais faire garder ces barriques par deux sous-officiers.

Face à cette décision qui ressemblait à une confiscation, l'animosité des soldats connut une brusque recrudescence. Dupont leur ordonna de retourner à l'arrière du radeau pour la nuit. Au moment où ils se levaient pour obéir, l'un d'eux lâcha entre ses dents mais d'une manière suffisamment forte pour être entendu :

— Finalement, rien ne changera jamais…

Cette phrase alarma le lieutenant Lheureux. Il fit signe aux sous-officiers de le rejoindre.

— J'ai un mauvais pressentiment. Il faut se tenir sur nos gardes.

Dupont n'était pas tranquille non plus. Il approuva la vigilance recommandée par son lieutenant. L'attitude des officiers avait changé, ils veillaient en permanence, effectuant des sortes de rondes dans le centre du radeau, la main sur la poignée du sabre. En peu de temps, la peur gagna les civils. Corréard ne cessait de s'agiter.

— Il faut pouvoir nous défendre si on nous attaque, disait-il aux autres membres de la Société du Cap-Vert.

Il affirmait qu'il était injuste et indigne que certains possèdent des armes et pas d'autres. C'était un raisonnement assez étrange puisque les soldats, hormis leur couteau personnel, n'en possédaient pas non plus.

Pourtant, l'idée fit son chemin. Savigny fut le premier à proposer à Dupont une initiative qui aurait été impensable deux jours auparavant.

— Il faut armer les matelots.

— Vous croyez?

— Ils sont au centre du radeau, coupés des soldats, et définitivement de notre côté.

— Ils sont peu nombreux et il y a même parmi eux ce petit mousse d'une dizaine d'années.

— Le petit François? On le mettra à l'abri... Quant aux autres, ce sera toujours une force d'appoint.

Dupont voulut connaître l'opinion du lieutenant Lheureux et des deux sous-lieutenants Lozach et Cléret. Ils ne montrèrent aucun enthousiasme, plutôt même une méfiance instinctive qui provenait d'un préjugé envers la marine. Ils reconnurent pourtant que l'apport des marins compenserait l'infériorité en nombre des officiers.

— Et quelles armes voulez-vous donc leur donner? demanda Lheureux.

— Les fusils! répondit Savigny.

— La poudre est mouillée, ils sont inutilisables.

— Il y a des baïonnettes sur les fusils. Ça reste des armes redoutables.

— C'est juste.

Les fusils furent regroupés et confiés aux matelots. Corréard en prit un aussi, mais c'était plus pour se rassurer car il ne se sentait pas capable d'enfoncer une baïonnette dans un ventre. Rien que cette image le terrorisait.

Il se retira au centre du radeau, près des barriques, et alerta Coudein sur ce qui se passait.

— On se prépare à une nouvelle guerre. Les soldats veulent notre peau.

Coudein tourna vers lui des yeux étrangement inexpressifs. Était-ce l'effet de la calenture ou le jeune aspirant lâchait-il prise ? Il répondit d'une voix à peine audible :

— Eh bien, massacrons-nous, puisque c'est tout ce que nous savons faire.

*

La nuit tombait. Les deux camps se faisaient face à distance. Les soldats, repliés à l'arrière du radeau, parlaient fort. Ils semblaient s'encourager mutuellement. Les bribes de phrases qui parvenaient aux officiers étaient inaudibles, d'autant plus que la langue française n'était pas la plus usitée. On percevait pêle-mêle de l'italien et de l'espagnol, de l'allemand et du polonais. Une dizaine de soldats noirs s'exprimaient en créole.

— Qu'est-ce qu'ils mijotent ? s'impatientait Dupont qui espérait encore que le conflit serait évité.

— Vous avez vu comme les nègres s'agitent ? s'alarmait Corréard.

— Pas plus que les autres… contredisait calmement le lieutenant Lheureux.

Le face-à-face dura. On sentait l'affrontement inéluctable. Pour les soldats, la décision de confisquer la ressource en poisson – en sus du vin – avait constitué une preuve ultime et définitive que les distributions futures seraient injustes. Par l'observation, ils savaient qu'au centre du radeau certains de ces messieurs se permettaient de plonger leur gobelet dans la barrique de vin pour en boire discrètement une lampée et que cette pratique, quoique peu fréquente, n'avait jamais été réprimée.

Comme sur les champs de bataille, on faisait une croix sur la piétaille. Ces soldats n'étaient que chair à canon tout juste bons à mourir. Encore une fois, ils seraient sacrifiés pour permettre la survie de ceux qui n'avaient jamais manqué de rien.

— À votre avis, que souhaitent-ils ?

Savigny posait une question naïve. Il ne voyait pas la raison qui poussait les soldats à se révolter. Les soldats lui apparaissaient désormais comme un ramassis de canailles, des rebuts de l'humanité, d'autant plus dangereux que leur sauvagerie supposée les rapprochait de bêtes féroces.

— Savigny, c'est pas très difficile à comprendre ce qu'ils souhaitent ! s'écria Corréard. Ils veulent nous jeter à la mer pour prendre notre place !

— Eh bien, moi, je ne me laisserai pas faire ! affirma Lavilette d'une voix forte en secouant la poignée de son sabre. Si je dois être tué cette nuit, j'en aurai sabré un certain nombre avant de mourir ! C'est moi qui vous le dis !

Dupont eut un réflexe de chef militaire avant la bataille.

— Il faut mettre en sûreté ceux qui ne peuvent pas se battre. Où est Mme Prasty ?

— Et M. Griffon ? Où est M. Griffon ? questionna Savigny.

De même, chacun pensa à Coudein mais son nom ne fut pas prononcé. Sa blessure l'excusait ; il n'était pas en mesure de se battre. On décida qu'il était bien à sa place, à califourchon sur une barrique au centre du radeau.

Mme Prasty, le petit mousse François, ainsi que Griffon du Bellay, qui fut retrouvé les jambes dans l'eau assis sur le bord du radeau, furent installés à côté de Coudein au pied des barriques.

Le sergent Prasty qui faisait des recommandations de prudence à son épouse regarda Coudein.

— M. Savigny possède un sabre… Pas vous ? s'étonna-t-il.

— Je n'ai pas eu le temps de le prendre. Il est resté sur la frégate.

Soucieux de la sécurité de sa femme, le sergent Prasty retourna auprès de ses camarades sous-officiers et revint peu après.

— Prenez celui du sergent Noël Blanc qui est mort la nuit des combats. Je sais que vous ne pouvez pas courir mais, même assis comme vous l'êtes, c'est une arme redoutable qui pourrait vous être utile.

— Oui... dit Coudein sans remercier.

— Je vous dis ça, c'est aussi par rapport à ma femme...

— Oui, je ferai mon possible pour la protéger.

— Merci.

À l'arrière, les soldats faisaient bloc. Parfois, une lame brillait dans l'obscurité naissante.

— Ils ont sorti les couteaux, constata Lheureux.

Les sous-officiers se disposaient en ligne. L'attente devenait lourde et insupportable.

— Capitaine, il vaudrait mieux prendre l'initiative.

— Oui, dit Dupont à contrecœur.

Pourtant, il ne donnait pas suite et se taisait. Lheureux reprit :

— Nos hommes sont prêts. Laissez-moi prendre la direction de l'opération.

Dupont acquiesça d'un signe de tête. Lheureux se dirigea en silence vers les sous-officiers. Il leur parla à voix basse. Les sous-officiers formèrent un carré compact. Soudain, Lheureux tira brutalement son sabre et cria :

— Chargez !

Les sous-officiers se ruèrent en avant. En quelques secondes, ils furent sur les soldats. Le choc fut effroyable. Les sous-officiers abaissaient leur sabre de tous côtés, taillant dans les soldats comme dans une forêt de lianes. Mains coupées, têtes à moitié tranchées, bras ensanglantés, un nouveau carnage commençait au milieu des cris et des hurlements.

Pourtant, cette féroce répression ne fut pas décisive. Non seulement les soldats n'étaient pas ivres – le repas les avait même revigorés – mais ils étaient aussi plus nombreux à être préparés à un tel affrontement. Le radeau, moins encombré que lors de la première bataille, leur permettait aussi de se déployer et de se mouvoir plus efficacement.

Tandis que la première ligne tombait, abattue par les sabres, les soldats effectuèrent un rapide mouvement sur les côtés et, prenant les officiers de vitesse, ils les attaquèrent latéralement.

Cherchant le corps à corps qui leur était favorable, les soldats enfonçaient leur long couteau dans le ventre de leur adversaire et, aussitôt, se jetaient sur un autre officier pour faire de même.

La mêlée devint furieuse et incertaine, au point que Lheureux, sentant que la victoire pouvait leur échapper, ordonna un repli momentané pour se mettre de nouveau à distance. Les sous-officiers rompirent soudain et se regroupèrent sur le côté. Les matelots se joignirent à eux, tenant leur fusil à deux mains, les baïonnettes à l'horizontale. L'idée de Lheureux était de reprendre ensuite l'avantage grâce à l'allonge que l'usage du sabre et des baïonnettes leur donnait.

Les soldats le comprirent parfaitement. Au lieu d'attendre une nouvelle charge, ils se dispersèrent et un certain nombre courut vers le centre du radeau. Ainsi, Dupont, Savigny, Lavilette, Corréard et les autres passagers virent fondre sur eux une vingtaine de soldats le couteau à la main. Ils tirèrent leur sabre et tentaient de les repousser en faisant de grands moulinets avec leur arme tranchante. Pourtant, pas à pas, ils reculaient en raison du nombre.

Les sous-officiers et les matelots chargèrent de nouveau mais l'ennemi n'était plus regroupé en une seule masse compacte. Pour cette raison, cette charge se transforma en une sorte de chasse sinueuse où, sur toute la surface du radeau, des sous-officiers couraient après des soldats éparpillés pour tenter de les sabrer.

Au centre, Mme Prasty, Griffon et le petit mousse étaient terrorisés. Ils voyaient leurs protecteurs reculer et sur le point de perdre le contrôle du centre du radeau. Mme Prasty et Griffon se levèrent d'un bond et, sans réfléchir, se mirent à courir au hasard. L'épouse du sergent Prasty fit le mauvais choix. Elle se retrouva au cœur des combats les plus sanglants. Le mousse de douze ans, le petit François Rignac, se sauvant aussi à toutes jambes, se dissimula dans une barrique vide. Quant à Griffon, affolé, il finit par se jeter à l'eau et à s'accrocher désespérément au radeau, n'osant même pas lever la tête pour regarder ce qui se passait au-dessus de lui.

Coudein n'eut pas à combattre. Il glissa de la barrique et s'y adossa, le sabre levé, prêt à frapper les soldats qui passeraient à sa portée. Dupont luttait pied à pied. Alors, des sous-officiers, comprenant le danger de perdre le centre du radeau, se précipitèrent pour prêter main-forte à leur capitaine. Rapidement, ils le dégagèrent et mirent en fuite les soldats.

Lavilette se mêla alors aux autres sous-officiers et son expérience des campagnes napoléoniennes fit merveille. Avec une habileté meurtrière, il maniait le sabre, coupant et transperçant tous ceux qui se dressaient sur son passage. Trop dispersés, les soldats ne pouvaient plus représenter qu'une menace ponctuelle : si on tuait un officier en se jetant sur lui, on était immédiatement mis à mort par les autres officiers présents.

L'avantage des armes triomphait. Quasiment exterminés, ayant perdu toute chance de l'emporter, les derniers soldats lâchèrent leur couteau et se jetèrent à genoux, implorant la pitié. Le sergent-major Charlot se jeta sur le premier d'entre eux et abaissa son sabre, le tuant net. Mais Lheureux lui hurla d'arrêter le massacre. Charlot le fit à regret, affirmant que les rebelles ne méritaient pas un tel pardon.

On ramassa les couteaux et Lheureux les fit jeter à la mer. Puis, il ordonna une fouille systématique des soldats, y compris les blessés, pour récupérer des armes éventuellement dissimulées. Enfin, Lheureux décida de cantonner les soldats encore en vie à l'arrière du radeau avec l'interdiction absolue de se déplacer. Il se rendit ensuite auprès de Dupont et se mit au garde-à-vous.

— Mon capitaine, c'est fini.

— Oui, fit Dupont d'une voix éteinte. Le bilan est lourd, je crois…

— Il l'est, mon capitaine.

Le radeau était jonché de cadavres. Des blessés, parfois atrocement mutilés, geignaient misérablement.

19

L'aube se leva sur un spectacle d'horreur. Les soldats survivants, à peine une dizaine, les habits couverts de sang, se serraient à l'extrémité arrière du radeau dans un état de dévastation qui augurait mal de leur chance de survie si le radeau devait poursuivre sa dérive pendant plusieurs jours.

Les matelots pleuraient trois des leurs. Ils avaient traîné le corps de ces malheureux au centre du radeau, ne parvenant pas dans un premier temps à se décider à les jeter à la mer. Un quatrième avait reçu un coup de couteau au ventre dont l'issue paraissait fatale à court terme. Deux ouvriers de la Société du Cap-Vert étaient morts.

Pour les sous-officiers, le bilan était très lourd. Huit d'entre eux avaient succombé sous les coups des soldats. Parmi les survivants, certains étaient blessés, parfois gravement. Le sergent Prasty montrait deux profondes blessures au bras et à la cuisse. Son épouse, qui s'était malencontreusement retrouvée au cœur des combats, avait une vilaine plaie au cou et perdait du sang abondamment. Ils étaient tous les deux assis côte à côte, hébétés et silencieux.

On avait cru que Griffon était mort parce qu'il avait disparu. C'est le sous-lieutenant Lozach qui le découvrit. Sur un bord du radeau, il avait vu deux mains crispées, presque mauves, accrochées aux planches. Intrigué, croyant à un soldat caché, il s'était approché et avait reconnu la tête du secrétaire qui émergeait de l'eau. Il avait fallu de l'aide car le sous-lieutenant ne parvenait pas à faire lâcher prise à Griffon, ses mains étant devenues aussi rigides que du métal. Il était en état d'hypothermie, si bien qu'une fois tiré de l'eau on le laissa allongé, inerte, pour qu'il soit réchauffé par le soleil levant.

Le sentiment d'anéantissement était tel qu'aucune décision n'était prise. Il semblait qu'il n'y avait plus rien à faire, sinon attendre la mort. Savigny était couché par terre, allongé sur le dos, et fixait le ciel éternellement bleu. L'esprit vide, Lavilette lavait lentement dans l'eau de mer son sabre maculé de sang séché. Il se laissa ensuite tomber à côté de Savigny. Corréard, assis à côté d'eux, avait la tête si penchée que le menton reposait sur sa poitrine.

— J'ai peur que le petit mousse ne soit mort, dit Savigny tristement. Je ne le vois plus.

Ce fut la seule bonne surprise de la journée. Entendant la crainte exprimée par Savigny, le mousse sortit d'un bond de la barrique où il s'était caché.

— Je suis là ! cria-t-il.

Il fut accueilli avec des sourires, et même des rires de soulagement par les matelots survivants. Ce petit mousse, c'était une sorte de mascotte. Depuis l'abandon du radeau par les canots, il apportait un élément d'insouciance et de jeunesse. Même quand le radeau était surpeuplé et que personne ne pouvait bouger, il parvenait grâce à sa petite taille à se faufiler d'un bord à l'autre, se glissant comme une anguille au milieu des adultes.

Il était le seul à faire l'unanimité et à susciter la tendresse. Qu'il passât au milieu des soldats ou des officiers, des passagers ou des matelots, c'était toujours la même exclamation :

— Salut, P'tit François ! Ça va ?

L'enfant riait, ce qui paraissait extraordinaire dans les circonstances présentes. Tant qu'il était vivant et en bonne santé, il constituait la preuve que la faucheuse respectait encore une certaine morale. Celui dont la vie s'ébauchait à peine ne méritait pas de la perdre. Sinon, quel sens lui donner ? Si la mort d'un vieillard peut émouvoir, elle ne révolte pas comme la mort d'un enfant.

Le petit François avait ainsi survécu malgré les privations, entouré de l'attention et de la bienveillance de tous. Coudein, qui l'aimait beaucoup, avait souvent demandé à Savigny de lui accorder une double ration de vin. C'était bien le seul privilège contre lequel les soldats n'avaient jamais protesté.

Et voilà qu'au lendemain de ce nouveau massacre, il n'était pas mort et surgissait d'un tonneau, comme dans une comédie. Mais la farce se révélait dramatique.

Debout et immobile sur le plancher du radeau, le petit François découvrit les morts et les blessés. À la vue du carnage, il se tut et pâlit. Nul ne sut ce qu'il ressentit. Et ce fut pire encore quand il découvrit Mme Prasty, effondrée sur sol, la paume de la main comprimant son cou pour éviter au sang de couler.

Mme Prasty était le seul élément féminin du radeau. Elle avait pris le petit François sous son aile comme si elle avait été sa mère. À présent, elle ne pouvait plus lui prodiguer son affection et le petit mousse parut totalement désemparé, et même désespéré. Son regard errait de cadavre en cadavre, et s'attardait sur les blessés qui geignaient et souffraient abominablement.

Coudein l'appela afin de détourner son attention de l'affreux spectacle. Le petit mousse courut se réfugier contre lui et, une fois assis, il posa la tête sur les genoux de l'aspirant tandis que celui-ci lui caressait les cheveux pour tenter de l'apaiser.

Et Coudein de crier soudain :

— Bon Dieu, jetez ces cadavres à la mer, qu'on ne les voie plus !

*

Dupont était ébranlé par la mort de tous ces soldats. C'étaient, pour la plupart, des hommes qu'il avait menés au combat en Guadeloupe. Ils avaient combattu l'Anglais lors des guerres napoléoniennes. Le drapeau qu'ils défendaient avait toujours été le même, celui de la France. Et voilà que des Français avaient tué d'autres Français comme dans une guerre civile.

Il arpentait seul le radeau, les mains derrière le dos, tandis que les sous-officiers, répondant à l'ordre de Coudein, jetaient les cadavres à la mer. Perdu dans ses pensées, Dupont heurta la jambe de Lavilette allongé par terre. Il s'en excusa, regarda le maître charpentier et s'immobilisa.

— Ah, mon bon Lavilette, vous avez montré votre bravoure, cette nuit.

— Merci, capitaine, répondit Lavilette d'une voix éteinte. J'étais un bon sergent dans l'artillerie de la garde.

— C'est ce que j'ai constaté…

Savigny tentait de sortir de sa torpeur. Il ne trouvait rien à dire et rappela ce que chacun savait déjà.

— Nous avons perdu treize des nôtres cette nuit.

— Oui, treize, reprit Dupont. Combien reste-il d'hommes sur ce radeau ?

— Environ trente-cinq, dit Corréard.

Lavilette eut un petit rire amer.

— Eh bien, monsieur Corréard, vous avez ce que vous vouliez !

— C'est-à-dire ?

— Nous ne sommes plus que trente-cinq et le radeau ne s'enfonce presque plus dans l'eau.

Corréard hocha la tête affirmativement mais ne manifestait aucune joie.

— C'est vrai que nous sommes maintenant presque à pied sec. Cela dit, ça ne nous sauvera pas. Trente-cinq hommes sur une barrique et demie de vin, je ne sais pas combien de temps nous pourrons tenir.

— On viendra nous sauver…

— Mais non, Lavilette ! Personne ne viendra nous sauver ! cria Corréard. Ils se foutent de nous, je vous dis, ils s'en foutent !

Ce brusque accès de colère fut accueilli par un silence. Si cette opinion était peut-être partagée, Corréard était bien le seul à avoir le courage ou la lucidité de l'affirmer. Cette sortie du géographe effaça la joie que la découverte du petit mousse avait suscitée.

Savigny se releva péniblement. Son but était de rétablir sur le radeau une organisation qui menaçait de disparaître.

Personne ne prenait plus d'initiatives et le temps paraissait suspendu. Fidèle à son opinion première, il pensait qu'une activité, quelle qu'elle soit, permettrait d'éviter ce sentiment de désespérance et d'abandon qui s'emparait des uns et des autres.

— Il nous faut manger, annonça-t-il.

— Quoi ? dit Dupont qui était le seul à être encore debout à cet instant.

— Du poisson...

Du poisson, certes, mais aussi de ces viandes sacrilèges qui semblaient la seule nourriture capable d'éviter de mourir de faim. C'est ce que chacun conclut en silence. Car chaque poisson, malgré le soulagement qu'il procurait, représentait une trop petite quantité pour assurer la survie.

Savigny marcha lentement jusqu'à la barrique qui contenait le poisson. Il se pencha au-dessus et ne put faire qu'une amère constatation : du poisson, il en restait peu de toute façon.

— On va faire du feu pour le griller.

Là encore, les esprits ne furent pas dupes. La chair humaine, grillée la veille, restait dans les mémoires comme un délicieux soulagement. C'était elle qu'on cuirait en priorité. Mais comment avouer une chose pareille sans donner l'impression d'être retournés au stade d'une humanité primitive et bestiale ?

Les six matelots encore vivants se révélèrent plus actifs. Ils tentèrent aussitôt de faire du feu. Ce fut un échec. Il n'y avait plus assez de poudre et le petit morceau d'amadou avait entièrement servi la veille. Il fallut renoncer.

Alors, on se décida à manger cru. Les poissons, par lesquels on voulut commencer – l'honneur l'exigeait –, furent terminés en peu de temps. Alors il ne restait plus que la chair humaine. Seule la faim, atroce et inextinguible, permit de vaincre cette répugnance instinctive et d'en manger à nouveau.

Le pire était bien que la chair humaine était la seule ressource qu'on possédait en abondance sur le radeau. Si la plupart des cadavres avaient été jetés par-dessus bord, trois avaient été mis de côté. C'était largement suffisant pour nourrir pendant plusieurs jours les survivants.

En revanche, une question cruciale suscita une forte

querelle. Ce fut celle de la distribution du vin. Elle fut soulevée par Savigny à la fin du repas. Il était comme à l'ordinaire en compagnie de Dupont, de Corréard et de Lavilette. Griffon était également assis à côté d'eux, indifférent à ce qui se passait autour de lui. Un peu à l'écart, Coudein serrait contre lui le petit François qui s'était endormi, épuisé.

Savigny s'adressa au capitaine qu'il considérait, en raison de son grade militaire, de son calme naturel et de son âge[1], comme la véritable autorité morale du radeau.

— Quelle ration journalière de vin faut-il distribuer ?

— Combien en reste-il ?

— Une barrique pleine et une autre aux trois quarts vide.

Dupont hésitait. Il prit dans sa main le gobelet en fer-blanc que les hommes possédaient.

— Trois boujarons[2] ?

Savigny n'eut pas le temps de donner son opinion que Corréard s'écriait :

— Et qui aura le droit de la boire, cette ration ?

— Vous voulez exclure des hommes de la ration ? demanda Dupont.

— Ces soldats, qui voulaient nous tuer, la méritent-ils ?

C'était une question abrupte dont la réponse était délicate. Par souci d'humanité, Savigny penchait pour la même ration pour tous. Pourtant, quand Corréard donna son argument, il y eut dans son dos un murmure d'approbation. C'étaient les sous-officiers et les matelots qui écoutaient attentivement la conversation. Ceux-là avaient perdu des camarades dans la lutte de la nuit précédente. Pour cette raison, ils n'étaient pas enclins au pardon.

— Si on leur interdit de boire, ils mourront sous peu, remarqua Lavilette.

— Je ne le souhaite pas, dit Dupont aussitôt.

---

1 Le capitaine Dupont avait 41 ans au moment des faits, Savigny seulement 22.

2 Unité de la marine, le boujaron, que Dupont dans ses Mémoires orthographie « bonjarron », représente environ 0,06 litre (1/16e d'une pinte de Paris, antérieure au système métrique).

Corréard se tut. Sur le fond, il restait attaché à une seule stratégie. Les officiers de l'infanterie et de la marine, les passagers et – il le regrettait un peu – les matelots formaient un groupe qui méritait de vivre. Pour lui, surtout depuis les deux révoltes, les soldats n'étaient que *des rebuts de toutes sortes de pays, l'élite des bagnes où l'on avait écumé ce ramassis impur; des misérables, flétris, dégradés par la corruption*[1]. Ils ne devaient pas, en gâchant un vin si précieux, être indirectement responsables de la mort des bons éléments de la nation.

Le mécontentement des sous-officiers était visible. Pourtant, le capitaine choisit de ne pas consulter le lieutenant Lheureux ni les deux sous-lieutenants Cléret et Lozach. Négligeant la pression qui s'exerçait sur lui, il réaffirma son point de vue. Ces hommes demeuraient les soldats dont il avait la charge et ils auraient la même ration que les autres. Il en fut décidé ainsi.

⋆

On distribua trois boujarons par personne dans les gobelets en fer-blanc que possédaient les hommes. C'était effectivement très peu si on considérait que ce serait la seule ration de la journée. À chacun de la préserver ou de la faire durer.

Certains attendaient, assis par terre, le gobelet dans la main et n'osant pas y toucher. Leur unique satisfaction était de conserver intacte la ration. C'était la promesse d'un soulagement futur. D'autres buvaient avec un tuyau de plume, à toutes petites gorgées très espacées. Ils prenaient ainsi plus d'un quart d'heure pour boire le contenu du gobelet. Ils prétendaient que de cette manière leur soif était partiellement assouvie pour plusieurs heures.

Mais d'autres ne purent se contrôler. Aussitôt la ration versée dans le gobelet, ils la burent d'un trait. Ceux-là n'eurent aucun soulagement. En reposant leur gobelet, ils avaient aussi soif qu'avant. La chaleur et le soleil brûlant des tropiques les accablaient davantage.

---

[1] Dans sa relation des événements survenus sur le radeau, ce sont les termes exacts utilisés par Corréard pour décrire les soldats.

Alors, il leur fallut trouver un autre expédient. Griffon qui avait bu son gobelet sans réfléchir se plaignit aussitôt de la soif et demanda une autre ration. Savigny la lui refusa. On vit pour la première fois une très forte contrariété assombrir le visage du secrétaire de Schmaltz.

— Pourquoi ? lança-t-il d'une voix presque hargneuse.

— Parce que vous avez déjà eu votre ration ! répliqua vertement Savigny.

Griffon eut l'air de réfléchir et il désigna soudain l'océan qui les entourait.

— De toute façon, de l'eau, il y en a !

À la surprise générale, il se leva et marcha vers le bord du radeau où il s'agenouilla et remplit son gobelet d'eau de mer jusqu'à ras bord.

— Vous devriez pas boire d'cette eau ! lui cria un matelot.

— Et pourquoi ?

— Parce que vous aurez encore plus soif !

— Qu'est-ce que vous en savez, vous ?

— Tout l'monde sait ça dans la marine !

— Vous en avez déjà bu de l'eau de mer ?

— Non… avoua le matelot, désarçonné par la question.

— Alors, taisez-vous !

C'était étrange d'entendre Griffon, d'ordinaire si poli et si effacé, parler sur ce ton à un matelot. Était-ce un effet de la calenture que d'altérer les caractères et de rendre agressif ? Savigny ne pouvait s'empêcher de le remarquer et de s'interroger sur certaines sautes d'humeur qu'il avait lui-même depuis quelques jours.

Malgré les conseils qui lui étaient prodigués, Griffon n'en fit qu'à sa tête. Il but cul sec son gobelet d'eau de mer, le remplit à nouveau et, derechef, le vida d'un trait. Il se redressa, jeta un regard de défi à l'assemblée qui le regardait bouche bée, puis piocha encore un verre d'eau de mer et le but entièrement, plus lentement cette fois-ci. Puis, il revint à sa place en disant :

— Voilà ! Ça fait du bien ! Je n'en pouvais plus de cette soif !

Le malheureux Griffon ne tira pas longtemps profit de cette initiative. Moins d'une heure après, il se plaignait de nouveau de la soif. Personne ne s'apitoya sur son sort.

— Qu'est-ce que j'vous avais dit! L'eau de mer, ça donne soif! lui lança le même matelot avec mépris.

Plus Griffon geignait et réclamait à boire, plus il développait contre lui l'animosité de ses compagnons d'infortune. Même Savigny n'eut aucune pitié.

— Il faudra nous écouter la prochaine fois!

— Un demi-boujaron de vin? tenta Griffon.

— Non, rien!

Savigny se sentait tellement en colère contre lui qu'il ne parvenait pas à s'en expliquer la raison. Il eut même une pensée terrible: empoigner Griffon, le jeter à l'eau et, en l'empêchant de remonter sur le radeau, lui crier: «Allez! Buvez-en de l'eau de mer puisque vous aimez ça! Tant que vous voulez maintenant!»

Et de l'abandonner ainsi au milieu de l'océan. Ce n'était qu'une pensée fugitive mais elle était significative. Les relations se dégradaient et le langage devenait brutal. Corréard n'était pas en reste, accentuant une tendance qui perçait déjà chez lui en temps normal. Alors que Griffon, complètement déshydraté, essayait une dernière fois d'obtenir gain de cause, il lui jeta à la figure:

— Fermez donc votre grande gueule, Griffon!

Le pauvre secrétaire se recroquevilla sur lui-même comme un chien battu, et se tut.

Mais ceux qui, comme Griffon, avaient bu leur ration de vin trop vite souffraient tout autant de la soif. L'expérience de l'eau de mer s'étant révélée désastreuse, l'idée vint à des soldats de boire leur urine. La recueillant dans le gobelet en fer-blanc et passant outre leur répugnance, ils burent d'abord une toute petite gorgée. Ce fut une surprise, car le goût du liquide n'était pas aussi exécrable qu'on aurait pu le supposer. Certains même l'apprécièrent, certes pas autant que le vin, mais l'urine parut un palliatif possible du manque d'eau.

Du coup, chacun s'y essaya, y compris Corréard, Savigny et Lavilette ainsi que tous les sous-officiers. Et comme quelques personnes refusaient obstinément d'en avaler, il y eut bientôt sur le radeau un véritable trafic d'urine. Quelques soldats persuadèrent ceux qui ne voulaient pas en boire de la leur donner. C'était parfois gratuit, entre camarades, mais aussi payant quand le demandeur appartenait à ces messieurs qui dirigeaient le radeau. Quand l'argent manquait, l'affaire se réglait par un simple troc. L'urine était donnée contre un mouchoir, une cuillère ou une chemise

Il y avait urine et urine et Savigny en était étonné. Il se confia au capitaine Dupont.

— Il y en a de meilleures que d'autres. L'avez-vous remarqué ?

— Non, je n'en bois pas.

— Certaines sont épaisses, âcres et très colorées, tandis que d'autres sont liquides, presque blanches et, somme toute, relativement agréables.

— Ah ?

— L'essentiel avant de la boire, c'est de la faire refroidir. Une fois fraîche, c'est tout autre chose. On ne penserait jamais que c'est de l'urine, n'est-ce pas ?

— Sans doute...

Mais il apparut assez vite que, contrairement aux espoirs, l'urine ne soulageait pas la soif. On soupçonna même que ça l'aggravait, mais d'une manière plus insidieuse, moins évidente. Savigny constata aussi que boire de l'urine provoquait, très peu de temps après, l'envie d'uriner à nouveau. C'était finalement un cycle peu rentable sur le plan physiologique.

Toutes sortes de mélanges furent ensuite essayés. L'urine fut coupée avec un peu d'eau de mer. Ou bien, on en ajoutait à la ration de vin. Le plus profitable, aux dires de quelques-uns, était une mixture composée pour moitié de vin et, pour le reste, d'urine et d'eau de mer à parts égales. Le goût du vin prédominait et l'effet de déshydratation de l'eau de mer et de l'urine était atténué. Le sentiment d'avoir une ration plus importante primait et c'était bon pour le moral.

Ainsi, les conversations tournaient presque exclusivement autour du meilleur moyen de soulager la soif. Elle était devenue une véritable obsession. Savigny n'avait jamais eu l'occasion d'y réfléchir auparavant, mais il se demanda si l'absence d'eau n'était pas plus importante que le manque de nourriture. Il ne concluait pas puisque la nourriture était abondante…

La nuit aurait pu être paisible, s'il n'y avait eu les plaintes continuelles des blessés. Dès qu'ils effectuaient un simple geste, certains laissaient échapper un cri strident de souffrance. Ils geignaient et appelaient. D'autres pleuraient. Parfois, l'un d'eux hurlait son désespoir. C'était à vous glacer le sang et, hormis les officiers et les soldats habitués à toutes les horreurs, le sommeil était presque impossible à trouver au milieu des râles des agonisants.

*

Le matin, deux de ces blessés avaient succombé à leurs blessures. Les sous-officiers les jetèrent à la mer sans qu'on eût à leur en donner l'ordre. Ce fut comme une sorte de routine, accomplie dans l'indifférence générale.

Cette indifférence, Savigny la notait sans émotion particulière. Il n'éprouvait plus les sentiments de compassion qui étaient les siens auparavant. Deux morts de plus, la belle affaire ! Lui, il était encore vivant et c'est tout ce qui comptait à présent. Regardant un à un les survivants du radeau, il acquit la conviction qu'il n'était pas le seul à se trouver dans cet état d'insensibilité.

En regardant ses hommes balancer les deux cadavres à la mer, Dupont avait eu cette réflexion :

— Ce ne sont plus des sous-officiers mais des croque-morts…

Savigny avait trouvé cette parole amusante. Pourtant, Dupont s'était exprimé avec gravité, sans nuance de plaisanterie dans la voix. Était-ce chez Savigny un délitement de son humanité, provoqué par des circonstances que son psychisme ne pouvait supporter ? Il se sentait les nerfs à fleur de peau et, dans la seconde qui suivit, son humeur s'assombrit.

Il sursauta quand Dupont lui adressa directement la parole.

— Combien reste-t-il de vin ?

— J'en sais rien !

Savigny regretta aussitôt d'avoir répondu sur ce ton et de

cette manière. Dupont n'avait pas bronché mais son étonnement était visible.

— Pardonnez-moi, capitaine, je suis sans doute un peu fatigué.

— On le serait à moins, répondit Dupont.

— Merci d'être aussi magnanime, je ne sais pas si je le mérite. Voyez-vous, *avant le départ pour l'Afrique, j'étais patient, doux et confiant.* Depuis quelques jours, je me sens *ombrageux, emporté, téméraire à l'excès*[1]. J'en ai parlé à Corréard et Lavilette, ils ressentent des changements similaires dans leur personnalité.

— Oui…

— Mais, vous, capitaine, vous ne donnez pas l'impression d'être atteint par ce mal.

— Moi ?

— Oui, vous.

Le capitaine Dupont était un homme secret qui ne se livrait pas facilement. Il hésita à répondre. En temps ordinaire, il se serait tu ou aurait usé de généralités pour contourner la question. Les épreuves endurées sur le radeau devaient néanmoins produire un effet sur lui car il avoua au bout d'un moment, quoique en baissant instinctivement la voix :

— Mon caractère, aussi loin que je m'en souvienne, n'a jamais varié. Et je ne crois pas que les événements actuels aient changé quelque chose. *Le moindre mal que je vois à qui que ce soit, j'en suis affecté. La moindre des choses m'émeut en bien ou en mal quand c'est envers d'autres personnes ; et, pour moi, jamais, lorsque je suis dans le malheur, je ne verse de larmes*[2].

— Voulez-vous dire que vous êtes indifférent à vous-même ?

Dupont parut surpris d'une telle interprétation de ses propos.

— Non, non… Pas du tout. Seulement, à quoi peut-il bien servir de se plaindre ou de regretter quand vous n'avez pas de

---

[1] C'est ainsi que Savigny, dans sa thèse de médecine, décrit l'altération de son caractère sur le radeau.

[2] Dupont, dans ses Mémoires, définit son caractère de cette manière.

prise sur ce qui se produit ? J'accepte ce qui m'arrive. J'accepte tout...

— Voilà qui fait de vous un adepte de la philosophie d'Épictète et de Sénèque, capitaine ! Un vrai stoïcien...

— Je ne sais pas...

— Donc, je refuse d'accepter ce qui nous arrive ?

— Peut-être...

— Mais comment accepter l'inacceptable !

— ...

Dupont était embarrassé par l'intimité de cette conversation. Il avait été amené à exprimer des sentiments qu'il n'aurait jamais voulu dire et, plus encore peut-être, les confessions de Savigny le gênaient. Revenant à sa question initiale, il demanda d'une voix neutre :

— Combien reste-t-il de vin ?

Il fallut aller voir. Il ne restait plus qu'une seule barrique pleine, l'autre ne contenait plus qu'un fond.

— Tiens ? dit Savigny. J'aurais juré qu'il en restait davantage dans celle-ci. Elle est pour ainsi dire vide. Nous allons devoir ouvrir la dernière.

Le fait que ce fût la dernière accentuait le sentiment d'insécurité. Que ferait-on quand il n'y aurait plus de vin ? Dupont se redressa et affirma avec autorité :

— Nous allons abaisser la ration journalière à deux boujarons par jour.

Savigny se rangea derrière cet avis.

— Je vais aussi demander à deux sous-officiers de surveiller la barrique jusqu'à la nuit prochaine, ajouta Dupont. Dorénavant, personne ne doit s'en approcher.

20

Le lendemain matin, trois morts étaient «à déplorer». L'expression était de Griffon. Elle était plus qu'étrange car personne ne déplorait véritablement le décès de ces trois blessés. Si ce n'est, peut-être, le capitaine Dupont. Mais comme celui-ci cachait ses sentiments, ainsi que l'avait compris Savigny, c'est dans une belle indifférence qu'on jeta ces nouveaux cadavres à la mer.

Il est même probable que certains se réjouissaient de voir disparaître ces malheureux. Car ces agonisants, par leurs gémissements, n'avaient pas seulement le défaut de mettre les nerfs de chacun à rude épreuve, il fallait aussi leur accorder à boire. Ils participaient ainsi à la diminution de la ressource en vin.

Or, sur ce point, les officiers firent preuve d'un horrible bon sens. C'est le sous-lieutenant Lozach qui l'exprima, mais il ne faisait que résumer l'opinion de ses camarades.

— Quand un blessé meurt, le vin qu'on lui a donné les jours précédents a été une perte inutile.

Dupont ne comprit pas immédiatement l'idée qui sous-tendait cette réflexion. Il réagit seulement à la vérité énoncée :

— Certes.

Pour enfoncer le clou, le lieutenant Lheureux crut bon d'ajouter :

— Si bien que des gens qui sont pourtant voués à une

mort certaine, en buvant inutilement, nous condamnent nous-mêmes à manquer de vin bientôt.

— Qu'est-ce que vous voulez dire, lieutenant ?

Il y eut un silence gêné. Les officiers s'étonnaient que leur capitaine ne comprenne pas plus vite la suggestion. Le sous-lieutenant Cléret dit à voix basse :

— Si on achève les mourants, condamnés de toute façon, on économise le vin.

— On fait aussi une bonne action, affirma le sergent-major Charlot. À quoi ça sert de souffrir inutilement avant de mourir, ça n'a rien d'humain…

Dupont baissa la tête. Le pire, pensait-il, c'est qu'ils ont probablement raison. On donnait du vin à des morts-vivants qui n'allaient pas s'en sortir. Il redressa la tête et ses yeux se portèrent d'avant en arrière sur toute l'étendue du radeau. Son regard s'arrêta sur un couple allongé côte à côte, mal en point, mais peut-être capable de tenir encore plusieurs jours.

— Le sergent Prasty et sa femme, vous voulez les achever aussi ? dit-il brusquement.

C'était une contre-attaque inattendue à laquelle les officiers ne s'attendaient pas. Ils battirent en retraite. Resté seul, Dupont entendit la voix de Corréard qui se trouvait juste derrière lui.

— Ils veulent tuer les blessés, c'est ça ?

— Oui.

— Ils ont raison.

— Vous aussi ?

— Oui, moi aussi ! Parce que je ne veux pas crever ici à cause de blessés qui sont pour ainsi dire déjà morts !

Dupont fixa Corréard une pleine minute. Puis, il lui lança à la face :

— Eh bien, faites, monsieur Corréard ! Faites ! Prenez un couteau et allez égorger ces malheureux.

— Ce n'est pas à moi de le faire !

— C'est cela… Je m'en doutais. Vous, Corréard, vous avez le courage de condamner à mort mais pas celui d'exécuter la sentence. Il vous faut des auxiliaires, des hommes de main en sorte.

— Ce n'est pas mon métier !

— On pousse au crime mais on ne veut pas de sang sur ses jolies petites mains lisses !

Corréard s'empourpra. Il pointa un index menaçant vers son interlocuteur.

— Je ne vous permets pas de m'insulter ! Je ne pousse pas au crime, je cherche à nous sauver. À nous sauver tous ! Car, vous aussi, vous mourrez si nous ne prenons pas des mesures radicales ! Vous aussi !

— Pardonnez-moi de vous avoir insulté et n'en parlons plus, dit Dupont en tournant le dos au géographe.

Si cette réponse mit fin provisoirement à la discussion, la question était désormais posée. Corréard, Lavilette et Griffon avaient assisté en silence à la querelle. S'ils n'étaient pas intervenus, d'abord pris de court par la suggestion des officiers, ils ne cessaient de la retourner dans leur tête. C'était une décision cruelle. Était-elle nécessaire ?

⋆

Le petit mousse avait perdu de son allant. On le voyait errer sur le radeau, les yeux éteints, la démarche incertaine. Il ne souriait plus jamais. Le teint de son visage avait pris une couleur grise, malsaine, le blanc des yeux était jaune, les cernes se creusaient. Il trouvait refuge chez Coudein qui l'avait pris en affection et le prenait souvent dans les bras pour le réconforter.

Pourtant, Coudein lui-même n'allait pas bien. Un soir, le mât du radeau s'étant effondré en raison d'un coup de vent, Dupont s'alarma de constater que personne ne se souciait de le relever. Toujours respectueux de la hiérarchie – Coudein n'avait-il pas été désigné par Chaumareys pour diriger le radeau ? –, il alla trouver le jeune aspirant et le trouva allongé, les yeux dans le vague.

— Monsieur Coudein, le mât s'est effondré.

— Et alors ? répondit l'aspirant d'une voix si faible que Dupont dut tendre l'oreille pour l'entendre.

— Il faut le redresser et replacer la voile.

— Cette voile ne sert à rien. Nous dérivons. Avec ou sans elle.

— Elle pourrait nous porter à terre quand même.

Coudein resta silencieux si longtemps que Dupont pensa qu'il n'en tirerait rien de plus. Pourtant, Coudein finit par dire sur un ton où toute volonté s'était effacée :

— Vers la terre, tant mieux ; vers le large, tant pis. Ça m'est bien égal. Je ne pense plus qu'à boire et à manger. Laissez-moi mourir tranquille, c'est tout ce que je demande.

Dupont abandonna l'aspirant à ses sombres pensées et se mit à la recherche des derniers matelots présents sur le radeau. Il s'adressa à Benjamin et Théodore Bernard. C'étaient deux jeunes hommes d'une vingtaine d'années, dont le père, Pierre Bernard, embarqué avec eux sur le radeau, s'était suicidé en se jetant à l'eau au lendemain de la première nuit de tempête. Cet événement dramatique avait porté un tel coup au moral des deux fils qu'ils ne se quittaient plus et restaient le plus souvent à l'écart, prostrés et silencieux.

— Il faut relever le mât, ordonna Dupont comme s'il avait autorité sur les deux matelots.

Les deux frères se levèrent sans rien dire. Malgré leur désespoir, l'idée de désobéir ne leur venait même pas à l'esprit. Cependant, les voyant dans un état d'épuisement inquiétant, Dupont jugea plus sûr de leur adjoindre du renfort. Il se tourna vers un autre matelot qui était assis non loin.

— Quel est ton nom ?

— Jacquemart, monsieur. Nicolas Jacquemart.

— Jacquemart, va aider les frères Bernard à remettre la voile.

— Vous croyez qu'ça sert à quéq'chose ?

— Oui, Jacquemart, j'en suis sûr. On doit être à notre recherche. La voile fait qu'on nous voit de loin, tu comprends ?

Oui, Jacquemart comprenait. La preuve, c'est qu'il se levait et donnait un coup de main aux frères Bernard pour redresser le mât, le fixer avec des cordages qui firent office de haubans et tendre la voile.

En dépit d'une situation qui poussait plus à la désespérance qu'à l'optimisme, Dupont était satisfait. Il avait l'impression d'avoir fait la seule chose utile. Il s'assit à côté de Lavilette.

— Alors, Lavilette, racontez-nous vos campagnes militaires.

— Vous le souhaitez vraiment, capitaine ?

— Oui, parce que, voyez-vous, en ce moment, je suis comme vous.

— C'est-à-dire ?

— Je n'ai absolument rien à faire, sinon attendre.

— Attendre quoi !? lança Corréard en se redressant.

— Des secours.

— Foutaise ! répliqua Corréard.

Savigny rit nerveusement.

— Notre seul espoir repose sur une foutaise. Quelle perspective !

— Vous en avez une autre ?

— Je ne sais pas. Si les canots n'ont pas échoué sur la côte, il leur aura fallu trois ou quatre jours pour atteindre Saint-Louis. Après, il faut du temps pour que les navires qui partiront à notre recherche appareillent et encore du temps pour qu'ils nous trouvent.

— Ça fait beaucoup de temps tout ça... lâcha Lavilette avec dépit. Et nous sommes sur ce radeau depuis combien de jours ? Moi, je ne sais plus où on en est.

— Voyons... dit Savigny en comptant sur ses doigts. On nous a abandonnés le 5 juillet, on doit être le 11, le 12 peut-être ?

— J'en sais rien et je m'en fous ! s'écria Corréard.

— Ce n'est d'ailleurs pas très important, appuya Dupont sur un ton calme qui contrastait avec la véhémence de Corréard. L'important, c'est de tenir.

Il y eut des hochements de tête et Dupont reprit :

— Alors, Lavilette, vous nous les racontez vos campagnes militaires ?

Lavilette raconta. Il avait été sergent dans l'artillerie de la garde et avait participé aux campagnes d'Allemagne et de France. Le plus extraordinaire, c'est qu'on l'écouta, et très attentivement, même Corréard.

Pendant plus d'une heure, les esprits s'évadèrent vers un

passé forcément heureux en comparaison des conditions de vie du radeau, alors que, pourtant, ces deux campagnes militaires s'étaient terminées par la reddition de l'empereur Napoléon. En évoquant cette période de défaites et de retraites, Lavilette aurait employé l'expression «le bon vieux temps» que tous y auraient cru. Tout ce qui était antérieur à l'horreur du radeau était désirable, merveilleux même, une époque disparue et qu'on pensait ne jamais retrouver.

Le soir, les hommes s'endormirent plus aisément. Sur le radeau, il y avait moins de blessés agonisants et, pour cette raison, leurs cris de souffrance étaient plus supportables.

*

Quand Savigny se réveilla, il se tourna sur sa droite et découvrit le capitaine Dupont à ses côtés. Les yeux grands ouverts, l'air pensif et même attristé, il était d'une étrange fixité.

— Vous ne dormez pas, capitaine?

S'ébrouant, Dupont sembla se reprendre comme s'il était embarrassé d'avoir été surpris dans cet état.

— Si... Non, je ne dormais plus.

— Vous n'aviez pas l'air de penser à des choses très gaies.

— En effet. Quoique... En fait, j'y trouvais aussi du réconfort...

— Ah? Et lequel, si ce n'est pas indiscret...

Dupont pencha la tête en avant et fit la moue comme si, de fait, c'était assez indiscret. Pourtant, il répondit:

— Je pensais à mes parents qui sont vieux mais encore vivants. Je suis triste pour eux. Je vais mourir, ils m'aiment et ce sera une grande douleur pour eux.

— Je ne vois pas bien en quoi cette pensée vous procure du réconfort...

— Oui, ça peut vous paraître étrange... C'est-à-dire que je me réjouissais aussi du fait qu'ils ignorent en ce moment ma situation. Quand ils apprendront ma mort, il y aura longtemps que j'aurai cessé d'exister. Leur douleur sera moins grande que s'ils l'apprenaient maintenant.

Savigny garda le silence un moment avant de laisser tomber:

— Je n'en suis pas bien convaincu, mais si vous le dites…

Puis, sa voix se tendit comme la corde d'un arc :

— Vous pensez que nous allons mourir ?

Dupont haussa les épaules.

— Oui.

Le calme avec lequel Dupont assumait cette issue fatale impressionna Savigny.

— Corréard aurait donc raison ?

— Sur cette question, c'est celui qui me paraît le plus lucide.

Là encore, Savigny était troublé. Sa volonté de ne pas mourir suscitait en lui de terribles pensées.

— Même quand il propose d'achever les blessés graves ?

— Sans doute.

— Vous aviez pourtant l'air de vous y opposer ?

Dupont se passa longuement la main dans les cheveux. Ils étaient secs, sales, collés par le sel. Sa barbe hirsute commençait à le faire ressembler à un naufragé sur une île déserte. En le regardant, Savigny pensa avec horreur qu'il devait présenter le même aspect.

— Ce n'est pas parce que je me suis opposé à cette option que j'ai raison… dit soudain Dupont.

Pour le coup, c'était un véritable malaise que cette réponse provoquait chez Savigny. Dupont pensait qu'on allait mourir et il n'avait pas pris la décision qui, peut-être, pouvait les sauver. Savigny regardait droit devant lui, totalement désemparé.

— L'opinion de Corréard rejoint celle de mes officiers, reprit Dupont. À une différence près tout de même…

— Laquelle ?

— Mes officiers peuvent le faire. Pas Corréard. Et vous, vous prendriez un sabre pour trancher la gorge des blessés ?

Savigny eut un mouvement de répulsion. Il s'agissait d'exécuter froidement des hommes sans défense.

— Je ne pense pas, non… avoua-t-il en baissant la tête.

— N'ayez pas l'air de vous excuser, c'est aussi à votre honneur.

Savigny nota que Dupont avait dit « c'est aussi à votre honneur » et non pas « c'est tout à votre honneur ».

— Vous pensez que je suis humain mais que je manque de courage ?

— Oh, le courage ? Allez savoir ce que c'est !

— Pourtant, vous en avez, vous, du courage, capitaine.

— « Fait capitaine *en raison de sa conduite et de sa bravoure distinguée* » ! C'est ce qu'ils ont été écrit sur moi... J'ai eu aussi beaucoup de chance. D'autres, aussi courageux, voire plus, sont tout simplement morts sur le champ de bataille...

Savigny s'agaçait de voir souvent Dupont éviter les questions directes. Il reprit en haussant la voix :

— Oui ou non, faut-il du courage pour tuer ces blessés agonisants ?

— Sûrement. Une certaine forme de courage en tout cas. En même temps, pour en être capable, il ne faut penser qu'à soi et pas aux autres. Est-ce être égoïste que de vouloir sauver sa peau au détriment des autres ?

— Ce n'est pas « au détriment », si ce sont des blessés qui ne pourront pas guérir !

— Vous avez sans doute raison.

Une fois de plus, Dupont s'échappait et renonçait à aller plus loin.

— Vos officiers sont donc prêts à le faire ! s'écria Savigny qui sentait monter en lui la colère.

— Oui.

— Donc, si je leur donne l'ordre de le faire, ils le feront !

— C'est plus que probable.

— Bien ! C'est tout ce que je voulais savoir !

*

C'était une question morale que Savigny ne parvenait pas à résoudre. Elle trotta dans sa tête toute la journée. Il évita d'en parler à d'autres mais elle ressurgit avec brutalité au moment de la distribution du vin. Comme à l'ordinaire, c'est lui qui la dirigea.

Les hommes valides reçurent une ration de deux boujarons dans leur gobelet en fer-blanc. Les blessés encore capables de se déplacer vinrent aussi près de la barrique pour recevoir leur dû. Il restait les estropiés, allongés par terre, incapables de se lever. Les jours précédents, on avait rempli le gobelet de ces hommes et on l'avait déposé à côté d'eux. Pour les plus atteints, il avait même fallu porter le gobelet à leurs lèvres pour les aider à boire.

Quand la distribution des valides fut achevée, Griffon posa à Savigny une question qui lui paraissait de pure routine :

— Je vais ramasser les gobelets des blessés et je vous les amène ?

Le visage de Savigny se ferma et Griffon n'obtint aucune réponse. Il y avait à ce moment-là un attroupement autour de la barrique. Tous les officiers étaient présents, Dupont aussi, ainsi que Corréard et Lavilette. Tous tenaient à la main le gobelet rempli à proportion de deux boujarons. N'obtenant pas de réponse, Griffon s'apprêtait à suivre son idée quand Savigny lui cria d'une voix sourde :

— Attends !

Griffon s'arrêta, étonné tout autant par l'ordre que par le brutal tutoiement.

— Pourquoi ?

— Parce qu'on vous le dit ! répliqua Corréard.

— Je ne comprends pas…

— Eh bien, moi, je comprends ! affirma Corréard sur un ton qui semblait signifier que l'opinion de Griffon n'avait aucune importance.

Le silence qui suivit fut d'une tension insoutenable. Tous les hommes présents comprirent ce qui se jouait soudain autour de la barrique de vin. Lavilette était choqué qu'une telle décision fût prise sans consultation, par quelques-uns et presque par surprise. La vie sur le radeau était en train de basculer. Lavilette avait aussi l'intuition qu'accepter une chose inadmissible allait entraîner en cascade d'autres bassesses et qu'il n'y aurait plus de limite.

— Nous n'avons pas le droit de…

— Pas de morale, Lavilette ! coupa Corréard.

— Oui, pas de morale ! appuya fortement Savigny. C'est déjà assez horrible comme ça !

Malgré une position sociale inférieure à celles de Savigny

et de Corréard, ce qui aurait normalement dû le réduire au silence, Lavilette tenta de s'opposer. Sa voix tremblait :

— On peut pas laisser des gens mourir comme ça ! On peut pas !

— Ces hommes vont mourir de toute façon, dit Savigny froidement.

Corréard tendit brusquement son bras en direction de deux ou trois blessés qui se trouvaient à proximité et qui, la tête redressée, écoutaient anxieusement la discussion. Corréard hurla :

— Ces pauvres types boivent notre vin ! Vous comprenez ça ou faut vous l'expliquer ?!

— C'est odieux de dire ça.

— Non, *monsieur* Lavilette – Corréard avait appuyé avec ironie sur le mot monsieur –, ce n'est pas odieux. C'est la dure réalité à laquelle nous devons faire face. Et si nous nous en sortons, vous serez le premier à nous remercier.

À ce moment, il se passa une chose tout à fait inattendue. Griffon dit calmement :

— Bon, je vais chercher ces gobelets.

Ce fut la stupéfaction générale. Et joignant le geste à la parole, Griffon fit deux pas en direction des blessés les plus proches. Il fut stoppé par le sergent-major Bernard Charlot qui lui barra le chemin.

— Désolé, monsieur. Restez tranquille, ça vaudra mieux pour vous.

C'était une menace. Griffon pâlit. Les jambes tremblantes, il regagna sa place. Les officiers avaient choisi leur camp. Impressionné, Lavilette se tut.

Dupont n'avait pas prononcé une parole. Instinctivement, au début de l'altercation, ses officiers s'étaient tournés vers lui. Il avait fait un petit signe de tête navré, mais affirmatif. Il était d'accord. À son corps défendant peut-être, mais il était d'accord. Cependant, quand chacun s'était de nouveau assis, il s'était rapproché du lieutenant Lheureux et lui avait glissé à l'oreille :

— Vous donnerez leur ration au sergent Prasty et à sa femme.

Ce qui fut fait sans que Savigny ni Corréard s'y opposent. C'était une entorse à la décision qui venait d'être prise car le couple déclinait. Il fallut tenir la tête de Mme Prasty pour qu'elle puisse boire sa ration de vin. Son mari n'allait guère mieux. Ce favoritisme scellait un accord implicite entre les officiers de l'infanterie d'une part, Savigny et Corréard d'autre part, accord dont étaient partiellement exclus Griffon et Lavilette.

Ces deux derniers étaient mal à l'aise et même inquiets pour eux-mêmes. La menace dont Griffon avait fait l'objet avait stupéfié Lavilette. Spontanément, il avait posé la main sur la poignée de son sabre. Il n'était pas resté dans cette position de peur que les sous-officiers le remarquent. Mais son expérience personnelle de soldat le poussait désormais à la plus grande méfiance. Il avait compris que sa propre sécurité n'était plus assurée s'il contestait les décisions prises par le groupe qui gouvernait le radeau.

Lavilette passa le reste de la journée à l'écart. Quant à Griffon, il marchait au hasard sur le radeau, le front baissé, les bras le long du corps et on le voyait de temps en temps secouer la tête, l'air accablé, soupirant bruyamment comme un homme qui se désole d'une situation inconcevable.

*

Dès le lendemain matin, la décision prise la veille montra ses terribles effets. Deux blessés, qui s'étaient plaints de la soif une partie de la nuit, étaient morts à l'aube. Les sous-officiers se dépêchèrent de les jeter à la mer. Lavilette, en les regardant procéder si hâtivement, avait l'impression d'observer des assassins en train de faire disparaître les preuves de leur culpabilité.

Lavilette chercha un appui auprès de Coudein. N'étant pas certain que le jeune aspirant avait bien suivi l'affaire, il lui expliqua ce qui se passait désormais sur le radeau. Coudein lui avoua se sentir sans force, au point de ne pas être en état de protester ou d'approuver.

— Je suis épuisé, monsieur Lavilette. Pendant la journée,

j'ai d'affreux maux de tête, des grouillements incessants et douloureux au creux de l'estomac, une sensation de lourdeur dans les jambes et ma blessure me lance sans relâche, m'empêchant de dormir. J'ai du mal à penser et à me concentrer sur quelque idée que ce soit.

— Mais avez-vous bien compris ce que je vous ai dit?

— Oui, oui... J'ai compris. Je suppose que si on fait une chose aussi terrible, c'est pour le bien de tous. J'ai confiance en mon ami Savigny.

Puis, Coudein s'était redressé et avait appelé le petit mousse d'une voix sans tonus. N'obtenant pas de réponse, il avait paru désemparé.

— Où est-il?

— Je ne sais pas...

Accrochant nerveusement le bras de Lavilette, Coudein avait pris un ton presque suppliant:

— Il va très mal, vous le savez?

— Oui, je le sais.

— À lui, on lui donne sa ration au moins?

— Oui.

— Ah, c'est bien. C'est l'essentiel.

Le mousse François avait surgi à ce moment. Il avait l'air d'un petit fantôme. Son teint cireux et ses joues creuses avaient quelque chose d'effrayant. Sur des jambes qui le portaient mal, il avait contourné Lavilette pour s'asseoir à côté de Coudein. S'asseoir... À la vérité, il s'était plutôt écroulé sur lui-même comme une liane dont on aurait retiré le tuteur. Lavilette constata qu'il avait encore maigri.

— Viens ici, François, dit Coudein.

Il le prit dans ses bras et répétait comme une litanie:

— N'aie pas peur, on ne va pas mourir... On ne va pas mourir...

L'enfant pleurait. Lavilette se sentit si ému qu'il se releva précipitamment et s'éloigna.

— Ah, bon Dieu de bon Dieu! lâcha-t-il entre ses dents. C'est vrai qu'on va tous y passer, l'un après l'autre.

Affecté, il s'assit en face de Corréard. Celui-ci remonta le bas déchiré de son pantalon et lui montra ses jambes.

— Vous avez vu dans quel état nous sommes ? C'est tout fripé, tout desquamé, la peau part en lambeaux. C'est affreux. Regardez ! Si je passe la main sur mes chevilles, je retire des fragments entiers de peau morte. C'est répugnant. On se momifie !

C'était l'action combinée de l'eau, du sel et du soleil. Immergée dans l'eau pendant plusieurs jours sans interruption, la peau des jambes s'était ramollie pour se rider et se crevasser comme un tronc d'arbre. Depuis que le plancher du radeau était à peu près sorti de l'eau, seulement balayé par les vagues les plus fortes, le soleil des tropiques avait poursuivi l'œuvre de l'eau et du sel.

— Et les pieds ! Vous avez vu mes pieds ? Ils sont informes ! poursuivait Corréard.

Lavilette se taisait. Corréard parlait de lui alors qu'ils étaient tous logés à la même enseigne et subissaient la même décomposition des membres inférieurs.

— Et l'urine ? Si vous saviez comme je n'en peux plus de pisser dans mon gobelet avant d'y ajouter la ration de vin ! Et puis, cette eau de mer aussi, qui nous laisse un goût salé dans la bouche !

Il se plaignait, certes, ce qui agaçait Lavilette, mais, de fait, Corréard paraissait exténué. Ses yeux étaient comme vitreux et semblaient s'être enfoncés dans les orbites. Ses épaules étaient voûtées. Sa barbe, qui poussait en désordre, lui mangeait le visage. Lavilette se fit la réflexion qu'il devait avoir une allure similaire, celle d'un pauvre hère au bout du rouleau.

*

Debout, les mains derrière le dos, inactif, Dupont regardait souvent les soldats valides relégués à l'arrière du radeau. Ils étaient assis côte à côte, en silence. Ils ressemblaient à un petit troupeau d'animaux malades. Certains avaient été légèrement blessés au cours des combats et s'affaiblissaient peu à peu. Dupont en eut pitié.

Le lieutenant Lheureux servait dans l'armée au côté du

capitaine Dupont depuis quinze ans. Cette durée avait créé entre eux une forte complicité. S'apercevant que Lheureux observait également les soldats, Dupont le rejoignit et les désigna d'un mouvement de tête.

— Ils sont mal en point, dit Lheureux, répondant à l'appel implicite de son capitaine.

— Oui, et incapables de se révolter à nouveau. Inoffensifs donc.

— Il est clair que nous ne risquons plus grand-chose de ce côté-là, acquiesça Lheureux.

Pendant le silence qui suivit, Dupont mettait en forme sa pensée. Il commença sur un ton hésitant :

— Il me semble que nous pourrions les laisser se déplacer comme bon leur semble. Savigny m'a appris l'autre jour que la marche accélérait la circulation sanguine et était bénéfique pour la santé.

— Même pour les blessés ?

— Les blessés, je ne sais pas, mais pour les autres, certainement.

Il y eut un nouveau silence qui fut rompu par le lieutenant Lheureux :

— En quelque sorte, vous souhaiteriez donc que nous les libérions ?

Le terme fit sourire Dupont :

— Oui. Et nous pourrions leur confier quelques tâches pour les occuper.

— Il n'y a pas grand-chose à faire.

— C'est vrai… Cependant, il y a peut-être quelque chose.

— Quoi ?

— La nuit, j'ai constaté qu'il y avait des matelots qui rôdaient autour de la barrique de vin. Ils en boivent, il n'y a aucun doute là-dessus. J'en ai d'ailleurs vu un ce matin qui avait dans sa poche un petit chalumeau fait avec une plume d'oiseau. C'est vite fait de s'approcher du tonneau et, par l'une des bondes, d'y plonger le chalumeau pour boire ! Un autre a une petite bouteille dont il ne se sépare jamais, comme un objet qui lui sert régulièrement.

— Vous croyez qu'ils font ça ?

— J'en suis certain.

Lheureux hochait la tête en fronçant les sourcils.

— Et nos soldats dans tout ça?

— On pourrait leur demander de surveiller la barrique pendant la nuit.

Lheureux acquiesça. On ne pouvait pas laisser des hommes siphonner impunément la barrique. Si les blessés les plus graves étaient privés de vin, au prétexte qu'ils allaient mourir tôt ou tard, ce n'était pas pour que d'autres dilapident cette part économisée.

Accompagné du lieutenant Lheureux, des deux sous-lieutenants Cléret et Lozach, Dupont réunit aussitôt Savigny et Corréard. En quelques phrases, il exposa la résolution qu'il venait de prendre.

— C'est exact que des matelots boivent le vin en cachette! affirma Corréard. Je les ai vus faire une nuit alors que j'étais dans une sorte de demi-sommeil. Hélas, j'étais trop affaibli pour réagir et je ne les ai pas reconnus.

— On ne peut pas tolérer de tels agissements! C'est notre vin qu'ils boivent! s'écria Lheureux.

— Il faut plus de discipline, commenta Savigny. Faire surveiller la barrique, c'est bien mais insuffisant.

Cette remarque étonna Dupont.

— Que faut-il faire de plus?

— Prendre des sanctions! affirma Savigny.

— Et qui soient vraiment dissuasives! appuya Corréard avec force.

La nature des sanctions devait être décidée et plusieurs suggestions se succédèrent.

— On peut priver le coupable de sa ration de vin le jour suivant, proposa Dupont.

— Insuffisant! balaya Corréard d'un revers de main, montrant que pour lui cette peine n'était pas à la hauteur du forfait commis.

— On peut le priver de vin définitivement, tenta Lheureux.

De l'avis de tous, c'était mieux. Pourtant, Savigny révéla les failles de cette proposition.

— Si un homme est privé de vin définitivement, nous le

condamnons à mort à plus ou moins brève échéance. Alors, tant qu'il sera sur le radeau, il fera n'importe quoi pour boire à la barrique. Il faudra le surveiller en permanence. Or, nous sommes épuisés, notre concentration est réduite, nous somnolons souvent.

— Il suffit que des gardes se relaient à la barrique, dit Dupont, non sans un certain bon sens.

— Pouvons-nous vraiment avoir confiance dans les hommes désignés pour garder le tonneau ? interrogea soudain Savigny.

C'était une nouvelle question qui allait de pair avec celle du choix de la sanction. Savigny poursuivit :

— La sanction doit être dissuasive, on l'a dit. Je ne vois qu'une seule sanction qui puisse vraiment l'être : la condamnation à mort.

— Ah ? fit Dupont.

— Oui ! Ceux qui volent du vin mettent en péril notre survie. Ils ne méritent aucune pitié. De même, quiconque a l'immense responsabilité de garder la barrique doit aussi savoir ce qu'il risque en y buvant.

— C'est tout à fait juste, approuva Corréard. Autrement, je n'aurai jamais confiance en ceux qui gardent le vin !

— Donc, reprit Savigny, plutôt que de priver définitivement le coupable de sa ration de vin, ce qui revient à le condamner à mort, il faut exécuter la sentence sur-le-champ et le jeter à la mer.

Dupont écoutait en silence. Quand Savigny lui jeta un regard interrogateur pour connaître son avis, il laissa tomber sans aucune nuance d'ironie dans la voix :

— Vous auriez dû faire l'armée non pas dans la médecine mais dans les unités combattantes, monsieur Savigny, vous y auriez trouvé votre place...

Nul ne put dire s'il s'agissait d'un compliment.

— Ça signifie que vous êtes de mon avis ? lança Savigny avec agressivité.

— Oui.

L'accord du capitaine Dupont avait valeur de décision collective. Chacun comprit que la discussion était terminée.

— Alors, faisons comme ça ! s'écria Savigny. Et qu'on s'y tienne !

*

Cette décision fut communiquée à tous les hommes du radeau. Aux matelots d'abord, qui écoutèrent avec la plus grande attention. Aux soldats ensuite, qui furent moins attentifs à la recommandation parce qu'ils étaient avant tout heureux de retrouver le droit d'aller et venir sur le radeau. Immédiatement, les plus valides se mirent à marcher de long en large.

Corréard s'adressa à Griffon :

— Et vous, Griffon, vous avez compris ?

— Je n'ai jamais bu du vin en cachette ! répliqua le secrétaire du gouverneur avec humeur. Vous me prenez pour qui ?

Corréard posa sur lui le regard étonné et presque moqueur d'un homme qui voit son propre chien aboyer soudain contre lui. Il haussa les épaules.

— Je vous préviens, c'est tout ! Pas la peine de monter sur vos grands chevaux !

À Lavilette, il posa ensuite la même question.

— Je ne suis pas sourd, répondit Lavilette sur un ton glacial.

Peu avant la nuit, Dupont choisit deux soldats espagnols pour garder la barrique. C'étaient de rudes gaillards dont la mâle apparence devait dissuader un voleur de tenter quoi que ce soit. Il leur rappela la sanction en cas de vol de vin – la peine de mort exécutée sur-le-champ –, ainsi que l'importance de préserver cette boisson car elle était la ressource indispensable pour survivre le plus longtemps possible.

— Sachant que, de la nourriture, on n'en manque pas… ajouta-t-il.

Prenant soudain peur de la légèreté avec laquelle il venait d'évoquer les repas de chair humaine, Dupont se signa furtivement.

21

Après un dernier regard aux deux sentinelles qui gardaient la barrique, Dupont s'était éloigné de quelques pas pour s'allonger sur le plancher. Il avait échangé quelques mots avec Savigny et Corréard, se renseignant surtout sur l'état de santé de Coudein qui somnolait non loin. Le petit mousse était comme enroulé au pied de l'aspirant.

— Ça va à peu près… répondit Savigny à mi-voix. C'est surtout le P'tit François qui ne va pas bien du tout. Le gamin peut à peine se lever.

— Vous croyez qu'il est foutu? chuchota Dupont en se penchant vers Savigny.

— J'en ai peur.

Dupont se redressa, sentit la tristesse monter en lui et, pour la chasser, chercha une position confortable pour dormir. Il se retourna plusieurs fois sur lui-même et finit par s'immobiliser sur le côté, tournant le dos à la barrique située à quelques mètres.

Que la faucheuse s'attaque aussi à un enfant de douze ans l'affligeait profondément. Ce jeune mousse, c'était un peu le symbole de la vie. Une vie qui n'avait pas encore totalement commencé et que le mousse prenait tant de joie à découvrir. Même au début, sur le radeau, il se faufilait partout et on ne constatait aucune peur dans son comportement. Il donnait presque l'impression de découvrir avec ardeur une nouvelle aventure…

Finalement, peu à peu, les privations semblaient avoir eu raison de sa résistance. Il avait d'abord cessé de courir partout. Puis, son éternel sourire s'était effacé de ses lèvres et on l'avait vu marcher ici et là sur le radeau, l'air perdu. Ses allées et venues étaient devenues de plus en plus erratiques. Enfin, il avait fini par ressembler à ces animaux enfermés dans une cage qui, tels des automates, accomplissent sans cesse le même trajet. À présent, il ne marchait même plus ; il titubait. Ses jambes maigres s'entrechoquaient et il avait le souffle court. Ses propos étaient devenus incohérents. Il était comme une bougie qui s'éteignait doucement.

Hanté par ces pensées, Dupont ne parvenait pas à dormir réellement. Les yeux fermés, il ne bougeait pas et s'engourdissait régulièrement. Mais, liée à de violentes et soudaines accélérations des battements du cœur, sa conscience subissait de brusques retours à la réalité.

Tout à coup, un bruit furtif attira son attention. C'était derrière lui. Il se retourna doucement. Une ombre s'agitait autour de la barrique. Elle se pencha et parut s'affairer sur le côté du tonneau. Dupont se leva. Il s'approcha dans l'obscurité.

Un soldat enfonçait une paille dans le tonneau qui avait été percé sur le côté. Ce qui étonna le plus Dupont fut de ne pas voir les deux sentinelles espagnoles. Il les aperçut soudain, assises par terre à moins de deux mètres de distance. Elles semblaient somnoler.

En deux pas, Dupont fut sur le voleur qu'il saisit par le bras et qu'il tira violemment en arrière. L'homme roula à terre. C'était un soldat italien.

— Tu sais ce qu'il en coûte de voler du vin ? cria-t-il.

Aussitôt, les deux sentinelles se levèrent tandis qu'une agitation fébrile s'emparait du radeau où de nombreuses personnes avaient été tirées brutalement du sommeil. Dupont interpellait les deux sentinelles :

— C'est comme ça que vous gardez la barrique !

Il y eut d'abord un murmure indistinct d'excuses embarrassées. Puis, pressés de faire oublier leur responsabilité, ils se précipitèrent sur le soldat à terre. Celui-ci se releva et tenta de fuir. Il y eut une brève course-poursuite et l'Italien se retrouva bloqué à un angle du radeau. Il se mit à hurler dans sa langue natale.

— Qu'est-ce qu'il dit? demanda Savigny qui s'était rapproché de Dupont.

— On s'en fout de ce qu'il dit! Il volait du vin, c'est tout! brailla Corréard debout derrière lui.

Déjà, les deux soldats empoignaient l'Italien. Il y eut une courte lutte dont on ne voyait pas grand-chose en raison de l'obscurité. Le bruit d'un corps qui tombe à l'eau mit fin à l'affrontement. Les deux sentinelles revenaient vers la barrique tandis que le sergent-major Bernard Charlot tirait son sabre.

— Je vais l'empêcher de remonter sur le radeau, dit-il en croisant les deux sentinelles.

Criant des insultes, le sabre à la main, on le vit ensuite arpenter le côté du radeau où l'Italien avait été jeté à l'eau.

— Ce n'est pas faute d'avoir été prévenu, lâcha Savigny. La loi, c'est la loi. Il faut l'appliquer, sinon elle ne sert à rien.

Depuis qu'il avait interpellé avec force les deux sentinelles, Dupont n'avait pas bougé. Il avait assisté à la scène sans broncher. Contrarié, l'air pensif, il se mit à faire quelques allées et venues nerveuses au milieu des hommes qui, debout, restaient un peu choqués par la manière expéditive dont l'affaire avait été réglée.

Passant près d'un matelot, il s'arrêta soudain et renifla.

— Tu sens le vin!

L'homme fit un pas de côté et eut du mal à garder l'équilibre.

— Ma parole! Tu es ivre!?

Le matelot bafouilla, se lançant dans des protestations molles et confuses.

— Mais si, tu es ivre! Je le vois bien! Tu pues la vinasse et tu titubes! Tu le tiens d'où, ton vin?

Le matelot bredouilla à nouveau et ne put fournir aucune explication. Dupont ne put cacher sa colère.

— Voleur de vin!

Et, se tournant vers ses sous-officiers, il leur ordonna de s'emparer du voleur.

Honoré Thomas, le second timonier de *La Méduse*, lança soudain :

— Celui-là, je l'avais repéré sur la frégate. Il a toujours sur lui une vrille pour percer les barriques et plusieurs chalumeaux !

— Sergent, fouillez-le ! ordonna Dupont.

L'information se révéla exacte. Dupont marcha à grands pas vers Savigny et Corréard.

— C'est incroyable ! Comment est-ce possible ? Avec deux sentinelles qui surveillent la barrique !?

— Ou qui dorment ! s'exclama Corréard.

— Exact, ou qui dorment. Bon, le fait est là, avéré ! Qu'est-ce qu'on fait ? reprit Dupont.

Savigny haussa les épaules comme si la question était sans objet.

— Eh quoi ! Que voulez-vous qu'on fasse ? On vient de balancer à la mer un voleur, vous épargneriez le second !?

— Non... Non... Je ne veux épargner personne. Je suis seulement stupéfait que nos règles n'aient aucun effet sur certains.

— Finissons-en ! déclara Corréard. Il a volé du vin, il faut s'en débarrasser, sinon ils vont tous s'y mettre !

Dupont soupira. Il tourna les talons et retourna auprès des sous-officiers qui tenaient le matelot. Il s'adressa directement à celui-ci :

— Je suis désolé mais vous connaissiez la règle. Nous vous avons condamné à mort.

Peut-être que l'ivresse du matelot ne lui permit pas de réaliser pleinement la cruelle sentence. Sur le coup, il n'eut aucune réaction. C'est quand les sous-officiers se mirent à le traîner vers le bord du radeau qu'il commença à se débattre. Il pleurait et criait à la fois :

— Z'avez pas l'droit ! J'ai rien bu ! Assassins ! Salauds !

Le sergent-major Charlot lui tordit le bras derrière le dos afin de le faire taire et d'anéantir toute résistance. Il y eut un craquement et le matelot poussa un cri strident.

— Tu lui as cassé le bras ! constata le sous-lieutenant Lozach.

— Et alors ! Qu'est-ce que ça change ? répliqua le sergent-major. C'est pas plus facile comme ça ?

De fait, le matelot geignait et ne criait plus. Il n'était plus en mesure de résister et fut poussé à l'eau avec facilité. Ivre et le bras cassé, il coula quasi instantanément. En guise d'oraison funèbre, le sergent-major Charlot grommela :

— Et voilà ! Bon débarras !

*

Dupont croyait en avoir terminé avec cette affaire. Il s'étendit de nouveau et s'endormit. Mais le jour était proche et son sommeil fut de courte durée. Deux heures plus tard, il se releva le premier et, par une sorte de réflexe militaire, inspecta le radeau.

Il s'approcha de la barrique. La scène était presque inconcevable. L'une des deux sentinelles était allongée par terre et ronflait bruyamment. L'autre était encore debout mais se raccrochait à la barrique pour ne pas tomber et, en voyant le capitaine, s'éloigna vers l'arrière du radeau en titubant.

Dupont donna un violent coup de pied dans les flancs de la sentinelle allongée. Elle eut un sursaut, prononça quelques onomatopées furieuses, puis se retourna et continua à ronfler.

Laissant échapper un juron, Dupont retourna à l'endroit où il avait dormi et où ses compagnons somnolaient toujours.

— Réveillez-vous !

La voix impérieuse du capitaine jeta le trouble. Il y eut des exclamations de surprise, et même de peur. En un instant, chacun fut dressé sur son séant, éberlué, les yeux hagards.

— Les deux sentinelles espagnoles sont saoules ! L'une d'elles est même ivre morte !

— C'est pas possible !? s'écria Savigny en se levant d'un bond.

— C'est pourtant vrai !

Il y eut des regards échangés. Chacun pensa la même chose. Ainsi, il n'y avait rien à faire ! C'était plus fort qu'eux ! Si on les laissait près d'un tonneau, ils buvaient, croyant que personne ne s'en apercevrait !

— Ça ne m'étonne pas ! s'exclama Corréard. Ces soldats, on ne peut pas leur faire confiance ! Des étrangers en plus !

— Il faut appliquer la loi ! dit Savigny froidement.

Lavilette et Griffon qui restaient assis, le buste redressé, ne disaient rien. Dupont reprit :

— J'ai cru que ces deux-là allaient obéir comme ils le faisaient auparavant, je me suis trompé ! Attention ! Ce sont des coriaces. Je les ai vus à l'œuvre sur les champs de bataille. Il est clair que si nous ne nous en débarrassons pas, ils sont capables de nous jouer un mauvais tour pendant notre sommeil.

— Ils sont ivres, dites-vous ? interrogea Savigny.

— Oui, et pas qu'un peu !

— Alors, il faut en profiter et les jeter à la mer immédiatement.

— De toute façon, c'est ce qu'on a décidé ! Peine de mort immédiate pour les contrevenants ! appuya Corréard.

Dupont se tourna vers Coudein. Celui-ci était assis un peu à l'écart, le petit mousse serré dans ses bras, mais il avait tourné la tête vers eux et écoutait.

— Vous êtes aussi de cet avis, monsieur Coudein ?

Coudein fut presque étonné qu'on lui demandât son opinion, tant son état lamentable semblait le mettre hors du coup. Il marqua un temps d'arrêt, les yeux fixes et, avec quelques difficultés, articula :

— Je suis solidaire de vos décisions.

C'était affirmé clairement et Dupont lui en fut reconnaissant. Il omit de demander leur avis à Griffon et à Lavilette. Depuis l'incident de la distribution du vin, un parfum de suspicion flottait autour de ces deux-là. On ne leur faisait aucun reproche, pas ouvertement en tout cas, mais ils avaient perdu leur statut d'interlocuteurs fiables.

Savigny et Corréard s'en méfiaient même. Ils les jugeaient peu lucides et n'ayant pas la trempe nécessaire pour prendre les décisions qui s'imposaient en de telles circonstances. Mieux valait les ignorer. Pour Dupont, Lavilette et Griffon posaient plutôt un problème de discipline. Il fallait une opinion unanime pour conserver la cohérence du groupe, agir vite et efficacement. Or, sur ce point, ces deux-là avaient failli une fois, ce qui désormais les excluait.

— Lieutenant Lheureux ! appela Dupont.

Celui-ci accourut rapidement mais il avait les yeux brouillés de quelqu'un qu'on vient de tirer de son sommeil. En quelques mots, Dupont lui expliqua la situation.

— Vous voulez mon avis, capitaine ?

— Oui.

— Dès le début de la nuit, je pense que les deux sentinelles étaient de mèche avec les deux premiers voleurs de vin. Quand vous avez surpris le premier, les deux Espagnols ont fait semblant de dormir et nous avons été dupes.

Lheureux évita de dire « et vous avez été dupe » pour ne pas froisser la susceptibilité de son supérieur. Dupont ne broncha pas mais il apprécia l'élégance de son fidèle lieutenant. Lheureux poursuivait :

— Le plus incroyable, c'est que les Espagnols ont continué à boire après la mort des deux premiers.

— Quand on croit trop à sa bonne étoile... lâcha Dupont sentencieusement.

L'affaire fut aisée pour le soldat ivre-mort. Il se trouvait proche du coma éthylique. Sans qu'il s'en rende compte, les sous-officiers le traînèrent sur le sol jusqu'au bord du radeau où il fut poussé à l'eau comme un paquet de linge sale.

Le second se révéla plus « coriace », selon le mot du capitaine Dupont. Bien qu'il n'eût pas totalement retrouvé ses esprits, il sortit un couteau dès que les sous-officiers s'approchèrent de lui. D'où tenait-il ce couteau, alors que les soldats avaient été désarmés après la seconde révolte, ce fut un mystère pour tous. L'arme, cependant, conforta l'opinion que ces hommes étaient dangereux et qu'il fallait s'en débarrasser au plus vite.

Le sergent-major Charlot sortit son sabre. Le combat était inégal, d'autant plus que l'Espagnol tenait à peine debout. D'un seul coup de sabre, Charlot lui fendit le crâne. Le soldat s'écroula sans un cri. Il fut jeté à l'eau.

*

Cette mauvaise expérience décida Dupont à ne plus laisser les soldats ou les matelots s'approcher de la barrique. Il avait du mal à expliquer pourquoi, malgré une sentence aussi radicale appliquée aux fraudeurs, les vols s'étaient poursuivis. Comment des hommes sains d'esprit pouvaient-ils supposer que personne ne s'apercevrait de leur forfait ?

— C'est que justement, lui glissa Savigny, ils ne sont pas sains d'esprit. Ils sont perturbés par la calenture qui corrompt leur lucidité.

— Et pourquoi donc sommes-nous lucides et pas eux ?

Savigny eut un drôle de sourire. Un tremblement agita ses mains.

— Parce que vous croyez que notre perception de la réalité n'est pas altérée ? Parfois, j'ai l'impression de me trouver au cœur d'un cauchemar. Il y a des matins où je ne sais plus exactement où je suis. Je me lève en me disant qu'il fait trop chaud et que je vais aller me reposer dans l'entrepont. Nous perdons la tête, capitaine !

Savigny agrippa le bras de Dupont. Sa voix se fit heurtée et sifflante :

— Pensez-vous que dans notre état normal nous pourrions tuer des gens pour la simple raison qu'ils ont bu quelques gobelets de vin ?

— Évidemment non. Mais les circonstances…

— Oui, je sais, les circonstances ! s'écria Savigny avec violence. Les circonstances, la belle affaire ! Vous m'avez bien incité à les prendre par le bon bout, ces circonstances !

— Moi ?

— Oui, vous !

Savigny tendait un index accusateur vers le capitaine Dupont. Celui-ci en était abasourdi.

— Vous perdez la tête…

Alors, Savigny accrocha des deux mains l'habit de Dupont et l'attira brutalement contre lui. Plus petit que Dupont, il le regardait de bas en haut, sa face à quelques centimètres de celle du capitaine. Il avait le visage congestionné, les yeux rouges, les lèvres retroussées. Si Dupont n'avait pas vu tant d'horreurs au cours de ses campagnes militaires, il aurait été effrayé d'être ainsi agrippé par un homme qui montrait tous les signes de la démence. D'une voix rauque, Savigny lui jeta à la face :

— Ah ah ! Vous voyez que je perds la tête ! Vous voyez !

Dupont le repoussa et Savigny tomba en arrière. Il resta allongé sur le dos, sans bouger, les bras écartés. L'idée qu'il puisse être mort subitement traversa l'esprit du capitaine. Il fut étonné que cette pensée ne suscite en lui aucune émotion. Sans faire un geste pour relever Savigny, il dit simplement :

— Vous vous êtes fait mal ?

Lentement, Savigny se redressa pour se mettre en position assise.

— Non, je ne crois pas... dit-il d'une voix éteinte.

Puis, il passa ses mains sur le visage comme s'il cherchait à se cacher.

— Excusez-moi, capitaine, je ne sais pas ce qui m'a pris.

— C'est déjà oublié.

Savigny releva la tête et regarda Dupont dans les yeux.

— Vous savez ce que je pense ?

— Non.

— Je pense que ce qu'on fait, c'est mal. Nous n'avons sans doute pas le choix, mais c'est mal. Et vous voulez le fond de ma pensée ?

— Oui.

— Si jamais on nous retrouve, on nous fusillera pour ce que nous avons fait.

Dupont n'était pas loin de penser la même chose. Cependant, cette question ne le préoccupait pas. Depuis plusieurs jours, il avait accepté sa propre mort. Il la supposait ici, sur cet horrible radeau. Que Savigny lui annonçât qu'elle pourrait venir plus tard, après un procès devant une cour martiale, lui importait peu. Il avait l'impression que, de toute façon, sa vie avait pris brusquement un cours si désespéré que l'issue en serait fatale.

— Vous avez peut-être raison, dit-il d'une voix neutre. Mais, à mon tour de vous dire ce que je pense. Nous serons morts avant qu'on puisse nous fusiller.

— Alors, à quoi bon notre loi?

— Je ne sais pas. Vous, Corréard, Coudein, moi, nous sommes la loi sur ce radeau. Il faut bien une loi, non?

Ce propos fit rire Savigny. C'était un rire nerveux et amer.

— En tout cas, s'il n'y avait pas notre loi, on n'aurait plus de vin à l'heure qu'il est!

— Voilà! dit Dupont en écartant les bras. On n'aurait plus de vin!

Il y eut soudain un cri strident. Ils se retournèrent et virent Coudein qui secouait le petit mousse.

— Non! Non, François! Ne dors pas! Réveille-toi!

Recroquevillé dans les bras de l'aspirant, le petit mousse avait les yeux mi-clos et le corps aussi mou qu'une poupée de chiffon. Les exhortations de Coudein attirèrent autour de lui une dizaine de personnes. On essayait de comprendre. Peut-être, d'ailleurs, ne voulait-on pas comprendre car, à l'attitude des bras et de la tête du mousse, il n'y avait guère de doute.

Dupont écarta les matelots et s'accroupit à côté de l'aspirant. Il souleva un bras du mousse et le laissa retomber. Il prit la tête dans sa main et tenta de la redresser. La longue habitude des champs de bataille l'amena immédiatement à la seule conclusion possible.

— Il est mort, dit-il.

— Non, il n'est pas mort! hurla Coudein rageusement.

— Si, monsieur Coudein, il est mort.

— Non! Il ne va pas bien mais il n'est pas mort!

Dupont se tourna vers Savigny:

— Vous êtes chirurgien, monsieur Savigny. Dites-lui, vous, qu'il est mort.

— Il est mort, prononça Savigny d'une voix sans timbre.

— Non, c'est pas vrai! Vous n'y connaissez rien! D'ailleurs, Savigny, vous n'êtes qu'aide-chirurgien! Vous n'êtes pas encore médecin et vous ne le deviendrez jamais!

Savigny et Dupont échangèrent un regard navré. Ils se relevèrent en même temps, s'interrogeant sur ce qu'il fallait faire. Coudein se mit alors à bercer le petit mousse et commença même à chanter une chanson:

Sur le grand mât d'une corvette
Un petit mousse un soir chantait
Il redisait l'âme inquiète
Ces mots qu'au loin le vent portait
« Qui me rendra ton doux sourire
Heureuse mère ouvrant tes bras »

Il y eut un grand silence sur le radeau. Cette chanson, tous les marins la connaissaient. Et l'évocation de la mère du mousse, qui devait vivre tranquillement quelque part en France sans se douter que son fils venait de mourir, émut les matelots. Des larmes coulaient sur leurs joues qu'ils ne tentaient même pas de cacher. D'une voix brisée, Coudein poursuivait par le refrain.

Filez filez ô mon navire
Car le bonheur m'attend là-bas
Filez filez ô mon navire
Car le bonheur m'attend là-bas

Soudain, un hurlement désespérée se fit entendre.
— Assez ! Assez, nom de Dieu !
C'était Griffon. Il avait les deux mains sur ses oreilles et hurlait de toutes ses forces :
— Taisez-vous, Coudein ! Taisez-vous !
Coudein s'interrompit. Il leva vers le secrétaire de Schmaltz des yeux étonnés. Griffon leva brutalement ses deux bras vers le ciel et les agita frénétiquement.
— Il est mort, votre mousse, Coudein ! Il est mort ! On vous le dit et on vous le répète, il est mort !
— Non, il n'est pas mort, répondit Coudein calmement.
— Alors, il est quoi, s'il n'est pas mort !?
— Il dort.
— Il dort !? Vous êtes complètement fou !
Tout à coup, Griffon sembla perdre lui-même la raison. Il y eut dans sa voix une méchanceté assumée, un choix délibéré de mots qui voulaient faire mal.
— Vous savez ce qu'on va en faire de votre mousse ? On va

le manger ! C'est sûrement une chair plus tendre que ces gros soldats qu'on ingurgite !

— Ça suffit, Griffon ! s'écria le capitaine Dupont. Vous aussi, vous vous taisez, ou je vous envoie mon poing dans la figure !

Griffon se tut. Il regarda le capitaine et parut réaliser l'horreur de ce qu'il venait de dire. Il s'effondra en larmes. On l'entendit bafouiller entre deux sanglots :

— Moi aussi, je l'aimais beaucoup, le P'tit François...

Dupont appela le lieutenant Lheureux. Il lui parla à voix basse :

— Faites jeter le mousse à la mer.

— Et par rapport à Coudein ?

— Rien. Vous lui prenez le mousse et vous nous en débarrassez, c'est tout.

Lheureux tenta lui-même de prendre l'enfant mais Coudein s'accrochait au corps comme un désespéré. Le lieutenant ne parvenait pas à lui faire ouvrir les bras. Il appela de l'aide :

— Lozach ! Cléret !

Les deux sous-lieutenants se précipitèrent. Il fallut s'employer et y mettre de la force pour que Coudein lâchât enfin prise. Curieusement, quand le mousse lui fut arraché, il resta inerte. Il ne tenta pas de se lever et de le reprendre. Les yeux vagues, il regarda le sous-lieutenant Lozach traîner le petit corps et le pousser dans l'eau.

— Adieu, P'tit Fanch, dit Lozach.

22

Dans la soirée, Dupont décida de compter les survivants du radeau. Il restait très exactement vingt-sept personnes dont certains, blessés par les combats ou très éprouvés par les privations, pouvaient à peine se lever. Parmi ceux-là, les époux Prasty, presque moribonds, étaient allongés côte à côte à l'avant du radeau.

C'était un crève-cœur pour le capitaine de voir dans un tel état de faiblesse l'un de ses meilleurs sergents et sa femme, la cantinière qui avait si longtemps servi la soupe aux soldats. De plus, il ne doutait pas que leurs jours étaient comptés. Il était même étonné qu'ils ne soient pas déjà morts. Il s'approcha d'eux et s'agenouilla un instant, ne sachant que dire.

— Il faut tenir…

Il n'obtint pour réponse que des sourires crispés, presque des rictus. Pour leur apporter un peu de réconfort, Dupont osa affirmer :

— Nous devrions bientôt toucher terre.

— Merci, mon capitaine, répondit Prasty dans un effort surhumain pour parler.

Accablé, Dupont s'éloigna les épaules voûtées, la tête basse. Il fut tiré de ses tristes pensées par la voix de Savigny. Assis par terre au centre du radeau, celui-ci lui faisait signe de le rejoindre. Sans se presser, Dupont obtempéra. Corréard et Coudein étaient en compagnie de Savigny.

— Asseyez-vous, capitaine, nous tenons conseil.

— Conseil ?

— Oui, il nous faut prendre des décisions.

Dupont comprit qu'une discussion avait eu lieu en son absence. Il ne dit rien et attendit.

— Capitaine, nous venons d'évaluer très précisément ce qui reste de vin. Les voleurs de la nuit dernière en ont beaucoup bu. Il faudrait encore économiser et diminuer la ration si nous voulons tenir.

— Diminuer encore la ration ? Une demi-ration, ça ne ferait plus qu'un boujaron par jour.

— C'est évidemment très peu. Presque rien… approuva Savigny.

— Il y a beaucoup de blessés ou de personnes qui sont si faibles qu'elles mourront vite si on divise la ration par deux, susurra Corréard sur un ton lourd de sous-entendus.

Dupont avait pris l'habitude de ces phrases de Corréard qui suggéraient une action sans l'exprimer clairement.

— Soyez plus précis, monsieur Corréard.

— À l'inverse, si nous décidons de ne pas diminuer la ration des plus faibles, leur mort sera seulement retardée, et non empêchée, et ils consommeront beaucoup de vin.

— Vous m'embrouillez, monsieur Corréard. Donc, vous voulez diminuer par deux la ration des moribonds ?

Savigny eut un geste d'impatience.

— Non, ce n'est pas ça qu'il veut dire ! Si on diminue leur ration, ils meurent ! Si on ne diminue pas leur ration, ils meurent aussi ! Voilà le point à retenir !

— Donc ?

— Donc, il faut leur supprimer toute ration, elle ne leur sert à rien finalement !

— Ah… Et on les regarde mourir les mains dans les poches ? lâcha le capitaine.

Cette remarque ironique fut suivie d'un bref silence embarrassé. Coudein prit la parole pour la première fois :

— De fait, on voit bien avec le P'tit François que ça ne sert à rien de leur donner une ration. Autant ne rien donner.

— Comprenez-moi bien, capitaine, reprit Savigny. Si on ne leur donne plus rien, ça permettra aux bien-portants d'avoir une réserve de vin pour six jours encore. Six jours ! Autrement, en deux ou trois jours, on n'a plus rien.

— Et on meurt, conclut Corréard.

Dupont se laissait convaincre mais il avait une réticence :

— On ne va tout de même pas les laisser crever comme ça ! Comme des animaux malades !

— En effet, acquiesça Corréard. C'est pourquoi il faut prendre une mesure radicale. Elle est cruelle et difficile mais la seule qui puisse encore nous sauver.

— Laquelle ?

— On jette à l'eau les plus faibles.

— Vous n'y allez pas de main morte !

— Nous, on peut encore vivre ! Eux, non ! Et il est inutile qu'ils souffrent plus longtemps !

Dupont se tut. Il aurait aimé ne pas prendre une telle décision. Pourtant, à écouter les arguments de Corréard et de Savigny, elle finissait par s'imposer comme une évidence. Il jeta un regard circulaire sur le radeau. Il y avait des hommes debout, d'autres accroupis ou allongés. Il était délicat de pronostiquer à court terme les chances de survie de chacun d'entre eux. Dupont entrevit la difficulté de mettre à exécution le projet d'épuration.

— Et qui décide de qui doit vivre ou mourir ?

— Nous, évidemment ! s'écria Savigny.

— Oui, nous... dit Dupont en baissant la tête, presque gêné. Je voulais dire : comment le décide-t-on ? Vous, monsieur Savigny, vous allez vous lever et vous allez désigner les hommes qu'on jette à la mer et ceux qu'on garde : lui, lui, pas lui, lui, pas lui, etc.

— Pourquoi moi ?

— Parce que vous êtes chirurgien, peut-être ? glissa Dupont non sans perfidie.

Savigny avait pâli. La manière dont le capitaine voulait l'enrôler personnellement dans cette responsabilité lui faisait soudain peur.

— Et vos sous-officiers, capitaine ? interrogea Corréard. N'est-ce pas leur métier ?

— Pas du tout, monsieur Corréard ! réagit Dupont avec

force. Mes hommes ne sont pas des assassins mais des soldats ! Ils se battent contre des ennemis, ils n'éliminent pas les blessés !

— Oh ! Vous savez, sur les champs de bataille, on sait comment ça se passe ! répliqua Corréard. Faut pas nous raconter d'histoires !

— Taisez-vous, je n'en écouterai pas plus !

La querelle naissante entre Dupont et Corréard n'était pas de nature à faciliter la recherche d'une solution. Savigny craignit que rien ne soit décidé.

— Il n'est nul besoin de demander à vos sous-officiers de procéder eux-mêmes à cette élimination si cela les choque. Je peux désigner trois matelots qui s'en chargeront. En échange, vous désignez un soldat dont vous êtes certain de la loyauté.

— Et je demande à un membre de la Société du Cap-Vert d'intégrer ce groupe de quatre hommes, ajouta Corréard.

Présentée de cette manière, la solution s'apparentait à un compromis. Chaque parti contribuait à la constitution du groupe d'hommes qui accomplirait l'épuration. Dupont se sentit contraint d'accepter.

— Et qui sera le membre de la Société du Cap-Vert ? interrogea-t-il

— Lavilette ! répondit Corréard sans hésitation.

— Pourquoi lui ?

— D'abord parce qu'il a été sergent et qu'il manie très bien le sabre. Ensuite parce qu'il faut qu'il se compromette un peu dans cette affaire ! Je n'ai pas apprécié la manière dont il a protesté quand nous avons cessé de donner la ration de vin aux grands blessés. C'est de l'hypocrisie ! Nous ne faisons pas ça par plaisir mais pour sauver notre peau. Et on sauve aussi la sienne en prenant des décisions courageuses mais monsieur fait la fine bouche ! À lui de montrer s'il veut faire partie des survivants !

C'était presque une menace. Personne n'osa aller plus loin en ce sens. Instinctivement, Coudein chercha des yeux Lavilette de peur que ce dernier n'ait entendu. Heureusement, il se trouvait à l'avant du radeau et paraissait dormir.

*

En accord avec Coudein, Savigny désigna trois matelots. Il les choisit en meilleure santé que les autres et peu susceptibles de discuter un ordre :

— Vous parcourez le radeau et quand vous voyez un homme au bout du rouleau, vous le jetez à la mer.

Malgré leur fidélité à la hiérarchie, les trois hommes hésitaient, sans doute troublés par la brutalité du commandement.

— Seuls les hommes résistants s'en sortiront, insista Savigny pour les convaincre. *A priori*, vous en faites partie. Mais si vous ne faites pas ce que nous vous demandons, d'autres s'en chargeront à votre place. Peut-être décideront-ils de vous éliminer ? C'est eux ou vous, en quelque sorte.

Dupont et Lheureux choisirent aussi un soldat. C'était un homme un peu solitaire, souvent à l'écart des autres mais qui était d'une constitution robuste. Il semblait avoir moins souffert des privations que ses condisciples. Son isolement relatif permettait de supposer qu'il serait fidèle au camp des maîtres que, de fait, il rejoignait.

C'était aussi le point de vue des trois matelots. Si les officiers d'infanterie et de marine qui commandaient le radeau faisaient appel à eux pour cette tâche, c'était l'assurance d'être du bon côté pour la suite des événements.

Corréard et Savigny allèrent trouver Lavilette. En quelques mots, ils lui expliquèrent le rôle qui lui avait été attribué. Incrédule, Lavilette se fit répéter deux fois la décision du conseil.

— Vous êtes fou... lâcha-t-il quand il fut convaincu d'avoir bien compris.

— Attention, Lavilette ! Vous êtes de notre côté ou vous n'y êtes pas ! rugit Corréard.

— Qu'est-ce que ça veut dire, ça ? répliqua Lavilette, nullement impressionné.

— Ça veut dire que si vous n'acceptez pas, c'est à vos risques et périls !

— Je vois...

— Je ne sais pas si vous voyez, en tout cas, réfléchissez-y ! Demain matin, au plus tard, il faudra vous joindre aux quatre hommes que nous avons désignés, ajouta Savigny.

Sur ces menaces à peine voilées, Savigny et Corréard s'éloignèrent, contrariés par la réaction de l'ancien sergent. Revenus auprès de la barrique de vin, ils s'y adossèrent et Corréard glissa à Savigny :

— Vous croyez qu'il va le faire ?

— Oui, je crois qu'il a compris.

Dupont s'approchait.

— Et Lavilette ?

— Il a été récalcitrant mais il va céder. On le laisse réfléchir une nuit aux conséquences de ses états d'âme.

— Les quatre autres sont prêts. Ils ont chacun un sabre.

— Un sabre !? C'est pas dangereux pour nous ? s'inquiéta Corréard.

— Non, ils se savent surveillés par les sous-officiers auxquels ils n'ont vraiment pas envie de se frotter ! Finalement, ces quatre hommes, ce sont eux qui vont trier les plus faibles qui devront mourir.

Savigny ne souhaitait pas qu'on revienne sur le sujet. C'était évidemment confortable de ne pas être celui qui ferait ce choix cruel mais il préférait surtout ne pas y penser.

— Bon, coupa-t-il, qu'ils se mettent au travail, s'ils sont prêts !

Dupont rejoignit les quatre hommes. Il leur donna les dernières consignes. Il conclut :

— Si vous avez des hésitations, faites-moi signe. Je reste ici et je vous regarde.

Dupont ne sut pas très bien pourquoi il avait ajouté cela. Peut-être, au fond, ne parvenait-il pas à se résoudre à ce que ces hommes aient le droit de vie ou de mort sur les malades ?

Les quatre auxiliaires commencèrent à rôder sournoisement sur le radeau. Ils cherchaient plutôt des hommes isolés dans un coin, ce qui – pensaient-ils – leur permettrait d'opérer en toute tranquillité, rapidement, et même, peut-être, sans être vus.

Vers l'avant, il y avait un homme qui était assis sur le bord du radeau, les pieds dans l'eau. Il parlait tout seul, à haute voix. À intervalles réguliers, il désignait l'horizon en criant :

— Terre ! Terre ! Hissez les bonnettes !

C'était comme une sorte de refrain qu'on entendait depuis plusieurs jours et auquel on s'était presque habitué. De toute évidence, l'homme avait perdu la raison ou était atteint par une calenture sévère qui ne le quittait plus. Après un échange de regards, les quatre auxiliaires s'approchèrent sans bruit et l'un d'eux, par une brutale poussée dans le dos, bascula l'homme dans l'eau.

Contre toute attente, l'homme se retourna et, en deux brasses désordonnées, accrocha le radeau. Dans un effort désespéré, il tentait de remonter. Deux des auxiliaires s'agenouillèrent et, à deux mains, appuyèrent sur sa tête pour la maintenir sous l'eau. L'homme se débattit mais ses mouvements devinrent de plus en plus sporadiques et, soudain, il coula à pic.

De loin, Dupont avait observé la scène. Il eut un haut-le-cœur et son visage prit une expression de dégoût.

— C'est ignoble ce qu'on fait... marmonna-t-il.

Les quatre auxiliaires parurent se féliciter d'avoir débuté de si belle manière leur mission. Ils s'enhardissaient. Leur démarche devenait plus assurée.

Deux hommes étaient allongés, les yeux clos, dans un état d'asthénie particulièrement avancé. Ils les saisirent brutalement par les jambes et les traînèrent jusqu'au bord du radeau. Ce fut fait presque sans cri tant ces deux hommes étaient faibles. Ceux-là ne se débattirent pas dans l'eau et se noyèrent quasi instantanément, ce que les quatre auxiliaires trouvèrent très satisfaisant.

À l'arrière du radeau, il y avait quatre hommes assis en tailleur. Ils paraissaient prostrés. Griffon était l'un d'eux. Depuis l'épisode de la ration, Griffon marchait souvent en solitaire, les mains derrière le dos. Il s'asseyait n'importe où et, parfois, au milieu des soldats survivants. Ce n'était pas pour rechercher leur compagnie puisqu'il n'échangeait aucune parole avec ces derniers. Cette attitude semblait plutôt un moyen d'exprimer sa désapprobation par rapport à la décision de priver de vin les blessés les plus gravement touchés. Il évitait Savigny ou Corréard, se sentant mal dès qu'il se trouvait en leur présence.

Les quatre auxiliaires décidèrent de se débarrasser de ces quatre hommes dont l'inertie semblait garantir une opération facile. Ce n'est qu'en s'approchant qu'ils reconnurent Griffon. Ils eurent un moment d'hésitation.

Le soldat du groupe se retourna et aperçut Dupont qui, toujours au centre du radeau, les regardait. Désignant Griffon, il fit un signe explicite à son capitaine. Fallait-il supprimer également l'ancien secrétaire du gouverneur? Ce n'est qu'à ce moment que Dupont reconnut Griffon. Il en eut presque le vertige. Il fit un grand signe négatif au soldat puis cria:

— Monsieur Griffon, s'il vous plaît, venez ici!

Griffon fut tiré brusquement de sa torpeur. Il ouvrit les yeux et vit avec horreur les quatre auxiliaires, le sabre à la main. Pris de peur, il se leva précipitamment et courut rejoindre le capitaine. Quand il fut près de lui, Dupont lui posa la main sur l'épaule.

— Monsieur Griffon, je vous demande de rester ici près de moi au centre du radeau. Sinon, vous pourriez être victime d'une méprise…

Pendant ce temps, les quatre auxiliaires transperçaient de leur sabre les trois soldats qui ne firent pas un geste pour se défendre. Une fois les corps jetés à l'eau, Dupont constata un début d'agitation parmi les survivants. Ayant compris qu'une élimination était en cours, ils avaient tendance à se regrouper. Dupont héla les quatre auxiliaires:

— Ça suffit pour ce soir! Revenez ici.

Presque déçus de ne pouvoir poursuivre leur mission, les quatre auxiliaires étaient cependant heureux de l'avoir accomplie au mieux. Ils s'attendaient à être félicités mais Dupont, le visage fermé, ne leur adressa pas la parole. Il se contenta de leur désigner un emplacement pour dormir.

*

Au petit matin, Savigny réveilla les quatre hommes. Bien que conscient de l'horreur de cette élimination des plus faibles, il la jugeait indispensable à la survie des mieux portants.

— Lavilette doit vous aider… leur dit-il.

À peine avait-il prononcé ces mots qu'il les regretta. Finalement, Lavilette n'était pas nécessaire; ces quatre-là faisaient parfaitement l'affaire. Savigny aurait pu ou aurait dû se taire. Il eut conscience que cette intervention avait été chez lui l'expression d'une rancœur envers quelqu'un qui avait refusé de jouer le jeu.

— Pourquoi s'est-il tenu à l'écart hier? demanda un des trois matelots.

Là encore, malgré ses propres préventions, Savigny fut incapable de dépasser cette rancune.

— Il a refusé.

— Et s'il refuse encore?

— Vous ferez ce que bon vous semble.

Les quatre hommes s'éloignèrent. C'était affreux. Savigny s'en rendait compte. Comment avait-il pu dire une chose pareille? Il eut un malaise. Ses jambes tremblèrent et il se sentit aussi mou qu'une poupée de chiffon. Tombant à genoux, il cacha son visage entre ses mains.

Les quatre auxiliaires s'approchèrent de Lavilette. Depuis la veille, ce dernier se tenait sur ses gardes. Il avait peu dormi et le moindre bruit l'alertait. Il ouvrit les yeux. La première chose qu'il vit fut les sabres que les hommes tenaient à la main. En un bond, il fut debout et tira le sien.

— N'approchez pas ou j'vous découpe!

Surpris qu'un homme seul puisse tenter de leur résister, les quatre auxiliaires s'arrêtèrent. Alors, le souvenir des précédents combats sur le radeau leur revint en mémoire. Lavilette maniait le sabre avec dextérité. Ils l'avaient vu à l'œuvre. Ignorant qu'il avait été sergent dans l'armée, ils en étaient étonnés pour un maître charpentier. Mais le fait était là et la prudence s'imposait.

Ils tentèrent de l'encercler. Effectuant deux pas sur le côté, Lavilette fit aussitôt une série de moulinets avec son sabre et avança, obligeant ses assaillants à reculer. L'affaire devenait trop risquée. Les auxiliaires avaient été désignés pour tuer, pas pour se faire tuer. Ils rompirent et s'éloignèrent, lâchant une bordée d'injures.

Furieux de cet échec, ils se rabattirent sur les frères Bernard. Benjamin et Théodore étaient assis l'un à côté de l'autre. Depuis la mort de leur père, ils étaient tombés dans un état de léthargie, dont seul Dupont avait su les tirer un instant en leur demandant de redresser le mât.

Il n'y eut aucune discussion. Les quatre auxiliaires abaissèrent leur sabre en même temps. L'instant d'après, les deux frères gisaient dans une mare de sang. Ils furent aussitôt poussés à l'eau.

Le matelot Nicolas Jacquemard, qui se trouvait à deux pas, observait la scène. La brutalité dont les quatre auxiliaires avaient procédé le terrorisa. Jusque-là, en raison de son état de santé plutôt satisfaisant, il avait pensé qu'il serait épargné. Pourtant, face à la sauvagerie des auxiliaires, il se persuada que Savigny leur avait ordonné de tuer tous ceux qui n'appartenaient pas à la petite élite qui dirigeait le radeau.

Convaincu d'être sabré à son tour, Jacquemard fut pris de panique. Sortant son couteau, il se précipita sur le soldat sans que celui-ci ait le temps de faire un mouvement et lui enfonça la lame dans le ventre jusqu'à la garde. Il n'eut même pas le temps de retirer le couteau qu'il tombait sous les coups de sabre des autres auxiliaires.

Le soldat agonisait. Sa blessure était si profonde qu'il n'avait aucune chance de survivre. Il fut achevé et jeté à l'eau avec Jacquemard.

La mission tournait au carnage. Les trois auxiliaires se précipitèrent sur un soldat très affaibli qui rampait sur le plancher du radeau dans le fol espoir de leur échapper. Il fut frappé dans le dos et s'effondra, les bras en croix.

Quand les trois auxiliaires cherchèrent des yeux ceux qui pouvaient encore être éliminés, ils furent étonnés de constater que le radeau était presque vide. Seul un soldat se tenait encore à l'arrière et les regardait en tremblant. L'homme était grand, robuste, et ne semblait pas en trop mauvaise santé. C'était un Noir de Guadeloupe qui avait combattu l'Anglais dans les Antilles sous les ordres du capitaine Dupont.

— Reste encore ce nègre ! cria l'un des matelots.

Déjà, ils levaient leur sabre et allaient se ruer en avant quand une voix forte se fit entendre :

— Pas lui !

C'était Dupont. Au centre du radeau, il avait assisté au bain de sang auquel les auxiliaires s'étaient livrés.

— Pourquoi ? osa répondre le même matelot, sans doute emporté par l'ivresse du sang et étonné que la mort d'un Noir puisse revêtir une quelconque importance.

— Parce qu'il est en bonne santé !

La réponse de Dupont ne visait qu'à justifier son intervention. En réalité, Dupont connaissait ce soldat depuis si longtemps qu'il s'y était attaché. Sa réaction avait été instinctive ; il avait simplement voulu le sauver.

Dupont fit signe au soldat de le rejoindre :

— Jean-Charles, tu resteras ici au centre du radeau.

Observant la scène, Corréard n'était pas satisfait de cette initiative. Il pesta.

— Sauver un nègre ! Dupont, vous faites comme si on avait encore deux ou trois barriques de vin !

Dupont toisa Corréard avec mépris.

— La mission consistait à éliminer les plus faibles et Jean-Charles est en meilleure santé que vous ! D'ailleurs, cette mission, j'y mets un terme, elle est terminée !

Elle l'était presque. Les hommes qui restaient sur le radeau, tout en étant très diminués, pouvaient encore tenir plusieurs jours, pour peu que la ration de vin ne vînt pas à manquer. Pourtant, un homme et une femme agonisaient encore. C'étaient les époux Prasty.

Le sergent-major Charlot le signala au capitaine.

— Il faut achever la mission. Vous savez comme moi qu'ils ne survivront pas.

Dupont se taisait. Il avait honte de la lâcheté dont il allait faire preuve.

— Je m'en charge si vous l'autorisez, reprit le sergent-major.

La gorge nouée, Dupont prononça un «oui» à peine audible. Puis, il tourna le dos au sergent-major pour ne pas assister à cet ultime assassinat.

*

Le radeau était à présent à fleur d'eau. Certaines vagues le balayaient encore mais on pouvait désormais passer d'assez longs moments pratiquement au sec. C'était une amélioration sensible que de pouvoir enfin s'asseoir sur le plancher sans se mouiller les fesses. Par ailleurs, depuis les premières tempêtes, le temps était beau et ensoleillé. La houle n'était qu'une douce ondulation qui ballottait le radeau sans risque qu'une lame vous emporte.

Savigny compta les survivants.

— Combien? demanda Corréard.

— Quinze. Dire que nous étions plus de cent cinquante quand nous avons été abandonnés…

Après ces épisodes qui avaient causé la perte de tant d'hommes, les survivants ressentaient presque un sentiment de solitude, accru par l'immensité de l'océan autour d'eux. Nulle terre n'était en vue et personne n'aurait pu dire où le radeau se trouvait. S'était-on rapproché des côtes? Ou, au contraire, terrifiante perspective, s'en était-on éloigné et dérivait-on vers l'ouest où la probabilité d'un sauvetage par un navire était quasi inexistante.

— Rendez les sabres, ordonna Dupont aux trois auxiliaires encore en vie.

L'idée qu'on allait les éliminer leur traversa l'esprit. Ils protestèrent. Pourquoi rendre les armes? Ils avaient fait le sale boulot et maintenant on n'avait plus besoin d'eux. Ils firent face et s'écartèrent de quelques pas. Par réflexe, le lieutenant Lheureux, les deux sous-lieutenants et le sergent-major se groupèrent également, prêts à l'affrontement.

— Attendez! s'écria Dupont. Le sang ne doit plus couler sur ce radeau. Je m'y engage! Il ne vous arrivera rien.

— Qu'est-ce qui nous le prouve? lança l'un des matelots.

— Mon honneur!

C'était à la fois beaucoup et fort peu. L'honneur est une vertu qui s'étiole souvent dans les circonstances dramatiques. Elle n'était pas une garantie suffisante pour les matelots. Du reste, quel rôle l'honneur avait-il joué dans l'assassinat de sang-froid des individus les plus faibles ? Non, les matelots secouaient la tête et leur mine soupçonneuse montrait qu'il en faudrait plus pour leur faire rendre les armes.

Là encore, Griffon étonna en prenant soudain la parole. On avait tendance à l'oublier parce qu'il ne disait pas grand-chose et qu'à plusieurs reprises il avait donné l'impression de perdre la raison. Bien que Corréard eût presque instinctivement haussé les épaules, jugeant insignifiants les propos de Griffon avant même de les connaître, l'assemblée fut frappée par le bon sens du secrétaire de Schmaltz.

— Les armes, il faut les jeter à la mer. Elles ne doivent plus servir !

— Toutes ? dit Savigny, hésitant.

Ce n'était pas un refus et chacun comprit ainsi la réaction de Savigny. La proposition était séduisante. Il n'y avait plus que quinze personnes sur le radeau, la nourriture ne manquait pas. Rationné, le vin pouvait encore durer une semaine. Une nouvelle communauté pouvait peut-être se créer où personne ne chercherait plus à éliminer quiconque. Après tout, si un individu tombait désormais dans un état de faiblesse tel qu'il dût en mourir, on attendrait que Dieu en choisisse le moment. À moins qu'il ne demandât explicitement à être achevé pour mettre fin à ses souffrances.

Mais l'idée de se débarrasser de toutes les armes paraissait excessive. Un sabre peut être utile quelles que soient les circonstances, ne serait-ce que pour couper des cordes ou tailler de petites pièces de bois. C'est Griffon encore qui trouva la solution.

— On en garde une, une seule, qu'on confie au capitaine Dupont. Parce que c'est le plus vieux d'entre nous et le plus gradé des officiers, tant d'infanterie que de marine.

Griffon avait eu vraiment peur quand les auxiliaires avaient failli le faire passer de vie à trépas. Il gardait une reconnaissance infinie à Dupont de l'avoir sauvé et, depuis lors, il ne le quittait plus. Sa confiance dans le capitaine était sans limite, conscient aussi que ce dernier, s'il avait accepté le projet de l'élimination délibérée des faibles, n'avait jamais fait preuve lui-même de cruauté. Au contraire, son caractère paraissait plus enclin à la compassion qu'à la férocité.

— Oui, ne gardons qu'un sabre ! Et qu'on le donne au capitaine ! dit Coudein. Je vote pour !

L'affaire fut entendue. Coudein était le chef officiel du radeau désigné par le capitaine de *La Méduse*. Dupont, de son côté, ne pouvait qu'approuver une proposition qui le laissait seul détenteur d'un sabre. Quant à Savigny, sa première réaction à la proposition avait été favorable. Il donna aussi son accord. Corréard aussi approuva, soulagé au fond de lui que ces armes, qui avaient fait couler des flots de sang, ne soient désormais plus à portée de main.

Il restait cependant un problème. Si les matelots approuvaient l'idée, ils ne voulaient pas être les premiers à jeter leurs armes à la mer.

Ce Griffon, pour eux, c'était le secrétaire d'un gouverneur. Un homme qui n'avait jamais travaillé et dont l'occupation principale était de ne rien faire, assis à une table, une plume à la main, face à une feuille et un encrier. Un monsieur qui était le plus souvent silencieux, ne participait ni ne riait aux plaisanteries des marins, savait lire et écrire mais qui ne semblait pas vous comprendre et qu'on ne comprenait pas non plus. Bref, pas vraiment le genre de personne à inspirer confiance à des matelots qui risquaient quotidiennement leur vie en grimpant dans la mâture d'une frégate. Chez ces tristes gratte-papier au service des maîtres, une ruse sournoise était toujours possible.

Dupont le comprit fort bien. Il mit fin au nouveau blocage de la situation.

— Monsieur Griffon, vous allez vous-même recueillir les sabres dans vos bras, en commençant par ceux des officiers et des sous-officiers que je commande. Puis, vous prendrez ceux des matelots et, tous en même temps, vous les jetterez à la mer.

C'est à regret que le lieutenant Lheureux et les deux

sous-lieutenants Cléret et Lozach donnèrent leur sabre à Griffon. C'étaient les ordres, ils s'y conformaient. Coudein donna le sien aussi, ainsi que Savigny. Mais quand Griffon s'approcha des matelots, l'un d'eux désigna Lavilette du menton.

— Lui d'abord!

Lavilette se trouvait à l'avant du radeau. De loin, il avait écouté la discussion. Un refus de sa part pouvait remettre en cause l'accord fragile en cours de réalisation. Or, Griffon était maintenant face à Lavilette qui ne faisait pas un geste pour obtempérer. Inquiet de ce qui pouvait se produire, Dupont intervint.

— Monsieur Lavilette, je vous serais reconnaissant de donner votre sabre à M. Griffon.

Lavilette eut encore une ultime hésitation. Puis, il tira son sabre du baudrier et le regarda. C'était avec cette arme qu'il avait fait les campagnes d'Allemagne et de France. Depuis, il l'avait toujours conservée, en souvenir de sa carrière de soldat. Il y était très attaché. Le cœur serré, il posa l'arme dans les bras de Griffon et détourna la tête.

L'instant d'après, il se précipitait et la reprenait. Marchant droit sur Dupont, il lui adressa la parole sur un ton qui ressemblait à une supplique:

— Capitaine, donnez votre sabre et prenez le mien. Si jamais nous en réchappons, ce dont je doute fort, vous me le rendrez.

Le regard de Dupont croisa celui de Lavilette. Le capitaine comprit que Lavilette n'accepterait de rendre son sabre qu'à cette condition. Finalement, c'était une marque de confiance que l'ancien sergent lui témoignait. Il accepta, donna son propre sabre à Griffon et mit celui de Lavilette à son baudrier.

En même temps, il donna l'ordre que les derniers fusils soient jetés à la mer. Ils ne pouvaient plus servir à rien en tant que tels, la poudre étant mouillée, mais maniés avec la baïonnette, ils pouvaient se révéler des armes redoutables. Le maître-canonnier Joseph Tourtal s'en chargea avec célérité.

Ce n'est qu'à ce moment que les matelots acceptèrent de déposer leur sabre dans les bras tendus de Griffon qui trouvait bien lourd ce chargement. Il en avait mal aux muscles, tétanisés par l'effort inhabituel, si bien qu'il courut jusqu'au bord du radeau pour jeter la brassée de sabres. Entraîné par son geste, il faillit basculer par-dessus bord. Il y eut quelques rires qui moquèrent sa maladresse.

23

Cet épisode provoqua un soulagement général. Il y avait le désir d'oublier les horreurs des combats et des éliminations délibérées dont les armes étaient le symbole. Parce que les sabres et les baïonnettes avaient été jetés à l'eau, les survivants retrouvaient une sorte de virginité. On allait tâcher d'oublier les scènes sanglantes qui avaient rythmé la vie du radeau depuis le naufrage de *La Méduse*.

Pour cette raison, il y eut un regain d'activité. Savigny proposa d'améliorer les conditions de vie du radeau. Si le plancher n'était plus submergé que par intermittence, au gré de certaines vagues plus puissantes, il n'en restait pas moins que l'eau s'infiltrait aussi entre les planches, toutes disjointes, recouvrant souvent les pieds et éclaboussant les chevilles.

— Il faut faire un vrai parquet au centre du radeau, proposa Savigny.

C'était affaire de menuiserie, si bien que Lavilette fut sollicité. Pour lui, la seule manière d'y parvenir était de retirer les planches de bois qui dépassaient sur les côtés du radeau et de récupérer les cordes et les gros clous qui les fixaient à la structure d'ensemble de la construction. Puis d'assembler ces planches et morceaux de bois de la manière la plus jointive possible au centre du radeau.

Le sabre de Lavilette, manié par Dupont, se révéla très utile pour couper les cordages sans effort. Le parquet fut monté en quelques heures. Il offrait pour la première fois une surface plate, presque unie, sans les affreuses tranchées où les pieds et les jambes se coinçaient. Il était également surélevé, ce qui assurait une meilleure protection contre le déferlement intermittent de la houle.

Pour adoucir la dureté du bois, les effets et les havresacs des morts furent répartis sur toute la surface de ce parquet. Il s'agissait de réaliser une sorte de gigantesque matelas sur lequel la position allongée deviendrait presque confortable.

Tant que cette activité occupa les esprits, l'angoisse de mourir disparut. Dès qu'elle cessa, et que les quinze hommes se furent allongés sans aucune autre perspective que d'attendre à nouveau un éventuel navire, il y eut un si grand vide que l'énergie vitale stimulée par le travail s'effondra au profit du plus noir des désespoirs.

Un silence effrayant tomba sur le radeau. Tous assis ou étendus au centre, les hommes ressentirent soudain une fatigue si grande que toute action parut vaine et vouée à l'échec. Le regard était aussi fixe que celui d'une statue tandis que le corps s'enroulait sans force sur lui-même. Les pensées les plus amères imprégnaient l'esprit comme une glu. Finalement, cette dizaine de jours passés sur le radeau n'avait été qu'un lent et atroce prélude à la mort. Peut-être même une première expérience de l'enfer auquel ils étaient probablement destinés ?

Le soleil brûlait et certains, en silence et en solitaire, comme des bêtes qui souffrent, mettaient au point des stratégies pitoyables pour atténuer les effets de la chaleur. On remplissait d'eau de mer son chapeau et on le reposait sur sa tête. On mouillait du linge et on le maintenait sur les joues et sur la nuque. Dupont s'apercevait qu'il supportait mieux la canicule allongé sur le ventre, la tête enfouie dans des vêtements mouillés. Parce qu'il voyait d'autres faire ainsi, il essaya de mâchouiller un petit morceau de plomb ou une pièce d'argent, sans y trouver grand réconfort.

Il y avait aussi ceux qui se traînaient misérablement jusqu'au bord du radeau et plongeaient les bras et les jambes dans l'eau. Généralement, ils finissaient par boire un peu d'eau de mer, tout en sachant que la sensation de déshydratation allait en être activée. Ceux qui résistaient à cette tentation continuaient à boire leur urine. Car c'était de soif dont ils souffraient le plus. La ration quotidienne était si faible qu'elle semblait ne servir à rien.

Vers la fin du jour, alors que le soleil baissait vers l'horizon et que la chaleur s'atténuait, Savigny sembla retrouver un peu d'énergie.

— Il faut construire une chaloupe et quitter le radeau, dit-il.

Sans susciter l'enthousiasme, peut-être seulement par habitude d'entendre Savigny proposer une activité, l'idée fut accueillie favorablement. Quitter le radeau et gagner la terre, c'était le rêve de tous.

Les hommes se levèrent et tentèrent de se mettre au travail. Ils erraient en désordre de l'avant à l'arrière du radeau, à la recherche de planches pour construire une chaloupe, se baissant par moments pour essayer d'en détacher une à la main. En peu de temps, se sentant sans force et comme anéantis par l'ampleur de la tâche, ils abandonnèrent et vinrent se recoucher au centre du radeau.

Une léthargie générale, liée à la faiblesse du corps et au sentiment d'impuissance, les maintenait immobiles, allongés ou assis, et les regards échangés étaient aussi vides que ceux de bovins parqués dans un enclos étroit.

*

Au moment où le soleil se couchait, Savigny se leva pour distribuer la ration du jour. Ce fut enfin un moment d'animation. On allait pouvoir boire. Rassemblant leurs forces, ils se levèrent tous et firent cercle autour de la barrique.

Précautionneusement, pour ne pas perdre une seule goutte du précieux liquide, Savigny mesurait un boujaron de vin et le versait dans les gobelets. Corréard surveillait que personne ne tentât de passer une seconde fois. Avec quinze personnes sur le radeau, ce contrôle était aisé. Il était devenu impossible de tricher.

Savigny se servit en dernier et regagna sa place à côté de Corréard. Non loin de lui, un groupe s'était constitué et il y avait des chuchotements qu'il ne comprenait pas. Pourtant, le ton de cette discussion n'était pas anodin. C'étaient comme des murmures véhéments. Le fait même qu'il y eût sur le radeau un échange verbal de ce type était peu rassurant. Savigny pressentait un danger.

D'expérience, il avait remarqué que le vin produisait un effet très sensible sur les organismes fatigués. Il en avait été étonné parce que la quantité ingérée était si faible qu'elle ne chassait même pas la soif. Pourtant, elle produisait une sorte d'ivresse indiscutable, soulignée par une perte de lucidité. C'est en effet après la distribution de la ration de vin que les idées les plus extravagantes avaient été émises par certains. Il allait alerter Corréard quand une voix s'éleva derrière lui.

— Tout ce qu'on a fait n'aura servi à rien !

Il se retourna et vit Coudein debout. Celui-ci avait la face exaltée, les gestes nerveux et des yeux étrangement mobiles. Sa voix était aiguë et sifflante.

— À rien, je vous dis ! On va mourir et, avant cela, on va souffrir le martyre ! Moi, je dis que nous avons mieux à faire qu'à attendre le jugement dernier sur un radeau en perdition au milieu de l'océan ! Voilà, et je ne suis pas le seul à penser cela !

De fait, il y eut des murmures d'approbation et Savigny vit se lever le sous-lieutenant Lozach, le sergent-major Charlot et un matelot.

— Oui ! Et on va vous dire ce qu'il faut faire ! affirma le sergent-major.

Sa présence dans ce petit groupe était particulièrement inquiétante parce que ce sous-officier, à plusieurs reprises, avait fait preuve de sauvagerie. Il était redouté pour ses méthodes expéditives.

Sur le radeau, c'était le silence le plus absolu. La plupart des hommes étaient couchés et regardaient le sergent-major. Sa seule présence constituait une menace. Une angoisse indéfinissable flottait dans l'air.

— On va pas attendre la mort ! Elle nous est promise ? Eh bien, on va se jeter dans ses bras. La mort, c'est l'eau, là, tout autour de nous ! Ça s'ra notre cercueil ! On va se jeter dedans et en finir ! Ce sera vit' fait !

Le sergent-major annonçait un suicide collectif. La situation était si insupportable à certains qu'ils décidaient d'en finir. Le pire, c'est que le sergent-major encourageait les autres à faire de même.

— Et on va tous faire pareil ! Hop, dans l'eau, et c'est tout !

Il ajouta, menaçant :

— J'vous y aiderai au besoin !

Cette claire menace glaça le sang des hommes encore couchés. Le sous-lieutenant Lozach prit alors la parole :

— Mourir, c'est moche. On est tous d'accord. Il faut essayer de mourir heureux et, si possible, sans trop s'en rendre compte. Et c'est M. Coudein qui a eu la meilleure idée.

Face à cet étrange propos, les regards se tournèrent vers Coudein. Celui-ci opina de la tête et agita les bras. Il y eut un accent de fierté dans sa voix.

— Oui, j'ai eu une idée. Une excellente idée ! Elle devrait satisfaire les plus difficiles.

Savigny s'attendait au pire. Il ne fut guère déçu.

— Voilà ! Je vous la donne, cette idée, parce qu'il faut qu'on en profite tous. La barrique, on la défonce, on plonge la tête dedans, on boit jusqu'à plus soif, on la vide et ensuite on se jette à l'eau en chantant.

Savigny et Corréard crurent défaillir. Ils se levèrent d'un bond et crièrent quasi en même temps :

— Non ! Il ne faut pas faire ça ! C'est de la folie !

Coudein les regarda, étonné. À l'évidence, il n'avait pas imaginé un instant que son idée puisse être rejetée. Il cherchait quelque chose à répondre, peut-être un argument convaincant, quand le sergent-major lança :

— On va pas vous d'mander votre avis de tout' façon ! C'est décidé ! Décidé avec M. Coudein, qui est l'chef du radeau désigné par Chaumareys !

Savigny balbutia :

— On ne peut pas vous laisser faire ça...

Le sergent-major éclata d'un rire mauvais.

— Parce que c'est vous, monsieur Savigny, qui allez m'en empêcher ? Vous vous êtes regardé ? J'vous souffle dessus et vous tombez !

Le sergent-major n'était pas très grand mais il était large, carré des épaules, avec un torse épais, des bras courts et puissants. Savigny ne faisait pas le poids et il eut peur. Il avait raison d'avoir peur car le sergent-major n'était pas homme à peser le pour ou le contre avant de prendre une décision. Et sa décision était prise.

Alors que le sergent-major paraissait savourer la terreur qu'il provoquait chez Savigny, une voix puissante l'apostropha :

— Ce n'est pas lui qui va vous en empêcher, c'est moi !

C'était Dupont, qui s'était levé à son tour et qui, grâce à sa taille, dominait le groupe.

— Il est hors de question que quelqu'un touche au vin ! Hors de question, vous m'entendez ?

Le sergent-major était pris de court. Avait-il imaginé que son supérieur se dresserait contre lui ? Apparemment non, car il avait perdu de sa superbe. Pourtant, il protesta :

— On f'ra c'qu'on voudra !

— Vous ne pouvez pas nous l'interdire ! lança le sous-lieutenant Lozach.

— Vous interdire quoi ? De vous jeter à l'eau ?

— Non, de boire du vin !

Le capitaine se redressait et se campait sur ses jambes.

— Jetez-vous à l'eau si vous voulez, mais le vin, c'est non ! Je n'ai pas envie de me suicider, pas encore en tout cas ! Il faut tenir le plus longtemps possible. Pour ça, il faut boire le moins possible et on s'y tiendra.

— Et sinon ? brailla le sergent-major.

— Sinon ?

Dupont mit la main sur la poignée de son sabre et le tira à moitié du baudrier.

— Vous voyez ce sabre ? Je n'hésiterai pas à m'en servir !

Il y eut un court silence pendant lequel tous les regards se portaient sur la lame brillante et effilée du sabre de Lavilette.

— Vous vous croyez fort parce qu'on nous a désarmés ? osa le sous-lieutenant Lozach.

— Pensez ce que vous voulez, je m'en fous !

C'était un vocabulaire inhabituel pour Dupont, qui avait toujours fait preuve de mesure et de calme, mais l'attitude de ses subalternes dépassait les bornes et l'avait mis hors de lui.

— Vous avez compris? s'écria tout à coup Lavilette. On vous autorise à vous jeter à l'eau! Eh bien, faites-le! Mais le vin, bernique!

Le lieutenant Lheureux, fidèle du capitaine, s'exprima dans le même sens. Clairement, l'idée d'un suicide collectif était rejetée à une forte majorité. Alors, Charlot et Lozach lancèrent un flot d'injures à la cantonade, traitant également Dupont d'égoïste parce qu'il avait la force pour lui.

La nuit tombait et l'altercation s'interrompit. La querelle, qui avait mobilisé beaucoup d'énergie, ainsi que la crainte d'un nouvel affrontement sanglant avaient épuisé les survivants du radeau. On s'allongea de nouveau. Il y eut cependant deux groupes, séparés par un espace significatif. D'un côté, Coudein, Charlot, Lozach et un matelot, ruminant leur défaite. De l'autre, tous les autres rescapés. Sauf un matelot, qui alla délibérément s'asseoir à côté de Coudein.

— Moi, j'étais d'accord avec vous, monsieur Coudein. Le vin, fallait le boire, dit-il.

Cette phrase, Dupont l'entendit parfaitement. Savigny et Corréard aussi. Elle poussait à la méfiance. Ces hommes étaient-ils capables de tenter quelque chose pendant la nuit? Malgré la fatigue, Dupont ne parvenait pas à s'endormir. Le moindre bruit suspect l'éveillait. Alors, à chaque fois, il se redressait pour jeter un coup d'œil du côté du clan du sergent-major. À la quatrième fois, une voix familière murmura derrière lui:

— Dormez, capitaine. Je vais veiller la première partie de la nuit et vous prendrez le relais ensuite.

— Merci, Lavilette, répondit Dupont en se retournant vers l'ancien sergent.

Il ajouta:

— J'ai confiance en vous.

*

Dans la seconde partie de la nuit, le vent se leva. Peu à peu, la houle s'amplifia. Les creux faisaient plonger le radeau et le basculaient latéralement. Alors, les vagues le balayaient sur toute sa surface. Malgré le plancher surélevé, l'eau recouvrait périodiquement la surface où les hommes tentaient de dormir.

Par crainte d'être emportés par une lame plus puissante, ils convergèrent vers l'extrême centre du radeau et, allongés ou accroupis, se retenaient fermement aux cordages ou à la moindre prise offerte par le plancher.

La peur ne les quittait pas. Malgré l'inconfort de sa position, Savigny observa que ceux qui, par temps calme, quelques heures auparavant, avaient exprimé le désir de s'enivrer et de se jeter à l'eau, s'accrochaient de toutes leurs forces au radeau pour ne pas être précipités à la mer. Il en conclut que la crise était passée et que la terreur de mourir, qui avait guidé tous les comportements depuis le début, même les pires, restait la plus forte.

Au petit matin, la houle se calma. Le centre du radeau était dévasté. La plupart des effets et des sacs qui servaient de matelas avaient été emportés. Plusieurs planches du radeau avaient été arrachées. Des liens pourtant solides avaient cédé. Pour la première fois, les hommes eurent le sentiment que le radeau lui-même, malmené depuis plus de dix jours sur l'océan, pourrait bien se disloquer à la faveur d'une tempête violente. Il s'usait; les cordages étaient peu à peu rongés par l'eau de mer. Indiscutablement, la précarité de leur situation s'accentuait.

Sur l'instant, une autre calamité les accablait. Ce n'était pas la première fois. Les vagues avaient déposé sur le radeau une nuée de physalies[1] dont les longs filaments urticants s'étaient enroulés autour des pieds et des jambes, les brûlant affreusement. Il fallut d'abord s'en débarrasser, en les tirant avec les

[1] La physalie est constituée d'un flotteur, qui évoque une méduse, sous lequel partent des filaments urticants longs d'une dizaine de mètres. Le poison est suffisamment violent pour tuer des petits poissons et provoque chez l'homme des brûlures intenses.

doigts, ce qui provoqua d'autres brûlures sur les mains et les bras.

Sous l'effet du poison, Griffon eut un malaise. Il fallut le soutenir et l'adosser à la barrique. Bien qu'il eût recouvré rapidement ses esprits, il fut incapable de se lever pendant le reste de la journée, restant la tête fixe, les yeux vagues et les bras ballants.

Assis à côté de Griffon, Coudein respirait un flacon vide en le maintenant sous son nez. Il paraissait au comble de l'extase. Savigny s'accroupit à ses côtés, étonné. Il crut que son ami était une nouvelle fois victime d'une de ces pertes de raison qui frappaient régulièrement les uns et les autres.

— Jean-Daniel, ce flacon est vide...

— Oui, mais il a contenu de l'essence de rose.

Et Coudein tendit le flacon à Savigny qui le porta à ses narines. Il crut chavirer sous le choc. L'odeur était si douce et si agréable qu'elle lui rappela tout ce monde englouti qui avait été le sien. Il ne parvenait pas à rendre le flacon si bien que, sans violence car les forces lui manquaient, Coudein le lui reprit des mains. Constatant la déception de Savigny, il désigna Griffon de la tête.

— Vous savez qu'il a deux petites fioles contenant une liqueur alcoolique pour se nettoyer les dents ?

— Non.

— Il l'économise et s'en sert avec une extrême parcimonie, mais il a déjà accepté de m'en mettre une ou deux gouttes dans le creux de la main. Vous les mettez sous la langue et c'est extraordinaire.

— Ah ?

— Oui, vraiment. Je pense que c'est un mélange de gaïac, de cannelle, de girofle et, sans doute, d'autres substances que je ne reconnais pas. Vous devriez lui demander de vous en donner un peu.

Savigny se tourna vers Griffon. Il lui fit une demande des plus polies mais Griffon n'eut aucune réaction, gardant les yeux fixés sur l'horizon.

— Dans sa poche droite, chuchota Coudein.

Délicatement, Savigny glissa sa main dans la poche et en

retira l'une des deux fioles. Il l'ouvrit et déposa deux gouttes sur sa paume ouverte.

— Moi aussi… dit Coudein à voix basse en tendant la main.

Après avoir remis la fiole dans la poche de Griffon, ils restèrent de longues minutes à savourer ce goût exquis qui se répandait sur la langue et le palais. Pour un peu, ils auraient repris encore quelques gouttes de cette liqueur mais Griffon les regarda soudain et, instinctivement, mit la main à sa poche pour vérifier que les deux fioles s'y trouvaient toujours.

Savigny s'éloigna et, saisissant son gobelet vide, il se consola en le respirant pendant près d'une heure, parvenant malgré sa fugacité à capter l'arôme du vin.

★

Cessant de déambuler, Savigny s'arrêta devant Corréard.

— Depuis combien de temps sommes-nous sur le radeau? demanda-t-il soudain.

Allongé sur le dos, les bras en croix, le chapeau sur le visage, Corréard mit un certain temps avant de répondre. Il calculait, tentait de se remémorer les différents événements, comptait les nuits et, en raison d'une pensée affaiblie, il se trompait, recommençait, agitait ses doigts devant lui comme si ceux-ci remplaçaient un boulier.

— Je dirais que nous sommes le 15 ou le 16 juillet.

— Hum… Plus de dix jours en somme.

— Oui, au moins. J'ai l'impression d'avoir passé la moitié de ma vie ici.

Savigny donna deux petits coups de pied dans les flancs de Corréard.

— Pourquoi faites-vous cela?

— Je ne sais pas…

Savigny s'assit.

— C'est bien vous qui aviez raison.

— À propos de quoi?

— Sur le fait que personne ne viendrait nous chercher. On nous a abandonnés.

Corréard leva un bras et le laissa retomber lourdement sur le plancher. Il souleva le chapeau qui recouvrait sa tête.

— Vous savez ce que je pense de ces gens-là ?

— Non.

— Ce sont des salauds. Si je ne meurs pas et que je les retrouve, je les tuerai.

— Ah ?

— Oui. De mes propres mains. Je n'ai jamais tué personne mais je crois que je les hais trop pour ne pas le faire. Je crois même que j'y prendrai du plaisir.

— Chaumareys ?

— Chaumareys, Schmaltz, Richefort…

Savigny laissa passer un long silence avant de reprendre :

— Merde ! Nous ne pouvons pas être loin de la côte tout de même ! Qui sait si…

— Qui sait si quoi ?

— Qui sait si nous ne sommes pas à quelques encablures du littoral !

— Quelques encablures !? On verrait la côte dans ce cas-là…

— Cessez de me contredire, Corréard !

D'un bond, Savigny se leva. Trop vite. La tête lui tourna et il dut fermer les yeux pour ne pas tomber. Le malaise disparut aussi brusquement qu'il s'était produit. Savigny se plaça au centre du plancher surélevé.

— Écoutez-moi ! Nous avons eu tort hier de ne pas construire cette chaloupe. C'est notre unique chance de salut ! La côte, c'est par là !

Il tendait le bras vers l'est.

— Elle ne peut pas être loin. Si nous avons une petite voile et des pagaies, on doit pouvoir l'atteindre ! Il n'y a aucune raison de ne pas y arriver !

Sur l'instant, personne ne lui répondit. La querelle de la veille avait anéanti les énergies. C'était l'expectative.

— Bon Dieu de merde, vous voulez crever ici !? cria Savigny. Vous êtes des loques, des larves, des minables !

Le sergent-major Charlot se leva péniblement. Il avait les traits tirés.

— Fait' attention à c'que vous dites. On m'insulte pas longtemps…

Savigny aurait dû avoir peur mais il était dans un tel état qu'il semblait avoir dépassé ce stade.

— Je vous insulte pas ! Je dis que pour s'en sortir il faut avoir des couilles et que, si on n'en a pas, on va agoniser encore pendant quelques jours, puis claquer !

C'était tellement surprenant d'entendre un aide-chirurgien, aspirant officier de la marine française, s'exprimer de cette manière que le sergent-major en oublia ses menaces.

— Hier on n'a pas réussi à la faire, cette barque.

— Aujourd'hui, c'est différent ! On va s'y mettre vraiment !

D'autres se levèrent. C'étaient les mêmes que ceux qui la veille avaient voulu s'enivrer et se jeter à l'eau. Ils étaient cinq, dont Coudein. C'était une équipe improbable mais Savigny s'en contenta. Avec un peu de retard, le second timonier de *La Méduse*, Honoré Thomas, se joignit à eux.

Dupont tenta de couper leur élan :

— C'est idiot ! Vous n'y arriverez pas plus que la première fois. Vous allez construire un rafiot minable qui va couler en moins de deux !

— C'est sûr qu'on va vous laisser sur votre radeau, capitaine ! répliqua Savigny d'une manière si agressive que Dupont se tut.

Il s'approcha de Corréard qui n'avait pas bougé.

— Je vois que vous ne cautionnez pas cette folie…

— Je ne sais pas, ils ont peut-être raison… Mais je suis trop faible pour faire quoi que ce soit.

— Et vous, Lavilette ?

— Je suis de votre avis, capitaine. Pure folie !

— Et vous, monsieur Griffon ?

Assis les jambes repliées contre son buste, le dos appuyé contre la barrique, Griffon leva vers le capitaine de pauvres yeux tristes. Il secoua lentement la tête de droite à gauche sans qu'on puisse deviner ce qu'il pensait vraiment.

Dupont fit quelques pas les mains derrière le dos et aperçut le soldat guadeloupéen. Depuis la mort des autres soldats antillais, il restait assis à l'écart à observer les tensions, sans jamais intervenir ni de près ni de loin. Il s'affaiblissait de jour en jour. Dupont s'accroupit à ses côtés.

— Alors, mon bon Jean-Charles, que penses-tu de tout cela ?

Jean-Charles répondit en créole. Dupont soupira.

— Tu sais bien que je ne comprends rien à ton charabia. Essaye en français.

Le soldat chercha ses mots et dit :

— Je suis le seul nègre sur le radeau.

— Oui…

— Mais, cette fois, je ne suis pas le seul à être dans le malheur.

Dupont jeta un coup d'œil perplexe vers le Guadeloupéen.

— Décidément, en français ou dans ton jargon, je ne comprends pas plus ce que tu veux dire…

Il soupira à nouveau et regarda les flots qui s'étendaient à l'infini autour d'eux.

— Une planche de bois au milieu de l'océan… murmura-t-il.

Puis, il éclata soudain d'un rire nerveux et posa sa main sur l'épaule du soldat.

— Peut-être, Jean-Charles, resteras-tu tout seul et seras-tu le dernier à mourir sur ce radeau ?

— Je préfère mourir avant.

— Hum… Tu as sûrement raison.

Dupont se leva, découragé, et s'approcha du lieutenant Lheureux. Ensemble, ils observèrent les hommes qui tentaient de construire une barque.

— À mon avis, lieutenant, nous ne sommes pas au bout de nos mauvaises surprises. Il va falloir rester sur nos gardes.

— C'est aussi mon avis.

— Et le sous-lieutenant Cléret, comment va-t-il ?

— Mal. Il est très faible et dépérit à vue d'œil.

— Ah, misère…

*

Lavilette semblait épier ceux qui construisaient la barque. Il rôdait autour d'eux sans rien dire. Il avait l'œil sceptique et jugeur du spécialiste. Ce qui l'intéressait, c'était surtout la manière dont ces hommes s'y prenaient et, à son air navré, on comprenait qu'il aurait procédé tout autrement. Il veillait aussi à ce que le démantèlement de certains éléments du radeau ne nuise pas à sa solidité.

Sous l'impulsion de Savigny et du second timonier, ils avaient détaché une forte jumelle qui faisait partie des petites dromes. De distance en distance, ils fixèrent avec de gros clous des planches en travers pour l'empêcher de chavirer. Un petit mât fut dressé à l'avant. Un drap de hamac fit office de voile. Des avirons furent taillés dans les douves d'un tonneau. Enfin, réduisant en étoupe des morceaux de corde, ils en firent des bouts fins et faciles à manier pour les manœuvres.

Alors que la construction n'était pas encore achevée, le sous-lieutenant Lozach et le sergent-major Charlot vinrent réclamer la part de vin que le groupe devait emporter. Dupont leur opposa un refus catégorique.

— Uniquement quand votre embarcation sera terminée.

— Pourquoi ? Ce vin nous revient de droit, c'est notre part ! protesta Lozach.

— Rien ne dit qu'il ne s'agit pas là d'une feinte. Je vous imagine très bien buvant votre part et refusant de partir ensuite !

Le sergent-major cracha par terre ; Lozach maugréa ; mais tous les deux retournèrent travailler à l'embarcation. Quand elle fut effectivement terminée, ils vinrent à nouveau, appuyés par Savigny et Coudein, pour récupérer leur part. Dupont hésitait. Lavilette passa derrière lui et lui glissa à l'oreille :

— Qu'ils mettent d'abord leur embarcation à la mer et qu'ils y prennent place.

— Pourquoi ?

— Parce qu'à mon avis, vu comment ça a été fait, ça ne tiendra pas…

— Alors, not' vin !? coupa le sergent-major. Ça vient ou faut qu'on l'prenne de force ?

Dupont regarda son subalterne avec irritation. Le ton employé par celui-ci l'exaspérait.

— Ça vient, sergent ! Mais changez de ton parce que ça pourrait ne pas venir !

Écartant largement les bras et fronçant les sourcils, le sergent-major cherchait à prendre à témoin Savigny et Coudein que le capitaine menaçait de refuser de donner le vin. Mais Dupont le fit taire en reprenant la parole aussitôt :

— Votre part, on la versera dans des bottes que vous emporterez avec vous.

— Bien, approuva Savigny.

— Avant, je veux voir une chose.

— Quoi ?

— Votre embarcation à la mer et trois d'entre vous monter dessus.

— Pourquoi ?

— Pour voir si elle est stable, votre machine !

Cette fois-ci, il n'y eut aucune protestation. Sans doute Savigny et Coudein avaient-ils confiance dans la solidité de l'embarcation qu'ils avaient construite. Tous les cinq, ils se mirent immédiatement à la tirer et la poussèrent à l'eau. Charlot monta dessus. Elle tangua dangereusement. Quand Lozach le rejoignit, elle oscilla tellement qu'ils durent presque s'allonger pour éviter qu'elle ne se retourne. Mais quand un matelot posa le pied dessus et, d'un petit bond, se transporta à son bord, elle chavira. Les trois hommes regagnèrent précipitamment le radeau.

Dupont les laissa remonter et tandis qu'ils enlevaient leur chemise pour les essorer, il se tourna vers Coudein et Savigny et lança sur un ton provocant :

— Vous partez toujours ?

Coudein et Savigny n'eurent pas la force de répondre. Ils s'effondrèrent presque sur le plancher, s'allongèrent sur le dos et fermèrent les yeux.

24

Le lendemain matin, Dupont se leva le premier comme à son habitude. Il regarda le soleil apparaître sur l'horizon comme une fatalité que rien ne peut empêcher. La chaleur allait de nouveau devenir rapidement insupportable. La veille, les survivants avaient dressé une sorte de tente avec les voiles qui se trouvaient encore çà et là sur le radeau. Cet abri précaire permettait d'échapper en partie aux ardeurs du soleil tropical.

Dupont vérifia si la côte n'était pas visible à l'est. Chaque matin, il avait ce secret espoir, hélas toujours déçu. «Aujourd'hui encore, comme hier et demain…» pensa-t-il. Puis, il s'approcha de la barrique et jaugea la quantité restante. Il restait deux à trois jours de vin. S'estimant capable de tenir ensuite deux jours, il conclut sans aucune émotion que la mort ne viendrait pas le chercher avant quatre à cinq jours.

C'était à la fois peu et beaucoup. Peu au regard d'une vie humaine, beaucoup si cette issue était inéluctable. L'attente serait terrible. À quoi bon! Il lui prenait parfois de regretter d'être encore en vie. Ainsi, il avait même envié l'un de ses sergents, mort dans ses bras quatre jours auparavant des suites de ses blessures. Au moins, celui-là en avait terminé avec un avenir atroce.

Il appela les hommes pour la distribution de vin. À pas lents, comme des animaux malades, ceux-ci sortirent de la tente un à un, le gobelet à la main. Depuis la querelle qui avait failli mal tourner, il avait pris en main cette responsabilité. Sa position de chef du radeau s'affirmait de jour en jour. Ni Coudein, le commandant officiel du radeau, ni Savigny, dont la volonté cérébrale avait guidé un temps les activités des hommes, ne lui contestaient ce rôle. Dupont ne l'avait d'ailleurs pas cherché ni revendiqué. C'était une affaire de circonstances.

Curieusement, alors qu'il avait été blessé lors des premiers combats, son état de santé s'était plutôt amélioré depuis lors. À l'inverse, il constatait que les autres survivants suivaient une courbe opposée et déclinaient à vue d'œil.

Le sous-lieutenant Cléret était en sursis et, pour ainsi dire, déjà mort. Lozach et Charlot ne valaient guère mieux depuis leur chute à la mer. Corréard n'était plus que l'ombre de lui-même. Savigny, depuis sa dernière tentative de quitter le radeau, marquait le pas, tant moralement que physiquement. Il paraissait entamer une descente aux enfers dont l'issue était connue. Quant à Griffon, entre des accès de lucidité étonnants et une folie rampante, on ne pouvait guère se prononcer sur ses chances de survie à court terme.

Quand les hommes reçurent leur part de vin, ils se retirèrent de nouveau sous la tente. Toute énergie les avait quittés. Ils vivaient désormais à l'économie, seule manière de prolonger l'existence quelques jours encore.

Dupont marchait seul sur le radeau. «Finalement, ce sera peut-être moi le dernier à mourir, pensa-t-il avec effroi. Je finirai seul...» et son dos fut parcouru d'un frisson glacial. Pour chasser ces pensées, il releva la tête et son regard se porta sur l'horizon.

C'était comme un petit relief au loin. Une sorte de pointe minuscule qui saillait de la houle par intermittence et oscillait suivant un axe vertical. Dupont avait du mal à distinguer la nature de l'objet, au point qu'il soupçonnait une illusion. À force de fixer l'objet pour deviner de quoi il s'agissait, ses yeux coulaient et il était obligé de fermer les paupières et de les rouvrir pour regarder à nouveau.

Pourtant, l'objet ne disparaissait pas. Dupont croyait même en distinguer des détails. N'était-ce pas plutôt deux, ou même trois lignes verticales, qui ressortaient de l'eau avec des petits nuages plus ou moins carrés à la base.

Soudain, il ressentit un véritable choc. Les battements de son cœur s'accélérèrent violemment et ébranlèrent sa cage thoracique comme un tambour. Il hurla :

— Un navire !!

Il n'avait plus de doute. C'était bel et bien un bateau qui se balançait sur la ligne de l'horizon.

— Un navire !! hurla-t-il à nouveau, incapable de dire autre chose.

Les hommes les plus valides sortaient de la tente en courant ou en clopinant, d'autres en titubant, mais tous sortaient, sauf le sous-lieutenant Cléret qui ne pouvait plus se lever. On se groupa autour de Dupont.

— Où ?

— Là !

Dupont tendait le bras dans la direction du navire. Un seul cri unanime et immense, de joie et d'espérance, acclama le trois-mâts encore à peine visible mais qui semblait venir dans leur direction.

Il y eut un branle-bas général et désordonné. Le premier réflexe fut de lever les bras et de les agiter frénétiquement en criant et en sautant.

— Ça ne sert à rien ! affirma Coudein. Nous sommes au ras de l'eau, ils ne peuvent pas nous voir ! Quant à nous entendre…

Alors, un matelot, attachant des mouchoirs de couleur au bout d'un bâton, monta en haut du mât et, à bout de bras, fit de grands signaux pour attirer l'attention, tandis que trois hommes tenaient le mât qui menaçait de s'effondrer.

L'angoisse succéda à la liesse. Certains affirmaient que le trois-mâts grossissait et qu'on le distinguait de mieux en mieux, d'autres prétendaient le contraire et qu'il longeait l'horizon sans se rapprocher du radeau.

L'incertitude dura. Peu à peu, elle se dissipa et un silence mortel tomba sur le radeau. Le navire avait disparu. La désespérance fut à la hauteur de l'espoir soulevé. Elle provoqua un véritable effondrement du moral de chacun qui, dès lors, ne vit plus aucune raison d'espérer quoi que ce soit.

— C'est foutu… lâcha Savigny, résumant la pensée générale.

Coudein se laissa glisser sur le sol.

— Il était à trois lieues [1] et il est passé sans nous voir. C'est affreux.

— C'était notre dernière chance, ajouta Lavilette. Maintenant, c'est fini.

Seul Dupont cherchait des mots pour entretenir un maigre espoir.

— Ce navire va sans doute au Sénégal. Là-bas, on lui demandera s'il n'a pas vu un radeau et il dira qu'il a aperçu une voile. Alors on partira à notre recherche, peut-être dès ce soir ou au plus tard demain.

— S'il nous avait vus, il serait venu nous sauver, lui objectait-on.

— Non, parce qu'il nous aura pris pour un pêcheur éloigné de la côte.

Malgré ses efforts, Dupont ne parvenait pas à convaincre. Du reste, il ne savait pas lui-même pourquoi il continuait à y croire. Contrairement aux autres survivants, la vue du navire l'avait persuadé qu'un sauvetage était possible, éventualité qu'il avait jusque-là écartée, ne fondant ses espoirs que sur une dérive du radeau vers la terre.

Tandis que ses compagnons se recouchaient, anéantis, il eut faim. Et, malgré le dégoût que ces chairs humaines lui procuraient, il alla décoller deux tranches de viande et s'assit pour les mâchonner.

De son côté, Coudein cédait à un désespoir morbide. Il répétait inlassablement :

— À moins de trois lieues de nous, il y avait des matelots sur un pont, des gabiers dans les haubans, du vin et de l'eau en abondance, de la nourriture variée entassée dans la cambuse ! À moins de trois lieues ! Vous rendez-vous compte à quoi aura tenu notre mort ! À une ou deux lieues de distance ! On va mourir alors qu'un navire nous a presque frôlés…

— Ferme-la ! dit Savigny au bout d'un moment. On sait qu'on va mourir, c'est pas la peine de nous le répéter.

---

[1] Une quinzaine de kilomètres.

*

Quand Dupont eut fini de manger, il décida d'aller se coucher avec les autres sous la tente de fortune. Alors qu'il y pénétrait, il croisa le maitre-canonnier Joseph Tourtal qui sortait. Ils n'échangèrent pas une parole. Tourtal était très amaigri et sa démarche avait quelque chose de mécanique, comme si chaque jambe était constituée de deux bouts de bois articulés au niveau du genou. Il était devenu, comme d'autres, une sorte de mort-vivant, à qui Dupont osait à peine parler et encore moins regarder.

Dupont s'assoupit à côté de Savigny. Son esprit divagua. Il avait pris de la hauteur et il survolait son pays natal, la commune de Pierres au nord de Maintenon, planant au-dessus d'un entrelacs de rivières, de canaux et de lacs. Il croyait reconnaître l'Eure et le canal Louis XIV mais les détails se brouillaient, perdaient de leur consistance, et il fronçait les sourcils dans son sommeil. Il vit un homme qui lui tendait les bras et qui criait, qui criait si fort qu'il se réveilla brusquement.

— Le navire vient sur nous !

Dupont se retrouva assis sans comprendre. Savigny accrochait son bras pour se redresser à son tour.

— Qui a dit ça ?

— Je ne sais pas.

— C'est Tourtal ! assura le lieutenant Lheureux en se levant d'un bond.

— Il a dit quoi ? demanda Griffon.

Personne ne lui répondit. Comme tous se levaient, il y eut une cohue à l'entrée de la tente et la voile qui la constituait fut arrachée. Tourtal se trouvait assis sur le bord du radeau, les jambes dans l'eau. Il était si faible qu'il ne parvenait pas à se relever mais il criait toujours et désignait un navire à moins d'une lieue.

Cette fois-ci, il n'y avait aucun doute, le navire faisait route vers eux, toutes voiles dehors, y compris les bonnettes.

— C'est *L'Argus* ! s'écria Coudein.

L'Argus, dirigé par le lieutenant de vaisseau Léon Henry de Parnajon ! Le brick filait vent arrière et hissait le pavillon blanc au mât de misaine pour annoncer qu'on les avait vus et qu'on venait les sauver !

Certains survivants se signèrent, tombèrent à genoux et remercièrent Dieu de les avoir épargnés. D'autres se jetèrent dans les bras l'un de l'autre en pleurant. L'émotion était si forte qu'elle provoquait des étourdissements et des tremblements dans les membres. Les jambes étaient flageolantes et, malgré leur joie, plusieurs survivants durent s'agenouiller pour ne pas tomber.

Le brick parvenait à la hauteur du radeau et mettait en panne, carguant les voiles. Sur le pont, une foule de matelots lançaient des hourras et jetaient en l'air leur couvre-chef. Précipitamment, on mettait à l'eau une yole pour recueillir les rescapés.

— Vin à volonté ! s'écria Dupont.

Il n'eut pas à le répéter deux fois. Une dizaine des survivants, les plus vaillants, se retrouvèrent aussitôt autour de la barrique et buvaient cul sec des gobelets pleins à ras bord. La tête leur tournait mais ils n'en avaient cure. *Sauvés* ! C'était le seul mot qui venait à l'esprit et ils étaient incapables de dire autre chose. *Sauvés* !

Quand la yole accosta, un homme sauta sur le radeau. C'était l'enseigne de vaisseau Lemaigre, dont l'allure vigoureuse fit un contraste saisissant avec l'aspect décharné des naufragés. En le voyant si vif et plein d'allant, les survivants du radeau réalisèrent à quel point leur état physique était dégradé. Ils eurent presque honte de ce qu'ils étaient devenus.

Presque nus, les cheveux hirsutes, la barbe longue, les yeux caves, la chemise en guenille, le pantalon déchiré, les pieds et les mains rongés par l'eau de mer, la peau boursouflée, cloquée et arrachée par plaques sous l'action du soleil, les survivants avaient une telle allure que les matelots présents dans la yole se turent. Jamais ils n'avaient vu pareils moribonds et la simple vue des malheureux témoignait de leur souffrance.

— Combien êtes-vous ? demanda Lemaigre.

— Quinze.

— Nous ferons trois voyages, cinq à chaque fois. Les officiers d'abord.

Ainsi, les deux aspirants Coudein et Savigny, le capitaine Dupont, le lieutenant Lheureux et le sous-lieutenant Cléret furent transportés à bord par un premier voyage. Il fallut porter Cléret qui semblait d'ailleurs ne pas comprendre ce qui se passait.

Dans la yole, Dupont apprit que le navire du matin était bien *L'Argus* mais que le radeau, trop bas sur l'eau, n'avait pas été repéré à une si grande distance.

— Vous devez votre salut aux vents qui ont brusquement changé, dit Lemaigre. Persuadés que vous aviez tous péri, nous faisions route vers Saint-Louis. Le changement du vent, devenu favorable, a convaincu Henry de Parnajon de repartir à la recherche de l'épave où des hommes ont aussi été abandonnés. Nous ne vous cherchions plus mais nous sommes tombés sur vous.

C'était donc presque un miracle, un véritable concours de circonstances qui venait de sauver *in extremis* les survivants du sort le plus cruel.

Dupont monta à bord du brick par l'échelle de corde. Cet effort fut si intense qu'il se sentit soudain sans force quand il posa le pied sur le pont. Il claudiquait et sa jambe gauche le faisait souffrir. Cette blessure, qui datait du premier massacre quand le mât lui était tombé sur la jambe, se réveillait soudain. Sans doute l'avait-il occultée pour tenir son rôle et montrer l'exemple sur le radeau ?

— Où est le capitaine ? demanda-t-il en se tenant au bastingage.

Léon Henry de Parnajon vint à lui. Dupont ne put s'empêcher de se jeter à son cou et de l'embrasser.

— Merci ! Merci ! Merci ! Vous ne pouvez pas savoir... bafouillait-il, tandis que des larmes affleuraient au bord de ses yeux.

— Mon Dieu, mais dans quel état êtes-vous ?

Le commandant de *L'Argus* avait de la peine à reconnaître les naufragés. Il appela le chirurgien du bord qui fit préparer un bouillon. Les survivants eurent droit à une simple écuellée suivie d'un verre de vin. Malgré les protestations, le chirurgien Renaud interdit qu'on leur donnât plus.

— Vos estomacs ne pourraient en supporter davantage, affirma-t-il. Il faut vous réalimenter progressivement.

Tous affirmaient qu'il n'en était rien et qu'ils se sentaient capables de dévorer tout ce qu'on leur offrirait. Refusant de les écouter, le chirurgien les fit descendre dans l'entrepont pour les laver à l'eau douce et panser les plaies.

Les survivants durent attendre la fin de l'après-midi pour manger une soupe au riz et à l'oseille et une cuisse de volaille rôtie. L'un des matelots survivants, enfreignant les consignes, se resservit plusieurs fois et eut peu après de fortes douleurs abdominales qui se terminèrent par des vomissements violents et abondants.

Dupont, en accord avec son caractère modéré et par nature obéissant, ne mangea pas plus que la ration autorisée. Il but cependant cinq verres de vin. À la fin du repas, se sentant un peu oppressé, il ressentit le besoin de marcher sur le pont. Seul, il gagna le gaillard d'arrière. Soudain, il perdit connaissance et s'effondra sur le sol, heurtant de la tête un morceau de fer.

Un matelot appela le chirurgien qui se précipita et lui fit avaler un peu d'éther avec du sucre. Dupont revint à lui. Le chirurgien lui tenait la tête.

— Capitaine, vous êtes beaucoup plus faible que vous ne le pensez. On va vous descendre à l'entrepont où vous allez dormir.

Deux robustes matelots le relevèrent en le saisissant sous les aisselles. Avant de descendre à l'entrepont, Dupont eut le réflexe de se retourner. Les flots infinis s'étendaient devant lui. Au loin, il distingua le radeau qui poursuivait sa dérive vers le néant.

ÉPILOGUE

L'épave de la frégate *La Méduse* fut retrouvée le 20 août par une goélette commandée par le lieutenant Raynaud. Sur les dix-sept hommes restés à son bord (quatre marins, douze soldats et un ouvrier), trois étaient encore en vie et furent sauvés. Il s'agissait de trois marins expérimentés – Élie Coutant (56 ans), Nicolas Lescouet (53 ans) et Alexis-Xavier Daleste (49 ans) – qui avaient jugé jusqu'au bout que la frégate, malgré les circonstances, restait le lieu le plus sûr pour attendre des secours. Vingt jours après le naufrage, les douze soldats construisirent et s'embarquèrent sur un radeau qui disparut en mer. L'ouvrier est décédé à bord tandis que le quatrième marin, pris de folie, tenta de partir dans une barrique qui coula à pic au pied de la frégate.

Le capitaine Dupont vécut jusqu'en 1850 et mourut auprès des siens à Maintenon à l'âge de 75 ans.

Jean-Baptiste Savigny quitta la marine, devint docteur et mourut en 1843 à l'âge de 49 ans à Soubise où il assurait aussi la fonction de maire.

Jean-Daniel Coudein devint major général de la marine à Rochefort et mourut où il était né, à La Tremblade, en 1857 à l'âge de 64 ans.

Alexandre Corréard devint libraire, pamphlétaire et s'illustra dans divers complots politiques. Il mourut à Avion près de Fontainebleau en 1857 à l'âge de 68 ans.

Le lieutenant Jean Espiaux participa à la conquête de l'Algérie en 1830 et mourut en Amérique du Sud en 1835 à l'âge de 52 ans.

Après deux brèves missions exploratoires au Sénégal, l'ingénieur des Mines Charles Brédif mourut de dysenterie à Saint-Louis en 1818 à l'âge de 31 ans.

POSTFACE

La tragédie du radeau de *La Méduse* est connue de la plupart des Français grâce au monumental tableau peint par Géricault en 1818, deux ans après le drame. Ce qui est moins connu, c'est que le naufrage de *La Méduse* eut en France un retentissement considérable, provoquant des remous politiques où royalistes et bonapartistes s'affrontèrent sans nuance.

Les opposants à la Restauration et au nouveau roi Louis XVIII (frère de Louis XVI) s'emparèrent du drame pour stigmatiser le nouveau régime. Pour calmer la tempête et mettre fin à la crise politique, le capitaine de *La Méduse*, Hugues Duroy de Chaumareys, fut jugé à huis clos et condamné à trois ans de prison (qu'il effectua). Il fut également rayé de la liste des officiers de marine et radié de la Légion d'honneur et de l'Ordre de Saint-Louis. Il mourut en 1841 à l'âge de 78 ans sans réussir, malgré tous ses efforts, à retrouver le droit de porter ses anciennes décorations.

Ni le gouverneur Schmaltz, ni Richefort, qui portaient pourtant une lourde responsabilité dans le drame, ne furent inquiétés.

Pour reconstituer le déroulement des événements depuis le départ de France jusqu'au sauvetage du radeau, les documents sont nombreux mais leur fiabilité est inégale.

Le plus précis, le plus objectif et le moins altéré par l'ancienneté des souvenirs correspond aux notes journalières de l'ingénieur des Mines Charles Brédif[1] consignées dans ses carnets. Publiées en 1909 dans *La Revue de Paris*, ces notes permettent une immersion concrète dans la vie quotidienne de la frégate et les événements, même les plus dramatiques, y sont très simplement racontés.

Hélas (si on peut dire), Brédif prit place dans la chaloupe du lieutenant Espiaux et la tragédie du radeau lui fut épargnée. Son témoignage est donc exceptionnel jusqu'à l'abandon du radeau en pleine mer. Au-delà, il ne sert plus, sinon par les témoignages qu'il collecta par la suite dont celui, troublant, recueilli à l'hôpital de Saint-Louis de la bouche même de son ami Lavilette.

Le deuxième document correspond aux souvenirs du capitaine Dupont[2]. Écrite en décembre 1816, soit seulement cinq mois après l'épisode du radeau, cette rédaction est si proche des événements que le temps n'avait pas encore altéré la mémoire du capitaine. Le document est d'autant plus digne d'intérêt que ce texte, écrit pour lui-même ou à vocation familiale, n'était pas destiné à être publié. Il s'agit d'un document objectif, rédigé sans fioritures par un des acteurs clés du radeau. Cependant, comme l'ont noté les spécialistes, Dupont a tendance à censurer les événements les plus épouvantables.

Le troisième document est le rapport de Jean-Baptiste Savigny rédigé à l'attention du ministre de la Marine. Ce document, à usage strictement interne et non destiné à être publié, donne une relation très crue de la violence qui a régné sur le radeau ainsi qu'une description sans fard de l'anthropophagie qui s'y est déroulée. Ce document est essentiel parce qu'il n'a pas été écrit pour le grand public et qu'il peut être croisé très utilement avec les Mémoires de Dupont.

Le quatrième document est à la fois le plus connu et le

---

[1] Charles Brédif était l'oncle de Marie Brédif, mon arrière-grand-mère.

[2] Travaillant à partir du manuscrit original, Philippe Collonge a proposé une version rigoureuse de ces Mémoires, assortis de commentaires précis et particulièrement pertinents, qui a été publiée en 2014 aux éditions La Découverte.

moins fiable. Écrit et réécrit à plusieurs reprises pour des publications destinées au grand public, s'éloignant à chaque fois un peu plus de la réalité objective, la relation de Corréard possède des visées polémiques évidentes, montre une haine tenace contre les responsables du drame et révèle un ego surdimensionné qu'accompagne une propension ahurissante à se donner le rôle d'un héros magnifique en toutes circonstances. Il faut lire cette relation avec la plus grande méfiance et la confronter étroitement aux autres témoignages.

Enfin, il y a aussi toute une série de témoignages parcellaires mais qui n'en sont pas moins très importants. Par exemple, les annotations manuscrites de Griffon du Bellay en marge de la seconde édition de la relation de Corréard sont capitales. De plus, elles corroborent le témoignage recueilli par Brédif auprès de Lavilette.

D'autres récits de personnes présentes sur la frégate (mais non sur le radeau) comme Charlotte, la fille aînée de Picard, Rang des Adrets, d'Anglas de Praviel ou encore Gaspard Mollien sont d'une valeur inégale mais donnent souvent des renseignements supplémentaires précieux.

Je me suis servi de tous ces documents et, jusqu'à l'abandon du radeau, j'ai suivi la trame journalière offerte par Brédif.

La lecture croisée de ces divers récits permet une reconstitution assez précise de ces événements tragiques. J'aurais eu à m'atteler à ce travail long et laborieux si, par bonheur, il n'avait pas été déjà effectué d'une manière tout à fait remarquable par Michel Hanniet[1]. Il est rare que mes analyses et mes interprétations se soient écartées des siennes. J'ai donc une dette toute particulière envers cet auteur et c'est un plaisir de rendre ici hommage à son travail.

D'autres ouvrages d'historiens, comme celui de Jacques-Olivier Boudon par exemple, ainsi que de nombreux ouvrages anciens sur la navigation de cette époque, m'ont également servi pour transcrire en roman cette incroyable histoire de *La Méduse*.

---

[1] *Le naufrage de La Méduse – Paroles de rescapés*, par Michel Hanniet, Éditions L'Ancre de Marine, 2006.

TABLE

CET OUVRAGE
A ÉTÉ ACHEVÉ D'IMPRIMER
SUR ROTO-PAGE
PAR L'IMPRIMERIE FLOCH
À MAYENNE EN JUIN 2017

N° d'édition : 842
N° d'impression : 91277
Dépôt légal : juillet 2017

Imprimé en France